公路工程施工合同与成本管理

崔艳梅　叶亚丽　**主　编**
李忻忻　杜占军　刘囡囡　**副主编**

人民交通出版社股份有限公司
China Communications Press Co.,Ltd.

内 容 提 要

本书根据公路工程施工员与造价员继续培训工作的要求编写,详细阐述了公路工程造价员在公路工程合同管理与成本控制管理领域必备的专业技术知识,对公路工程造价员在新的行业发展趋势下需掌握的新知识进行了介绍。本书主要介绍了公路工程合同管理概述、公路工程施工招标投标、公路工程施工合同风险管理、公路工程施工合同管理、政府和社会资本合作(PPP)项目招标投标与合同、公路工程成本管理概述、公路工程成本预测与计划、公路工程成本控制、公路工程成本核算和公路工程成本分析与考核等内容。为便于读者理解和学习,书中还列举了大量案例。

本书内容浅显易懂,结构体系清晰,具有很强的实用性,可作为公路工程造价员岗位培训的教材,也可供公路工程施工现场管理与技术人员参考使用。

图书在版编目(CIP)数据

公路工程施工合同与成本管理/崔艳梅,叶亚丽主编.
—北京:人民交通出版社股份有限公司,2019.3
ISBN 978-7-114-14517-9

Ⅰ.①公… Ⅱ.①崔…②叶… Ⅲ.①道路工程—经济合同—管理②道路施工—成本管理 Ⅳ.①U415.1

中国版本图书馆 CIP 数据核字(2019)第 026603 号

书　　名:	公路工程施工合同与成本管理
著 作 者:	崔艳梅　叶亚丽
责任编辑:	岑　瑜
责任校对:	尹　静
责任印制:	刘高彤
出版发行:	人民交通出版社股份有限公司
地　　址:	(100011)北京市朝阳区安定门外外馆斜街 3 号
网　　址:	http://www.ccpress.com.cn
销售电话:	(010)59757973
总 经 销:	人民交通出版社股份有限公司发行部
经　　销:	各地新华书店
印　　刷:	北京武英文博科技有限公司
开　　本:	787×1092　1/16
印　　张:	24
字　　数:	614 千
版　　次:	2019 年 3 月　第 1 版
印　　次:	2022 年 5 月　第 3 次印刷
书　　号:	ISBN 978-7-114-14517-9
定　　价:	88.00 元

(有印刷、装订质量问题的图书由本公司负责调换)

《公路工程施工员与造价员继续教育培训教材》
编写委员会

主　任：李彦武　　周纪昌

副主任：张德华　　袁秋红

委　员：张建军　　于　光　　李培源　　许建盛　　刘　鹏　　闫东霄
　　　　梁　伟　　张兆锋　　黎　奎　　王　青　　王龙飞　　张　起

《公路工程施工员与造价员继续教育培训教材》
审定委员会

主　任：周纪昌　　袁秋红

副主任：刘　鹏　　闫东霄

委　员：石国虎　　孙文龙　　石新栋　　王　刚　　钱绍锦　　李　胜
　　　　孙　杰　　彭　锐　　李文华　　何安荣　　杨荣泉　　刘　凯
　　　　欧阳辰秉　彭　宇　　梁　伟　　张兆锋　　黎　奎　　王　青
　　　　王龙飞　　张　起

《公路工程施工合同与成本管理》
编写人员

主　编：崔艳梅　叶亚丽

副主编：李忻忻　杜占军　刘囡囡

序

为了推动公路工程施工现场管理人员知识的持续更新和行业新政策、新精神的落实工作,需要每三年组织施工员、造价员进行一次继续教育学习,使其把握行业发展趋势,更新专业知识内容。依据住房和城乡建设部颁发的《建筑业企业资质标准》(建市〔2014〕159号)(以下简称《标准》),结合交通运输部的"四个交通"理念、"品质工程"建设需求和施工员的基本岗位职责,编写了此系列教材,用于施工员、造价员继续教育培训工作。本套教材符合行业发展趋势,紧扣政策要求,主要分《公路工程施工优化管理和新技术》《公路工程施工合同与成本管理》两册。其中,公路工程造价员的主要培训内容包括公路工程合同管理、合同履行阶段的风险管理、PPP模式下的合同管理、成本预测与计划、成本控制、成本核算和成本分析与考核等。

《建筑业企业资质标准》(建市〔2014〕159号)从企业资产、企业主要人员构成、企业的工程业绩和必要的技术装备四个方面,规定了具有法人资格的企业申请建筑业企业资质应具备的基本条件。其中,对主要人员的要求分为四个层次:注册建造师及其他注册人员、工程技术人员、施工现场管理人员和技术工人。在"有关说明"中指出:"持有岗位证书的施工现场管理人员"是指持有国务院有关行业部门认可单位颁发的岗位(培训)证书的施工现场管理人员。公路工程企业现场施工管理人员包括施工员、造价员和安全员三种,具体的人数应与项目的规模相适应,以满足工程现场管理需求。

在此《标准》颁布之前,公路行业对施工企业施工现场管理人员资格和数量不做具体要求。现为了满足《标准》要求,保障公路工程建设行业的健康发展,交通运输部承担了公路工程施工现场管理人员考核取证和继续教育的任务,中国公路建设行业协会联合山东交通学院、长沙理工大学、重庆交通大学和其他一些职业院校,开展了考核标准的制定、考核教材的编写和考核等具体实施工作。

公路工程施工现场管理人员考核和继续教育标准及内容的制定,结合公路工程的具体特点,并参考了住房和城乡建设部关于施工现场管理人员的考核和继续教育标准,从岗位职业能力一般要求、岗位职责、应具备的专业技能、专业知识和考核具体要求等方面做了详细的规定,通过取证培训考核和继续教育工作,使施工员、造价员、安全员具备岗位所需的基本知识和技能。

2015年,中国公路建设行业协会开始组织施工员、造价员和安全员(安全员岗位证书的取得与施工企业安全生产三类人员的教育培训考核同步进行)岗位证书的培训考核工作。截至2018年7月,已经取得证书的人员有52 000余人,培训考核工作取得了卓越的成效,已为公路工程行业的整体水平提升作出了很大的贡献。通过本轮继续教育培训工作和继续教育教材编写及使用,期望能进一步推动公路工程行业发展和行业技术人员能力的提高。

本书编委会
2018年9月

前　言

本书以交通运输部颁发的最新编制办法《公路工程基本建设项目概算预算编制办法》(JTG B06—2007)《公路工程标准施工招标文件》(2018年版)《公路工程标准施工招标资格预审文件》(2018年版)及现行的公路建设相关法规、规范和最新定额为依据进行编写。全书围绕公路工程管理人员岗位工作需求，紧扣学员职业能力培养目标，结合编者多年的教学、科研、招标投标及培训等工作实践经验，详细阐述了工程技术人员在公路工程造价领域必备的专业技术知识。本书在吸收以往教材精华的基础上，突出教材内容的实践性，详细介绍了公路工程合同管理概述、公路工程施工招标投标、公路工程施工合同风险管理、公路工程施工合同管理、政府和社会资本合作(PPP)项目招标投标与合同、公路工程成本管理概述、公路工程成本预测与计划、公路工程成本控制、公路工程成本核算和公路工程成本分析与考核等内容，同时还选编了一些有价值的实际工程案例。

基于公路工程合同管理与成本控制教学中具有理论和实践并重的课程特点，本书在编写时遵循理论联系实际的原则，在总结多年教学改革成果的基础上，紧密结合工程实践，对招标投标相关内容进行了更新，并结合目前信息化发展需要阐述了电子招投标和BIM技术的应用，同时对工程实践中合同管理和成本控制的内容进行了系统阐述，增加了对政府和社会资本合作(PPP)项目招投标与合同管理的内容，使学员对项目的合同管理不只停留在一般的项目上，从而更能满足应用性教学的要求。

本书实践性强，内容翔实、涉及面广，融知识性、实践性于一体，全书由山东交通学院崔艳梅、叶亚丽担任主编，山东交通学院李忻忻、山东省气象局杜占军、山东省交通工程监理咨询公司刘囡囡担任副主编。具体分工如下：第1章由刘囡囡编写，第2、第3章由叶亚丽编写，第4、第5章由李忻忻编写，第5~第9章由崔艳梅编写，第10章由杜占军编写。

本书编者在编写过程中,检索和查阅了许多信息、资料,参考了有关标准、规范、教材和专著,在此谨向相关人员一并致谢!

由于作者水平有限,疏漏之处在所难免,恳请广大读者批评指正。

编 者

2018 年 8 月

目 录

第一章　概述 ··· 1
　第一节　合同管理概述 ·· 1
　第二节　招标投标概述 ·· 16
　第三节　相关法律法规 ·· 18
第二章　公路工程施工招标投标 ··· 20
　第一节　公路工程施工招标 ·· 20
　第二节　公路工程施工投标 ·· 52
　第三节　开标与定标 ··· 76
　第四节　信息技术辅助招标投标 ·· 84
第三章　公路工程施工合同风险管理 ··· 114
　第一节　施工合同风险管理概述 ·· 114
　第二节　风险识别 ·· 135
　第三节　风险估计与评价 ··· 144
　第四节　标前合同风险管理 ·· 153
　第五节　标后合同风险管理 ·· 162
第四章　公路工程施工合同管理 ··· 168
　第一节　合同策划 ·· 168
　第二节　合同谈判与订立 ··· 181
　第三节　合同履行管理 ·· 192
　第四节　合同归档管理 ·· 204
第五章　政府和社会资本合作（PPP）项目招标投标与合同 ··············· 206
　第一节　PPP模式基本概念 ·· 206
　第二节　PPP模式基本操作流程 ·· 213
　第三节　政府和社会资本合作（PPP）项目招标投标操作 ··············· 225
　第四节　政府和社会资本合作（PPP）项目合同 ··························· 231
第六章　公路工程成本管理概述 ··· 246
　第一节　公路工程成本管理的作用与地位 ··································· 246
　第二节　公路工程成本管理的特点与基本要求 ····························· 249
　第三节　公路工程成本管理体系 ·· 255
　第四节　公路工程成本预测概述 ·· 266

第五节 公路工程成本计划概述……………………………………………… 271
  第六节 公路工程成本控制概述……………………………………………… 274
第七章 公路工程成本预测与计划 280
  第一节 公路工程成本预测方法……………………………………………… 280
  第二节 公路工程成本计划编制方法………………………………………… 296
第八章 公路工程成本控制 305
  第一节 公路工程成本控制的组织与实施…………………………………… 305
  第二节 公路工程成本控制方法……………………………………………… 314
  第三节 降低公路工程成本的途径和措施…………………………………… 319
第九章 公路工程成本核算 324
  第一节 施工成本核算的意义和施工费用的分类…………………………… 324
  第二节 施工成本核算的基本要求…………………………………………… 327
  第三节 公路工程成本核算对象和核算组织………………………………… 329
  第四节 辅助生产费用的核算………………………………………………… 331
  第五节 施工工程实际成本核算……………………………………………… 332
第十章 公路工程成本分析与考核 346
  第一节 公路工程成本分析的任务和原则…………………………………… 346
  第二节 公路工程成本分析方法……………………………………………… 350
  第三节 公路工程成本考核…………………………………………………… 366
参考文献………………………………………………………………………… 371

第一章 概 述

第一节 合同管理概述

一、公路工程项目

(一)公路工程项目的概念

公路工程(Highway Engineering),是以公路为对象而进行的规划、勘测、设计、施工等技术活动的过程及其所从事的工程实体。公路工程构造物包括路基、路面、桥梁、涵洞、隧道、排水系统、安全防护设施、绿化和交通监控设施,以及施工、养护和监控使用的房屋、车间和其他服务性设施。

公路工程项目建设周期划分为四个阶段:公路工程项目策划和决策阶段(Project Opportunity Study & Project Feasibility Study)、公路工程项目准备阶段(Project Preparation)、公路工程项目实施阶段(Project Execution)和公路工程项目竣工验收阶段(Project Acceptance)。公路工程项目建设周期及阶段划分,如图1-1所示。

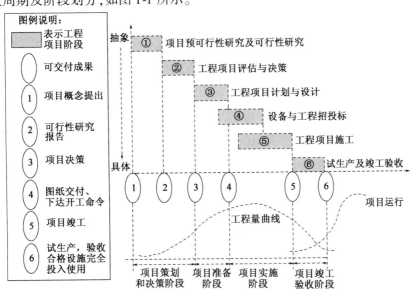

图1-1 工程项目建设周期及阶段划分

(二)公路建设的基本程序

1.政府投资公路建设项目基本建设程序

(1)建设单位根据规划,委托有资质的咨询公司编制项目建议书,按项目隶属原则报有关主管部门审批。

(2)建设单位根据批准的项目建议书,委托有资质的单位进行水土保持、环境评价、压覆矿产及地震、文物、防洪等调查,编制影响评价报告,同时申请项目控制性工程用地预审,按项目隶属原则报请相关主管部门审批。

(3)建设单位编制可行性研究报告,交通运输主管部门组织审查并出具行业审查意见,按项目隶属原则和审批权限报相关部门审批。

(4)建设单位根据批准的可行性研究报告,组织勘察设计招标。设计单位编制初步设计文件;建设单位组织初步设计审查,按项目隶属原则报交通运输主管部门审批。

(5)建设单位根据批准的初步设计文件,组织设计单位编制施工图设计文件,建设单位组织施工图设计审查,按项目隶属原则报交通运输主管部门审批。

(6)建设单位根据批准的施工图设计文件和工程可行性研究报告中批复的招标方式、方法和招标内容,组织项目的施工、监理招标,确定中标人,签订施工和监理服务合同。

(7)根据国家有关规定,进行土地丈量、征地拆迁、施工前报监、开工前财务审计等施工准备工作。编制建设用地申请,向土地主管部门申报建设用地。在取得建设用地资格后,向交通运输主管部门申请施工许可。

(8)建设单位根据批准的施工许可,组织施工、监理单位进场,项目正式实施。对施工中重大、较大设计变更要报原设计审批单位审批。

(9)项目完工后,达到交工验收条件时,建设单位向交通质量监督部门申请进行交工前质量检测,并组织建设办、施工、监理单位编制竣工图表、工程决算、竣工财务决算和竣工审计,组织办理项目交工验收并报交通主管部门。交通运输主管部门下达交工验收意见,仅须备案即可。

(10)达到竣工验收条件时,建设单位向交通运输主管部门申请组织竣工验收,交通运输主管部门组织竣工验收会议。竣工验收合格后,项目正式运营,建设单位组织项目后评价。

2.企业投资公路建设项目基本建设程序

(1)建设单位根据规划,编制工程可行性研究报告。

(2)建设单位组织投资人开展招标工作,依法确定投资人。

(3)投资人编制项目申请报告(编制单位须具备相应资质)。项目申请报告内容主要包括项目申报单位情况、拟建项目情况、建设用地与相关规划、资源利用和能源耗用分析、经济和社会效益分析。

(4)投资人须按规定报送项目申请报告给审批部门核准,并附送如下文件:城市规划行政主管部门出具的城市规划意见、国土资源行政主管部门出具的项目用地预审意见、环境保护行政主管部门出具的环境影响评价文件的审批意见、根据有关法律法规应提交的其他文件。

(5)投资人根据核准的项目申请报告,进行勘察设计招标。设计单位编制初步设计文件。

其中涉及公共利益、公共安全、工程建设强制性标准的内容,应按项目隶属关系报交通运输主管部门审查。

(6)投资人根据批准的初步设计文件,组织设计单位编制施工图设计文件,投资人组织施工图设计审查,按项目隶属原则报交通运输主管部门审批。

(7)投资人根据批准的施工图设计文件和工程可行性研究报告中批复的招标方式、方法和招标内容,组织项目的施工、监理招标,确定中标人,签订施工和监理服务合同。

(8)投资人根据国家有关规定,进行土地丈量、征地拆迁、施工前报监、开工前财务审计等施工准备工作,编制建设用地申请,向土地主管部门申报建设用地,取得建设用地资格后向交通运输主管部门申请施工许可。

(9)投资人根据批准的施工许可,组织施工、监理单位进场,项目正式实施。施工中重大、较大设计变更要报原设计审批单位审批。

(10)项目完工后,达到交工验收条件时,投资人向交通质量监督部门申请进行交工前质量检测,并组织建设办、施工监理单位编制竣工图表、工程决算、竣工财务决算和竣工审计,组织办理项目交工验收并报交通运输主管部门。交通运输主管部门下达交工验收意见。通过交工验收后可进行试运营。

(11)达到竣工验收条件时,投资人向交通运输主管部门申请组织竣工验收。交通运输主管部门组织竣工验收会议。竣工验收合格后,项目正式运营。投资人组织项目后评价。

(三)我国公路建设市场的现状

1. 公路建设市场的管理方式

基于公路建设的特殊性和重要性,我国对公路建设一直实行统一管理、分级负责的管理体制,严格按基本建设程序进行管理,并根据我国实际情况,结合国际通行做法,对公路建设市场主体和特殊岗位从业人员实行市场准入管理制度。

2. 公路建设市场的运行规则

凡符合法律、法规规定的市场准入条件的从业单位和从业人员均可进入公路建设市场。工程承发包方式采用国际通用的招投标制度,遵循公平、公正、公开、诚实守信的原则,实行公开、公平和公正交易。公路行业是我国推行招投标最早的行业之一,至此已基本形成了一套完整的招投标模式和管理办法,为我国公路建设市场健康、有序、快速发展奠定了基础。

3. 有关公路建设市场及招投标管理办法

1985年,交通部(现交通运输部,下同)颁布了《公路工程施工招标投标试行办法》,1989年在总结我国公路工程施工招投标经验和教训的基础上,修订成为《公路工程施工招投标管理办法》,并于2002年6月6日交通部第2号令和2006年8月1日交通部第7号令、2015年12月2日第23次部务会议上做了三次更新。新办法《公路工程建设项目招标投标管理办法》综合了已经发布执行的有关规定,更加适合公路建设市场的现实情况。

1996年7月1日交通部发布了《公路建设市场管理办法》,1997年10月1日又在以上办法的基础上发布了《公路工程施工招标资格预审办法》和《公路工程施工招标评标办法》,2004年11月22日,新《公路建设市场管理办法》出台,自2005年3月1日起施行,旧《公路建设市场管理办法》同时废止。2011年11月30日交通运输部对《关于修改〈公路建设市场管理办法〉的决定》进行了修正。

1998年1月1日《中华人民共和国公路法》开始实施,根据1999年10月31日第九届全国人民代表大会常务委员会第十二次会议《关于修改〈中华人民共和国公路法〉的决定》进行第一次修正,根据2004年8月28日第十届全国人民代表大会常务委员会第十一次会议《关于修改〈中华人民共和国公路法〉的决定》进行第二次修正。

《公路安全保护条例》经2011年2月16日国务院第144次常务会议通过,由2011年3月7日中华人民共和国国务院令第593号公布。共分总则、公路线路、公路通行、公路养护、法律责任、附则六章七十七条,自2011年7月1日起施行。《公路安全保护条例》施行后,1987年10月13日国务院发布的《中华人民共和国公路管理条例》同时废止。

1998年8月30日《中华人民共和国招标投标法》颁布,2000年1月1日实施。2009年3月12日,全国政协第十一届一次会议提出修改提案,10月征求修改意见。根据2017年12月27日第十二届全国人民代表大会常务委员会第三十一次会议《关于修改〈中华人民共和国招标投标法〉〈中华人民共和国计量法〉的决定》进行了修正。

2000年8月1日,交通部颁布了《公路建设监督管理办法》,2006年5月8日交通部第6号令出台新《公路建设监督管理办法》。2000年7月17日经第5次部务会议通过《公路建设四项制度实施办法》《公路建设市场准入规定》,并于2000年10月1日实行。

在此,需要特别指出的是,交通运输部分别于1994年、1999年、2003年、2009年和2018年先后5次发布《公路工程国内招标文件范本》,其对规范招投标市场、招投标程序、招投标文件编制和评标办法起了重要作用。

(四) 我国公路建设市场存在的问题

从我国公路建设市场现状来看,还有以下问题需要解决:

(1) 法律制度可操作性不强。例如,对资格审查、评标等程序,规定得较为原则化,对限制或排斥潜在投标人、围标串标、以他人名义投标等违法行为,缺乏具体认定标准,实际工作中很难查处。

(2) 需进一步完善政策规范,促进招投标市场规则统一,如完善项目定价机制,协调政策、规范综合配套。国务院有关部门和各地方陆续出台了地方性法规、规章和规范性文件,为依法规范公路建设活动提供了制度保障。但由于大多数配套文件在制定过程中缺乏必要的协调,客观上造成了规则不统一,不利于招投标统一大市场的形成。

(3) 需进一步转变政府职能,加强和改进招投标行政监督。现行法规对行政监督的规定较为原则化,实践中行政监督缺位、越位与错位的现象均有存在。

(4) 业主行为不够规范。目前,我国公路建设行业业主多为行政主管部门指定的机构,其管理人员来自四面八方。我国公路建设市场现状及发展方面,知识结构各异,对项目管理缺乏经验,因此在项目管理中仍存在着一些不规范的做法。

(5) 需改变施工企业体制单一陈旧、观念落后的现状,调整企业规模和结构,为非国有企业提供公平竞争的市场环境;让中介机构成为真正的第三方,使招标代理机构、监理机构脱离业主的限制,真正发挥其应有的作用。

这些问题是公路工程建设和公路建设体制改革过程中必然经历的。不断总结我国公路工程建设市场发展过程中的经验和教训,对研究和探索我国公路工程建设市场的发展方向,促进其健康发展具有重要意义。

(五)我国公路建设市场发展前景

为加快建设社会主义和谐小康社会,根据规划,到2030年,我国高速公路网将连接起所有省会级城市、计划单列市、83%的50万以上城镇人口大城市和74%的20万以上城镇人口中等城市。可以说,公路建设市场前景十分广阔,但在面临巨大发展机会的同时,也需迎接更多挑战。

1. 公路建设市场管理体制的变化

编者预计,今后公路工程建设市场将在以下几方面迎来变化:

(1)带有计划经济色彩和烙印的资质、准入证等行政手段规范市场的方式会逐渐弱化,更多地以市场监督、宏观指导为主。

(2)各级公路主管部门转变职能、依法办事、依法行政。公路施工单位、养护单位、设计单位企业化,逐步走向市场,彻底脱离与主管部门的联系。

(3)公路建设市场向各种所有制施工企业开放,国有公路施工企业加快改革、改组、改造和建立现代企业制度的步伐,以适应市场竞争。

(4)高水平、专业化、技术实力雄厚的工程技术咨询机构、监理机构及仲裁机构将不断涌现和发展壮大,并作为社会中介服务机构代替原来行政部门的一些职能,使招投标和工程管理更加规范化、专业化和科学化。

(5)与国际接轨,全面推行FIDIC模式管理公路工程建设。

(6)公路建设管理模式正在变化。国家将进一步加大政策支持力度,鼓励社会投资进入公共基础设施领域,特别是鼓励采用公私合营模式,债券、基金等融资方式投资公路基础设施建设项目,将带来公路建设管理模式的改革探索。

(7)基础设施建设发展环境不断变化。近十多年的大规模公路建设,使得当前项目法人的构成及其管理能力,工程监理的角色定位及其责任担当,设计、施工、咨询业的规模及其经营能力,从业人员的结构及其专业素质都较公路建设起步阶段明显不同。

2. 公路建设市场产业结构的变化

(1)公路施工逐步形成金字塔形的企业结构,产业的集中度将明显提高。形成以施工总承包企业为龙头,以专业承包为依托,以劳务分包企业为基础的公路施工企业结构体系。少数大企业成为集设计、采购、施工为一体的总承包及主导企业,多数小企业往不同的精、专方向发展,从而使产业集中度提高,形成有效的金字塔形的企业结构。

(2)公路建设勘察设计市场将更加开放,更多的设计与施工将会融合。我国公路建设勘察设计市场将打破条块分割、地方保护的现状,有条件地逐步对外开放,国外的公路建设勘察设计市场也会有条件地逐步向我们开放,从而促使我国公路建设、勘察设计市场越来越规范,加快同国际惯例接轨的步伐。为了提高市场竞争能力,促使形成更多的设计施工一体化的总承包企业。

3. 中介机构将独立发挥作用

招标代理、工程咨询、工程监理、工程仲裁等机构都将脱离业主的约束,独立发挥作用。

4. 人员流动性将增强

一方面，企业改制后单位用人的自主权加大，员工工作岗位的变动相对自由和频繁，效益不好的企业将面临破产倒闭的局面，职工会下岗再寻找新的就业机会。另一方面，随着竞争的加剧，特别是一些外资的公路企业进入，公路人才的竞争将会空前激烈，争夺人才资源将成为单位发展的重点，由此会增强公路人才的流动性。

二、公路工程项目的参与者

工程建设活动是一个系统性的工作，除政府管理部门、金融机构、社会公众及建筑材料、设备供应商外，我国从事建设活动的主体主要有建设单位、工程承包企业、工程勘察设计企业、工程监理单位以及工程咨询服务单位等。详细情况如图 1-2 所示。在众多的参与者中，业主（Owner & Employer）、承包商（Contractor）、监理人（Supervisor）三者关系最为密切。业主往往通过招投标的方式选择工程承包合同的执行者——承包商，而"业主的管家"——监理人又依据承包合同监督承包商履行合同义务。业主和承包商是工程合同法律关系；业主和监理人是委托合同法律关系；监理人和承包商是建立在上述两种法律关系基础上的监理事实关系。三者在业务关系中的核心工作是始终围绕依据招投标方式签订的承包合同条款进行合同管理。详细情况如图 1-3 所示。

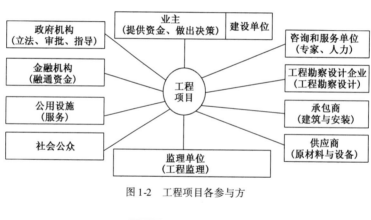

图 1-2　工程项目各参与方

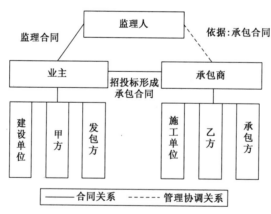

图 1-3　业主、承包商、监理人三者关系

(一)业主与监理单位的协调沟通

业主与监理单位沟通是业主协调沟通管理的重点。公路工程项目时间紧、任务重、涉及面广,工程的建设管理非常复杂,业主又由于自身时间、精力和专业等方面的限制,不可能自己来完成全部管理工作。因此,业主可通过委托协议和合同,授权监理机构及人员对公路工程施工质量、安全、环保、费用和进度等实施监督管理及咨询服务活动。在工程建设过程中,业主处理好与监理方的关系,将对整个工程建设的顺利进行起到极为关键的作用。在工程建设过程中,一方面业主方应该加强与监理的沟通,通过协调,充分了解监理的能力,对监理服务可能达到的效果充满信心;另一方面监理方亦可以了解建设方的意图、需要和关注焦点等信息,在分析信息的基础上,向业主方提供专业的、有针对性的监理服务。

为实现业主与监理的和谐关系,监理除严格按监理合同规定履行职责,编制监理规划、监理月报、召开监理例会、专题会议以及技术交底会,图纸会审会外,应树立顾客至上的监理观念,尊重业主代表,遇事主动和业主代表协商,维护业主的合法权益。若业主对监理工作不了解、不理解,提出一些不恰当的要求,要采取适当的方式加以说明或解释。对于原则问题,可采取书面报告等方式说明原委,向业主提出建议,使业主能够作出正确的决定。

(二)业主与设计、施工等承包单位的协调沟通

承包单位首先要理解业主单位的建设意图,理解总目标,反复阅读合同或项目任务文件,从而确定承包单位今后的工作目标与方法。承包单位明确了项目的目标、项目的参与者对项目的总目标达成共识后,以总目标作为群体目标,作为大家的行动指南,共同为总目标服务。当业主与承包单位之间、各分包商之间产生矛盾时,沟通的目的就是要化解组织之间的矛盾和争执,以保持在行动上协调一致,共同完成项目的总目标。另外,承包商通过与业主进行畅通的沟通交流,应能够及时领会业主对项目的各种信息及其目标、变化,并将业主的要求得以迅速地贯彻实施。其次,业主与承包单位一起投入工程项目实施过程,而不仅只是业主知道某一部分或一个成果。承包单位应及时将对合同的履行情况和项目的实施进展情况及实施期间遇到的问题和要求,通过沟通手段及时反映给业主,让其理解项目施工过程,减少其非专业干预和指挥,让其在决策之前得到充分的信息,了解项目的全貌、项目实施情况、方案的利弊得失和对目标的影响。尊重业主,随时通报情况以及提请业主完成其工作。业主应参与项目的全过程,了解项目推进的疑难点,以使决策更为符合实际,并在一定程度上给予承包商以支持。业主与承包单位双方对项目理解越深,期望越清楚,则争执越少。

(三)业主与供应单位的协调沟通

业主应在项目管理实施规划的指导下,认真做好材料需求计划,充分考虑材料供应商的生产能力、资质及信誉,认真调查市场,在确保材料质量和供应的前提下选择供应单位,选择适当的材料采购价格,保证供应商的正常利润。为保证双方的顺利合作,业主应与材料供应单位签订供应合同。合同中应明确调价条款,明确规定材料拖期责任,明确违约条款。另外,业主与材料供应商可以建立基于业务的长期合作关系,与一些关键材料供应商签订长期供货协议,培育相互信任的良好关系。

(四)承包单位与监理单位的协调沟通

为建立承包单位与监理单位良好的合作伙伴关系,一方面,从承包单位的角度看,承包单位应及时向监理机构提供有关生产计划、统计资料、工程事故报告等,并按《建设工程监理规范》(GB/T 50319—2013)的规定和施工合同的要求,接受监理单位的监督和管理,搞好协作配合。承包单位应充分了解监理工作的性质、原则,尊重监理人员,对其工作积极配合,始终坚持双方目标一致的原则,并积极主动地工作。在合作过程中,承包单位应注意现场签证工作。遇到设计变更、材料改变或特殊工艺以及隐蔽工程等,应及时取得监理人员的认可,并形成书面材料,尽量减少与监理人员的摩擦。承包单位应严格组织施工,避免在施工中出现纠纷。与监理人员意见不一致时,双方应以进一步合作为前提,在相互理解、相互配合的原则下进行协商。承包单位应尊重监理人员或监理机构的最后决定。另一方面,从监理单位的角度看,既要维护建设单位的利益,也不能损害承包单位的合法利益。监理单位应意识到,监理单位与承包单位的关系既是监理与被监理的关系,又是平等主体的关系,在观念上监理单位应该认为自己是在提供监理服务。另外,监理工程师要依据工程监理合同对工程项目实施监理,对承包商的工程行为进行监督管理,要求监督与帮助结合。监理人员要运用好自身的专业知识与管理技能,为施工单位提供建设性意见,同时采纳施工单位提供的合理化建议。监理不仅要发现问题、提出问题,而且要善于协助施工单位解决问题。最后,由于承包商对监理程序和要求不熟悉,不做好沟通就可能引起承包商对监理工作的对抗。为了减少对抗,消除争执,监理工程师应鼓励承包商将项目实施状况、实施结果以及遇到的困难和意见向自己汇报,进行及时沟通和协商。双方了解得越多越深刻,争执就越少,从而才能共同实现项目的总目标。

(五)施工单位与设计单位、供应单位的协调沟通

施工单位应在设计交底、图纸会审、设计洽商与变更、地基处理、隐蔽工程验收和交工验收等环节与设计单位密切配合,同时应接受业主和监理单位对设计、施工双方的协调。建设项目开工之前,施工单位要主动沟通了解设计的进展情况。在设计交底和图纸会审工作中,施工单位应与设计单位进行深层次交流,准确把握设计。对设计与施工不吻合或设计中的隐含问题应及时予以澄清和落实;对于一些争议性问题,应利用业主与监理工程师的职能,避免正面冲突。施工过程中,施工单位应注重与设计单位的沟通,将设计与施工方面的矛盾信息及时反馈给设计方,主动与设计单位磋商,协助设计方妥善处理设计与施工之间的不符或矛盾,积极支持设计单位的工作,同时也争取设计单位的支持。

总之,公路工程项目各参与成员间的协调沟通,既是公路项目管理水平的具体体现,直接影响各方的经济效益,也在很大程度上决定了公路项目最终目标的实现与否。公路工程项目建设过程中,各参与方只有将各项协调沟通措施有机地融为一体,协调一致、齐心协力、步调一致地解决掉经常性的利益冲突,才能实现既定目标,顺利完成公路工程建设任务。

三、公路工程项目的交易方式

公路工程项目交易方式是指项目参与方为了实现业主的目标与目的,完成预定的工程设施而组织实施项目的系统方式。工程项目交易方式国际上多称为 Project Delivery System,也称为 Project Delivery Method 或 Project Delivery and Contract Strategy,我国称其为工程项目承包模

式或项目管理模式,本文统称为 PDS。PDS 明确了项目执行过程中业主的管理职能,界定了项目各参与方在特定工程项目中的作用、职责、风险分担以及业主拟采用的支付方式。PDS 在很大程度上决定了工程项目的工期、成本、质量与合同管理方式。选择适宜的 PDS 能够提高工程项目的执行效率,降低工程项目的交易成本。PDS 不仅与工程项目的工期延误和成本超支有很大关系,对工程项目的其他绩效也有较大影响。PDS 一旦选定,在工程项目实施过程中一般不可更改,否则项目业主要付出巨大的代价。目前,PDS 包括"设计—招标—建造方式(Design Bid Build,DBB)、CM 方式(Construction Management,包括代理型和风险型两种,本文仅指风险型 CM 方式)、设计—建造方式(Design Build,DB)、设计—采购—施工方式(Engineering, Procurement and Construction,EPC)、设计—建造—维护方式(Design-Build-Maintain,DBM)、设计—建造—运营方式(Design-Build-Operate,DBO)和设计—建造—运营—维护方式(Design-Build-Operate-Maintenance,DBOM)等。PDS 的扩展形式还有带包括融资性质的 PPP(Public-Private Partnership,政府与社会资本合作)、BOT(Build-Operate-Transfer 建设、经营与转让)、DBFO(Design-Build-Finance-Operate,设计—建设—融资—经营)等"。

四、合同的概念

(一)合同的基本概念

依据《中华人民共和国合同法》(以下简称《合同法》)的规定,合同是平等民事主体的自然人、法人、其他组织之间订立、变更、终止民事权利、义务关系的协议。但涉及婚姻、收养、监护等有关身份关系的协议,适用相关法律的规定。

《合同法》规定的合同主体范围较宽,可以是法人,也可以是自然人或其他组织。所谓法人,是指具有权利能力和行为能力并依法享有民事权利和承担民事义务的组织。企业、机关、事业单位、社会团体等组织,只要符合法定条件的都可成为法人。法人的本质是法律对一个社会组织的人格化,它是相对于自然人而言的。法人成立必须具备以下四个条件:

(1)依法成立,即在国家机关进行登记、注册和得到认可。企业法人的注册机关是国家工商行政机关;事业法人的注册机关是上级政府主管部门。

(2)有独立支配的财产和经费。这是保证法人能独立进行经济活动、承担民事责任的物质基础。法人没有独立支配的财产,或者让法人从事超出自己财产范围之外的生产经营活动,不利于市场经济秩序的稳定。

(3)有自己的名称和组织机构。在办理法人登记时,要申明自己的法人名称、组织机构、联系地址、开户银行等。

(4)能够独立承担民事义务和进行诉讼活动。法人对自己的法律行为所产生的法律后果承担全部法律责任。比如签订经济合同、在经营管理中出现了亏损以及在经济活动中欠了债务等,都要由法人负责。

广义的合同是指以确立权利、义务为内容的一切协议,包括国际法中的国家合同、行政法中的行政合同、民法中的债权债务合同、劳动法中的劳动合同等各种合同。

狭义的合同是指平等民事主体之间设立、变更、终止债权债务关系的协议,受民商法《中华人民共和国民法通则》和《中华人民共和国商法》尤其是《合同法》约束,如买卖合同、建设工程合同。在多数情况下所称的合同,都是指狭义的合同,本书主要指狭义的合同。

(二)合同在工程中的地位和作用

(1)合同是工程项目实施和管理的手段和工具。业主通过项目结构分解和合同委托,将一个完整的工程项目分解、委托给许多专业单位实施和管理,并依据合同对项目过程进行控制。同样,承包商通过分包合同、采购合同和劳务供应合同委托工程分包和供应工作任务,形成项目的实施过程。工程项目的建设过程实质上又是一系列工程合同的签订和履行过程。

(2)合同确定了工程实施和管理的主要目标。工程规模、范围、质量、工期、价格等是工程实施前合同确定的项目主要目标,是合同各方在工程中从事各种活动的依据。

(3)合同是工程项目组织的纽带,它将工程所涉及的相关参与单位联系起来,协调并统一项目各参与者的行为。

(4)合同使双方或多方结成一定的经济关系。工作任务通过合同委托,业主和承包商通过合同链接,它们之间的经济和法律关系通过合同调整,合同规定了双方在合同实施过程中的经济责任、利益和权利。

(5)合同是工程实施过程中当事人的行为依据和标准。工程过程中的一切活动都是为了履行合同,双方的行为主要靠合同来约束。

(6)合同是工程实施过程中解决双方争执的依据。合同争执是经济利益有冲突的表现,常起因于双方对合同理解的不一致、合同实施环境的变化、一方未履行或未正确履行合同等。争执的判定可以合同作为法律依据,争执解决方法和解决程序可由合同规定。

(三)工程合同的发展

1. 计划经济体制下的工程合同

1950年12月,中央人民政府政务院在第61次政务会议上通过《关于决算制度、预算制度投资的施工计划和货币管理的规定》,第一次明确了必须先设计、后施工的建筑业工作程序。1951年,我国中央财政经济委员会引进了苏联基本建设委员会制定的《基本建设条款》,提出要废除投标制,实行工程任务分配制,逐渐统一建筑材料规格,废除层层转包,建立合同制等措施,标志着中华人民共和国成立后在建设领域初步确立合同制度。

1955年,国家建设委员会以苏联为鉴颁布了《建筑安装工程包工暂行办法》(以下简称《暂行办法》)。该办法建立了建筑任务的承发包制度和包工包料及总分包制度。《暂行办法》规定:从任务的委托、进度的安排、预算的编制、工程价款的拨付和结算,到工程质量的监督和验收等,均由建设单位和施工单位签订承包发包合同,各自履行合同中规定的责任、权利和义务;发包单位负责落实建设条件,承包单位实行包工包料,对工期、质量全面负责;承发包人必须在进行建筑安装工程前签订年度合同。

这些管理制度和管理方法基本上遵循了客观规律,适应当时建筑业的发展和经济建设的要求,经过实践中的反复修订和完善,取得了大量、比较系统的管理经验,使建筑业的行业和企业管理开始走上正规化的道路,取得了良好的综合经济效果,也为建设工程法规体系的形成奠定了良好的基础。

综上所述,在中华人民共和国成立至改革开放以前,虽然我国的建设工程施工合同制度已显露雏形并使工程建设过程逐渐规范化,但由于我国长期实行的是计划经济体制,运用计划手段调控经济运行。在建设工程项目领域,从工程立项、资金来源、施工单位的确定、材料供应都由国家计划来安排,工程建设中的各个单位之间不存在直接的联系,业务活动中并不使用合同,也不存在合同风险,实质上风险全部由国家来承担,因此合同制度未能得到贯彻和完善。由于建筑产品没有被视为商品,工程建设的发包承包完全依靠行政手段,所以没有形成真正意义上的建筑市场。

2. 向市场经济体制转型下的工程合同

1979年4月20日,国家建设委员会(以下简称"建委")发出《关于试行基本建设合同制的通知》,认为必须坚持按经济规律办事,采取经济发放,充分运用合同来管理基本建设,同日发布《建筑安装工程合同试行条例》《勘察设计合同试行条例》,规定工程建设由建设单位和施工单位根据初步设计和总概算签订承发包合同,恢复了建设项目的甲乙方承发包合同制。

1980年10月,国务院颁布了《关于开展和保护社会主义竞争的暂行规定》指出,"对一些适宜于承包的生产建设项目和经营项目,可以试行招标、投标的办法"。这是中华人民共和国成立后第一次在政府文件中提出招标投标。世界银行在1980年提供给我国的第一笔贷款时,即给予第一个"大学发展项目"贷款时,便以国际竞争性招标方式在我国(委托)开展其项目的采购与建设活动。

1983年3月,城乡建设部在制定建筑业改革大纲时明确提出建筑工程要实行投标、议标制,并于同年6月颁布了《建筑安装工程招标投标试行办法》,要求合法的建筑企业施工单位均可通过投标承揽任务。这是第一个招标投标的行业规章,对在全国范围内试行招投标工作起到了很大的推动作用。1983年8月8日,国务院颁布了《建设工程勘察设计合同条例》和《建筑安装工程承包合同条例》。这两项条例是根据《中华人民共和国经济合同法》的有关规定,结合实行建筑安装工程承包制和勘察设计合同制的经验制定的,分别对合同的有关规定做了详细、明确的说明。其中,《建筑安装工程承包合同条例》明确要求推行工程招标承包制,并规定签订承包合同必须遵守国家法律和政策。

经过初步的改革实践,从1984年开始,建筑的体制改革进入了一个逐步深入的新阶段。1984年3月到5月,国务院多次召开会议,听取了城乡建设部和国家计划委员会关于建筑业发展纲要和建筑业改革问题的汇报,对建筑业和基本建设管理体制的改革进行了深入的探讨,并做了一系列重要指示,明确了改革的重点要放在三个方面,即建设资金有偿使用、建设项目投资包干和工程建设实行招投标承包制。

3. 市场经济体制下的工程合同

1990年,国务院办公厅批准了国家工商行政管理局的《关于在全国逐步推行经济合同示范文本制度请示》,国家建设部与工商行政管理局于1991年联合颁发了《建设工程施工合同(示范文本)》(GF-1991-0201)(以下称"91版示范文本")。示范文本对施工中所涉及的各个环节都做了明确的规定和详细的说明,规范合同当事人的行为,很好地解决了合同签订过程中长时间存在的种种难题,有效地避免了建设投资者与施工单位之间长期存在的纠纷和有关问题,使得建设单位、施工单位及其他相关单位有据可依,也保障了招标承包制和建设监理制的顺利执行,完善社会主义市场经济条件下的建设经济合同制度。为了更进一步完善建设工程合同制度,建设部于1993年1月又颁布了《建设工程施工合同管理办法》。

随着建筑市场的不断发展和逐步开放,国家的法律体系逐步完善,尤其是招标投标制、工程质量制度和建设监理制的全面推行,使得"91版示范文本"渐渐不能适应需要。因此,经过几年的工程实践,根据国际、国内建筑市场的变化,建设部于1997年开始着手对其进行修订,并于1999年发布了新版《建设工程施工合同(示范文本)》,借鉴了FIDIC文本,在"91版示范文本"的基础上不断修改、补充形成。

近几年出台的《中华人民共和国建筑法》《中华人民共和国合同法》《中华人民共和国招投标法》进一步健全了建设工程合同制度,确立了承包主体必须是具有相应资质等级的勘察单位、设计单位、施工单位制度,招标投标制度,建设工程合同应当采用书面形式制度,禁止违法分包和转包制度,竣工验收制度,承包人优先受偿权制度,等等,明确了合同各方当事人的法律地位和权利、义务、责任,对提高建设工程质量起到了极大的推动作用。基本完成了我国建设工程合同管理的法律体系构建,使我国工程合同管理在市场经济条件下,进入了规范化管理的新时期。

(四)合同的主要条款

合同的主要条款是指《中华人民共和国合同法》(以下简称《合同法》)规定的合同应当具备的基本条款,这些条款是合同的主要内容和核心。根据《合同法》第十二条规定,合同的内容由当事人约定,但一般应包括以下条款:

(1)当事人的名称或姓名和住所。

(2)标的。标的是指合同中当事人双方权利和义务共同所指的对象。标的可以是某种实物,也可以是某种工程、劳务活动或智力成果等。比如,购销合同的标的是某种产品,勘察设计合同的标的是勘察设计成果文件,公路工程施工承包合同的标的是公路工程项目,等等。

(3)数量。所谓数量是对标的的计量,是衡量标的的大小、多少、轻重的尺度。签订合同,必须明确规定标的数量。为使数量清楚,计量单位和计量方法要明确,不可含混不清。要采用统一的计量单位,做到计量标准化、规范化。

(4)质量。质量是标的的内在品质和外观形态的综合指标,合同必须明确规定标的质量标准。当前,在订立公路工程施工承包合同时,主要通过"工程量清单""技术规范""图纸"等文件来明确规定标的的数量和质量。

(5)价款或报酬。价款或报酬统称为"价金",是指合同当事人一方向交付标的物的另一方支付的以货币为表现形式的代价。在以货物为标的的合同中,这种代价称为"价款";在以劳务、智力成果为标的的合同中,这种代价则称为"报酬"。标的物的价格,由当事人双方协商确定或通过招标确定。

(6)履行期限、地点和方式。履行期限是指当事人交付标的和支付价金的日期。合同的履行期限并不等于合同的有效期限。合同有效期是指合同生效之日起至合同中当事人的权利和义务终结的时间,有时合同履行期限结束了,合同依然有效。例如,公路工程施工承包合同的有效期并不等于合同工期,合同工期结束了,但承包合同依然有效,合同关系依然存在,所以,如承包商未按时完工,业主可依据合同对其扣留违约金。履行地点是交付或提取标的物的地方,公路工程施工承包合同中,履行地点为公路工程项目所在地。履行地点也应该明确,否则易产生合同纠纷。履行方式,是指当事人采用什么方式履行合同义务。合同的履行方式,首先取决于标的的性质,不同性质的标的有不同的履行方式,但无论采用什么方式都必须明确规定是一次履行还是分期、分批履行,是当事人自己履行还是由他人代为履行,等等。如公路工程施工承包合同中,通常应将转让和分包问题、分段移交问题等在合同中作出明确规定。履行方式包括标的交付方式和价金的结算方式。在价金结算过程中,除国家允许用现金履行义务的,其他必须通过银行转账结算,且应以人民币形式支付。

(7)违约责任。违约责任是指由于当事人一方或双方的过错,造成经济合同不能履行或不能完全履行时,责任方必须承担的责任。明确规定双方的违约责任,有利于双方严肃认真地签订和履行经济合同,有利于追究责任方的违约责任。

(8)解决争议的办法。当事人可以参照各类合同的示范文本订立合同,约定解决争议的方法。

(五)合同的形式与分类

《合同法》规定,合同形式包括买卖合同,供用电、水、气、热力合同,赠予合同,租赁合同,融资租赁合同,承揽合同,建设工程合同,运输合同,技术合同,保管合同,仓储合同,委托合同,行纪合同,居间合同。公路工程建设中的勘察、设计、施工合同属于建设工程合同的范畴,而监理合同属于委托合同的范畴。

合同还可以按照不同的标准,从不同的角度,进行不同的分类,这种分类在法律上具有一定的意义。

1. 合同的形式

根据订立合同的形式划分,合同可分为口头合同、书面合同和其他形式的合同。书面合同是指合同书、信件和数据电文(包括电报、电传、传真、电子数据交换和电子邮件)等可以有形地表现所载内容的公路形式。口头合同内容简单且因当面成交,履约时间短,无须签订书面协议。由于口头合同无据可查,一旦发生合同纠纷,难以举证,无从处理,因此,对于法律、行政法规规定采用书面形式的以及当事人约定采用书面形式的,应当采用书面形式。根据《合同法》第二百七十条规定,建设工程合同应当采用书面形式。对于必须采用书面形式的合同,是否采用书面的形式是经济合同有效与否的条件。在公路工程承包合同中,不仅其合同应采用书面形式,而且双方来往的函件,以及监理工程师在合同管理中作出的指示、同意、决定或批准等都应当采用书面形式,这些文件都可以视为承包合同的补充文件。随着电子技术的飞速发展,人们将越来越多地采用电子技术签订经济合同,而使传统书面形式的合同进入电子合同时代。

2. 合同的分类

(1)根据履行期限的长短不同,合同可分为长期合同和短期合同。长期合同是指合同期在一年以上的合同,短期合同是指合同期不超过一年的合同。按国际惯例,长期合同中应单独设立因通货膨胀等因素对价款或报酬额产生影响的处理条款,而不应笼统地让承包商在报价中去考虑此类风险。

(2)根据合同的效力不同,合同可分为有效合同、无效合同和可撤销合同。无效合同不具有法律约束力。

(3)按合同内容的包含关系不同,合同可分为总合同与分合同。分合同的内容属于总合同的组成部分,分包商只和总包商发生合同关系,总包商应就分包商的权利和义务向业主负责。当分包商违约时,业主只追究总包商的违约责任。

(4)根据合同的主从关系不同,合同可分为主合同与从合同。主合同是指不以其他合同的存在为前提而独立成立和独立发生效力的合同,从合同是指以其他合同的存在为前提而成立并发生效力的合同。例如,担保合同、保险合同等就是施工承包合同的从合同。主从合同的关系是,主合同不仅影响从合同的存在,而且影响从合同的履行;而从合同并不影响主合同的存在,但它却影响主合同的履行。有没有从合同,主合同的履行情况和履行质量是不一样的。主合同与从合同并存可产生互补作用。

五、合同管理

合同是当事人双方或数方确定各自权利和义务关系的协议,虽不等于法律,但依法成立的合同具有法律约束力。工程合同属于经济合同的范畴,受经济和刑法法则的约束。工程合同管理主要是指项目管理人员根据合同进行工程项目的监督和管理,是法学、经济学理论和管理科学在组织实施合同中的具体运用。

合同管理全过程就是由洽谈、草拟、签订、生效开始,直至合同失效为止的过程,不仅要重视签订前的合同管理,更要重视签订后的管理。合同管理强调系统性和动态性。系统性就是凡涉及合同条款内容的各部门都要一起来管理;动态性就是注重履约全过程的情况变化,特别要掌握对自己不利的变化,及时对合同进行修改、变更、补充或中止和终止。

在项目管理中,合同管理是一个重要的管理职能。在国外,从20世纪70年代初开始,随着工程项目管理理论研究和实际经验的积累,人们越来越重视对合同管理的研究。在发达国家,80年代前人们较多地从法律方面研究合同;在80年代,人们较多地研究合同事务管理(Contract Administration);从80年代中期以后,人们开始更多地从项目管理的角度研究合同管理问题。近十几年来,合同管理已成为工程项目管理的一个重要的分支领域和研究的热点。它将项目管理的理论研究和实际应用推向新阶段。

公路工程合同是一个较为复杂和庞大的体系,业主和承包商签订的是"核心合同",业主居于合同主体的"核心位置"。公路工程合同管理是指合同相关方以现行法律、法规和合同文件为依据,本着公正、公开、公平和诚实信用的原则,运用科学理论和现代科学技术依法进行合同订立、履行、变更、索赔、解除、终止以及审查、监督、控制等一系列行为的总称。

1. 合同管理的定义

(1)广义的合同管理。广义的合同管理是指为了保障狭义的合同与《合同法》得以顺利实施,保护合同当事人的一切合法权益,维护市场经济秩序的与合同有关的一切部门所进行的一系列的管理活动,包括工商行政对合同的管理,公证部门、司法部门、仲裁机构对合同的审理,行业主管对合同的审核监督,融资机构对合同的监督管理,银行、保险等部门参与的管理,当事人自身对合同行为的管理。

(2)狭义的合同管理。狭义的合同管理即发包方、承包方、工程师依据法律和行政法规、规章制度,采取一系列宏观或微观的手段对建设工程合同的订立、履行过程进行的管理。业主主要对合同进行总体策划和控制,对授标及合同的签订进行决策,为承包商的合同实施提供必要的条件;工程师受业主委托起草合同文件和各种相关文件,解释合同,监督合同的执行,进行合同控制,协调业主、承包商、供应商之间的合同关系;承包商主要从合同实施者的角度进行投标报价、合同谈判,执行合同,圆满地完成合同所规定的义务。

本书主要从微观角度,以业主、承包商和工程师的角度来谈合同管理。

2. 合同管理理论和实践的发展过程

在工程管理领域,人们对合同和合同管理的认识、研究和应用有一个发展过程。近十几年来,人们越来越重视合同管理工作,它已成为项目管理中与成本(投资)、工期、质量等管理并列的一大管理职能。它将工程项目管理的理论研究和实际应用推向新阶段。

在20世纪80年代前,由于工程比较简单,合同关系不复杂,合同条款简单,所以人们较多地从法律方面研究合同,关注合同条件在法律方面的严谨性和严密性。合同管理主要属于律师的工作。

在20世纪80年代初,人们较多地研究合同事务的管理。由于工程合同关系的复杂,合同文本的复杂以及合同文本的标准化,合同的相关性事务越来越复杂,人们开始注重合同的文本管理,并开始开发合同的文本检索软件和相关的事务性管理软件,如EXP合同管理软件,注重对承包企业管理人员合同管理意识的培养和加强;同时,将合同管理的研究重点放在招投标工作程序和合同条款内容的解释上。

20世纪80年代中后期,我国工程界开始全面研究FIDIC合同条款,研究国际上先进的合同管理方法、程序,研究索赔管理的案例、方法、措施、手段和经验。

随着工程项目管理研究和实践的深入,人们加强了工程项目管理中合同管理的职能,重构工程项目管理系统,具体定义合同管理的地位、职能、工作流程、规章制度,确定合同与成本、工期、质量等管理子系统,将合同管理融于工程项目管理全过程。在计算机应用方面,研究并开发合同管理的信息系统。在许多工程项目管理组织和工程承包企业组织中,建立工程合同管理职能机构,使合同管理专业化。合同管理的研究和应用拥有许多新的内容。近十几年来,工程合同管理的研究和应用又有许多新的内容。具体表现在:将合同管理作为项目实施策略、承发包模式、管理模式和方法、程序的体现,不仅注重签订和过程的管理,而且注重整个工程项目合同体系的策划与协调;工程中新的融资方式、承发包模式、管理模式的应用,许多新的项目管理理念、理论和方法的应用,给合同形式、内容、合同管理方法提出了许多新的问题。另外,还开始进行合同管理的集成化研究,即研究合同管理与工程管理其他职能之间存在的工作流程和信息流程的关系。

3. 合同管理的目标

合同是项目管理的一种工具或手段,合同管理的目标就是使这种手段更先进——使合同的作用发挥得更好,对实现项目管理目标的保障程度更好。广义地说,工程项目实施和管理的全部工作都可以纳入合同管理的范围。它作为其他工作的指南,对整个项目的实施起总控制和总保证作用。在现代工程中,没有合同意识,则项目总体目标不明;没有合同管理,则项目管理难以形成系统,难以有高效率。没有有效的合同管理,则不可能有有效的工程项目管理,不可能实现工程项目的目标。合同管理直接为项目总目标和企业总目标服务,保证其顺利实现。具体地说,合同管理目标包括:

(1)明确项目目标,确定管理依据;

(2)明确权利义务,规范主体行为;

(3)合理分担风险,为目标提供保障;

(4)完善合作关系,实现目标双赢。

六、合同管理的作用

1. 促进公路建设市场的规范和发展

公路建设通过改革合同的订立方式,采用招投标制,通过规范合同订立的内容,采用《公路工程标准文件》作为合同文件通用化、标准化的示范文本,保证了我国公路工程合同订立的合法性、全面性、准确性和完整性,从而对我国公路建设市场的形成和发展起到了积极的推动作用。但目前我国公路建设市场仍然存在很多不规范的地方,这些现象主要源于我们合同意识淡薄,法制观念不强,不重视合同管理。因此,我们必须从以下方面认真做好合同管理工作,以促进我国公路建设市场规范、健康地发展:

(1) 规范公路建设市场主体和监管部门的行为;
(2) 完善市场价格的形成机制;
(3) 健全市场交易方式,形成开放、有序的公路建设市场;
(4) 切实提高合同的履约率和履约质量。

2. 促进公路建设市场主体建立现代企业制度

公路建设市场主体包括业主、承包商和监理等中介咨询服务单位,他们之间的法律地位是平等的,而维系他们之间关系的桥梁和纽带是合同。能否认真签订合同,全面、适当履行合同,正确对待变更与索赔,既是工程项目能否顺利实施和完成的前提,又反映了业主法人责任制的落实程度、承包商法人治理的完善程度。也就是说,建设市场主体是否建立和健全以"产权清晰、权责明确、政企分开、管理科学"为特征的现代企业制度是公路工程合同管理落到实处的关键。反过来说,通过合同管理,又可以促进公路建设市场主体建立现代企业制度。

3. 形成以合同管理为核心的项目管理体系,全面实现项目管理的各项目标

公路工程合同体系严密,内容全面,既有合同双方责、权、利、义明确而全面的描述;又有施工规范、计量规则、变更办法、索赔程序等具体的操作性很强的规定。因此,通过加强合同管理,提高合同履约质量,可以使业主实现"五控""两管"(质量、进度、投资、安全、环保控制和合同、信息管理),使承包商实现经营目标和经营战略,使监理能促进业主和承包商目标的实现,使监管部门可以维护市场经济秩序。因此,公路工程合同管理是项目管理的核心。

第二节 招标投标概述

招标投标是商品交易活动的一种运作方式。它是伴随社会经济的发展而产生,并不断发展的高级的、有组织的、规范化的交易运作行为。招标投标工作是公路建设中的重要组成部分。

一、招标投标的概念

公路工程招投标包括公路工程招标和公路工程投标。公路工程招标,是指招标人在发包建设项目之前,公开招标或邀请投标人,根据招标人的意图和要求提出报价,择日当场开标,以便从中择优选定中标人的一种经济活动。公路工程投标,是工程招标的对称概念,是指具有合法资格和能力的投标人根据招标条件,经过初步研究和估算,在指定期限内填写投标书,提出

报价,等候开标,并决定是否接受中标的经济活动。

招投标制促使建设单位按基本建设程序办事;促使施工单位在竞争中注重自身的经营管理、技术进步,提高管理水平,树立良好的信誉;促使施工企业由生产型向生产经营型转变,改革企业内部的经营体制和管理体制,以求得更好的经济效益。

二、招标投标的基本原则

"公开、公平、公正和诚实信用",是招标投标活动必须遵循的基本原则,也是推行招标投标的关键,如果违反了这一基本原则,招标投标则失去了其真正的意义。《中华人民共和国招标投标法》(以下简称《招标投标法》)中的各项规定,都是为了保证这一基本原则的贯彻而制定的。

(一)公开原则

所谓公开原则,就是要求招标投标活动应具有较高的透明度,这也是招标投标最基本、最重要的原则,是公平、公正原则的基础和前提。

(二)公平原则

公平原则,要求给予所有投标人平等的机会,使其享有同等的权利,履行同等的义务。《招标投标法》第六条明确规定:"依法必须进行招标的项目,其招标投标活动不受地区或者部门的限制,任何单位和个人不得违法限制或者排斥本地区、本系统以外的法人或者其他组织参加投标,不得以任何方式非法干涉招标投标活动。"

(三)公正原则

公正原则,就是要求招标人在招标投标活动中应当按照统一的标准衡量每一个投标人的优劣。进行资格审查时,招标人应当按照资格预审文件或招标文件中载明的资格审查的条件、标准和方法对潜在投标人或者投标人进行资格审查,不得改变载明的条件或者以没有载明的资格条件进行资格预审。

《招标投标法》还规定评标委员会应当按照招标文件确定的评标标准和方法,对投标文件进行评审和比较。评标委员会成员应当客观、公正地履行职务,遵守职业道德。

(四)诚实信用原则

要求招标投标双方互相尊重双方利益,信守要约和承诺的法律规定,履行各自义务,不得规避招标,串通哄抬投标,泄露标底,骗取中标,非法转包合同及行贿受贿。

三、招投标制的适用条件

《招标投标法》规定,在中华人民共和国境内进行下列工程建设项目包括项目的勘察、设计、施工、监理以及与工程建设有关的重要设备、材料等的采购,必须进行招标:

(1)大型基础设施、公用事业等关系社会公共利益、公众安全的项目;
(2)全部或者部分使用国有资金投资或者国家融资的项目;
(3)使用国际组织或者外国政府贷款、援助资金的项目。

前款所列项目的具体范围和规模标准,由国务院发展计划部门会同国务院有关部门制定,报国务院批准。

法律或者国务院对必须进行招标的其他项目的范围有规定的,依照其规定。

任何单位和个人不得将依法必须进行招标的项目化整为零或者以其他任何方式规避招标。

《公路工程建设项目招标投标管理办法》规定:对于按照国家有关规定需要履行项目审批、核准手续的依法必须进行招标的公路工程建设项目,招标人应当按照项目审批、核准部门确定的招标范围、招标方式、招标组织形式开展招标。

公路工程建设项目履行项目审批或者核准手续后,方可开展勘察设计招标;初步设计文件批准后,方可开展施工监理、设计施工总承包招标;施工图设计文件批准后,方可开展施工招标。

施工招标采用资格预审方式的,在初步设计文件批准后,可以进行资格预审。

有下列情形之一的公路工程建设项目,可以不进行招标:

(1)涉及国家安全、国家秘密、抢险救灾或者属于利用扶贫资金实行以工代赈、需要使用农民工等特殊情况的;

(2)需要采用不可替代的专利或者专有技术的;

(3)采购人自身具有工程施工或者提供服务的资格和能力,且符合法定要求的;

(4)已通过招标方式选定的特许经营项目投资人依法能够自行施工或者提供服务的;

(5)需要向原中标人采购工程或者服务,否则将影响施工或者功能配套要求的;

(6)国家规定的其他特殊情形。

招标人不得为适用前款规定弄虚作假,规避招标。

第三节 相关法律法规

一、《中华人民共和国招标投标法》

为了规范招投标活动,加强对招投标的管理,保证招投标的质量,国家、交通运输部及其他各行业主管部门制定并颁布了许多有关招投标方面的法律法规,招标投标活动必须按照有关法律法规的规定进行。目前,有关公路工程招标投标方面的法律法规主要有:

(1)《中华人民共和国招标投标法》(根据2017年12月27日第十二届全国人民代表大会常务委员会第三十一次会议《关于修改〈中华人民共和国招标投标法〉〈中华人民共和国计量法〉的决定》修正),是一部规范招标、投标行为的专项法律。

(2)《公路工程建设项目招标投标管理办法》(2015年12月2日交通运输部令〔2015〕第24号),是规范公路工程施工招标投标工作的主要法规。

(3)《中华人民共和国建筑法》(经1997年11月1日第八届全国人民代表大会常务委员会第二十八次会议通过,根据2011年4月22日第十一届全国人民代表大会常务委员会第二十次会议《关于修改〈中华人民共和国建筑法〉的决定》修正),可以实施对建筑活动的监督管理。

(4)《公路工程建设项目评标工作细则》(2017年9月26日交公路发〔2017〕第142号文

件),对公路工程施工招标投标中的评标工作制定了具体的实施细则。

(5)《必须招标的工程项目规定》(2018年3月27日国家发展计划委员会令〔2018〕第16号文件),具体规定了必须进行招标的工程建设项目的具体范围和规模标准。

(6)《工程建设项目施工招标投标办法》(七部委30号令,2013年23号令修改),工程建设项目的施工招标与投标作了详细规定。

(7)《中华人民共和国招标投标法实施条例》(2011年11月20日中华人民共和国国务院令第613号文件),对《中华人民共和国招标投标法》的有关条款进行了解释,并对其实施作了更完善、更详细的规定。

(8)《中华人民共和国简明标准施工招标文件(2012年版)》(九部委,发改法规〔2011〕第3018号)。

(9)《中华人民共和国设计施工总承包招标文件(2012年版)》(九部委,发改法规〔2011〕第3018号)。

(10)《公路工程标准施工招标文件(2018年版)》(交公路发〔2017〕51号)。

(11)《公路工程标准施工招标资格预审文件(2018年版)》(交公路发〔2017〕51号)。

(12)《电子招标投标办法》(2013年2月4日,中华人民共和国国家发展和改革委员会令第20号)是中国推行电子招投标的纲领性文件。

二、《中华人民共和国合同法》

《中华人民共和国合同法》(以下简称《合同法》)于1999年3月15日第九届全国人民代表大会第二次会议审议通过。《合同法》分为总则、分则、附则3篇,共23章428条,于1999年10月1日起施行。《合同法》是规范市场交易的基本法律,是我国社会主义市场经济法律体系的重要组成部分,是与企业、公司的生产经营和个人生活密切相关的法律,是市场经济条件下人们维护自身合法权益的最有效和最权威的一部法律。《合同法》为招标文件内容的规范化提供了法律依据。

公路工程标准施工招标文件合同条款的构成包括通用合同条款——2007年版国家九部委《标准施工招标文件》和专用合同条款——《公路工程标准施工招标文件(2018年版)》。专用合同条款包括A.公路工程专用合同条款和B.项目专用合同条款。

第二章　公路工程施工招标投标

第一节　公路工程施工招标

一、公路工程施工招标的准备工作

对于按照国家有关规定需要履行项目审批、核准手续的依法必须进行招标的公路工程建设项目，招标人应当按照项目审批、核准部门确定的招标范围、招标方式、招标组织形式开展招标。

项目进行招标必须具备相应的条件。根据项目的不同情况，项目招标所应具备的条件也不一样。《中华人民共和国招标投标法》（以下简称《招标投标法》）对项目招标必须具备的条件作了比较简要的规定："招标项目按照国家有关规定需要履行项目审批手续的，应当先履行审批手续，取得批准。招标人应当有进行招标项目的相应资金，或者资金来源已经落实，并应当在招标文件中如实载明。"

《公路工程建设项目招标投标管理办法》规定："对于按照国家有关规定需要履行项目审批、核准手续的依法必须进行招标的公路工程建设项目，招标人应当按照项目审批、核准部门确定的招标范围、招标方式、招标组织形式开展招标。公路工程建设项目履行项目审批或者核准手续后，方可开展勘察设计招标；初步设计文件批准后，方可开展施工监理、设计施工总承包招标；施工图设计文件批准后，方可开展施工招标。施工招标采用资格预审方式的，在初步设计文件批准后，可以进行资格预审。"

（一）招标的方式

1. 法定招标方式

《招标投标法》规定："招标分为公开招标和邀请招标。国务院发展计划部门确定的国家重点项目和省、自治区、直辖市人民政府确定的地方重点项目不适宜公开招标的，经国务院发展计划部门或者省、自治区、直辖市人民政府批准，可以进行邀请招标。"

（1）公开招标

公开招标，是指招标人以招标公告的方式邀请不特定的法人或者其他组织投标。除特殊规定外，公路工程施工招标应当实行公开招标。公开招标又称无限竞争招标，其特点是招标过程中投标人的数量不受限制，凡是符合条件的投标人均可参加投标。公开招标有效贯彻了公平竞争原则,有利于打破地区保护和行业封锁,降低投标报价,促进完全竞争的建设市场的形成。但是,公开招标存在着工作量大、费用高的缺陷,影响市场的交易效率,同时也会增大投标的社会成本。投标人越多,投标的社会总成本越大。

(2)邀请招标

邀请招标,是指招标人以投标邀请书的方式邀请特定的法人或者其他组织投标。邀请招标的特点是投标人的数量受到限制,通常称为有限竞争招标。招标人必须邀请3个以上的投标人,一般以5~8个为宜。符合下列条件之一,不宜公开招标的公路建设项目,经交通运输部或省级交通主管部门批准后,可以进行邀请招标:施工规模较小;有特殊技术要求;工期特别紧。

2. 非法定招标方式

非法定招标方式有议标和竞争性谈判。

(1)议标

议标是一种特殊的邀请招标,又称"比价招标"。通常由招标方邀请一家或多家(一般不超过三家)承包商直接通过合同谈判的方式进行定标。由于我国特殊的国情,此方式现在一般不允许采用。但该方式在国外比较普遍,国际上大承包商90%的业务都是通过议标取得。

(2)竞争性谈判

竞争性谈判,是指采购人或者采购代理机构直接邀请3家以上供应商就采购事宜进行谈判的方式。竞争性谈判采购方式的特点:一是可以缩短准备期,使采购项目更快地发挥作用;二是减少了工作量,省去大量的开标、投标工作,有利于提高工作效率,减少采购成本;三是供求双方能够进行更为灵活的谈判;四是有利于对民族工业进行保护;五是能够激励供应商自觉将高科技应用到采购产品中,同时又能转移采购风险。

(二)招标的组织与管理

1. 招标的组织

公路工程施工招标是一项很复杂的工作,涉及技术、经济、财务、法律等方面,需要广泛的知识支撑和各部门的支持、配合,因此成立招标机构是十分必要的。

根据以往公路工程施工招标的经验,成立招标工作的"招标领导小组"和"招标工作组"这两级机构比较符合我国国情。"招标领导小组"的主要任务是对招标工作中的重大问题进行决策并负责协调好各方面的关系,而大量的具体业务则由"招标工作组"来完成。

(1)招标领导小组

招标领导小组或招标委员会是一个临时性组织,是为某项工程而设立的,随着该工程招标工作的结束而完成使命。招标领导小组的组建,应根据工程建设规模的大小、工程所在地、技术复杂程度和工程重要性确定其组成成员。它的主要任务是做好招标工作中的行政监督;协调好各方面的关系;审定招标工作计划;及时研究和解决招标工作中的重大问题;监督和检查招标工作的进展情况;审查评标委员会推荐的中标候选单位和定标等。

(2)招标工作组

招标工作组应以建设单位(业主)工作人员为主,并邀请设计、监理、咨询公司的人员参加。在招标工作组中,除了熟悉招标工作的建设单位领导外,还必须把各职能部门和各方面的专家(包括计划、技术、造价、财务、施工、监理、材料、劳动人事、法律等方面的专家)组织进来,形成一个精明强干的班子,以便最有效地完成招标工作任务。

招标工作组主要完成从准备申请招标备案,组织或委托编制资格审查文件和招标文件,发布招标公告或投标邀请书,发售资格审查文件和招标文件,主持标前会议和组织现场考察、开标、协助审查和评比投标文件,向招标领导小组报送评标委员会的评标报告,到准备好签约的合同文件等等一系列日常工作。招标工作组是业主的代理人和招标领导小组的参谋部。

(3)招标代理机构

当招标人不具备相应能力时,可委托具有相应能力的招标代理机构办理公路工程施工招标日常事宜。

(4)招投标监管机构

当前,各地成立了具有监督职能的招标投标管理机构,规定各地的招标投标工作均由当地的招标投标管理机构进行监督和管理。其主要任务包括:贯彻实施国家和当地政府有关招标、投标的法规和规章;进行招标项目登记;审核招标、投标、咨询、监理等单位的资格;核准招标文件;处理招标、投标中的违法行为;等等。

2. 制订招标工作计划

制订一个完整、严密、合理的招标工作计划,不仅可以使招标工作有条不紊地进行,也便于检查,中间环节出现问题时也能及时发现,尽快修正,保证总计划的完成。编制招标工作计划既要和设计阶段(初步设计、施工图设计和施工组织设计)计划、建设资金计划、征地拆迁计划、工期计划等相互呼应,又要考虑合理的招标阶段时间间隔,并要结合工程规模和范围,做不同的安排。

3. 标段划分

公路工程是线形构造物,一个工程项目范围有几十甚至几百千米长,除主体土建工程外,还有建筑工程、机电工程、绿化工程、交通安全工程等。通常,一个承包人不具有承担全部工程施工任务的能力,因此只能将工程划分为若干部分,即若干标段,由多家承包人同时分别施工。划分好标段对工程的施工有重大意义。划分标段需要考虑很多方面,不同性质的工程可划分成不同的标段,同性质的工程可根据长度划分为若干标段。路线长度到底分多长一个标段才合理,需要具体情况具体分析,要从公路的等级、投资额、行政区域、工程数量、工程内容、施工条件、土石方调配和施工队伍的施工能力等方面综合考虑。可按下列原则合理划分标段:

(1)适合采用现代化的施工方法和施工工艺,能确保工程质量;

(2)工程量至少能满足一个具有相应资质的施工单位经济合理、保质保量按时完成施工任务;

(3)防止产生标段之间的相互干扰以及内部工序之间的相互交叉;

(4)工程性质相同的标段尽量避免"化整为零",以免影响工效和施工质量;

(5)保持构造的完整性,除特大桥外,尽可能不肢解完整的工程构造;

(6)投资规模的大小,投资规模较小的工程尽可能一次性实施,避免在造成资源浪费的同时增加管理成本。

不同的招标方式,其招标程序是不同的,具体见表2-1。

公路工程招标工作流程比较表   表 2-1

公开招标流程	邀请招标流程	议标流程	招标投标管理机构监督内容
(1)招标准备	(1)招标准备	(1)招标准备	备案登记
(2)审查招标人资质	(2)审查招标人资质	(2)审查招标人资质	审批发证
(3)招标申请	(3)招标申请	(3)招标申请	审批
(4)资格预审、文件、招标文件编审	(4)招标文件编审	(4)招标文件编审	审查
(5)标底或招标控制价编制	(5)标底或招标控制价编制		
(6)发布资格预审通告、招标公告	(6)发出投标邀请书	(5)发出投标邀请书	
(7)资格预审			复核
(8)发放招标文件	(7)发放招标文件	(6)发放招标文件	
(9)勘察现场	(8)勘察现场		
(10)投标预备会	(9)投标预备会		现场监督
(11)投标文件的编制、递交	(10)投标文件的编制、递交	(7)投标文件的编制、递交	
(12)标底或招标控制价报审	(11)标底或招标控制价报审		审定
(13)开标	(12)开标	(8)开标、评标(议标)	现场监督
(14)评标	(13)评标		现场监督
(15)中标	(14)中标	(9)中标	核准
(16)合同签订	(15)合同签订	(10)合同签订	协调、审查

二、公路工程施工招标文件的编制

(一)招标文件的组成

为加强公路工程施工招标管理,规范招标文件及资格预审文件编制工作,依照《中华人民共和国招标投标法》《中华人民共和国招标投标法实施条例》等法律法规,按照《公路工程建设项目招标投标管理办法》(交通运输部令 2015 年第 24 号),在国家发展和改革委员会牵头编制的《标准施工招标文件》及《标准施工招标资格预审文件》(以下简称《标准文件》)基础上,结合公路工程施工招标特点和管理需要,交通运输部组织制定了《公路工程标准施工招标文件》(2018 年版)及《公路工程标准施工招标资格预审文件》(2018 年版)(以下简称《公路工程标准文件》)。《公路工程标准文件》共分 4 卷 9 章,具体内容如下:第一章招标公告/投标邀请书,第二章投标人须知,第三章评标办法,第四章合同条款及格式,第五章工程量清单,第六章图纸,第七章技术规范,第八章工程量清单计量规则,第九章投标书文件格式。

(二)招标公告

我国规定国内工程施工招标应采用公开招标和邀请招标两种方式。采用公开招标的,根据资格审查方式不同,招标公告可分为采用资格预审方式的招标公告和采用资格后审的招标公告。

招标公告(未进行资格预审)①

(项目名称)标段施工招标公告②

1. 招标条件

本招标项目_____(项目名称)已由_____(项目审批、核准或备案机关名称)以_____(批文名称及编号)批准建设,施工图设计已由_____(批准机关名称)以_____(批文名称及编号)批准,项目业主为_____,建设资金来自_____(资金来源),项目出资比例为_____,招标人为_____。项目已具备招标条件,现对该项目的施工进行公开招标。

2. 项目概况与招标范围

_____(说明本次招标项目的建设地点、规模、计划工期、招标范围、标段划分等)。

3. 投标人资格要求

3.1 本次招标要求投标人须具备_____资质、_____业绩,并在人员、设备、资金等方面具有相应的施工能力。

投标人应进入交通运输部"全国公路建设市场信用信息管理系统(http://glxy.mot.gov.cn)"中的公路工程施工资质企业名录,且投标人名称和资质与该名录中的相应企业名称和资质完全一致。③

3.2 本次招标_____(接受或不接受)联合体投标。联合体投标的,应满足下列要求:_____。

3.3 每个投标人最多可对_____(最多数量)个标段投标;被招标项目所在地省级交通主管部门评为_____信用等级的投标人,最多可对_____(具体数量)个标段投标,④每个投标人允许中____个标。对投标人信用等级的认定条件为:____。

3.4 与招标人存在利害关系可能影响招标公正性的单位,不得参加投标。单位负责人为同一人或存在控股、管理关系的不同单位,不得参加同一标段投标,否则,相关投标均无效。

3.5 在"信用中国"网站(http://www.creditchina.gov.cn/)中被列入失信被执行人名单的投标人,不得参加投标。

4. 招标文件的获取

4.1 凡有意参加投标者,请于_____年____月____日至_____年____月____日⑤,每日上午____时至____时,下午____时至____时(北京时间,下同),在_____(详细地址)持企业法人营业执照副本原件、企业资质证书副本原件、企业安全生产许可证副本原件、单位介绍信、经办人身份证及上述资料复印件⑥一套购买招标文件。参加多个标段投标的投标人必须分别购买相应标段的招标文件,并对每个标段单独递交投标文件。

4.2 招标文件每套售价_____元⑥,图纸每套售价_____元,招标人根据对本合同工程勘察所取得的水文、地质、气象和料场分布、取土场、弃土场位置等资料编制的参考资料每套售价_____元,售后不退⑦。

5. 投标文件的递交

5.1 招标人将于下列时间和地点组织进行工程现场踏勘并召开投标预备会。

踏勘现场时间:_____年____月____日____时,集中地点_____;

投标预备会时间：_____年____月____日时，地点：_____。

5.2 投标文件递交的截止时间(投标截止时间,下同)为_____年____月____日____时____分⑧,投标人应于当日____时至____时____分将投标文件递交至_____。

5.3 逾期送达的、未送达指定地点的或不按照招标文件要求密封的投标文件,招标人不予受理。

6. 发布公告的媒介

本次招标公告同时在(发布公告的媒介名称)上发布。

7. 联系方式

招标人：_____ 招标代理机构：_____
地址：_____ 地址：_____
邮政编码：_____ 邮政编码：_____
联系人：_____ 联系人：_____
电话：_____ 电话：_____
传真：_____ 传真：_____
电子邮件：_____ 电子邮件：_____
网址：_____ 网址：_____
开户银行：_____ 开户银行：_____
账号：_____ 账号：_____

年　月　日

①招标人可根据项目具体特点和实际需要对本章内容进行补充、细化,但应遵守《中华人民共和国招标投标法》第十六条和《招标公告和公示信息发布管理办法》等有关法律法规的规定。
②招标人应自招标文件开始发售之日起,将招标文件的关键内容上传至具有招标监督职责的交通运输主管部门政府网站或其指定的其他网站上进行公开,公开内容包括项目概况、对投标人的全部资格条件要求、评标办法全文、招标人联系方式等。招标人可将招标文件的关键内容全部载明在招标公告正文中,或作为招标公告的附件进行公开,或作为独立文件在网站上进行公开。
③本段规定仅适用于根据《关于发布公路工程从业企业资质名录的通知》(厅公路字[2011]114号)的要求,招标人应通过名录对投标人资质条件进行审核的公路施工企业。
④招标人可根据招标项目所在地省级交通运输主管部门的有关规定,对信用等级高的投标人,给予增加参与投标标段数量的优惠。
⑤招标文件(未进行资格预审)的发售时间不得少于5日。
⑥招标文件中提到的货币单位除有特别说明外,均指人民币"元"。
⑦每套招标文件售价只计工本费,最高不超过1 000元(不含图纸部分);图纸每套售价最高不超过3 000元;参考资料也应只计工本费,最高不超过1 000元。
⑧依法必须进行招标的公路工程,自招标文件开始发售之日起至投标人递交投标文件截止之日止,不得少于20日。

(三)投标邀请书

采用邀请招标方式的,招标人应向三家及其以上具备承担施工招标项目能力、资信良好的特定法人或者其他组织发出投标邀请书。

投标邀请书(适用于邀请招标)①

(项目名称)标段施工投标邀请书②

_____(被邀请单位名称):

1. 招标条件

本招标项目_____(项目名称)已由_____(项目审批、核准或备案机关名称)以_____(批文名称及编号)批准建设。项目业主为_____,建设资金来自_____(资金来源),出资比例为_____,招标人为_____。项目已具备招标条件,现邀请你单位参加_____(项目名称)标段施工投标。

2. 项目概况与招标范围

(说明本次招标项目的建设地点、规模、计划工期、招标范围、标段划分等)。

3. 投标人资格要求

3.1 本次招标要求投标人具备资质、业绩,并在人员、设备、资金等方面具有承担本标段施工的能力。

投标人应进入交通运输部"全国公路建设市场信用信息管理系统(http://glxy.mot.gov.cn)"中的公路工程施工资质企业名录,且投标人名称和资质与该名录中的相应企业名称和资质完全一致③。

3.2 本次招标_____(接受或不接受)联合体投标。_____联合体投标的,应满足下列要求:_____。

4. 招标文件的获取

4.1 请于____年____月____日至____年____月____日(法定公休日、法定节假日除外),每日上午____时至____时,下午____时至____时(北京时间,下同),在(详细地址)持本邀请书和单位介绍信、经办人身份证购买招标文件。

4.2 招标文件每套售价____元,图纸每套售价____元,招标人根据对本合同工程勘察所取得的水文、地质、气象和料场分布、取土场、弃土场位置等资料编制的参考资料每套售价____元,售后不退④。

5. 投标文件的递交及相关事宜

5.1 招标人将于下列时间和地点组织进行工程现场踏勘并召开投标预备会。

踏勘现场时间:____年____月____日____时,集中地点:_____;

投标预备会时间:____年____月____日____时,地点:_____;

5.2 投标文件递交的截止时间(投标截止时间,下同)为____年____月____日____时____分⑤,投标人应于当日____时____分至____时____分将投标文件递交至_____。

5.3 逾期送达的或者未送达指定地点的投标文件,招标人不予受理。

6. 确认

你单位收到本邀请书后,请于____年____月____日____时____分前,以书面形式确认是否参加投标。在本邀请书规定的时间内未表示是否参加投标或明确表示不参加投标的,不得再参加投标。

7.联系方式

招标人：_____	招标代理机构：_____
地址：_____	地址：_____
邮政编码：_____	邮政编码：_____
联系人：_____	联系人：_____
电话：_____	电话：_____
传真：_____	传真：_____
电子邮件：_____	电子邮件：_____
网址：_____	网址：_____
开户银行：_____	开户银行：_____
账号：_____	账号：_____

年　月　日

①招标人可根据项目具体特点和实际需要对本章内容进行补充、细化,但应遵守《中华人民共和国招标投标法》等有关法律法规的规定。
②招标人应自招标文件开始发售之日起,将招标文件的关键内容上传至具有招标监督职责的交通运输主管部门政府网站或其指定的其他网站上进行公开。公开内容包括项目概况、对投标人的全部资格条件要求、评标办法全文、招标人联系方式等。
③本段规定仅适用于根据《关于发布公路工程从业企业资质名录的通知》(厅公路字[2011]114号)要求,招标人应通过名录对投标人资质条件进行审核的公路施工企业。
④每套招标文件售价只计工本费,最高不超过1 000元(不含图纸部分);图纸每套售价最高不超过3 000元;参考资料也应只计工本费,最高不超过1 000元。
⑤依法必须进行招标的公路工程,自招标文件开始发售之日起至投标人递交投标文件截止之日止,不得少于20日。

确认通知

_____(招标人名称)：

　　我方已于____年____月____日收到你方____年____月____日发出的_____(项目名称)_____标段施工招标的投标邀请书,并确认_____(参加/不参加)投标。

　　特此确认。

_____:(被邀请单位名称)(盖单位章)

年　月　日

(四) 投标人须知及投标人须知前附表

1.投标人须知前附表

投标须知中首先应列出投标人须知前附表(见表2-2),将一些重要内容集中列在表中,便于投标人重点和概括地了解招标情况。

编制投标人须知的目的是让投标人了解业主编制投标文件的要求,并提供必要的资料,如投标人在整个投标过程中所必须遵守的各项规定及招标时应考虑的问题或应注意的事项。

投标人须知前附表① 表2-2

条款号	条款名称	编列内容
1.1.2	招标人	名称： 地址： 联系人： 电话：
1.1.3	招标代理机构	名称： 地址： 联系人： 电话：
1.1.4	招标项目名称	
1.1.5	标段建设地点	
1.2.1	资金来源及比例	
1.2.2	资金落实情况	
1.3.1	招标范围	
1.3.2	计划工期	计划工期____日历天： 计划开工日期：××年×月×日 计划交工日期：××年×月×日②
1.3.3	质量要求	标段工程交工验收质量评定：_____ 竣工验收质量评定：_____
1.3.4	安全目标③	
1.4.1④	投标人资质条件、能力和信誉	资质条件：见附录1 财务要求：见附录2 业绩要求：见附录3 信誉要求：见附录4 项目经理和项目总工资格：见附录5 其他要求：⑤
1.4.2⑥	是否接受联合体投标	□ 不接受 □ 接受，应满足下列要求： (1)联合体所有成员数量不得超过_____家； (2)联合体牵头人应具有_____资质； ……
1.4.3	投标人不得存在的其他关联情形	
1.4.4	投标人不得存在的其他不良状况或不良信用记录	
1.10.2	投标人在投标预备会前提出问题	时间： 形式：
1.11.1	分包	□ 不允许 □ 允许，允许分包的专项工作(或不允许分包的专项工程)：_____ 对分包人的资格要求：_____

续上表

条款号	条款名称	编列内容
2.1	构成招标文件的其他资料	
2.2.1	招标人要求澄清招标文件	时间：___年___月___日___时___分 形式：
2.2.2	招标文件澄清发出的形式	
2.2.3	投标人确认收到招标文件澄清的时间	收到澄清后____小时(以已发出时间为准) 形式：
2.3.1	招标文件修改发出的形式	
2.3.2	投标人确认收到招标文件修改的时间	收到澄清后____小时(已发出时间为准) 形式：
3.1.1	投标文件密封形式	☐ 双信封 ☐ 单信封
3.1.1	构成投标文件的其他资料	
3.2.1	增值税税金的计算方法	
	工程量清单的填写方式	☐ 投标人按照招标人提供的工程量固化清单电子文件填写工程量清单,下载网站：____ ☐ 投标人按照招标人提供的书面工程量清单填写工程量清单
3.2.3	报价方式	☐ 单价 ☐ 总价
3.2.6	是否接受调价函⑦	☐ 是 ☐ 否
3.2.8	最高投标限价	☐ 无 ☐ 有,最高投标限价____(元)(其中含暂列金额____元)
3.2.9	投标报价的其他要求	
3.3.1	投标有效期	(自投标人提交投标文件截止之日起计算____日)
3.4.1	投标保证金	投标保证金的金额：_____。⑧ 投标保证金的形式：_____。⑨ 投标保证金的递交截止时间： ××年×月×日×时之前 招标人的开户银行及账号如下： 招标人： 开户银行： 账号：
3.4.3	投标保证金的利息计算原则	(1)计算利息的起始日期为投标截止当日,终止日期为招标人退还投标保证金日期的前一日; (2)投标保证金的利息按照第(1)款所述计息时间段内招标人指定汇入银行公告的活期存款利率计付,并扣除招标人汇款手续费; (3)利息金额计算至"分"位,分以下尾数四舍五入

续上表

条款号	条款名称	编列内容
3.4.4	其他可以不予退还投标保证金的情形	
3.5⑥	资格审查资料的特殊要求	□ 无 □ 有,具体要求:
3.5.2⑥	近年财务状况的年份要求	××年至××年
3.5.3⑥	近年完成类似项目情况的时间	××年×月×日至××年×月×日
3.6.1	是否允许递交备选投标方案	□ 不允许 □ 允许
3.7.4	投标文件副本份数	投标文件副本份数: 是否要求提交电子版文件: 其他要求:
3.7.5	装订其他要求	
4.1.2⑩	封套上写明	**投标文件第一个信封(商务及技术文件)封套** 招标人名称: 招标人地址: _____(项目名称)标段施工招标第一个信封 _____(商务及技术文件)投标文件 招标项目编号: 在××年×月×日×时×分前不得开启 投标人名称: **投标文件第二个信封(报价文件)封套** 招标人名称: 招标人地址: _____(项目名称)标段施工招标第二个信封 _____(报价文件)投标文件 招标项目编号: 在投标文件第二个信封(报价文件)开标前不得开启 投标人名称: 投标人地址: **银行保函封套** 招标人名称: 招标人地址: (项目名称)标段施工招标保证金 (银行保函原件) 招标项目编号: 投标人名称:

续上表

条款号	条款名称	编列内容
4.1.2[⑪]	封套上应载明的信息	**投标文件封套** 招标人名称： 招标人地址： _____(项目名称)标段施工招标第一个信封 招标项目编号： 在___年___月___日___时___分前不得开启 投标人名称： **银行保函封套** 招标人名称： 招标人地址： _____(项目名称)标段施工招标保证金 (银行保函原件) 招标项目编号： 投标人名称：
4.2.3	是否退还投标文件	□ 否 □ 是，退还时间：
5.1[⑩]	开标时间和地点	投标文件第一个信封(商务及技术文件)开标时间：(同投标截止时间) 投标文件第一个信封(商务及技术文件)开标地点：(同递交投标文件地点) 投标文件第二个信封(报价文件)开标时间： 投标文件第二个信封(报价文件)开标地点：
5.1[⑪]	开标时间和地点	开标时间：(同投标截止时间) 开标地点：(同递交投标文件地点)
5.2.1[⑩]	第一个信封(商务及技术文件)开标程序	密封情况检查：(检查商务及技术文件是否存在提前开启情况) 开标顺序：
5.2.3[⑩]	第二个信封(报价文件)开标程序	密封情况检查：(检查商务及技术文件是否存在提前开启情况) 开标顺序：
5.2.1[⑪]	开标程序	(4)密封情况检查：(检查投标文件是否存在提前开启情况) (5)开标顺序：
6.1.1	评标委员会的组建[⑫]	评标委员会构成：×人。其中，招标人代表×人，专家×人。 评标专家确定方式：依法从相应评标专家库中随机抽取
6.3.2	评标委员会推荐中标候选人的人数	
7.1	中标候选人公示媒介及期限	公示媒介： 公示期限：×日 公示的其他内容：
7.4	是否授权评标委员会确定中标人	□ 是 □ 否

续上表

条款号	条款名称	编列内容
7.5	中标通知书和中标结果通知发出的形式	
7.6	中标结果公告媒介及期限	公示媒介： 公示期限：×日
7.7.1	履约担保	是否要求中标人提交履约保证金： □ 要求，履约保证金的形式：银行保涵或现金、支票形式[13] 履约保证金的金额：____% 签约合同价，被招标项目所在地省级交通运输主管部门评为____信用等级的中标人，履约保证金金额为____% 签约合同价[14] 采用银行保函时，出具履约担保的银行级别： □ 不要求
8.5.1	监督部门	监督部门： 地址： 电话： 传真： 邮政编码：
9	是否采用电子招标投标	□ 否 □ 是，具体要求
需要补充的内容		

注：①"投标人须知前附表"用于进一步明确正文中的未尽事宜，由招标人根据招标项目具体特点和实际需要编制和填写，且应与招标文件中其他章节相衔接，并不得与本章正文内容相抵触。"投标人须知前附表"中的附录表格同属"投标人须知前附表"内容，具有同等效力。
②招标人如有阶段工期要求，请在此补充。
③招标人应根据招标项目具体特点和实际需要，对工程施工过程中的人员安全提出目标要求。
④本项适用于未进行资格预审的情况。
⑤对于特别复杂的特大桥梁和特长隧道项目主体工程以及其他有特殊要求的工程，招标人还可增加"附录6"。
⑥本项适用于未进行资格预审的情况。
⑦一般情况下建议招标人不接受调价函。
⑧招标人可根据招标项目所在地省级交通运输主管部门的有关规定，对信用等级高的投标人，给予减免投标保证金金额的优惠。
⑨招标人不得强制限定投标保证金必须采用现金或支票方式缴纳，不得拒绝银行保函形式的投标保证金。
⑩本项适用于采用双信封形式的投标文件。
⑪本项适用于采用单信封形式的投标文件。
⑫评标委员会应由招标人代表和有关方面的专家组成，人数为5人以上单数，其中技术、经济专家人数应不少于成员总数的三分之二。
⑬招标人不得强制限定履约保证金必须采用现金或支票方式缴纳，不得拒绝银行保函形式的履约保证金。
⑭招标人可根据招标项目所在地省级交通运输主管部门的有关规定，对信用等级高的投标人，给予减少履约保证金金额的优惠。

在编写投标须知时特别要注意下列问题:
(1)投标有效期。自开标日算起,一般项目用 70~120d(d 为日,表示天数),大型复杂的项目可用 180d,业主可根据需要选定一个投标有效期。

(2)投标担保、履约担保。设立投标担保和履约担保是对招标人和业主的合理保护,担保金额既要能够起到保护的作用,还须照顾投标人的利益,不宜过高。《公路工程标准施工招标文件》(2018 年版)(以下简称《公路工程标准文件》)规定:"投标保证金不得超过招标标段估算价的2%,招标人应据此测算出具体金额。"在签订合同前,中标人应按投标人须知前附表规定的形式、金额和招标文件"合同条款及格式"规定的或事先经过招标人书面认可的履约保证金格式向招标人提交履约保证金。除投标人须知前附表另有规定外,履约保证金为签约合同价的10%。联合体中标的,其履约保证金以联合体各方或联合体中牵头人的名义提交。采用银行保函时,应由符合投标人须知前附表规定级别的银行开具,所需的费用由中标人承担,中标人应保证银行保函有效。

(3)选择性报价。招标人要确定是否允许选择性报价。如果允许,应在完成投标文件选定方案的标价以外,另附选择性方案及其对原方案总标价的增减金额,并附施工方案及相关的技术规范、设计计算书。只有选择性方案比投标报价低,或者技术上更合理、更先进,或者能缩短工期的投标人,才有可能被考虑。

(4)标前会议。招标人通常要召开标前会议,但其会期安排应在现场考察之后进行,并与现场考察时间安排有一定的间隔。这有利于投标人研究招标文件,在参加现场考察后,才能书面向招标人提问并得到解答。

(5)投标文件的数量。投标文件正本一份,副本数量多少以及是否需要电子文档,如果需要,用什么作为载体,是光盘、软盘还是 U 盘要确定。

(6)投标文件的更改与撤回。在投标文件送出后,如须修改或撤销投标,必须在投标截止期之前用书面修改或撤销通知书递交招标人,递交方式与投标书一样,递交日期应不迟于投标截止期。

(7)投标截止期及开标的时间安排。一般情况下,投标截止的时间就是开标的时间,投标文件送交的地方就是开标的地点。

(8)评标方法的确定。这是一个关键的问题,评标方法的好坏,很大程度决定了招标工作的成败。

2. 投标须知

投标须知是指导投标人正确进行投标报价的文件,规定了编制投标文件和投标应注意、考虑的程序规定和一般规定,特别是实质性规定。《公路工程标准文件》关于投标须知的内容如下:

第一部分:总则

第二部分:招标文件

第三部分:投标文件

第四部分:投标

第五部分:开标

第六部分:评标

第七部分:合同授予

第八部分:纪律和监督

第九部分:是否采用电子招标投标

第十部分:需要补充的其他内容

(1)总则

①项目概况。根据《中华人民共和国招标投标法》等有关法律、法规和规章的规定,本招标项目已具备招标条件,现对本标段施工进行招标。

②招标项目资金来源和落实情况。

③招标范围、计划工期和质量要求。

④投标人资格要求(分适用于已进行资格预审的和适用于未进行资格预审的)。

⑤费用承担。投标人准备和参加投标活动发生的费用自理。

⑥保密。参与招标投标活动的各方应对招标文件和投标文件中的商业和技术等秘密保密,违者应对由此造成的后果承担法律责任。

⑦语言文字。除专用术语外,与招标投标有关的语言均使用中文。必要时专用术语应附有中文注释。

⑧计量单位。所有计量均采用中华人民共和国法定计量单位。

⑨踏勘现场。

⑩投标预备会。

⑪分包。本项目严禁转包和违规分包,且不得再次分包。投标人拟在中标后将中标项目的部分非主体、非关键性工作进行分包的,应符合规定的分包内容、分包金额和接受分包的第三人资质要求等的限制性条件。

⑫响应和偏差。偏差分为重大偏差和细微偏差两种。

(2)招标文件

①招标文件的组成。招标文件包括招标公告(或投标邀请书)、投标人须知、评标办法、合同条款及格式、工程量清单、图纸、技术规范、工程量清单计量规则、投标文件格式及投标人须知前附表规定的其他材料。对招标文件所作的澄清、修改,构成招标文件的组成部分。

②招标文件的澄清。招标文件的澄清将在投标人须知前附表规定的投标截止时间15d前以书面形式发给所有购买招标文件的投标人,但不指明澄清问题的来源。澄清发出的时间距投标截止时间不足15d,应相应延长投标截止时间。招标人有责任保证所有购买招标文件的投标人收到招标文件的澄清。

③招标文件的修改。在投标截止时间15d前,招标人可以书面形式修改招标文件,并通知所有已购买招标文件的投标人。如果修改招标文件的时间距投标截止时间不足15d,应相应延长投标截止时间。招标人有责任保证所有购买招标文件的投标人收到招标文件的修改。

(3)投标文件

①投标文件的组成。投标文件应包括下列内容:投标函及投标函附录;法定代表人身份证明或附有法定代表人身份证明的授权委托书;联合体协议书;投标保证金;已标价工程量清单;施工组织设计;项目管理机构;拟分包项目情况表;资格审查资料;调价函及调价后的工程量清

单(如有);投标人须知前附表规定的其他材料。

②投标报价。投标人应按"工程量清单"的要求填写相应表格。投标人应按投标人须知前附表规定的方式填写工程量清单。工程量清单的填写分为采用工程量固化清单和书面工程量清单两种方式。

③投标有效期：

a. 在投标人须知前附表规定的投标有效期内,投标人不得要求撤销或修改其投标文件。

b. 出现特殊情况需要延长投标有效期的,招标人以书面形式通知所有投标人延长投标有效期。投标人同意延长的,应相应延长其投标保证金的有效期,但不得要求或被允许修改或撤销其投标文件;投标人拒绝延长的,其投标失效,但投标人有权收回其投标保证金。

④投标保证金。投标人在送交投标文件时,应按投标人须知前附表规定的金额和"投标文件格式"规定的投标保证金格式递交投标保证金,可以是现金支票、银行汇票、银行保函或招标人规定的其他形式。无论采取何种形式的投标保证金,投标保证金有效期均应与投标有效期一致。招标人如果按规定延长了投标有效期,则投标保证金的有效期也相应延长。招标人最迟将在中标通知书发出后5d内向中标候选人以外的其他投标人退还投标保证金,与中标人签订合同后5d内向中标人和其他中标候选人退还投标保证金。投标保证金以现金或支票形式递交的,招标人应同时退还投标保证金的银行同期活期存款利息,且退还至投标人的基本账户。

(4)投标

①投标文件的密封和标记。投标文件的正本与副本应分别包装、密封,上有"正本""副本"标记。未密封的投标文件将不予签收。如采用双信封投标,投标文件第一个信封(商务及技术文件)以及第二个信封(报价文件)应单独密封包装。商务及技术文件的正本与副本应统一密封在一个封套中。报价文件的正本与副本、投标文件电子版文件(如需要)以及填写完毕的工程量固化清单电子文件(如采用工程量固化清单形式)应统一密封在另一个封套中。封套应加贴封条,并在封套的封口处加盖投标人单位章或由投标人的法定代表人或其委托代理人签字。

②投标文件的递交。投标人必须在投标邀请书中所规定的送交投标文件截止期前,将投标文件送(寄)达招标人签收。

③投标文件的修改与撤回。在送交投标文件截止期以前,投标人可以更改或撤回投标文件,但必须以书面形式提出,并经授权的投标文件签字人签署。更改的投标文件应同样按照投标文件送交规定的要求进行编制、密封、标记和发送。送交投标文件截止期以后,投标文件不得更改。

(5)开标

①开标时间和地点。招标人在规定的投标截止时间(开标时间)和投标人须知前附表规定的地点对收到的投标文件第一个信封(商务及技术文件)公开开标,并邀请所有投标人的法定代表人或其委托代理人准时参加。招标人在投标人须知前附表规定的时间和地点对投标文件第二个信封(投标报价和工程量清单)进行开标,并邀请所有投标人的法定代表人或其委托代理人准时参加。

②开标程序。(见第三节的内容)

(6)评标

①评标委员会。评标委员会成员有下列情形之一的,应当回避:

a.招标人或投标人的主要负责人的近亲属;

b.项目主管部门或者行政监督部门的人员;

c.与投标人有经济利益关系,可能影响对投标的公正评审;

d.曾因在招标、评标以及其他与招标投标有关活动中从事违法行为而受过行政处罚或刑事处罚的。

②评标原则。

a.坚持公平、公正、科学、择优的原则;

b.通过评标,推荐能实质上响应招标文件、确能履行合同且经评审综合评分最高者为中标人。

③评标。评标委员会按照《公路工程标准施工招标文件》(2018年版·第一册)第三章"评标办法"规定的方法、评审因素、标准和程序对投标文件进行评审。"评标办法"没有规定的方法、评审因素和标准,不作为评标依据。

(7)合同授予

①定标方式

除投标人须知前附表规定评标委员会直接确定中标人外,招标人依据评标委员会推荐的中标候选人确定中标人,评标委员会推荐中标候选人的人数见投标人须知前附表。

②中标通知

在规定的投标有效期内,招标人以书面形式向中标人发出中标通知书,同时将中标结果通知未中标的投标人。

③履约担保

在签订合同前,中标人应按投标人须知前附表规定的金额、担保形式和招标文件,按"合同条款及格式"规定的履约担保格式向招标人提交履约担保。联合体中标的,其履约担保由牵头人递交,并应符合投标人须知前附表规定的金额、担保形式和招标文件中"合同条款及格式"规定的履约保证金格式要求。

④签订合同

招标人和中标人应当自中标通知书发出之日起30日内,根据招标文件和中标人的投标文件订立书面合同。

(8)纪律和监督

①招标监督

a.对达到招标标准的项目拆分肢解,规避招标的行为进行监督;

b.对招标活动中是否存在以不合理条件限制或者排斥潜在投标人,限制投标人之间竞争的行为进行监督;

c.法定公开招标的项目是否对外公示,邀请招标的项目是否按规定程序推荐入围单位等情况进行监督。

②开标监督

a.监督人员应当在开标现场当众宣布招投标纪律,公布投诉举报电话;

b. 对承办招标部门按招标文件要求接收投标人的投标文件情况进行监督；

c. 对招标人、投标人签订的廉政公约进行确认，督导所有参加评标的人员填写招标人廉政保证书；

d. 对在招标文件确定的时间、地点公开开标的情况进行监督。

③评标监督

a. 对招标委员会组成和随机抽取评标专家，组成评标委员会情况进行监督；

b. 对评标过程中执行保密规定、措施情况进行监督；

c. 对评标过程中执行评标程序、评标办法细则情况进行监督；

d. 对评委打分情况进行监督。评委出现异常打分，监督小组可责令打分人进行说明，理由不充分的，该打分无效，不记入总分汇总。

④定标监督

a. 对是否依据评标报告推荐顺序进行定标，对是否有在评委会推荐的中标候选人以外确定中标人的情况进行监督；

b. 对有无招标领导小组以外人员干扰定标情况进行监督；

c. 对是否充分听取成员意见，按既定表决方式进行定标的情况进行监督。

⑤其他监督

a. 重大招标项目需要实地考察的，监督部门可派员参加；

b. 对招标活动中有无违反"推荐、评标、定标三分离"原则的行为进行监督；

c. 对有无与投标人串通，搞虚假招标，影响招标活动"公开、公平、公正"原则的行为进行监督；

d. 对与投标人有利害关系的招标工作人员是否严格执行了回避制度进行监督；

e. 对定标后是否按规定时间通知中标人以及合同签订情况进行监督；

f. 对其他违反法律、法规的行为进行监督。

(9)是否采用电子招标投标

是否采用电子招标投标方式，由招标人自主决定，任何单位和个人不得非法干涉或者限制。电子招标投标活动不受地区或者部门的限制。

(10)需要补充的其他内容

自购买招标文件之日起，投标人应保证其提供的联系方式(电话、传真、电子邮件)一直有效，以便及时收到招标人发出的函件(招标文件的澄清、修改等)，并及时向招标人反馈信息，否则招标人不承担由此引起的一切后果。

(五)评标办法

《公路工程标准施工招标文件》分别规定合理低价法、技术评分最低标价法、综合评分法和经评审的最低投标价法4种评标方法，供招标人根据招标项目具体特点和实际需要选择适用。公路工程施工招标评标，一般采用合理低价法或技术评分最低标价法这两种评标方法。技术特别复杂的特大桥梁和特长隧道项目主体工程，可以采用综合评分法。工程规模较小、技术含量较低的工程，可以采用经评审的最低投标价法。详见《公路工程标准施工招标文件》第三章。

(六)合同条款及格式

合同条款及格式包括通用合同条款、专业合同条款(公路行业标准专用合同条款、项目专用合同条款)、合同附件(合同协议书、廉政合同、安全生产合同、其他主要管理人员和技术人员最低要求、主要机械设备和试验检测设备最低要求、项目经理委托书、履约保证金、工程资金监管协议)格式。

(七)工程量清单

工程量清单是招标文件的重要组成部分,是与技术规范相对应的文件,详细说明了技术规范中各工程细目的数量。有报价的工程量清单称为报价单,是投标文件中最主要的部分。中标后,含单价的工程量清单将成为合同文件的重要组成部分,详见《公路工程标准施工招标文件》第五章。

工程量清单的内容多而细,如果不仔细,就很容易出错,以后工程的计量支付、合同管理都有可能产生矛盾,会造成如投标人编制投标报价时有的项目费用无处可摊、招标人额外多付出费用等各方不必要的损失。因此,在编制工程量清单时应注意以下几点。

1.将开办项目作为独立的工程细目单列出来

开办项目往往是一些开工时就要发生或开工前就要发生的项目,如工程保险、担保、监理设施、承包商的驻地建设、测量放样、临时工程等。如果将这些项目包含在其他项目的单价中,到承包商开工时上述各种款项将得不到及时支付,这不仅影响合同的公平性和承包商的资金周转,而且还会增加招标中预付款的数量。

2.合理划分工程项目

在工程细目划分时,要注意将不同等级要求的工程区分开。将同一性质但不属于同一部位的工程区分开;将情况不同,可能要进行不同报价的项目分开。这一做法主要是为了强化工程投标中的竞争性,使投标人报价更加具体,针对不同情况可以采用不同的单价,便于降低造价。

3.工程细目的划分要大小合适,把握好度

工程细目的划分可大可小。工程细目大,可减少计算工作量,但太大将难以发挥单价合同的优势,不便于工程变更的处理。另外,工程细目太大也会使支付周期延长,影响承包商的资金周转,最终影响合同的正常履行。例如,在桥梁工程中,若将基础回填工作的计价包含在基础挖方项目中,则承包商必须等到基础回填工作完成以后才能办理该项目的计量支付,支付周期可能要半年或更长的时间,直接影响承包商的资金周转,不利于合同的正常履行。但如果将基础开挖和基础回填分成两个工程细目,则可避免上述问题。工程细目相对较小,虽会增加计算工作量,但对处理工程变更和合同管理是有利的。如路基挖方中弃方运距的处理,有两种方案:一是路基挖方单价中包含全部弃方运距;二是路基挖方中包括部分弃方运距(如500m),超过该运距的弃方运费应单独计量与支付。如果弃土区明确而且施工中不出现变更的话,上述两种方案是一样的,而且前一种方案还可减少计量工程量。但是,一旦弃土区变更或发生设计变更,弃土运距会发生变化,前一种方案的单价会变得不适应,则双方须按变更工程协商确定新的单价,从而使投标合同单价失效;而采用后一种方案时,合同中的单价仍是适用的,原则上可按原单价办理结算。

可见,工程细目的划分并不是绝对的,既要简单明了,高度概括,又不能漏掉项目和应计价的内容,还要结合工程实际,具体问题具体对待,灵活掌握。

4. 工程量的计算整理要细致准确

计算和整理工程量的依据是设计图纸和技术规范,它是一项严谨的技术工作,绝不仅是简单地罗列设计文件中的工程量。需要认真阅读技术规范中的计量和支付方法,仔细核查设计文件中工程量所对应的计量方法与技术规范中的计量方法是否一致。如不一致,则须在整理工程量时进行技术处理。此外,在工程量的计算过程中,要做到不重不漏,更不能发生计算错误;否则,会带来一系列问题。

例如,工程量计算不准,投标人会利用机会进行不平衡报价。当实际工程量大于清单工程量较多时,承包人可报较高的单价。这样虽对投标总价影响不大,但在施工时是按实际工程量进行支付,则该项目的费用会增加很多,业主难以控制工程总费用。而承包商不仅可以获取超额利润,还有权提出索赔。因为合同条件规定,当变更工程涉及工程金额超过合同总额的2%,且变更后的工程量大于或小于原单项清单工程量的25%时,应调整原单价,承包商可以提出施工索赔;同时还会增加合同管理,尤其是费用监理的工作难度。

5. 计日工清单或专项暂定金额不可缺少

计日工清单是用来处理一些附加的或小型的变更工程计价的项目。清单中计日工的数量一般是由业主虚拟的,以避免承包商在投标时将计日工的单价报得太离谱。有了计日工清单,会使合同管理更方便。

6. 应与技术规范一致

工程量清单的编号、项目、单位要与技术规范中的计量支付相统一,从而保证整个合同的严密性和前后一致性。

(八)图纸

图纸是招标文件和合同的重要组成部分,是投标人在拟订施工方案,确定施工方法,或提出替代方案,计算投标报价时必不可少的资料。招标时使用的图纸与完整的设计文件有区别。用于招标的图纸只是设计文件中的一部分。招标所用图纸的详细程度,应根据项目具体情况确定。确定的原则是:应能满足投标人对项目特点、主要工程内容、主要项目的相互关系、主要结构物的主要尺寸等涉及工程主要技术经济参数了解的需要;提供的图纸还应满足编制投标的施工组织设计、复核工程量(主要工程量)和编制报价等的基本需要。但一般来说,提供图纸的详细程度取决于设计的深度与合同的类型。招标中提供的详细的设计图纸能使投标人比较准确地计算报价。但实际上,常常在工程实施中需要陆续补充和修改图纸,这些补充和修改的图纸均须工程师签字后正式下达,才能作为施工及结算的依据。图纸中所提供的地质钻孔柱状图、探坑展视图等均为投标人的参考资料,其提供的水文、气象资料也属于参考资料。业主和工程师应对这些资料的正确性负责,而投标人则应根据上述资料作出自己的分析与判断,据之拟订施工方案,确定施工方法。业主和工程师对这类分析与判断不负责任。

通常在编制招标文件时,提供给投标人用的图纸,应根据项目的技术经济特点,提供全套设计文件的图纸;也可根据投标需要,提供满足复核工程量和编制施工方案需要的部分图纸。

(九)技术规范

《公路工程标准文件》技术规范共 700 章。第 100 章总则,第 200 章路基,第 300 章路面,第 400 章桥梁、涵洞,第 500 章隧道,第 600 章安全设施及预埋管线,第 700 章绿化及环境保护设施。

(十)投标书文件组成

根据投标人须知前附表规定的不同形式,投标书文件的组成应满足相应条款要求。若采用双信封形式,投标书文件组成如下。

第一个信封(商务及技术文件):
(1)投标函及投标函附录;
(2)授权委托书或法定代表人身份证明;
(3)联合体协议书;
(4)投标保证金;
(5)施工组织设计;
(6)项目管理机构;
(7)拟分包项目情况表;
(8)资格审查资料;
(9)投标人须知前附表规定的其他资料。

第二个信封(报价文件):
(1)调价函及调价后的工程量清单(如有);
(2)投标函;
(3)已标价工程量清单;
(4)合同用款估算表。投标人在评标过程中作出的符合法律法规和招标文件规定的澄清确认,构成投标文件的组成部分。

若采用单信封形式,包括下列内容:
(1)投标函及投标函附录;
(2)授权委托书或法定代表人身份证明;
(3)联合体协议书;
(4)投标保证金;
(5)已标价工程量清单;
(6)施工组织设计;
(7)项目管理机构;
(8)拟分包项目情况表;
(9)资格审查资料;

(10)调价函及调价后的工程量清单(如有);
(11)投标人须知前附表规定的其他资料。

投标人在评标过程中作出的符合法律法规和招标文件规定的澄清确认,构成投标文件的组成部分。

三、资格预审与资格后审

资格预审,是指对已获取招标信息、愿意参加投标的报名者,通过对申请单位填报的资格预审文件和资料进行评比和分析,按程序确定潜在投标人名单,由招标管理机构核准后向其发出资格预审合格通知书。投标人收到资格预审合格通知书后,应以书面形式予以确认是否参加投标,并在规定的时间内领取招标文件、图纸及有关技术资料。

对资格预审的要求与内容,一般应在公布招标公告之前预先发布招标资格预审通告或在招标公告中提出,以审查投标人的投标资格。

(一)资格预审的作用

对已获取招标信息、愿意参加投标的报名者都要进行资格预审。资格预审的作用在于:

(1)了解和掌握潜在投标人的技术能力、类似本工程的施工经验以及财务状况,为招标人选择具有合格资质和能力的投标人奠定基础。

(2)事先淘汰不合格的投标人,排除将合同授予不合格的投标人的风险。

(3)降低招标人的招标成本。如果允许所有愿意投标的投标人都参加投标,招标工作量大,招标成本也会增加。通过资格预审排除不合格的投标人,把参加投标的投标人控制在一个合理的范围内,有利于降低招标成本,提高招标工作效率,节省评标时间,减少评标费用。

(4)使不合格的投标人节约购买和解读招标文件、现场考察以及编制投标文件参与投标的时间和费用。

(5)可以吸引实力雄厚的投标人参加竞标。资格预审排除一些条件差的投标人,可以避免恶性竞争,这对实力雄厚的潜在投标人是一个吸引。

(二)资格预审的程序

公路工程建设项目采用资格预审方式公开招标的,应当按照下列程序进行:
(1)编制资格预审文件。
(2)发布资格预审公告,发售资格预审文件,公开资格预审文件关键内容。
(3)接收资格预审申请文件。
(4)组建资格审查委员会,对资格预审申请人进行资格审查,由资格审查委员会编写资格审查报告。
(5)根据资格审查结果,向通过资格预审的申请人发出投标邀请书;向未通过资格预审的申请人发出资格预审结果通知书,告知未通过的依据和原因。
(6)编制招标文件。
(7)发售招标文件,公开招标文件的关键内容。

(8)需要时,组织潜在投标人踏勘项目现场,召开投标预备会。

(9)接收投标文件,公开开标。

(10)组建评标委员会评标,评标委员会编写评标报告、推荐中标候选人。

(11)公示中标候选人相关信息。

(12)确定中标人。

(13)编制招标投标情况的书面报告。

(14)向中标人发出中标通知书,同时将中标结果通知所有未中标的投标人。

(15)与中标人订立合同。采用资格后审方式公开招标的,在完成招标文件编制并发布招标公告后,按照前款程序第(7)项至第(15)项进行。采用邀请招标的,在完成招标文件编制并发出投标邀请书后,按照前款程序第(7)项至第(15)项进行。

国有资金占控股或者主导地位依法必须进行招标的公路工程建设项目,采用资格预审的,招标人应当按有关规定组建资格审查委员会审查资格预审申请文件。资格审查委员会的专家抽取以及资格审查工作要求,应当适用本办法关于评标委员会的规定。

资格预审查办法原则上采用合格制。资格预审查办法采用合格制的,符合资格预审文件规定审查标准的申请人均应当通过资格预审。

资格预审查工作结束后,资格审查委员会应当编制资格审查报告。资格审查报告应当载明下列内容:

(1)招标项目基本情况;

(2)资格审查委员会成员名单;

(3)监督人员名单;

(4)资格预审申请文件递交情况;

(5)通过资格审查的申请人名单;

(6)未通过资格审查的申请人名单以及未通过审查的理由;

(7)评分情况;

(8)澄清、说明事项纪要;

(9)需要说明的其他事项;

(10)资格审查附表。

除前款规定的第(1)、(3)、(4)项内容外,资格审查委员会所有成员应当在资格审查报告上逐页签字。

资格预审申请人对资格预审审查结果有异议的,应当自收到资格预审结果通知书后3d内提出。招标人应当自收到异议之日起3d内作出答复;作出答复前,应当暂停招标投标活动。招标人未收到异议或者收到异议并已作出答复的,应当及时向通过资格预审的申请人发出投标邀请书。未通过资格预审的申请人不具有投标资格。

(三)资格预审评审方法及标准

资格预审的方法有合格制法和有限数量制法两种,无特殊情况,招标人一般采用合格制法。审查委员会根据资格审查办法中规定的审查标准,对所有已受理的资格预审申请文件进行审查,没有规定的方法和标准不得作为审查依据。

1. 合格制法

资格预审合格制法是一种符合性审查的方法,凡符合表2-3中初步审查标准和详细审查标准的申请人均为通过资格预审。具体步骤如下:

(1)初步审查。审查委员会对资格预审申请文件进行初步审查,有一项因素不符合审查标准的,不能通过资格预审。审查委员会可以要求申请人提交近年财务状况和近年发生的诉讼及仲裁情况的有关证明和证件的原件,以便核验。

(2)详细审查。审查委员会对通过初步审查的资格预审申请文件进行详细审查。有一项因素不符合审查标准的,不能通过资格预审。通过资格预审的申请人除应满足初步审查和详细审查标准外,不得存在下列任何一种情况:不按审查委员会要求澄清或说明;投标人不具有独立法人资格的附属机构(单位);为本标段前期准备提供设计或咨询服务,但设计施工总承包的除外;为本标段的监理人、代建人提供招标代理机构服务;与本标段的监理人、代建人或招标代理机构同为一个法定代表人;与本标段监理人、代建人或招标代理机构相互控股或参股;与本标段监理人、代建人或招标代理机构相互任职或工作;被责令停业;被暂停或取消投标资格;财产被接管或冻结;在最近三年内有骗取中标或严重违约或重大工程质量问题;在资格预审过程中存在弄虚作假、行贿受贿或其他违法违规行为。

(3)资格预审申请文件的澄清。在审查过程中,审查委员会可以书面形式,要求申请人对所提交的资格预审申请文件中不明确的内容进行必要的澄清或说明。申请人的澄清或说明应采用书面形式,并不得改变资格预审申请文件的实质性内容。申请人的澄清和说明内容属于资格预审申请文件的组成部分。审查委员会不接受申请人主动提出的澄清或说明。

资格审查办法(合格制) 表2-3

资格审查办法前附表①

条款号	条款名称	审查因素与审查标准
2.1	初步审查标准	(1)申请人名称与营业执照、组织机构代码证、资质证书、安全生产许可证一致; (2)资格预审申请文件按照资格预审文件规定的格式、内容填写,字迹清晰可辨; (3)资格预审申请文件签署、盖章情况符合《公路工程标准施工招标资格预审文件》(下同)第二章"申请人须知"第3.3.1项规定; (4)提交资格预审申请文件的标段与购买资格预审文件的标段一致; (5)申请人的授权委托书或法定代表人身份证明符合第二章"申请人须知"第3.2.2项规定; (6)资格预审申请文件正、副本份数符合第二章"申请人须知"第3.3.2项规定; (7)资格预审申请人如果以联合体形式申请,符合第二章"申请人须知"第1.4.2项规定; (8)资格预审申请文件没有对招标人的权利提出削弱性或限制性要求,没有对申请人的责任和义务提出实质性修改; ……

续上表

条款号	条款名称	审查因素与审查标准
2.2	详细审查标准	(1)申请人具备有效的营业执照、组织机构代码证、资质证书、安全生产许可证和基本账户开户许可证； (2)申请人的资质等级符合第二章"申请人须知"第1.4.1项规定； (3)申请人的财务状况符合第二章"申请人须知"第1.4.1项规定； (4)申请人的类似项目业绩符合第二章"申请人须知"第1.4.1项规定； (5)申请人的信誉符合第二章"申请人须知"第1.4.1项规定； (6)申请人的项目经理(包括备选人)和项目总工(包括备选人)资格、在岗情况符合第二章"申请人须知"第1.4.1项规定； (7)申请人的其他要求符合第二章"申请人须知"第1.4.1项规定；② (8)申请人不得存在第二章"申请人须知"第1.4.3项或第1.4.4项规定的任何一种情形； (9)申请人符合第二章"申请人须知"第1.4.5项规定；③ (10)以联合体形式申请资格预审的，联合体各方均未再以自己名义单独或参加其他联合体在同一标段中申请资格预审；独立提出资格预审申请的，申请人未同时参加联合体在同一标段中的申请资格预审； (11)在资格预审过程中申请人不存在串通投标、弄虚作假、行贿或其他违法违规行为，串通投标、弄虚作假行为按照《中华人民共和国招标投标法实施条例》第三十九条至第四十二条的规定进行评审和认定； (12)审查委员会要求申请人对资格预审申请文件进行澄清或说明的，申请人的澄清或说明符合本章正文第3.3款规定； ……
3.2.3	详细审查	单位负责人为同一人或存在控股、管理关系的不同单位参加同一标段资格预审申请的，按照以下优先顺序确定通过资格预审的单位： (1)被招标项目所在地省级交通运输主管部门评为较高信用等级的申请人优先； (2)上一年度净资产高的申请人优先； ……

注：①"资格审查办法前附表"用于明确资格审查的方法、因素、标准和程序。招标人应根据招标项目具体特点和实际需要，详细列明全部审查因素、标准，没有列明的因素和标准不得作为资格审查的依据。

②对于特别复杂的特大桥梁和特长隧道项目主体工程以及其他有特殊要求的工程，还可对其他管理和技术人员(如项目副经理、专业工程师等)以及主要机械设备和试验检测设备进行详细审查。

③本款规定仅适用于根据《关于发布公路工程从业企业资质名录的通知》(厅公路字〔2011〕114号)要求，招标人应通过名录对申请人资质条件进行审核的公路施工企业。

2. 有限数量制法

在满足初步审查和详细审查标准的前提下，对资格预审申请文件进行量化打分，再按得分由高到低的顺序确定通过资格预审的申请人。通过资格预审的申请人不得超过有限数量制资格审查办法中规定的数量。具体步骤如下：

(1)~(3)步骤同合格制法。

(4)评分。情况一：通过详细审查的申请人不少于3个且未超过表2-4规定资格预审的人数，均为通过资格预审，不再进行评分。情况二：通过详细审查的申请人数量超过表2-4规定资格预审的人数，审查委员会依据表2-4中2.4评分内容和标准(人员、财务状况、类似项目业绩、信誉、初步施工组织计划)进行评分，按得分由高到低的顺序进行排序。

第二章 公路工程施工招标投标

资格审查办法(有限数量制)　　　　　　　　　　　　　　　　　表 2-4

资格审查办法前附表①

条款号	条款名称	编列内容
1	通过资格预审的人数	通过初步审查和详细审查的申请人,按综合得分由高到低的顺序排序,选择前_____名通过资格预审②
2		审查因素与审查标准
2.1	初步审查标准	(1)申请人名称与营业执照、组织机构代码证、资质证书、安全生产许可证一致; (2)资格预审申请文件按照资格预审文件规定的格式、内容填写,字迹清晰可辨; (3)资格预审申请文件签署、盖章情况符合《公路工程标准施工招标资格预审文件》(下同)第二章"申请人须知"第3.3.1项规定; (4)提交资格预审申请文件的标段与购买资格预审文件的标段一致; (5)申请人的授权委托书或法定代表人身份证明符合第二章"申请人须知"第3.2.2项规定; (6)资格预审申请文件正、副本份数符合第二章"申请人须知"第3.3.2项规定; (7)资格预审申请人如果以联合体形式申请,符合第二章"申请人须知"第1.4.2项规定; (8)资格预审申请文件没有对招标人的权利提出削弱性或限制性要求,没有对申请人的责任和义务提出实质性修改; ……
2.2	详细审查标准	(1)申请人具备有效的营业执照、组织机构代码证、资质证书、安全生产许可证和基本账户开户许可证; (2)申请人的资质等级符合第二章"申请人须知"第1.4.1项规定; (3)申请人的财务状况符合第二章"申请人须知"第1.4.1项规定; (4)申请人的类似项目业绩符合第二章"申请人须知"第1.4.1项规定; (5)申请人的信誉符合第二章"申请人须知"第1.4.1项规定; (6)申请人的项目经理(包括备选人)和项目总工(包括备选人)资格、在岗情况符合第二章"申请人须知"第1.4.1项规定; (7)申请人的其他要求符合第二章"申请人须知"第1.4.1项规定;③ (8)申请人不存在第二章"申请人须知"第1.4.3或第1.4.4项规定的任何一种情形; (9)申请人符合第二章"申请人须知"第1.4.5项规定;④ (10)以联合体形式申请资格预审的,联合体各方均未再以自己名义单独或参加其他联合体在同一标段中申请资格预审;独立提出资格预审申请的,申请人未同时参加联合体在同一标段中申请资格预审; (11)在资格预审过程中申请人不存在串通投标、弄虚作假、行贿或其他违法违规行为,串通投标、弄虚作假行为按照《中华人民共和国招标投标法实施条例》第三十九条至第四十二条的规定进行评审和认定; (12)审查委员会要求申请人对资格预审申请文件进行澄清或说明的,申请人的澄清或说明符合本章正文第3.3款规定; ……
3.2.3	详细审查	单位负责人为同一人或存在控股、管理关系的不同单位参加同一标段资格预审申请的,按照以下优先顺序确定通过资格预审的单位: (1)综合得分高的申请人优先; (2)被招标项目所在地省级交通运输主管部门评为较高信用等级的申请人优先; (3)上一年度净资产高的申请人优先; ……

续上表

条款号	评分因素与权重分值⑤				评分标准⑧
	评分因素⑥	评分因素权重分值⑦	各评分因素细分项	分值	
2.3 评分标准	拟投入本标段的项目经理(包括备选人)和项目总工(包括备选人)资历、信誉				
	类似工程施工经验				
	履约信誉⑨				
	财务能力				
	技术能力⑩				

注:①"资格审查办法前附表"用于明确资格审查的方法、因素、标准和程序。招标人应根据招标项目具体特点和实际需要,详细列明全部审查因素、标准,没有列明的因素和标准不得作为资格审查的依据。
②招标人应在资格预审文件中明确允许通过资格预审的申请人的数量,该数量应有利于提高招标项目的竞争,并有利于防止申请人串通投标。
③对于特别复杂的特大桥梁和特长隧道项目主体工程以及其他有特殊要求的工程,还可对其他管理和技术人员(如项目副经理、专业工程师等)以及主要机械设备和试验检测设备进行详细审查。
④本款规定仅适用于根据《关于发布公路工程从业企业资质名录的通知》(厅公路字〔2011〕114号)要求,招标人应通过名录对申请人资质条件进行审核的公路施工企业。
⑤招标人应根据项目具体情况确定各评分因素及评分因素权重分值,并对各评分因素进行细分(如有)、确定各评分因素细分项的分值,各评分因素权重分值合计应为100分。各评分因素得分应以审查委员会各成员的打分平均值确定,审查委员会成员总数为7人以上时,该平均值以去掉一个最高分和一个最低分后计算。
⑥对于特别复杂的特大桥梁和特长隧道项目主体工程以及其他有特殊要求的工程,还可以将其他管理和技术人员(如项目副经理、专业工程师等)以及主要机械设备和试验检测设备列为评分因素进行评分,并适当调整本标准文件规定的评分因素权重分值范围。
⑦各评分因素权重分值范围如下:拟投入本标段的项目经理(包括备选人)和项目总工(包括备选人)资历、信誉25~40分;类似工程施工经验25~35分;履约信誉10~25分;财务能力10~20分;技术能力0~10分。
⑧招标人应列明各评分因素或各评分因素细分项(如有)的评分标准并作为审查委员会进行评分的依据。
⑨招标人可结合招标项目所在地省级交通运输主管部门对申请人的信用评级对其履约信用进行评分,但不得任意设置歧视性条款并不得任意设立行政许可。
⑩"技术能力"指申请人的科研开发和技术创新能力,招标人可结合招标项目的具体情况提出相关要求,包括申请人获得的与项目施工有关的国家级工法、专利(发明专利或实用新型专利)、国家或省级科学技术进步奖,主编或参编过的国家、行业或地方标准等。

(四)资格后审

1. 适用范围

资格后审适用于某些开工期要求紧迫,工程较为简单的情况。

2. 审核时间

投标人在提交投标书的同时报送资格审查资料,以便评标委员会在开标后或评标前对投标人资格进行审查。

3. 审查内容

基本上同资格预审的内容。经评标委员会审查资格合格者,才能列入进一步评标工作程序。

四、公路工程招标控制价的编制

(一) 招标控制价与标底的关系

招标控制价是推行工程量清单计价过程中对传统标底概念的性质进行界定后所设置的专业术语,它使招标时评标定价的管理方式发生了很大的变化。设标底招标、无标底招标以及招标控制价招标的利弊分析如下。

1. 设标底招标

(1) 设标底时易发生泄露标底及暗箱操作的现象,失去招标的公平、公正性,容易诱发违法、违规行为。

(2) 编制的标底价是预期价格,因较难考虑施工方案、技术措施、材料价格变化对造价的影响,容易与市场造价水平脱节,不利于引导投标人理性竞争。

(3) 标底在评标过程的特殊地位使标底价成为左右工程造价的杠杆,不合理的标底会使合理的投标报价在评标中显得不合理,有可能成为地方或行业保护的手段。

(4) 将标底作为衡量投标人报价的基准,导致投标人尽力地去迎合标底,往往使招标投标过程反映的不是投标人的实力,而是投标人编制预算文件的能力或者各种合法或非法的"投标策略"。

2. 无标底招标

(1) 容易出现围标串标现象,各投标人哄抬价格,给招标人带来投资失控的风险。

(2) 容易出现低价中标后偷工减料,以牺牲工程质量来降低工程成本,或产生先低价中标,后高额索赔等不良后果。

(3) 评标时,招标人对投标人的报价没有参考依据和评判基准。

3. 招标控制价招标

(1) 采用招标控制价招标的优点:

①可有效控制投资,防止恶性哄抬报价带来的投资风险;

②提高了透明度,避免了暗箱操作、寻租等违法活动的产生;

③可使各投标人自主报价、公平竞争,符合市场规律。投标人自主报价,不受标底的左右;

④既设置了控制上限,又减少了业主依赖评标基准价的影响。

(2) 采用招标控制价招标也可能出现如下问题:

①若"最高限价"大大高于市场平均价时,即预示中标后利润很丰厚,只要投标不超过公布的限额都是有效投标,从而可能诱导投标人串标、围标。

②若公布的最高限价远远低于市场平均价,就会影响招标效率,即可能出现只有1~2人投标或出现无人投标的情况。因为按此限额投标将无利可图,超出此限额投标又成为无效投标,结果使招标人不得不修改招标控制价进行二次招标。

(二)标底的编制

1. 标底的作用

公路工程的标底是其建安工程造价的表现形式之一,是由招标人(业主)自行编制或委托具有相应资格和能力的咨询服务机构代理编制,并按规定报经审定的招标工程的预期市场价格。标底的作用主要表现在以下三个方面:

(1)标底是评标中衡量投标报价是否合理的尺度,是确定投标单位能否中标的重要依据。《公路工程建设项目招标投标管理办法》规定:"评标委员会发现投标人的投标报价明显低于其他投标人报价或者在设有标底时明显低于标底的,应当要求该投标人对相应投标报价作出书面说明,并提供相关证明材料。投标人不能证明可以按照其报价以及招标文件规定的质量标准和履行期限完成招标项目的,评标委员会应当认定该投标人以低于成本价竞标,并否决其投标。"

(2)标底是招标中防止盲目报价,抑制低价抢标现象的重要手段。鉴于我国的特殊国情,为了防止投标人低价抢标,维护市场秩序和当事人权益,确保建设项目目标的实现,我国招投标领域常利用标底来控制投标人报价的下限,如采用最低价评标法。

(3)标底是控制投资额,核实建设规模的文件。招标工程的标底,无论是由业主自行编制,还是委托具有相应资质的单位代为编制,都要求在实际工作中必须严肃认真地对待标底编制工作,科学合理地组织标底编制工作,最大限度地做好标底保密工作,从而保证招标工作的顺利开展。

2. 标底编制的原则和依据

标底的编制过程是对招标项目所需工程费用的自我测算过程。通过编制标底可以促进招标人事先加强工程项目的成本调查和成本预测,做到各项费用心中有数,为搞好评标工作,进而搞好施工过程的造价工作打下基础。

(1)标底编制的原则

标底编制原则包括以下3个方面:

①遵循价值规律的原则。标底的价格应反映建筑产品的价值,体现优质优价。

②服从供求关系的原则。标底的价格是市场价格,因此,应反映建筑市场供求状况对建筑产品价格的影响,体现市场需求状况。

③促进生产力发展的原则。标底应是代表先进平均生产力水平的价格,能够促使投标人"跳起来摘桃子",引导投标人良性竞争,促进社会生产力水平的不断提高。

(2)标底编制的依据

标底编制和投标人的投标报价及概预算相比较,有很多相同点和不同点,标底编制的依据主要包括以下7个方面。

①招标文件。标底作为衡量评审投标价的尺度,必须同投标人一样,要将招标文件的投标人须知、合同条款、工程量清单、图纸以及参考资料作为编制标底必须遵守的主要依据。

②概、预算定额。概、预算定额是国家各专业部门或各地区根据行业和地区的特点,对本行业、地区的建筑安装工程按照合理的施工组织和一般正常的施工条件编制的专一的或地区的统一定额,是一种具有法定性的指标。标底要起控制投资额和作为招标工程确定的预期价

格的作用,就应该按颁布的现行概、预算定额来编制。

③费用定额。费用定额也是编制标底的依据。费用定额与编制标底有关的取费标准有其他工程费、间接费、利润、税金、施工图预算包干费等。编制标底时,除政策规定不得竞争的外,费用定额项目和费率的取定可根据招标工程的工程规模、招标方式、招标文件的有关规定而定,但其基本费率的取费依据是费用定额。

④工、料、机价格。人工工资应按国家规定的计价依据和当地规定的有关工资标准计算,材料应按编制概、预算时材料预算价格调查的原则进行实地调查,特别要核实路基土石方的取土坑、废土场和运输条件,砂、石料的料场(包括储量、开采量、质量、运输条件和料场价格等),当地电力、汽油、柴油、煤等价格。编制应以交通运输部颁布的《公路工程机械台班费用定额》为基础。

⑤施工图设计文件。经上级主管部门(或有关方面)审查批准的施工图设计和预算文件。也是标底编制的主要依据,标底不能超过批准的投资额。

⑥施工组织方案。有了施工组织方案或施工组织设计,才能编好标底。标底的许多方面要按施工组织方案编制。

⑦其他资料。如竞争情况、社会生产力水平、招标人的意图或指导思想等。

3. 标底编制的方法

目前,我国公路交通行业经交通运输部批准的标底编制方法有三种:工料单价法、综合单价法和统计平均法(以投标价的加权平均值作为标底),下面将分别进行介绍。

(1)工料单价法

在该方法下,分部分项工程的单价为直接费。直接费根据人工、材料、机械的消耗量乘以相应价格确定,间接费、税金、利润再根据直接费套定额另行计算。其操作方法及工作范围与概预算编制过程相同,但用概预算编制法的标底应注意以下事项:

①概预算编制的标底应适当下调;

②合同没有价格调整的条款时,用暂定金额,考虑工程造价增长预留费;

③使用概预算定额明显偏高或偏低时,项目套用定额应适当调整;

④编制的概预算金额应根据市场供求情况进行调整。

(2)综合单价法

在该方法下,分部分项工程量的单价为全费用单价,包括直接费、间接费、利润、税金以及该项工程明示和暗示的所有责任、义务和一般风险。目前推行的清单报价,就是综合单价法。

该方法用工程量清单确定的工程数量,按技术规范中单价计量范围进行综合单价分析,确定单价并汇总标底总额,其编制方法和步骤与投标报价基本上是一致的。其标底编制的主要步骤简述如下:

①根据有关资料,分别进行人工、材料(包括自采材料)、机械台班单价计算;

②按计算的工、料、机单价和工程预算定额,进行工程基础单价计算;

③按工程基础单价,统计工、料、机台班数量,并计算其费用;

④根据有关基本资料,计算工程直接费,并进行标底初步汇总;

⑤按直接费的比例,将待摊费摊入各分项工程中,完成工程拟定的单价计算;

⑥根据工程拟定单价和工程量清单所列工程数量计算各细目费用,然后汇总出标底总价;

⑦编写编制说明,介绍工程概况及各项指标、定额、依据、费率、价格的选用等有关事项。

(3)统计平均法

该方法以投标价的加权平均值作为标底,即用各投标单位的有效标价,采用统计平均法计算标底。其特点为:

①反映标底编制原则与要求;

②简化标底编制的工作量;

③不存在标底保密问题。

在实践中,标底编制可运用的方法还有工序分析法、经验估算法和上述方法的组合法等。

(三)招标控制价的编制

《中华人民共和国招标投标法实施条例》(2018年3月19日起实施)规定:"招标人可以自行决定是否编制标底。一个招标项目只能有一个标底。标底必须保密。接受委托编制标底的中介机构不得参加受托编制标底项目的投标,也不得为该项目的投标人编制投标文件或者提供咨询。招标人设有最高投标限价的,应当在招标文件中明确最高投标限价或者最高投标限价的计算方法。招标人不得规定最低投标限价。"

1. 招标控制价的编制规定与依据

招标控制价,是指根据国家或省级建设行政主管部门颁发的有关计价依据和办法,依据拟订的招标文件和招标工程量清单,结合工程具体情况发布的招标工程的最高投标限价。国家发展和改革委员会《必须招标的工程项目规定》(2018年第16号令)规定如下:

第二条 全部或者部分使用国有资金投资或者国家融资的项目包括:

(一)使用预算资金200万元人民币以上,并且该资金占投资额10%以上的项目。

(二)使用国有企业事业单位资金,并且该资金占控股或者主导地位的项目。

第三条 使用国际组织或者外国政府贷款、援助资金的项目包括:

(一)使用世界银行、亚洲开发银行等国际组织贷款、援助资金的项目。

(二)使用外国政府及其机构贷款、援助资金的项目。

第四条 不属于本规定第二条、第三条情形的大型基础设施、公用事业等关系社会公共利益、公众安全的项目,必须招标的具体范围由国务院发展改革部门会同国务院有关部门按照确有必要、严格限定的原则制订,报国务院批准。

第五条 本规定第二条至第四条规定范围内的项目,其勘察、设计、施工、监理以及与工程建设有关的重要设备、材料等的采购达到下列标准之一的,必须招标:

(一)施工单项合同估算价在400万元人民币以上。

(二)重要设备、材料等货物的采购,单项合同估算价在200万元人民币以上。

(三)勘察、设计、监理等服务的采购,单项合同估算价在100万元人民币以上。同一项目中可以合并进行的勘察、设计、施工、监理以及与工程建设有关的重要设备、材料等的采购,合同估算价合计达到前款规定标准的,必须招标。

招标控制价编制依据如下:

(1)《公路工程建设项目概算预算编制办法》(JTG B06—2007);

(2)《公路工程预算定额》(JTG/T B06-02—2007);

(3)《公路工程机械台班费用定额》(JTG B06—2007);

(4)所属区域关于执行交通运输部 2007 年公路工程基本建设项目概算预算编制办法的补充规定;

(5)《公路工程标准施工招标文件》(2018 年版);

(6)所属区域公路定额管理站造价信息;

(7)现场考察资料;

(8)招标文件及施工图设计文件。

编制招标控制价的规定如下:

(1)国有资金投资的工程建设项目应实行工程量清单招标,招标人应编制招标控制价,并应拒绝高于招标控制价的投标报价,即投标人的投标报价若超过公布的招标控制价,则其投标将被否决。

(2)招标控制价应由具有编制能力的招标人或受其委托、具有相应资质的工程造价咨询人编制。工程造价咨询人不得同时接受招标人和投标人对同一工程的招标控制价和投标报价的编制。

(3)招标控制价应在招标文件中公布,对所编制的招标控制价不得进行上浮或下调。

(4)招标控制价超过批准的概算时,招标人应将其报原概算审批部门审核。这是由于我国对国有资金投资项目的投资控制实行的是设计概算审批制度,国有资金投资的工程原则上不能超过批准的设计概算。

(5)投标人经复核认为招标人公布的招标控制价未按照规范规定进行编制的,应在招标控制价公布后 5 天内向招标投标监督机构和工程造价管理机构投诉。工程造价管理机构受理投诉后,应立即对招标控制价进行复查,组织投诉人、被投诉人或其委托的招标控制价编制人等单位人员对投诉问题逐一核对。当招标控制价复查结论与原公布的招标控制价误差大于 ±3% 时,应责成招标人改正。当重新公布招标控制价时,若重新公布之日起至原投标截止期不足 15 天的应延长投标截止期。

2. 编制原则

为使招标控制价能够实现编制的根本目的,能够起到真实反映市场价格机制的作用,从根本上真正保护招标人的利益,在编制的过程中应遵循以下几个原则:

(1)社会平均水平原则。在招标控制价编制的过程中,招标人希望通过招标选择到具有成熟的先进技术和先进经验的承包人。显然,企业应该在技术和管理上具有一定的优势,在工程成本管理和控制方面也应具有更强的竞争性,反映的是社会平均先进水平。但是,作为投标报价的最高限制价要遵循社会平均水平原则。一方面,可以对因围标和串标行为而哄抬标价起到良好的制约作用;另一方面,可以使得投标人在能够看到获得合理利润的前提下积极参加竞投标,并在经评审的合理低价中标的评标方法下进行竞争胜出。

(2)诚实信用原则。招标控制价的编制必须遵循诚实信用的原则,严格执行工程量清单计价规范,合理反映拟建工程项目市场价格水平,从根本上保护招标人的长期利益。从整体上来说,应在拟订好招标文件的前提下,以工程量清单为基础,力求费用完整,符合施工条件情况与工程特点、质量和工期要求;充分利用市场价格信息,追求与市场实际价格变化相合,同时考虑风险因素;包干明确,牢记招标控制的目的;以采用社会平均水平为原则,以鼓励先进施工管理和技术发展为准则,达到增加投资效益的目标。

(3)公平、公正、公开原则。招标控制价的作用和特点不同于标底,这决定了招标控制价无须保密。尽管招标控制价编制的主动权掌握在招标人一方,但招标控制价的设定有严格的计价规范。对国有资金投资的工程建设项目采用工程量清单计价,必须根据市场可控和不可控因素合理制定出招标控制价,在充分考虑节约资金的同时,给承包人留有一定的合理利润空间。

3. 招标控制价编制要点

(1)熟悉施工图设计文件、核对工程数量。在编制招标控制价前,应全面研究施工图设计文件、工程量清单及招标文件、技术规范。理清工程量清单中每个子目号所对应的工作内容,以保证套用定额不漏项。

(2)合理选择费用标准。结合现行标准文件,参照所属区域关于定额的补充说明进行编制。

(3)根据招标文件相关要求,确定合理的施工方案,选择合适的定额按照招标文件对工期、质量、施工工艺等的要求,针对不同的地区、不同的现场施工条件,编制合理可行的施工方案、工程特殊技术措施和临时设施。针对制订好的施工方案,了解定额总说明,定额的工程量计算规则、单位、所包含的工作内容和使用范围、定额附注及是否允许调整,减少因定额套用不合理、少套、漏套定额而带来的影响,进而提高招标控制价的准确性。

(4)合理确定工料机价格。外购材料采用定额管理站发布《造价信息》中的指导价。地方材料结合设计文件中的筑路材料料场信息,进行详尽的现场调查,调查地方材料的开采条件、质量、产量、价格以及运输条件,进入施工现场的地方道路、便桥及收费情况,项目所在地其他在建项目对本项目地方材料价格的影响。

4. 招标控制价编制的确定与分析

将完成的概、预算结果,按结构部位计算出各自的经济指标,分析这些指标与相对应的工程条件和工程量是否符合,把这些指标与其他项目同类结构的指标进行横向比较,找出它们之间的关系,并分析其合理性,发现突变,及时查找原因。属于工程量的问题,要向设计人员反馈信息,核对工程量;属于其他原因,要查对材料价格、选用定额等方面是否有误;根据查对结果及时修正并反复分析对比,直到满意为止。

第二节　公路工程施工投标

投标是投标人实质性响应招标人要求的过程。实质性响应招标文件只是投标人中标的必要条件之一,而不是充分条件。中标的投标人永远是最符合定标条件(招标人意图)的唯一投标人。因此,投标人除了要认真编制出全面、适当、有效、真实的投标文件(商务、技术、报价文件)外,还必须扎实地完成投标人应该完成的每一项工作。

一、公路工程施工投标的准备工作

工程施工投标中最主要的是获取投标信息、投标决策,确定投标策略及投标技巧、投标报价,编制投标文件。投标人作为投标工作的主角,主要有以下几点工作。

(一) 确定投标方针

投标方针是指承包商在具体投标业务活动中所采取的指导思想和策略。它首先体现承包商对该地区开发的战略和部署。其次,反映承包商结合当时市场情况和该项目的特点所确定的具体投标策略。

1. 进入潜力市场的投标方针

所谓潜力市场,是指具有长期开发价值的市场。一旦这类市场遇到有利于本企业开发的项目,应积极争取,关注长期利益,不计较一时之得失。一方面,要加强对竞争对手的摸底;另一方面,在成本计算中对某些固定资产(如利用率较低的施工机械和管理设备等)应采取减少摊入、降低利润率,或以保本报价等措施降低报价,把获利寄望于以后的工程项目,或利用工作间隙开展小包、分包或出租机械等措施增加收入。这种做法虽提高了竞争力,但不能保证成功,因此属于风险型决策。

2. 进入陌生市场的投标方针

所谓陌生市场,是指不熟悉、不确定、市场风险通常较大的市场。对于这类市场的项目,特别是在对竞争对手情况不明的情况下,不能盲目杀价。一般应争取工程量较大、工期较长、投入施工设备资金较少的项目;或采取分包部分工程,以减少资金投入。争取在一个工程中就把投入的大部分资金收回来。在没有把握的情况下,宁愿把标价定高一些作为摸底。

3. 进入熟悉市场的投标方针

所谓熟悉市场,是指已开发市场或业务熟练的市场。在这类市场谋求后续项目或新开发项目时,要掌握时机,务必使新项目与在建项目衔接好,并充分利用现有设备作为确定投标方针的重要因素。对于工期衔接较好,现有设备可以充分利用的项目,可以较低价格争取得标。为此,应把由于减少施工设备停滞带来的利益考虑进去。承揽在建项目邻近地区的新项目,可以减少工地迁移费用;对施工条件环境熟悉,这都是有利的条件。投标决策时应将这类项目列为积极争取的项目。

(二) 参加资格预审

1. 资格预审申请工作程序

(1) 进行资格预审报名,并购买资格预审文件。根据资格预审通告规定的时间和地点,持单位介绍信和本人身份证报名,并购买资格预审文件。

(2) 选择拟投标标段、投标形式和分包商。根据招标人的规定和企业实力,选择拟申请投标的标段。选择标段主要考虑有利于本单位的竞争优势。例如,选择能充分利用现有施工设备或能充分发挥本企业优势的标段,然后根据拟投标段工程规模和难度以及本单位能力和需要来确定独家投标,或是与其他单位组成联合体投标,或需要分包部分工程。

在资格预审阶段,投标人必须对投标形式作出决策——是独立投标还是采用联合体方式投标。因为独立投标和联合体形式投标在资格预审材料方面要求不同,联合体方式投标须填写联合体各方的有关资格预审材料。

(3) 填写资格预审表格。按照惯例,资格预审通常采用表格形式进行,招标人根据项目的技术经济特点和有关规定,制订统一规范的资格预审表格。投标人根据资格预审须知要求,对照表格内容逐一填写。

(4)提交资格预审申请文件。资格预审申请文件(正本)应加盖法人单位公章,并由其法定代表人或其授权代理人签字,按要求密封,并按照资格预审文件规定的时间、地点和方式送达招标人。

2. 资格预审的基础工作

(1)分门别类地建立企业资格预审资料信息库。资格预审时间通常很短,而所要填报的资料信息量大,只有平时充分做好资格预审基础材料工作,对基本资料、人员、设备、业绩、施工方案等资料分门别类地建立企业资格预审资料信息库,并注意随时更新,才能做好投标资格预审工作。投标基础资料主要包括:公司营业执照(复印件)、公司资质证书(复印件)、公司资信登记证书(复印件)、公司简介(含公司概况表、公司组织机构框图、各类员工人数及相应证书扫描件、自有设备等资产、工程业绩证明材料等资料及图片);近5年已完成工程概况表和交(竣)工验收工程质量鉴定书复印件,或有关证明文件(注意随时更新);在建工程概况表,包括工程名称、规模、承包合同段、工期、投入施工人员等情况;公司主要管理和技术人员资历表,有关资质证明文件,以及人员动态表;公司拥有的施工机械、设备概况表(含名称、数量、型号、功率、购置年度、机况及在用状况);合作单位(拟作为联合体成员或分包单位)的资质、公司概况、业绩、施工设备、财务,主要管理人员资历表等有关资料和证件;以及主要单位工程或分部分项的施工方案。

(2)对外树立形象,对内增强素质。投标人在对外交往中,必须时时注意维护自身形象,树立良好的公众形象,同时,还应不断改进管理,提高效率和技术能力,以便能够随时抓住市场机会。

(3)建立"信息雷达",提高抓住机会的能力。工程建设招标信息的发布具有不定时、不通知特定投标人的特点。因此,投标人必须建立良好的"信息雷达",以提高抓住机会的能力和速度。

3. 资格预审申请文件编制的内容

资格预审申请文件一定要按照资格预审通告要求编制,一般包括如下内容:

(1)企业法人营业执照副本和组织机构代码证副本(按照"三证合一"或"五证合一"登记制度进行登记的,可仅提供营业执照副本)、施工资质证书副本、安全生产许可证副本、基本账户开户许可证的复印件,申请人在交通运输部"全国公路建设市场信用信息管理系统"公路工程施工资质企业名录中的网页截图复印件,以及申请人在国家企业信用信息公示系统中的基础信息(体现股东及出资详细信息)网页截图或由法定社会验资机构出具的验资报告或注册地工商部门出具的股东出资情况证明复印件。企业法人营业执照副本和组织机构代码证副本、施工资质证书副本、安全生产许可证副本、基本账户开户许可证的复印件应提供全本(证书封面、封底,空白页除外),应包括申请人名称、申请人其他相关信息、颁发机构名称、申请人信息变更情况等关键页在内,并逐页加盖申请人单位章。

(2)"财务状况表"应附经会计师事务所或审计机构审计的财务会计报表,包括资产负债表、现金流量表、利润表和财务情况说明书的复印件。

(3)"近年完成的类似项目"应是已列入交通运输主管部门"公路建设市场信用信息管理系统"并公开的主包已建业绩或分包已建业绩。"近年完成的类似项目情况表"应附交通运输部"全国公路建设市场信用信息管理系统"(网址:http://glxy.mot.gov.cn)中查询到的企业"业绩信息"相关项目网页截图复印件,即包括"项目名称""标段类型""合同价""主要工程量""项目主要管理人员"等栏目在内的项目详细信息网页截图复印件。在交通运输部"全国公路建设市场信用信息管理系统"中无法查询,但可在省级交通运输主管部门"公路建设市场信用信息管理系统"中查询的,应附省级交通运输主管部门"公路建设市场信用信息管理系统"中查询到的网页截图复印件。除网页截图复印件外,申请人无须再提供任何业绩证明材料。如申请人未提供相关项目网页截图复印件或相关项目网页截图中的信息无法证实申请人满足资格预审文件规定的资格预审条件(业绩最低要求),则该项目业绩不予认定。

(4)"申请人的信誉情况表"应附申请人在国家企业信用信息公示系统中未被列入严重违法失信企业名单、在"信用中国"网站中未被列入失信被执行人名单的网页截图复印件,以及由项目所在地或申请人住所地检察机关职务犯罪预防部门资格预审申请文件中要求申请人提供的各类证照复印件均指彩色扫描件或彩色复印件,其他资料的复印件可为黑白扫描件或黑白复印件。出具的近3年内申请人及其法定代表人、拟委任的项目经理均无行贿犯罪行为的查询记录证明原件。

(5)"拟委任的项目经理和项目总工资历表"应附项目经理(以及备选人)和项目总工(以及备选人)的身份证、职称资格证书以及资格预审条件所要求的其他相关证书(如建造师注册证书、安全生产考核合格证书等)的复印件,建造师注册证书、安全生产考核合格证书在政府相关部门网站上公开信息的网页截图复印件,以及申请人所属社保机构出具的拟委任的项目经理(以及备选人)和项目总工(以及备选人)的社保缴费证明或其他能够证明拟委任的项目经理(以及备选人)和项目总工(以及备选人)参加社保的有效证明材料复印件。

"拟委任的项目经理和项目总工资历表"还应附交通运输部"全国公路建设市场信用信息管理系统"中载明的、能够证明项目经理(以及备选人)和项目总工(以及备选人)具有相关业绩的网页截图复印件。在交通运输部"全国公路建设市场信用信息管理系统"中无法查询,但可在省级交通运输主管部门"公路建设市场信用信息管理系统"中查询的,应附省级交通运输主管部门"公路建设市场信用信息管理系统"中查询到的网页截图复印件。除网页截图复印件外,申请人无须再提供任何业绩证明材料。如申请人未提供相关业绩网页截图复印件或相关业绩网页截图中的信息无法证实申请人满足资格预审文件规定的资格预审条件(项目经理和项目总工最低要求),则该业绩不予认定。如项目经理(以及备选人)和项目总工(以及备选人)目前仍在其他项目上任职,则申请人应提供由该项目发包人出具的、承诺上述人员能够从该项目撤离的书面证明材料原件。

(6)"拟委任的其他管理和技术人员汇总表"(如有)应填报满足"申请人须知前附表"规定的其他人员的相关信息。"拟委任的其他管理和技术人员资历表"(如有)中相关人员应附身份证、职称资格证书以及资格预审条件所要求的其他相关证书的复印件、相关业绩证明材料复印件以及申请人所属社保机构出具的社保缴费证明或其他能够证明其参加社保的有效证明材料复印件。

(7)"拟投入本标段的主要施工机械表""拟配备本标段的主要材料试验、测量、质检仪器设备表"(如有)。

(8)潜在投标人若存在工程分包、分公司施工或以联合体形式投标,应符合相关要求。

（9）招标人要求的其他相关文件。

归纳起来，投标人提交的资格预审材料包括三部分，具体如下：

①规定的标准表格；

②资格证明材料；

③根据最新的资审办法，资格申请文件还应包括初步施工组织设计。

其中，资格证明材料一般有三大类：一是资质证明材料，如企业资质证书、拟派往工地的主要管理、技术人员的资格（资质）证书、职称证书，等等。二是施工能力证明材料，主要是承包商近年来完成类似工程项目的项目清单和相应证明材料（如中标通知书、协议书、验收鉴定证明等）、拟用于申请项目的机械设备证明材料（如发票或租赁合同、型号、新旧程度等）。三是社会信誉方面的证明材料，包括近期完成项目的工程质量奖、业主好评证明材料、工程节约奖以及业主感兴趣的其他证明材料。

投标人应充分理解拟投标项目的技术经济特点和业主对该项目的要求。除了提供规定的资料外，应有针对性地提交能反映本企业在该项目上特长和优势的材料，以便在资格预审时就引起业主注意，留下良好印象，为下一步投标竞争奠定基础。

4. 资格预审申请文件编制的注意事项

（1）未雨绸缪，赢得先机。要高度重视信息工作，除了通过专业或行业报纸（如《经济导报》《中国交通报》）或其他指定报刊、互联网等媒体收集招标信息外，还应有目的、有重点地跟踪潜在项目，并适时做好准备工作。

（2）有的放矢，突出重点和"亮点"。编制时应加强分析，针对工程特点，突出重点，特别是突出本企业的施工经验、施工水平、管理组织能力和资源实力。

（3）量力而行，尽力而为。如果施工项目难度大（如受资金、技术水平、经验等限制），本企业难以胜任或独立承包有较大风险，应考虑联合承包，并签订好联合协议。

（4）符合要求，不缺不漏。编制资审申请文件应符合全面、适当、真实、及时性的要求，必须逐项核实填报内容，检查证明材料复印件是否齐备，资格预审材料签署盖章是否完善，投标授权书是否开具、进行过公证等。

（5）跟踪追击，掌握动态。投标人应做好递交"资格预审调查表"后的跟踪工作，以便及时发现问题，补充资料。

（三）研究招标文件

精读、分析招标文件的目的：全面了解承包人在合同中的权利和义务；深入分析施工中承包人所面临和需要承担的风险；缜密研究招标文件中的漏洞和疏忽，为制订投标策略寻找依据，创造条件。

招标文件内容广泛，投标人应对以下几个可能对投标结果产生重大影响的方面加以注意。

1. 投标人须知

"投标人须知"详细说明了招标人对投标人在整个投标阶段应遵守的程序、时间安排、注意事项、权利和义务。投标人一旦提交了投标文件，则应在投标有效期内对其投标文件负责。在"投标人须知"中应特别注意招标人评标的方法和标准、授予合同的条件等，以便有针对性投标。投标一旦偏离或者不完整，则其投标将被否决。

2. 认真研究合同条件

合同条件是商业性的,但仍具有法律效力。业务人员平时应多看、多熟悉、多研究通用条件。专用条件则是针对本项目、由业主制订的、对通用条件起补充作用的条款,它体现了本地区、本项目的特点,要在投标阶段着重研究。其中,对标书编制,特别是对投标报价影响较大的一些条款,应尤其注意,反复进行研究。

(1)有关工期要求及延期惩罚(或提前完工奖励)的规定

工期对于承包工程是硬指标,能否按期完成是承包商信誉的首要因素。拖期往往被认为是承包商履约能力不强的表现,不但会给业主造成经济损失,而且由于拖长工期,投标人自己的人工费、管理费、设备折旧费等开支也将增加,还可能影响资金、施工设备、人员的周转使用,从而使工程成本加大。另外,还可能导致业主的反索赔——受到延期罚款。延期的罚款额按日计算,一般以合同总额的几千分之一计,如每延迟1日,罚款1/5 000~1/2 000合同金额。这样,大的工程每日罚款可达上万元,小的工程也有几千元。有的招标文件还规定按累进原则进行处罚,罚款额达到规定额度(如达到合同金额的5%),业主就有权自行安排其他承包人承接部分或全部剩余工程,一切费用由原承包商承担,甚至取消合同,没收履约保函,冻结承包商资产,并进一步索取赔款。

为了取得信誉和避免经济损失,承包商务必根据规定的工期安排施工计划,配备足够的施工设备和劳务。另外,工期的计算方法对施工组织计划也有影响。有些招标文件规定合同批准(生效)后即下达开工令,下开工令后第二天就开始计算工期,这样就不得不把施工准备(如组建项目经理部驻点、组织机械人员进场)安排在工期之内,因而缩短了工程的实际工作时间。也有许多招标文件规定,下达开工令后一段时间(如1个月或2个月)再开始计算工期,这样承包商就可在工期开始前进行现场施工准备工作。此外,工程竣工只进行初步验收,直到缺陷责任期满才进行最终验收,因而缺陷责任期中出现的质量问题(仅指由于施工质量引起的损坏)仍由承包商负责修复。招标文件规定的缺陷责任期一般为2年,这就增加了承包商的责任和费用,应在投标时予以注意。

(2)关于预付款及保留金

开工预付款是业主在工程开工之前,提供给承包商做施工准备、购置施工机械和材料之用的,属无息贷款,承包商须从开始支付进度款或支付额到一定比例后,逐月返还,从而缓解承包商初期资金的紧张程度。各个国家,不同的业主对预付款的规定差异较大,因此要仔细弄清。业主的预付款,通常有开工预付款和材料预付款。开工预付款一般为合同总额的10%,也有些项目没有开工预付款。材料预付款是指按规范要求外购的材料,送到工地经工程师检验后按一定比例(如按料价的70%~80%)预先结算的付款。材料预付款有一个最高限额,即预付总额不超过一定比例(如5%~10%的合同总额)。施工机械预付款是按到场新机械的购置费或旧机械估算价的某种比例(如60%)预付的,也有一定的规定限额(如不超过合同总金额的20%),但大多数不单独开列,而是与开工预付款联系起来,即包括在开工预付款的限额内,作为开工预付款的一种支付条件。

保留金实际上是工程结算时扣留的施工质量问题的维修保证金。在签订合同前,中标人应按"投标人须知前附表"规定的形式、金额和招标文件"合同条款及格式"规定的或事先经过招标人书面认可的履约保证金格式向招标人提交履约保证金。

中标人不能按要求提交履约保证金的,视为放弃中标,其投标保证金不予退还;给招标人造成的损失超过投标保证金数额的,中标人还应对超过部分予以赔偿。

承包人应保证其履约保证金在发包人签发交工验收证书且承包人按照合同约定缴纳质量保证金前一直有效。发包人应在收到承包人缴纳的质量保证金后28d内将履约保证金退还给承包人。质量保证金最高不超过合同价格的3%。

承包人拒绝按照合同约定缴纳质量保证金的,发包人有权从交工付款证书中扣留相应金额作为质量保证金,或者直接将履约保证金金额用于保证承包人在缺陷责任期内履行缺陷修复义务。

(3) 报价方式和支付条件

报价方式和支付条件是投标书编制中需要特别注意的问题。拿到招标文件后首先要弄清招标文件规定的合同类型。公路工程一般是采用单价合同,按月计量支付方式,但有时也有成本加酬金或其他类型的报价方案供选择。

(4) 关于税收

许多地区在招标书中要求承包商按照有关规定交纳各种税款,但并不详细列出应考虑的纳税项目,或者只列出一些主要项目,而并不提供有关细节,因此承包商必须通过各种途径弄清纳税项目、税率和纳税程序。

(5) 其他方面

对招标文件中关于工程保险、第三者保险、承包商运输和工程机械保险的规定以及有关各种保函的开具要求,都要逐项研究。履约保函一般为合同金额的10%,但也有诸如交担保金等形式的。此外,还有预付款保函,一般要求开具全额保函。对于改建道路或交叉道路,要求保证正常交通。因此,在施工组织中应采取相应措施。如修便道或半幅施工,需要现场观察交通情况,以便制定相应措施。

3. 认真研究技术规范和报价项目内容

编制标价要按照招标文件中技术规范的要求和工程数量清单中开列的项目以及对每条项目工程的内容进行说明,任何疏忽都将造成失误。新到一个地区,要逐条逐句阅读技术规范条文,不可认为有些条目与投标人在另一地区所遇到的大体相同而不再认真阅读分析,因为不同项目,相同名称的工作项目所含的内容并不一定相同。对于综合性项目要注意所罗列的工作内容。

对于技术规范规定的工作内容,在工程量清单中未开列出来的或未明文包括进去的,也要在所列项目中计算进去,否则将成为漏项。如有不明确之处,则可在标前会议上向业主提出澄清。对于工程数量清单所列内容含糊的项目要特别注意。例如,清除植被包括清除草和灌木,但又未注明树木大小尺寸;结构开挖未分土方、石方,未分干、湿。这些都要等到现场勘察后确定难易程度。有的招标文件对隐蔽工程未做勘探,只提出粗略估计数量,一旦数量出入较大,工程难易程度超过预计,就会给承包商带来严重困难。例如,多年失修没有记录在案的地下管线,在管道开挖中遇到大量坚硬石方;桥梁基础钻孔遇到特殊土质(如硬黏土,翻砂等)。因此,在遇到类似的可疑情况时,应设法进行调查,甚至做试探性勘探,否则,就需要在投标书中提出相应的制约条件。例如,当发生工程数量大于所列清单"名义数量"某种限度时,应要求另行议价,以便一旦出现上述意外情况进行索赔交涉;同时还应把报价提高些,以免承受过大的风险。

4. 招标图纸和参考资料

招标图纸是招标文件和合同的重要组成部分,是投标人在拟定施工组织方案,确定施工方法以至提出替代方案,计算投标报价时必不可少的资料。投标人在投标时应严格按招标图纸和工程量清单计算标价,即使允许投标人提出替代方案投标,也必须首先按招标图纸提出投标报价,然后再提出替代方案的投标报价,以供评标时进行审查与比较。招标图纸中所提供的地质钻孔柱状图、土层分层图、水文、气象资料,等等,均为投标人的参考资料。投标人应根据上述资料作出自己的分析和判断,据此拟定施工方案,确定施工方法,提出投标报价,业主和监理工程师一般对这类分析和判断概不负责任。

5. 工程量清单

大部分公路工程采用单价合同或以单价合同为主的合同,一般由招标人提供有数量的工程量清单让投标人报价用。研究招标文件工程量清单时应注意以下事项:

(1)应仔细研究招标文件中工程量清单的编制体系和方法。

(2)结合工程量清单、技术规范和合同条款研究永久性工程之外的项目有何报价要求。

(3)结合投标须知、合同条件、工程量清单,注意对不同种类的合同采取不同的方法和策略。对于承包商而言,要在总价合同中承担工程量方面的风险,就应当尽量将工程量核算得准确一些。在单价合同中,承包商主要承担单价不准确的风险,因此应对每一子项工程的单价作出详尽、细致的分析。

(4)核实工程量。招标项目的工程量在招标文件的工程量清单中有详细说明,但由于种种原因,工程量清单中的工程数量有时会和图纸中的数量存在不一致的现象。因此,无论是总价合同,还是单价合同,投标人都应依据工程招标图纸和技术规范,对招标文件的工程量清单中各项工程量逐项进行核对。这项工作是必需的,也是十分重要的。如果投标时间紧迫,来不及核定所有项目的工程量时,也应对那些工程量大和造价高的主要项目进行核算。一般情况下招标文件都规定工程量清单中的各项工程量是投标时的参考工程量,既不能更改,也不作为合同实施时工程价款支付的依据。如果投标人经核算某项工程量相差较大,且将在工期上给投标人带来较大风险时,须通知招标人改正,然后按改正后的工程量报价。如果招标人坚持不改时,则可按有条件报价或将其风险费用摊入投标报价中。一般的工程量偏差,只能按原工程量报价。当工程量清单中某项目工程量偏小时,建议投标人可适当提高单价。合同实施时,由于该项目实际工程量增加,从而可获得较多利润。若工程量清单中某项工程量偏大时,可以适当降低单价,也可以降低总报价,增加中标机会。当然,这样做会使该项目的将来工程价款结算额减少,所以应把此减小的款额摊入同期施工的其他项目中。

(四)现场考察

现场考察是承包商投标时全面了解现场施工环境和施工风险的重要途径,是投标人搞好投标报价的先决条件。通常,在招标过程中,业主会组织正式的现场考察。按照国内招标的有关规定,投标人应参加由业主(招标人)安排的正式现场考察,不参加正式考察者,可能会被拒绝投标。投标人提出的报价应当是在现场考察的基础上编制出来的,而且应包括施工中可能遇到的各种风险和费用。

投标人在现场考察之前,应事先拟定好现场考察的提纲和疑点,设计好现场调查表格,做到有准备、有计划地进行现场考察。现场考察的主要内容如下。

1. 自然地理、地貌、气象方面

(1)项目所在地及附近地形地貌与设计图纸是否相符。

(2)项目所在地的河流水深、地下水情况、水质等。

(3)项目所在地近20年的气象,如最高最低气温、每月雨量、雨日、冰冻深度、降雪量、冬季时间、风向、风速、台风等情况。

(4)当地特大风、雨、雪、灾害情况。

(5)地震灾害情况。

(6)修筑便道位置、高度、宽度标准,当地运输条件及水、陆运输情况。

2. 工程施工条件

(1)工程所需当地建筑材料的料源及分布地。

(2)场内外交通运输条件,现场周围道路桥梁通过能力,便道、便桥修建位置、长度、数量。

(3)施工供电、供水条件,外电架设的可能性(包括数量、架支线长度、费用等)。

(4)新盖生产生活房屋的场地及可能租赁民房的情况及租地单价。

(5)当地劳动力来源、技术水平及工资标准情况。

(6)当地施工机械租赁、修理能力、价格水平。

3. 自然资源和经济方面

(1)工程所需各种材料,当地市场供应数量、质量、规格、性能能否满足工程要求及其价格情况。

(2)当地借土地点、数量、单价、运距。

(3)当地各种运输、装卸及汽油、柴油价格。

(4)当地主、副食供应情况和近3~5年物价上涨率。

(5)保险费、税费情况。

4. 工程施工现场人文环境

工程施工现场人文环境主要是指工程所在地有关健康、安全、环保和治安情况,如民风民俗、医疗设施、救护工作、环保要求、废料处理、保安措施等。

(五)投标质疑

这是投标工作的重要一环。从招标人发售招标文件开始至招标文件规定的时间内,投标人有权以书面方式提出各种质疑。招标人也有权对招标文件中存在的任何问题进行修改和补遗。招标人对上述书面答复、修改和补遗,以编号的补遗书的方式寄给购买招标文件的所有投标人,并且这些补遗书也将成为招标文件的组成部分,对将来签订合同双方均有法律约束力。在要求业主澄清招标文件时,应注意如下事项:

(1)招标文件中对投标者有利之处,不要轻易提请澄清(它可以成为投标人制定报价技巧的突破口)。

(2)不要轻易让竞争对手从投标人提出的问题中窥探出投标者的设想、施工方案。

(3)对含糊不清的重要合同条款,如工程范围不清楚、招标文件和图纸相互矛盾、技术规范明显不合理等问题,均可要求业主或招标人澄清解释。

(4)关于业主或招标人的澄清或答复,应以书面文件为准,切不可以口头答复为依据来确定标价。

(六)编写施工技术投标书——施工组织设计文件

投标单位在详细研究招标文件,考察施工现场并准备和掌握足够的基础资料、信息后,即可按招标文件所附的格式和要求,编写施工组织设计文件。施工组织设计既是评标、定标的重要资料,也是投标人编制商务投标书和报价文件的依据。

(七)编写商务投标书

商务投标书主要以表格的形式反映投标人基本信息、人员、设备、业绩、财务能力等基础数据,及施工组织设计的有关参数摘要,是招标人了解和评价投标人的重要资料之一。

(八)制订报价策略、技巧,编制工程量清单等报价文件

报价文件是投标文件中最重要的部分,既是招标人评标、定标的重要依据,也是投标人能否中标和中标后能否实现效益的基础。

(九)合成、报送投标书,参加开标会

投标文件的商务部分、技术部分和报价部分编制完成,并经过反复校核无误后,投标人应将这三部分资料进行合成,统一编码,打印输出,按要求进行封装,然后在投标截止期前送交开标现场。并派人参加开标会,作好现场开标记录。

(十)澄清投标书

开标后,投标人必须根据开标情况,分析自己在投标书中可能需要澄清的地方,然后有针对性地准备好拟澄清资料,供需要时使用。

(十一)合同谈判,签订合同

如果投标人已收到了中标通知书或已确定为中标候选人,就必须认真准备好用于合同谈判的资料,办理或准备好拟签订合同的履约担保、开工预付款担保等担保书,筹备或计划好拟进场的资源配置。

(十二)标后分析与总结

标后分析与总结是投标工作不可或缺的一环,通过这项工作,投标人可以分析得失,总结经验教训。

以上工作任务基本上按照先后顺序进行编排,但有一些工作可以交叉同时进行,如投标书各个部分的编制等。

二、公路工程施工投标文件的编制

(一)投标文件的组成

详见"第二章 第一节 二、公路工程施工招标文件的编制"。

(二)投标文件的质量特征

一份真正被招标人接受和认可的投标文件必须具有全面、适当、完整、有效、真实的质量特征,否则,投标文件就有可能成为一堆废纸。所谓"全面",就是招标文件要求提供的资料投标文件中都必须有。所谓"适当",就是不符合招标文件要求的资料和招标文件不需要的资料一般不提供,切忌画蛇添足。所谓"完整",就是投标文件提供的资料要完整,不漏不缺。所谓"有效",就是投标文件提供的资料要能实质性响应招标文件。如招标文件要求投标人的业绩是近5年的施工业绩,如果投标人提供的是5年前的业绩证明材料,就被视为不合格。所谓"真实",就是要求投标文件中的资料不弄虚作假,真实可信,一经发现虚假资料,将视为重大偏差,作否决其投标处理。

(三)投标文件编制的注意事项

投标文件是必须实质性响应招标文件的要约,招标人若接受了,就意味着投标人得标,因此,其重要性不言而喻。这就要求投标人在编制投标文件时,必须慎重仔细。

1. 认真填写,不能漏项

如对投标书或投标致函的填写,投标人必须按招标文件规定的格式将下列内容填写完整:投标项目的名称,投标人名称、地址,投标总价、总工期,投标人签名盖章,等等。此外,投标书的文件份数、种类、有效期也必须符合要求。

2. 反复核对,不能出错

如在招标文件所附的工程量清单原件上填写的单价和分项细目合价、每页小计、每章合计、投标总价等绝对不能出错。同时,对工程量清单上的每一个数字、大小写、算术运算等都必须认真审核,并签字确认。

3. 保持整洁,不要修改

如不得更改投标书的格式,不得在投标书上直接修改其内容。若出现错漏,应在更正后重新打印输出。

4. 字迹清晰,式样美观

如资料不要复写、抄写或复印,尽量用计算机打印清楚。

5. 手续完备,装帧大方

如投标人名称应写全称,2018年版《公路工程标准施工招标文件》不再强制规定投标人法定代表人或其委托代理人逐页签署,但必须按照招标文件规定要求密封、签署、盖章;投标文件正、副本分别密封包装,包装后要进行密封盖章;投标文件必须在规定的时间之前递交;等等。

6. 注意方式,防止泄密

如报价文件不到最后时刻不敲定等。若投标保函金额与报价成比例关系,投标人在办理保函时可有意将保函金额提高一点。

7. 按章办事,不别出心裁

如投标保函或投标保证金,投标人必须根据招标文件要求办理。担保格式、签章银行、担保金额、担保期限等要符合要求,手续要符合法定要求,等等。

三、公路工程投标策略与决策

投标报价是承包工程的一个决定性环节,投标价格的计算是工程投标的重要工作,是投标文件的主要内容。招标人把投标人的投标报价作为主要标准来选择中标者,中标价也是招标人和投标人就工程进行承包合同谈判的基础。因此,施工单位在公路工程项目投标中的竞争越来越激烈。而报价的技巧与策略更是影响企业中标的主要因素,报价过高或过低都不可取,必须提出合理的报价。

随着招投标体制的建立、完善,作为其附属产物的投标策略也应运而生。西方发达国家,特别是欧美一些国家,20世纪30年代就已经萌发对建设工程投标策略的研究,到50年代已经形成具有鲜明特点的完整理论体系,并先后提出了不平衡报价法、多方案报价法、袭击夺标法、多方认证报价法等策略。

2000年度通过联合国开发计划署资助,在国际劳工组织和中国对外承包工程商会共同组织下,英国拉夫布尔(Lovghborogh)理工大学的三位著名教授联合编写了《国际工程投标案例研究》一书,并提出了深入腹地策略、低报价高索赔策略等,为我国国际承包公司进一步深入国际市场提供理论依据。

在我国,随着市场经济体制改革的不断深入,投标企业为提高自身的市场竞争力,开始学习国外一些企业的成功投标案例,并纷纷效仿。经过国内外的一些专家、学者的研究,我国在运用投标策略方面取得了很多优秀的成果。譬如1969年,中国招投标案例研究技术援助项目的中方代表许高峰提出了调价系数法、许诺优惠条件等策略,并对合同谈判过程中强制、劝诱、说服、教育策略进行详尽阐述。

2004年,何增勤教授曾主编《工程项目投标策略》,在此书中介绍了项目选择策略、成本控制策略、谈判策略、合同签订策略及风险控制策略等投标的基本策略,并结合国内实际情况和应用水平详细介绍一些定量分析投标策略。

(一)如何保证投标报价的有效性和准确性

1. 编制依据正确

正确确定报价的编制依据是保证投标报价有效性和准确性的前提。投标人在报价编制过程中应严格遵循包括交通运输部颁发的公路基本建设工程的相关法律法规,项目所在地政府有关部门颁发的各项补充规定,项目所在地有关材料的价格,本项目的招标文件及对其的澄清、答疑、补遗,等等,各种补充文件和资料。

2. 熟悉设计图纸和资料

在投标报价前,投标人应当充分理解招标文件及设计图纸,这是增加中标机会的必要条件。投标人要汇总招标文件和设计图纸中的问题及不明之处,在标前会议上向业主提出,请求业主在会上或会后解答。通过明确这些问题,可以避免因各投标人对招标文件的理解不同,造成由于标价分散而导致合理的标价反而被否决投标情况的发生。

3. 现场勘查资料

现场勘查是一项切实关系报价文件质量的基础性工作。通过工程现场勘查,投标人可以进一步全面、细致地掌握工程情况及与之相关的地理和气候条件、现场状况、社会环境等第一手资料,为投标报价及制订施工方案打下坚实的基础,保证报价的准确性和合理性。

4. 重视施工方案的确定

相同的工程内容,可以采用不同的施工方案来完成。报价前应认真分析设计文件的合理性、经济性、可行性,确定好施工方案,选配相应的施工人员和施工机械。施工方案在很大程度上影响报价的高低和定额的套用。

5.仔细核对工程量

现在工程项目招标时均要求投标单位采用工程量和单价分离的形式进行报价,投标人在投标前一定要正确摘取设计文件中的工程量并仔细进行核对、认真研究,吃透招标文件中与工程量计算有关的资料,搞清工程量清单中每一细目的具体内容和要求。如果自己计算得出的工程量与清单中工程量有着较大的出入,应及时向业主或招标单位发函,请求其对此作出解释或对清单进行调整。

6.材料价格的取定和计算

投标人编制报价时,要在遵循编制依据的基础上,全方位、多渠道地充分了解当地市场材料的供需情况和价格及价格变化情况。在当地市场材料价格极易随供求关系的变化而发生非常明显的波动时,应当充分考虑材料的上涨因素,参照当地权威部门公布的物价指数进行综合单价分析。同时,还可以根据投标人自身可否生产或提供低价的满足合同质量要求材料的情况,以及自己的施工管理、工艺水平进行材料单价分析。材料单价的高低也在很大程度上影响着报价的高低。

7.合理选用定额

完整、准确的工程量和切合实际的材料及价格是编制投标文件的坚实基础,而合理地选用定额则是投标报价工作的重心。预算人员在使用定额之前,应充分熟悉和掌握各项定额,弄清楚各项定额中的工程内容,以免重算或漏算。另外,定额中部分项目是允许投标人自行调整的,投标人必须根据项目具体工程的工期和结构特点等因素来调整定额,提高投标报价的准确性。

8.正确理解技术规范

编制报价时,应特别注意加强对技术规范的理解和分析,只有这样,才能保证投标人报价的合理性和有效性。

9.熟练应用计算机技术进行报价编制

随着计算机软件技术的不断发展,各类招投标软件不断涌现。熟练掌握招投标软件的使用方法,可以大大减轻投标人的工作强度,提高工作效率。

(二)公路工程项目投标报价编制技巧

1.报价的基础价格要准确

只有基础价格计算准确,才能保证总价的准确。目前,全国有31个省、自治区、直辖市对交通运输部《公路工程基本建设项目概算预算编制办法》作出了补充规定,即在编制报价时,应结合本单位的实际,利用交通运输部或企业内部定额的消耗量及取费费率确定工程单价。

2.选用合理的费率

投标人在选定所用定额后,必须确定与此有关的费率。报价成功与否的关键之一就是费率的选择。投标人在选择费率时,既要考虑按照此费率计算出来的报价是否能包含实际发生的所有费用,还要考虑按照此费率计算出的报价是否具有竞争力,特别要注意的是,如果招标文件工程量清单已将部分项目的费用抽取归类于第100章总则费用中,则在进行其他项目的清单分析时要将该部分费用扣除,否则会造成费用的重复计算,虚增造价,从而导致投标失败。

3. 采用不平衡报价法

(1)根据项目的施工难度来报价。如果所投标项目中的某些工程施工工艺简单、技术要求低、对施工人员和施工设备要求不高,可以降低预算单价;反之,应当提高预算单价。

(2)根据投标人自身的施工管理和技术水平来报价。如果对所投标项目中的某些工程,投标人拥有雄厚的施工技术力量、丰富的施工经验、高素质的管理人员、先进的施工机械,同时劳动生产率较高,则可以降低预算价格;反之,应适当提高预算价格,以免出现延误工期或在中标价格内无法完工的情况。如某专业化隧道施工企业对隧道工程施工有着较为丰富的管理和施工经验,机械化程度较高,施工设备齐全,曾承接过很多国家重点特长隧道项目的施工任务,与其他竞争单位相比,该企业即使把隧道工程中的某些清单细目单价报得较低,也能保本或获得微利。这就是其应用低价中标策略的坚强后盾。

(3)在报价时,投标人应采用不同比例将本来应按比例直接摊入各分项单价中的管理费、临时设施费等相关费用进行有重点的摊销,按施工过程中先期施工项目单价提高、后期施工项目单价降低的办法进行报价,即多摊一些到早期施工项目(如隧道工程中的开挖和初期支护、基础工程、土石方工程等)的单价中,少摊一些到后期施工项目(如机电工程、安装工程等)的单价中。如某高速公路路基工程土石方占总造价的比例较小,即使提高土石方的单价对总价的影响也不会很大,又能较早得到支付,报价时必须把土石方的单价提高,以加快企业资金的流动和周转。

(4)根据现场勘查掌握的第一手工程资料,结合招标文件中的计量原则,如果预计在施工中地质状况会发生明显变化,如土石方、边坡开挖和地基处理时经过现场考证预计将增加工程量的,可提高其单价。如某高速公路原设计中小桥多数为钻孔桩施工,少数为挖孔桩施工,但通过现场勘查,预计施工过程中很有可能由于地质的原因将全部改为挖孔桩施工,则最终报价时,可将挖孔桩项目单价报高。这样既不会影响到工程总报价,又可为日后实现变更作铺垫。

(5)对工程内容和做法说明不够清楚或有漏洞的项目,其单价可以适当低一些,以利于降低工程总报价。

(6)对招标文件工程量清单中无具体工程数量,但在实际施工中又可能遇到的项目,一定要提高其单价。无数量的项目对总报价不会产生影响,但对整个项目的利润有着极大的影响。

(7)对于某些项目的隐蔽工程和基础工程,如果施工过程中通过努力可以使其工程量比招标文件工程量清单上的数量多,投标人又有把握能得到签证,可以提高其单价。

4. 常规报价的调整

(1)一些工程的投标要求是合理标价,即招标人设定控制上限,计算所有被宣读的投标价的平均值(或算术平均值),对所有不高于该平均值的投标人的投标报价进行二次平均,并将其作为评标基准价,或将该平均值下降若干百分点(现场随机确定)作为评标基准价。投标价等于评标基准价者得满分,高于或低于评标基准价者按一定比例扣分,高于评标基准价的扣分幅度比低于评标基准价的扣分幅度大。此时投标人应根据所投标项目的具体中标要求来调整自己的报价,以求能以最低标中标或合理中标。

(2)投标人应参考有关的报价资料,如当地近几年来同类性质已完工程的造价分析及本企业历年来(至少5年)已完工程的成本分析,通过纵向和横向对比来调整自己的报价。

(三)公路工程项目投标策略、技巧与风险防范

1. 投标策略

(1) 低价中标策略

中国已加入世界贸易组织,公路工程招投标工作要想与世界接轨,就必须了解世界贸易组织一贯的做法:施工组织在利用世界银行和亚洲开发银行贷款承包项目或在国际上进行招标时,评标委员会在评价施工组织的实力、施工机械、质量保障、安全保障和设计的基础上,往往会将报价最低价者作为中标者。所以,对投标人来说,在参与国际招投标时,遇到工程量大、施工条件好、业主信誉优良、支付能力强,竞争激烈的工程时,可考虑低价中标。另外,如果出于拓展新市场、新领域等战略意义的考量,在即使亏本的情况下也在所不惜时,也可以考虑低价中标。

(2) 以力求最高评标分为手段的报价策略

有些工程的评标原则中明文规定以最接近业主标底的报价为最合理报价,评分最高。而同一个业主标底编制的指导思想基本上是一致的。因此,投标企业对拟投标项目所在地区或所在领域业主的标底进行认真分析并查找出规律,弄清业主的指导思想,就能报出与业主标底最接近的标价,从而使自身在评标中获得最高分。

(3) 以获得较高利润为目的的报价策略

对工期要求紧,施工难度大,技术含量高,水文、地质、气候等自然条件较差的工程项目,业主必须选择一个可靠、能胜任、在国内外有着极大影响力的承包商来完成,同时这类项目的竞争对手较少。对于这类项目,投标企业可以凭借自身所拥有的高素质的技术人员、先进的施工技术、精良的机械装备及难得的施工资质和专业优势,采取高价中标的策略。

2. 投标技巧

(1) 不平衡报价法

不平衡报价是相对于一般报价及正常报价而言的,是指在不影响总价的前提下,投标人将部分项目的单价报得比正常水平高,而将另一些项目的单价定得比正常水平低。

通常采用的不平衡报价法有下列几种情形:

① 将前期能够支付工程款的项目报高价,而将后期支付工程款的项目报低价。

【例2-1】 某总价合同中,用原报价方法,前期施工的两个项目A和B工程报价金额分别为220万元和330万元,后期施工的两个项目C和D工程报价金额分别为250万元和300万元,四个项目的报价总金额为1 100万元,前期施工的两个项目的总报价及后期施工的两个项目的总报价均为550万元。若采用不平衡报价法,提、降幅度按8%计算,则四个项目的报价金额分别变成了:

$220 \times (1+8\%) = 237.6$ 万元;$330 \times (1+8\%) = 356.4$ 万元;$250 \times (1-8\%) = 230$ 万元;$300 \times (1-8\%) = 276$ 万元。

此时,对于整个项目而言总的报价金额仍是1 100万元,但前期施工的两个项目的报价金额比按原方案报价多了44万元,这就意味着承包商能在前期增加资金收入44万元。

如果前期项目与后期项目的工程款结算日期间隔一年或多年,贷款(或存款)利率为8%,则运用不平衡报价法后,承包商所能获得的利息方面的收益(减少贷款利息支出或增加存款

利息收入)为 44×8% =3.2 万元,又进一步提高了资金的回收效率。

②按工程量的变化调整综合单价。采用此办法时,应仔细研究招标文件,看文件中是否规定超过原清单工程量变化幅度的,超过部分要对单价进行调整。

【例2-2】 某合同中,招标文件工程量清单中的 A,B 两个项目的工程量及其预计值,见表2-5。采用平衡报价法单价分别是 95 元/m³ 和 70 元/m³,由于两个项目预计工程量分别会增加与减少,所以投标人拟采用不平衡报价法报价。

A,B 两个项目的工程量及报价　　表2-5

项目名称	清单工程量(m³)	预计工程量(m³)	平衡报价(元/m³)	不平衡报价(元/m³)
A	1 500	3 800	95.00	104.49
B	2 000	1 800	70.00	62.88

采用平衡报价法,两个项目的总报价为

$$1\ 500 \times 95.00 + 2\ 000 \times 70.00 = 282\ 500 \text{ 元}$$

采用不平衡报价法,A,B 两个项目的单价调整控制在 10% 以内,如 B 项目单价调整为 62.88 元/m³,A 项目的单价调整为 104.49 元/m³。此时,这两个项目的总报价等于用平衡报价法的总报价。

下面计算一下二者的收益差距。采用平衡报价法时,A,B 两个项目的总收益为 3 800×95.00+1 800×70.00=487 000 元;采用不平衡报价法时,A,B 两个项目的总收益为 3 800×104.5+1 800×62.88=510 284 元。两者比较,承包商用不平衡报价法多收益 23 284 元。

需说明的是,如果业主因其他方面的原因,A 项目实际完成的工程量小于预计值 3 800m³ 或项目 B 实际完成的工程量大于预计值 1 800m³,则将使承包商达不到预期的收益(多赚 23 284 元),甚至造成亏损。

所以,投标人在投标中运用不平衡报价法进行报价后带来的额外收益是客观的。但是该方法也是有风险的,只有在对预期工程量能够比较精确计算的前提下才能使用。

(2)突然降价法

突然降价法,是指在投标最后截止时间内,采取突然降价的手段确定最终报价的方法。它强调的是时间效应。报价是一件保密的工作,但是对手往往会通过各种渠道、手段来刺探情报,因此用此法可以在报价时迷惑竞争对手,即先按一般情况报价或表现出自己对该工程兴趣不大,到投标快要截止时,才突然降价。采用这种方法时,一定要在准备投标报价的过程中考虑好降价的幅度,在临近投标截止日期前,根据情况信息与分析判断,再作最后的决策。采用突然降价法往往降低的是总价,而要把降低的部分分摊到各清单项目内,可采取不平衡报价进行,以期取得更高的效益。

【例2-3】 在某工程投标过程中,某公司在投标截止时间前 10min 决定将投标价降低 15%,从而以最低价一举中标。事后了解到,该公司投标前一直宣称该工程施工难度大,投标价不能太低,结果该公司采用的"突然降价法"让其他投标人全部出局。

(3)多方案报价法

有时招标文件中规定,可以提一个建议方案。如果发现有些招标文件工程范围不很明确,条款不清楚或不很公正,技术规范要求过于苛刻时,要在充分估计风险的基础上,按多方案报价法处理,即按原招标文件报一个价,然后再提出如果某条款作某些变动,报价可降低的额度。这样可以降低总报价,吸引招标人。投标人这时应组织一批有经验的设计和施工工程师,对原招标文件的设计方案仔细研究,提出更合理的方案以吸引招标人,促成自己的方案中标。这种新的建议可以降低总造价或提前竣工。

但是要注意,投标人对原招标方案一定也要报价,从而使招标人比较两种方案的优劣。增加建议方案时,新方案不必写得太具体,保留方案的关键技术,防止招标人采纳此方案后又交给其他承包商实施。值得一提的是,建议方案一定要比较成熟,或过去有这方面的实践经验。因为在投标时间不长的情况下,如果仅为中标而匆忙提出一些没有把握的建议方案,可能会在日后带来麻烦。

(4)先亏后赢法

先亏后赢法是指投标人为了开辟某一市场而不惜代价低价中标的方案。采取这种手段的投标人必须有较好的资信条件,提出的施工方案要先进可行,并且投标书也做到了"全面响应"。与此同时,要加强对公司优势的宣传力度,让招标人对拟定的施工方案感到满意,并认为投标书中就如何满足招标文件提出的工期、质量、环保等要求措施切实可行,否则即使报价再低,招标人也不一定选用,评标人也会认为投标书中存在重大的缺陷。

【例2-4】 西部大开发战略部署以后,我国中西部地区基建市场潜力很大,如新疆等地,资源丰富,但工程建设相对滞后。在这种情况下,只要能进入当地市场,预计将会有源源不断的工程项目。因此,在新疆南疆村镇改造某项目的投标中,某单位将投标价一降再降,从1个多亿降到六七千万,以低于成本的价格挤垮竞争对手,打入当地市场,建立长期合作关系,以从今后的合作中逐步弥补首次投标的损失。

(5)许诺优惠条件法

投标报价附带优惠条件是行之有效的一种手段。招标人评标时,除了主要考虑报价和技术方案外,还要分析别的条件,如工期、支付条件等。所以在投标时主动提出提前竣工、低息贷款、赠给施工设备、免费转让新技术或某种技术协作、代为培训人员等,均是吸引招标人、利于中标的辅助手段。

(6)争取评标奖励法

有时招标文件规定,对某些技术指标的评标,若投标人提供的指标优于规定指标值时给予适当的评标奖励。因此,投标人应该使招标人比较注重的指标适当优于规定的标准,如此可以获得适当的评标奖励,有利于在竞争中取胜。但要注意技术性能优于招标规定,将导致报价相应上涨,如果投标报价过高,即使获得评标奖励,也难以与报价上涨部分相抵,这样评标奖励也就失去了意义。

(7)开口升级报价法

这种方法是将报价看成是协商的开始。首先对图纸和说明书进行分析,把工程中的一些难题,如特殊基础等造价最多的部分抛开作为活口,将标价降至其他投标人无法与之竞争的数额。利用这种低标价来吸引业主,从而取得与业主商谈的机会。由于特殊条件施工要求的灵活性,利用活口进行升级加价,可以达到最后得标的目的。

(8)以人为本法

在投标过程中,投标人应注重与招标人、当地政府搞好关系,采取措施让招标人和评标专家了解本单位的优势、信誉、实力以及完成工程任务的信心、决心,争取能够得到招标人的理解与支持,争取中标。

(9)保本从长计议法

该方法是指在报价过程中以开拓市场为目标,在精确计算成本的基础上,以减少投标报价的利润甚至不考虑利润为竞争手段,充分估计各竞争对手的报价目标,以有竞争力的报价达到中标的目的。中标后维持本单位的运转,对于以后的事情从长计议。这种方法一般是处于以下情况时采用:①对于分期建设的项目,先以低价获得首期工程,而后赢得机会创造第二期工程中的竞争优势,并在以后的实施中赚得利润;②较长时期内,承包商没有在建的工程项目,如果再不得标,就难以维持生存。因此,虽然本工程无利可图,只要能有一定的管理费维持工程的日常运转,就可设法渡过暂时的困难,以图将来东山再起。

3. 投标风险防范

招标方式在提高公平竞争机会的同时,也大大增加了投标人的风险。因此投标人在编制投标报价时,要做好防范以下风险的工作。

(1)编标失误引起的风险

投标人在编制投标书时,要对各种条款研究透彻,分清楚承包者的责任和义务,以便在最终报价决策时得体恰当,即应当接受那些基本合理的限制,同时对不合理的制约条款在投标编制中争取埋下伏笔,以便今后中标后利于索赔,减少风险。

(2)指定分包引起的风险

有些项目,在中标的同时,投标人必须接受业主指定的分包人,并接受对分包项目规定的计算费用的办法。投标人要争取在投标文件或合同文本中就某些重要条款提出具体措施,形成法律文件,防止双方发生摩擦。如果业主偏向分包商,势必造成不必要的外部环境恶化,造成经济损失。

(3)工程地质条件风险

一般合同文本中都会明确,遇到工程地质不良等特殊地质条件而导致增加费用时,承包商将得到合理的补偿。但是有的招标文件所附的合同文件故意删去这一条款,甚至写明承包商不得以任何理由提出合同价格以外的补偿。投标阶段要仔细分析招标文件,在报价时增加必要的费用,并在投标书中说明清楚。但是要具体问题具体对待,防止造成投标书不响应。

(4)提供图纸不及时风险

在实际施工过程中,可能由于设计工程师工作的问题,提供图纸不及时,导致施工进度延误,以致窝工;而合同条件中又没有相应的补偿规定。这些都是投标人在投标过程中要综合考虑的问题。

(5)业主的资信风险

业主的资信风险是投标项目应考虑的主要风险,应予以高度重视。资信主要指资金的筹措和社会信誉两个方面。业主的资金筹措方式直接关系完工后的支付能力。对于利用自有资金投资项目的业主来说,支付能力比较强,风险比较小;对于向银行或其他法人借贷资金进行项目投资的业主来说,支付能力比较差,往往会由于经济恶化而无力支付工程款。由于业主资信比较差,致使承包商遭受重大损失的情况相当多。所以要求投标人进行深入的调查了解,通过访问业主的有关客户,业主所在地区有关政府部门、银行等,全面掌握业主的社会信誉及经济实力,从而对业主的资信风险作出客观的判断。

(6)盲目压价形成的利润风险

投标人求标心切,盲目压价,造成工程严重经济损失。

(四)投标决策

1. 投标决策的含义

投标人通过投标取得项目,是市场经济条件下的必然。但是,作为投标人来讲,并不是每标必投,因为投标人要想在投标中获胜,既要中标得到承包工程,又要从承包工程中赢利,就需要研究投标决策的问题。

2. 投标决策

投标决策的内容包括:一是决定项目招标是投标或不投标;二是倘若投标,是投什么性质的标;三是投标中如何采用以长治短,以优胜劣的技巧。投标决策的正确与否,关系能否中标和中标后的利益,关系施工企业的发展前景和员工的经济利益。因此,企业的决策班子必须充分认识投标决策的重要意义。

3. 投标的条件

投标的条件一般包括:

(1)承包招标项目的可能性与可行性,即是否有能力承包该项目,能否抽调出管理力量、技术力量参加项目实施,竞争对手是否有明显优势,等等;

(2)招标项目的可靠性,如项目审批是否已经完成、资金是否已经落实等;

(3)招标项目的承包条件;

(4)影响中标机会的内部、外部因素等。

一般来说,有下列情况承包商应放弃投标:

(1)对工程规模、技术要求超过本企业技术等级的项目;

(2)本企业业务范围和经营能力之外的项目;

(3)本企业承包任务比较饱满,而招标工程有较大风险的项目;

(4)本企业技术等级、经营、施工水平明显不如竞争对手的项目。

如果确定投标,则应根据工程的具体情况,确定投标策略。

4. 投标决策

按性质分,投标决策可分为风险标和保险标;按效益分,投标决策可分为赢利标和保本标。

(1)风险标。明知工程承包难度大、风险大,且技术、设备、资金上都有未解决的问题,但由于队伍窝工,或因为工程利润空间大,或为了开拓新技术领域而决定参加投标,同时设法解决存在的问题的,即是风险标。投标后如问题解决得好,可取得较好的经济效益,可锻炼出一支好的施工队伍,使企业更上一层楼;解决得不好,企业的信誉就会受到损害,严重者可能导致企业亏损以致破产。因此,投风险标必须慎重从事。

(2)保险标。对可以预见的情况,从技术、设备、资金等重大问题都有了解决对策之后再投标,称为"保险标"。企业经济实力较弱,经不起失误的打击,往往投保险标。当前,我国施工企业多数都愿意投保险标,特别是在国际工程承包市场上投保险标。

(3)赢利标。如招标工程是本企业的强项,是竞争对手的弱项,或建设单位意向明确,或本企业任务饱满,利润丰厚,再考虑让企业超负荷运转时,此种情况下称为"投赢利标"。

(4)保本标。当企业无后继工程,或已经出现部分窝工,必须争取中标。但招标的工程项目企业又无优势可言,竞争对手又多,此时就要投保本标。

5. 影响投标决策的主要因素

在建设工程投标过程中,有多种因素影响投标决策,只有认真分析各种因素,对多方面因素进行综合考虑,才能作出正确的投标决策。一般来说,进行投标决策时,应考虑以下两个方面的因素:

(1)投标人自身方面的因素(主观原因)。投标人自身方面的因素包括技术方面的实力、经济方面的实力、管理方面的实力以及信誉方面的实力等。

(2)外部因素(客观原因)。外部因素包括业主和监理工程师的情况、竞争对手的实力和竞争形势的情况、法律法规情况、工程风险情况等。

(五)投标机会决策的定量分析方法

1. 影响因子权重法

投标人将影响投标决策的因素(评价内容)按影响的大小赋予不同的权重(分值),然后据此决定是否投标的方法,称为"影响因子权重法"。

(1)评价内容

①项目所需要的技术水平和技术能力;
②投标人可利用资源的情况;
③项目对投标经营战略的影响程度;
④项目的规模和施工条件;
⑤投标人对项目的了解程度;
⑥交工及支付条件;
⑦类似经验;
⑧竞争程度。

(2)评价步骤

①按重要性确定影响因子的权重,权重合计为100。
②确定影响因子的相对价值(分高、中、低三个等级),并按10,5,0打分。
③将权数乘以等级分,得出每项因素的分值,求和得出总分。
④将总分数与过去类似投标机会进行比较,或与投标事先设定的最低可接受程度的分数比较。大于最低分可参加投标,否则不参加投标(见表2-6)。

某项目投标机会评价表 表2-6

评价内容	权重	划分等级			得分
		高(10)	中(5)	低(0)	
(1)项目所需要的技术水平和技术能力	20	10			200
(2)投标人可利用资源的情况	20	10			200
(3)项目对投标经营战略的影响程度	10		5		50
(4)项目的规模和施工条件	10			0	0

续上表

评价内容	权重	划分等级			得分
		高(10)	中(5)	低(0)	
(5)对项目的熟悉程度	15		5		75
(6)交工及支付条件	10		5		50
(7)类似经验	5	10			50
(8)竞争程度	10		5		50
总计	100				675
投标人最低可接受的分数					620

从表2-6可以看出,评价得分高于投标最低可接受分数,可参加投标。

值得注意的是,运用此方法选择投标机会时,在确定影响因子权重及得分、最低可接受条件时,必须具体情况具体分析,既不能刻舟求剑,又不能随心所欲。

2. 决策树法

当投标人面临多个投标机会,由于受资源等条件的制约,只能选择部分或其中的一个投标机会进行投标,且每个投标机会的中标概率、赢利概率、获利情况要能够合理估计,在这种情况下,投标人就可以运用决策树法来进行决策。

决策树法是把决策对象各种可能性模拟成树枝的生长过程,然后绘制成决策树,并以各分枝期望值中最大值作为决策选项的一种风险决策方法。具体操作方法详见本书第三章第三节。

四、施工组织设计

(一)施工组织设计的编制要求和编制程序

施工组织设计,即对拟建工程项目提出科学的实施计划。其主要内容是:研究合理的施工组织和施工方案;科学地安排施工进度计划及资源调配计划;统筹规划与设计施工现场平面图;等等。施工组织设计是编制工程造价和指导工程施工的重要依据,也是投标文件的重要组成部分及招标评标的重要内容之一。

1. 编制要求

(1)编制依据

①设计图纸、工程数量图表资料;

②水文、地质、气象等自然条件;

③建设地区交通运输、地方资源等情况;

④市场经济动态信息资料;

⑤施工队伍的素质、施工经验和技术装备水平;

⑥施工中可能实现的技术组织措施;

⑦国家有关的技术规范、规程、规定及其定额标准等;

⑧有关上级的指令、合同、协议等;

⑨过去同类工程的历史资料等。

(2)施工组织设计编制原则
①严格遵守基本建设程序和承包合同及上级有关指示,保质保量按期完成工程任务;
②科学安排施工程序,在保证工程质量和施工安全的条件下,力争加快施工进度;
③提高施工机械化和预制装配化施工程度,提高劳动生产率,减轻劳动强度;
④科学地安排施工组织方法,对复杂工程应采用网络计划技术寻找最佳施工组织方案;
⑤切实做好冬、雨季施工进度安排和相应的特殊措施,确保全年连续、均衡施工;
⑥精心规划、设计施工现场,减少临时工程,降低工程成本;
⑦尽可能就地取材,利用当地资源,减少物资运输、节约能源;
⑧认真研究建设地区自然环境,做好环境保护并力争少占农田、耕地,防止水土流失。

2. 编制程序

编制施工组织设计应按施工的客观规律进行,协调并处理各种因素之间的关系,遵照一定的程序进行科学地编制。其一般编制程序为:熟悉、审查图纸,进行施工现场调查研究;确定或计算工程量;制订施工组织及施工方案;编制工程进度计划和资源调配计划;规划施工现场并绘制施工平面图;分析技术经济指标;由施工经验丰富和理论水平较高的技术负责人员进行审核、修改和完善。如果是中标后的项目实施性施工组织计划,还应报监理和业主审批。

3. 编制内容

(1)施工方案;
(2)各分项工程的施工进度安排;
(3)现场平面布置及平面布置设计;
(4)临时工程及相应的设计图纸;
(5)技术人员、劳动力及机械设备的配备情况和进场计划;
(6)用款估算及用款计划;
(7)施工现场的组织机构;
(8)冬季、雨季和夜间的施工组织措施与安排;
(9)质量、安全、环保措施等。

4. 编制注意事项

施工组织设计文件应力求先进可靠,表达详尽,尽量符合招标文件中的规定格式和要求。在进行施工组织设计时,应注意下列事项:

(1)选择技术上可行、成本最低的施工方法。
(2)选择合适功率的施工机械,确定合理的施工定额和最低的折旧费用。
(3)优化施工组合,均衡施工,尽量避免出现施工高峰和赶工现象。
(4)尽可能雇用当地工人,从而降低工程的直接费、间接费开支。
(5)进度计划应留有余地,不能满打满算,即根据工程项目的情况首先拟定施工技术与方法,据此来初步安排施工进度计划。依据招标规定的工期范围和确定的施工方法及工序安排,可采用横道图或网络图,利用计算机程序优化出最佳的关键线路。编制进度计划时,应考虑节假日、气候条件的影响等,既要留有一定余地,又要使工序紧凑和工期缩短,以利中标和获取效益。
(6)应由粗到细,由浅入深。为了编好施工组织设计,可以分两步考虑:在认真研究招标文件后,投标者根据自身的丰富经验,先拿出 2~3 个粗线条的施工方案;等实地考察后,再进行深化、选择,使之形成切实可靠的施工方案。

(二)施工组织设计编制实例

施工单位编制的施工组织设计,分为标前施工组织设计和标后施工组织设计(也称"实施性施工组织设计")。前者应根据招标文件中的施工组织设计建议书格式及要求编制,主要目标是争取中标、获得承包权;后者是在中标后在标前施工组织设计的基础上,围绕确保工程质量、缩短施工工期、降低工程成本等目标,编制实施性施工指导文件,在工地第一次会议上报监理工程师批准后,作为施工任务的计划指标。

1. 施工组织设计建议书编写大纲

投标人应按以下要点编制施工组织设计(文字宜精练、内容应具有针对性):

(1)总体施工组织布置及规划;

(2)主要工程项目的施工方案、方法与技术措施(尤其对重点、关键和难点工程的施工方案、方法及措施);

(3)工期保证体系及保证措施;

(4)工程质量管理体系及保证措施;

(5)安全生产管理体系及保证措施;

(6)环境保护、水土保持保证体系及保证措施;

(7)文明施工、文物保护保证体系及保证措施;

(8)项目风险预测与防范,事故应急预案;

(9)其他应说明的事项。

施工组织设计除采用文字表述外,可附下列图表:

附表一 施工总体计划表

附表二 分项工程进度率计划(斜率图)

附表三 工程管理曲线

附表四 分项工程生产率和施工周期表

附表五 施工总平面图

附表六 劳动力计划表

附表七 临时占地计划表

附表八 外供电力需求计划表

2. 施工组织设计示例

以下为某公路施工组织设计实例,主要列出施工组织设计的目录。

一、编制依据及编制原则

二、工程概况

1. 概况

2. 主要工程量

3. 地质和气候

4. 本工程施工特点

三、设备人员动员周期和设备人员材料运到施工现场的方法
四、主要工程的施工方案与施工方法
1. 总体施工方案及说明
(1) 施工组织机构
(2) 施工现场布置
(3) 施工总体计划
2. 主要工程施工方案、施工方法
(1) 总说明
(2) 土石方工程
①施工安排
②土石方调配
③路基挖方施工
④路基填方施工
⑤特殊路段填方施工
⑥构造物台背填筑
⑦软土路基处理
⑧零填挖地段及低填路基施工
⑨路床施工
⑩路基边部填筑
(3) 涵洞与通道工程
(4) 桥梁工程
(5) 排水工程
(6) 防护工程
(7) 路面底基层
3. 集中拌和站的布置及施工组织情况详细说明
五、各分项工程的施工工序及衔接
六、质量和安全保证措施及保证体系
七、工期保证措施
八、资金保证措施
九、冬季、雨季、春节及农忙季节的施工安排
十、对分包人的管理措施
十一、文明施工和环境保护措施
十二、缺陷责任期内对工程的修复和维修方案
十三、政治思想工作和廉政措施
附一：材料质量控制框图
附二：施工质量控制框图
附三：质量保证体系框图
附四：安全保证体系框图

第三节 开标与定标

一、开标

招标投标活动经过招标阶段、投标阶段,就进入开标阶段。

(一)开标及其要求

开标,是指在投标文件确定的投标截止时间的同一时间,招标人依照投标文件规定的地点,开启投标人提交的投标文件,并公开宣布投标人的名称、投标报价、工期等主要内容的活动,是招标投标的一项重要程序。具体要求如下:

(1)提交投标文件截止之时,即为开标之时,其中无间隔时间,以防不端行为有可乘之机。

(2)开标的主持人是招标人或招标代理机构,并负责开标全过程的工作。参加人主要有评标委员会成员和所有投标人。

(二)开标的程序

1. 开标的前期准备工作

(1)开标前,应向当地政府招标管理部门进行开标大会的监督申请。

(2)根据招标文件的开标地点做好落实工作。

(3)通过专家库信息网随机抽取完成专家标委的申请工作。

(4)招标人按照招标投标中规定的时间和地点接收投标人提交的投标文件,并登记相关信息。

2. 召开开标大会

大会由招标人或招标代理机构主持,参加人员除评标委员会成员外,还应当邀请所有投标人参加。一方面,使投标人得以了解开标是否依法进行,起到监督的作用;另一方面,了解其他人的投标情况,做到知己知彼,以衡量自己中标的可能性,或者衡量自己是否在中标的名单之中。政府招标管理部门将监督开标过程的"公开、公平、公正"。

若采用双信封形式,在规定的投标截止时间(开标时间)和"投标人须知前附表"规定的地点对收到的投标文件第一个信封(商务及技术文件)公开开标,并邀请所有投标人的法定代表人或其委托代理人准时参加。招标人在"投标人须知前附表"规定的时间和地点对投标文件第二个信封(报价文件)公开开标,并邀请所有投标人的法定代表人或其委托代理人准时参加。投标人若未派法定代表人或委托代理人出席开标活动,视为该投标人默认开标结果。

若采用双信封形式,按下列程序对投标文件第一个信封(商务及技术文件)进行开标。

(1)宣布开标纪律。

(2)公布在投标截止时间前递交投标文件的投标人数量。

(3)宣布开标人、唱标人、记录人等有关人员姓名。

(4)按照"投标人须知前附表"规定由投标人推选的代表检查投标文件的密封情况。

(5)按照"投标人须知前附表"规定的开标顺序当众开标,公布标段名称、投标人名称、投标保证金的递交情况、工期及其他内容,并记录在案。

(6)投标人代表、招标人代表、记录人等有关人员在开标记录上签字确认。

(7)开标结束。

在投标文件第一个信封(商务及技术文件)开标现场,投标文件第二个信封(报价文件)不予开封,由招标人密封保存。

招标人将按照规定的时间和地点对投标文件第二个信封(报价文件)进行开标。主持人按下列程序进行开标:

(1)宣布开标纪律。

(2)当众拆开投标文件第一个信封(商务及技术文件)评审结果的密封袋,宣布通过投标文件第一个信封(商务及技术文件)评审的投标人名单。

(3)宣布开标人、唱标人、记录人等有关人员姓名。

(4)按照"投标人须知前附表"规定由投标人推选的代表检查投标文件的密封情况。

(5)按照"投标人须知前附表"规定的开标顺序当众开标。开标人只拆封通过投标文件第一个信封(商务及技术文件)评审的投标文件第二个信封(报价文件),公布标段名称、投标人名称、投标报价及其他内容,并记录在案。

(6)计算并宣布评标基准价。

(7)将未通过投标文件第一个信封(商务及技术文件)评审的投标文件第二个信封(报价文件)退还给投标人。

(8)投标人代表、招标人代表、记录人等有关人员在开标记录上签字确认。

(9)开标结束。

若采用合理低价法或综合评分法,在投标文件第二个信封(报价文件)开标现场,招标人将按"评标办法"规定的原则计算并宣布评标基准价。如果投标人认为某一标段的评标基准价计算有误,有权在开标现场提出,经招标人当场核实确认之后,可重新宣布评标基准价。开标现场宣布的评标基准价除计算有误经评标委员会修正外,在整个评标期间保持不变,不随任何因素发生变化。

在投标文件第一个信封(商务及技术文件)或第二个信封(报价文件)开标过程中,若招标人宣读的内容与投标文件不符,投标人有权在开标现场提出疑问,经招标人当场核查确认之后,可重新宣读其投标文件。若投标人现场未提出疑问,则认为投标人已确认招标人宣读的内容。

二、评标

(一)对评标委员会的要求

评标工作由评标委员会主持进行,《评标委员会和评标办法暂行规定》(七部委令第12号)对评标委员会提出了如下要求:

(1)评标委员会依法组建,负责评标活动,向招标人推荐中标候选人或者根据招标人的授权直接确定中标人。

(2)评标委员会由招标人或者其委托的具备资格的招标代理机构负责组建。评标委员会成员名单一般应于开标前确定。评标委员会成员名单在中标结果确定前应当保密。

(3)评标委员会由招标人、招标代理机构熟悉相关业务的代表,以及有关技术、经济等方面的专家组成,成员人数为 5 人以上的单数。其中,招标人或者招标代理机构以外的技术、经济等方面的专家不得少于成员人数的三分之二。评标委员会设负责人的,评标委员会负责人由评标委员会成员推举产生或者由招标人确定。评标委员会负责人与评标委员会的其他成员有同等的表决权。

(4)评标委员会的专家成员应当从国务院有关部门或者省、自治区、直辖市人民政府有关部门提供的专家名册或者招标代理机构专家库内的相关专家名单中确定。确定评标专家,采取随机抽取和直接确定两种方式。一般项目,可以采取随机抽取的方式;技术特别复杂、专业性要求特别高或者国家有特别要求的招标项目,采取随机抽取方式确定的专家难以胜任的,可以由招标人直接确定。

(二)工程评标程序

工程评标程序分为评标的准备、初步评审、详细评审、编写评标报告四个步骤。

1. 评标的准备

(1)评标委员会成员在正式对投标文件进行评审前,应当认真研究招标文件,主要了解以下内容:

①招标的目标;
②招标工程项目的范围和性质;
③招标文件中规定的主要技术要求、标准和商务条款;
④招标文件规定的评标标准、评标方法和在评标过程中考虑的相关因素。

(2)招标人或者其委托的招标代理机构应当向评标委员会提供评标所需的重要信息和数据。

评标委员会应当根据招标文件规定的评标标准和方法对投标文件进行系统的评审和比较。招标文件中没有规定的方法不得作为评标的论据。因此,评标委员会成员应当重点了解招标文件规定的评标标准和方法。

2. 初步评审

初步评审,是指从所有的投标书中筛选出符合最低要求的合格投标书,剔除所有无效投标书和严重违反规定的投标书,以减少详细评审的工作量,保证评审工作的顺利进行。初步评审的内容包括对投标文件的符合性评审、商务性评审、技术性评审、投标文件的澄清和说明、应当作为否决其投标的处理情况。

(1)符合性评审

投标文件的符合性评审包括形式评审、资格评审、响应性评审及商务符合性和技术符合性鉴定。投标文件应实质上响应招标文件的所有条款、条件,无显著的差异或保留。符合性评审主要包括以下工作内容:

①审核投标文件的有效性。

a. 审核投标人以及联合体形式投标的所有成员是否已通过资格预审,获得投标资格。

b. 审核投标文件中是否提交了承包方的法人资格证书及投标负责人的授权委托证书。如果是联合体,是否提交了合格的联合体协议书以及投标负责人的授权委托证书。

c. 审核投标保证的格式、内容、金额、有效期、开具单位是否符合招标文件要求。

d. 审核投标文件是否按要求进行了有效的签署。

②审核投标文件的完整性。审核投标文件中是否包括招标文件规定应递交的全部文件,如标价的工程量清单、报价汇总表、施工进度计划、施工方案、施工人员和施工机械设备的配备等,以及应该提供的必要的支持文件和资料。

③审核与招标文件的一致性。审核凡是招标文件中要求投标人填写的空白栏目是否全部填写,如投标书及其附录是否完全按要求填写;审核对文件的任何条款、数据或说明是否有任何修改、保留和附加条件。

通常符合性鉴定是初步评审的第一步。如果投标文件实质上不响应招标文件的要求,将被列为否决其投标予以拒绝,且不允许投标人通过修正或撤销其不符合要求的差异或保留,使之成为具有响应性的投标。

(2)技术性评审

投标文件的技术性评审包括:方案可行性评估和关键工序评估;劳务、材料、机械设备、质量控制措施、安全保证措施评估以及对施工现场周围环境污染保护措施的评估。

(3)商务性评审

投标文件的商务性评审内容包括:校核投标报价,审查全部报价数据计算的正确性;分析报价构成的合理性,并与标底价格或招标控制价进行对比分析。如果报价中存在计算上的错误,应进行修正。修正后的投标报价经投标人确认后对其起约束作用。

(4)投标文件的澄清和说明

评标委员会可以要求招标人对投标文件中含义不明确、对同类问题表述不一致或者有明显文字和计算错误的内容作必要澄清或者说明。但是,澄清或者说明不能超出投标文件的范围或者改变投标文件的实质性内容。对投标文件的相关内容作出澄清和说明,有利于评标委员会对投标文件的审查、评审和比较。

投标文件中的大写金额和小写金额不一致的,以大写为准;总价金额与单价金额不一致的,以单价金额为准,但单价金额小数点明显错误的除外;对不同文字文本投标文件的解释发生异议的,以招标文件规定的主要语言为准。

3. 详细评审

详细评审是指经初步审核合格的投标文件,评标委员会按照招标文件确定的评标标准和方法,对其技术部分和商务部分作进一步评审和比较,并对这两部分的量化结果进行加权,计算出每一投标的综合评估得分,实现推荐合格中标候选人的目标。详细评审的主要方法有合理低价法、技术评分最低价法、综合评分法和经评审的最低投标价法。

4. 编写评标报告

评标委员会按照得分由高到低的顺序推荐中标候选人,并在完成评标后向招标人提出书面评标结论性报告。评标报告一般包括如下内容:

(1)基本情况和数据表;

(2)评标委员会成员名单;

(3)开标记录;

(4)符合要求的投标一览表;

(5)否决其投标情况说明;

(6)评标标准、评标办法或者评标因素一览表;
(7)经评审的价格或者评分比较一览表;
(8)经评审的投标人排序;
(9)推荐的中标候选人名单与签订合同前要处理的事宜;
(10)澄清、说明、补正事项纪要。

三、定标与授标

按照投标人须知前附表的规定,招标人或招标人授权的评标委员会依法确定中标人。

在规定的投标有效期内,招标人以投标人须知前附表规定的形式向中标人发出中标通知书,同时将中标结果通知未中标的投标人。

招标人在确定中标人之日起3d内,按照投标人须知前附表规定的公告媒介和期限公告中标结果。公告期不得少于3d,公告内容包括中标人名称、中标价。

所谓定标,亦称决标、中标,是指招标人根据评标委员会的评标报告,在推荐的中标候选人(一般为1~3个)中,最终确定中标人;在某些情况下也可以直接授权评标委会直接确定中标人。

1. 推荐中标候选人

除"投标人须知前附表"授权评标委员会直接确定中标人外,评标委员会在推荐中标候选人时,应遵照以下原则:

(1)评标委员会对有效的投标按照评标价由低至高的次序排列,根据"投标人须知前附表"的规定推荐中标候选人。

(2)如果评标委员会根据投标的规定作否决投标处理后,有效投标不足3个,且少于"投标人须知前附表"规定的中标候选人数量的,则评标委员会可以将所有有效投标按评标价由低至高的次序作为中标候选人向招标人推荐。如果因有效投标不足3个使得投标明显缺乏竞争的,评标委员会可以建议招标人重新招标。

(3)投标截止时间前递交投标文件的投标人数量少于3个或者所有投标被否决的,招标人应当依法重新招标。

2. 直接确定中标人

"投标人须知前附表"授权评标委员会直接确定中标人的,评标委员会对有效的投标按照评标价由低至高的次序排列,并确定排名第一的投标人为中标人。

(一)中标人的条件

1.《中华人民共和国招标投标法》的相关规定

我国《中华人民共和国招标投标法》(以下简称《招标投标法》)规定中标人的投标应当符合下列两个条件之一:一是能够最大限度地满足招标文件中规定的各项综合评标标准。二是能够满足招标文件的实质性要求,并且经评审的投标价格最低;但是投标价格低于成本的除外。

2. 具体认定

(1)实行低标价法评标时,中标人的投标文件应能满足招标文件的各项要求,且投标报价最低。但评标委员会可以要求其对保证工程质量、降低工程成本拟采用的技术措施作出说明,并据此提出评价意见,供招标单位定标时参考。

(2)当实行专家评议法或打分法评标时,以得票最多或者得分最高的投标单位为中标单位。

国有资金占控股或者主导地位的项目,招标人应当确定排名第一的中标候选人为中标人。排名第一的中标候选人放弃中标、因不可抗力不能履行合同或者招标文件规定应当提交履约保证金但在规定的期限内未能提交,或者被查实存在影响中标结果的违法行为等情形不符合中标条件的,招标人可以按照评标委员会提出的中标候选人名单排序依次确定其他中标候选人为中标人。依次确定其他中标候选人与招标人预期差距较大,或者对招标人明显不利的,招标人可以重新招标。

中标候选人的经营、财务状况发生较大变化或者存在违法行为,招标人认为可能影响其履约能力的,应当在发出中标通知书前由原评标委员会按照招标文件规定的标准和方法审查确认。

招标人和中标人应当依照《招标投标法》和《中华人民共和国招标投标法实施条例》(以下简称《招标投标法实施条例》)的规定签订书面合同,合同的标的、价款、质量、履行期限等主要条款应当与招标文件和中标人投标文件的内容一致。招标人和中标人不得再行订立背离合同实质性内容的其他协议。

招标人最迟应当在书面合同签订后5d内向中标人和未中标的投标人退还投标保证金及银行同期活期存款利息。

(二)定标和授标的程序

1. 决标前谈判

决标前谈判要达到的目的,以建设工程施工招标为例,在业主方面:一是进一步了解和审查候选中标单位的施工方案和技术措施是否合理、先进、可靠,以及准备投入的施工力量是否足够雄厚,能否保证工程质量和进度;二是进一步审核报价,并在付款条件、付款期限及其他优惠条件等方面取得候选中标单位的承诺。在候选中标单位方面,则是力求使自己成为中标者,并以尽可能有利的条件签订合同。为此,须进行两方面的谈判:技术性谈判和经济性谈判。

(1)技术性谈判

技术性谈判,也叫"技术答辩",通常由招标方的评标委员会主持,主要是了解候选中标单位中标后将如何组织施工,对保证工期、工程质量和技术复杂的部位将采取什么关键措施,等等。候选中标单位应认真细致地准备,对投标书的有关部分作必要的补充说明,必要时可提交图解、照片、录像等资料,还可以提出与竞争对手对比的有关资料,以引起评标委员会的重视,增强自己的竞争优势。

(2)经济性谈判

经济性谈判主要是价格问题。在国际招标活动中,有时在决标前的谈判中允许招标方提出压价的要求;在利用世界银行贷款项目和我国国内项目的招标活动中,开标后不允许压低标价,但在付款条件、付款期限、贷款和利率以及外汇比率等方面是可以谈判的。候选中标单位要对招标方的要求逐条分析,采取适当的对策,既要准备应付压价,又要针对招标方的增加项目、修改设计、提高标准等要求,不失时机地适当增加报价,以补回压价的损失。除价格谈判外,候选中标单位还可以探询招标方的意图,投其所好,以许诺使用当地劳务或分包、免费培训施工和生产技术工人、竣工后无偿赠送施工机械设备等优惠条件的方式,增强自己的竞争力,争取最后中标。

但是我国的法律明确规定,开标后禁止招投标双方就价格等实质性问题进行谈判。

2. 确定中标人

依法必须进行招标的项目,在根据评标委员会推荐的排名第一的中标候选人公示无异议后,招标人将其确定为中标人。招标单位未按照推荐的中标候选人的排序确定中标单位时,应当在其招投标情况的书面报告中进行说明。

使用国有资金投资或者国家融资的项目,排名第一的中标候选人放弃中标、因不可抗力提出不能履行合同,或者招标文件规定应当提交履约保证金而其在规定的期限内未能提交的,招标人可以确定排名第二的中标候选人为中标人。排名第二的中标候选人因同样的原因不能签订合同的,招标人可以确定排名第三的中标候选人为中标人。

3. 发出中标通知书

在评标委员会提交评标报告后,招标单位应在招标文件规定的时间内完成定标。中标人确定后,招标人应于 15d 内向工程所在地的县级以上人民政府建设行政主管部门提交施工招标情况的书面报告。建设行政主管部门自收到书面报告之日起 5d 内,未通知招标人在招投标活动中有违法行为的,招标人应向中标人发出《中标通知书》,同时将中标结果通知所有未中标的投标人。《中标通知书》的格式如下:

中标通知书

_____(中标人名称):

你方于_____(投标日期)所递交的_____(项目名称)标段施工投标文件已被我方接受,并确定你方为中标人。

中标价:_____元。

工期:_____日历天。

工程质量:_____(符合标准)。

工程安全目标:_____。

项目经理:____(姓名)。

项目总工:____(姓名)。

请你方在接到本通知书后的_____日内到_____(指定地点)与我方签订施工承包合同,并按《公路工程标准施工招标文件》(2018 年版)第二章"投标人须知"第 7.7 款规定向我方提交履约保证金。

特此通知。

招标人:_____(盖单位章)

招标代理机构:_____(盖单位章)

年　月　日

4. 合同谈判

合同谈判是准备订立合同的双方或多方当事人为相互了解、确定合同权利与义务而进行的商议活动。

根据《招标投标法》和《招标投标法实施条例》的规定,"招标人和中标人应当在投标有效期内以及中标通知书发出之日起30d内,按照招标文件和中标人的投标文件订立书面合同。招标人和中标人不得再行订立背离合同实质性内容的其他协议",法律禁止招标人与投标人"就投标价格、投标方案等实质性内容进行谈判"。换言之,法律并未禁止招标人与投标人就投标价格、投标方案等实质性内容之外的内容进行谈判。发出中标通知书之后,法律规定招标人和中标人应当"按照招标文件和中标人的投标文件订立书面合同",但是双方或多或少总会存在一些在招标文件或投标文件中没有包括(或有不同认识)的内容需要交换意见、需要协商,这其实就是一种谈判。

合同谈判的内容因项目情况和合同性质、原招标文件规定、发包人的要求而异。在一般情况下合同谈判会涉及合同商务、技术的所有条款。详细来讲主要包括工程范围、合同文件、双方的一般义务、工程的开工和工期、材料和操作工艺、施工机具、设备和材料的进口、工程的维修、工程的变更和增减、付款问题、争端的解决等。

总之,需要谈判的内容非常多,而且双方均以维护自身利益为核心进行谈判,更加使得谈判复杂化、艰难化。因而,需要精明强干的投标班子或者谈判班子进行仔细、具体的谋划。谈判的详细内容、谈判的策略和技巧,限于篇幅,在此不再一一赘述。

5. 签订合同

招标人和中标人应当依照《招标投标法》和《招标投标法实施条例》的规定签订书面合同。合同的标的、价款、质量、履行期限等主要条款应当与招标文件和中标人投标文件的内容一致,招标人和中标人不得再行订立背离合同实质性内容的其他协议。

招标人和中标人应当在投标有效期内以及中标通知书发出之日起30d内,按照招标文件和中标人的投标文件订立书面合同。中标通知书对招标人和中标人具有同等法律效力。中标通知书发出后,招标人改变中标结果的,或者中标人放弃中标项目的,应当依法承担缔约过失责任。

另外,依据建设部令订立合同后尚须办理合同备案,因此使得建设合同具有要式性。

招标人最迟应当在书面合同签订后5d内向中标人和未中标的投标人退还投标保证金及银行同期活期存款利息。

6. 提交书面报告

招标人在确认正式中标人后15d内,必须向有关建设主管部门提交招标投标情况的书面报告。有关招标投标情况书面报告应包括的内容如下:

(1)招标投标的基本情况,包括招标范围、招标方式、资格审查、开评标过程、确定中标人的方式及理由等。

(2)相关的文件资料,包括招标公告或者投标邀请书、投标报名表、资格预审文件、招标文件、评标委员会的评标报告(设有标底的,应当附标底及编、审证明资料)、中标人的投标文件,委托工程招标代理的,还应当附招标代理委托合同。

(三)中标人的法定义务

我国《招标投标法》规定,中标人在中标后应履行以下义务:

(1)中标后,中标人不得和招标人再行订立违反合同实质性内容的其他协议。招标人与中标人不按照招标文件和中标人的投标文件订立合同的,或者招标人、中标人订立背离合同实质性内容的协议的,责令改正;可以处中标项目金额千分之五以上千分之十以下的罚款。

(2)招标文件要求中标人提交履约保证金的,中标人应当按照招标文件的要求提交。

(3)中标人应当按照合同约定履行义务,完成中标项目。中标人不履行与招标人订立的合同的,履约保证金不予退还;给招标人造成的损失超过履约保证金数额的,还应当对超过部分予以赔偿;没有提交履约保证金的,应当对招标人的损失承担赔偿责任。

(4)中标人不得向他人转让中标项目。

(5)中标人不得将中标项目分解后向他人转让。中标人将中标项目转让给他人的,将中标项目分解后转让给他人的,将中标项目的部分主体、关键性工作分包给他人的,或者分包人再次分包的,转让、分包行为无效,并处转让、分包项目金额千分之五以上千分之十以下的罚款。有违法所得的,并处没收违法所得;亦可责令其停业整顿。情节严重的,由工商行政管理机关吊销其营业执照。

(6)中标人按照合同规定或者经招标人同意,可以将中标项目的部分非主体、非关键性工作分包给他人完成。中标人应当就分包项目向招标人负责,接受分包的人就分包项目承担连带责任。接受分包的人应当具备相应的资格条件,并不得再次分包。

第四节　信息技术辅助招标投标

一、电子招标投标

2013年2月4日,中华人民共和国国家发展和改革委员会令第20号公布《电子招标投标办法》(以下简称《办法》)。该《办法》分总则,电子招标投标交易平台,电子招标,电子投标,电子开标、评标和中标,信息共享与公共服务,监督管理,法律责任,附则共9章66条,自2013年5月1日起施行。

(一)电子招标投标的概念和特点

电子招标投标是指机构按照有关以数据信息为主要载体的国家招投标法律、法规的规定,利用所有或部分电子手段完成招标、投标的活动。现今,电子商务以及信息技术项目管理已得到迅猛发展,社会各界和招投标行业都迫切地意识到利用电子招投标来代替传统纸质招投标的优势。电子招投标的广泛应用,能更有效地规范招投标行业公开、公平、公正的招投标秩序,改变和推动其行业的发展。因此,需要对电子招投标发展存在的问题和应采取的对策进行相应的探索研究。

《招标投标法实施条例》第五条中"……国家鼓励利用信息网络进行电子招投标"的这一鼓励方式,使得电子招投标通过技术手段在防止暗箱操作、弄虚作假、串通投标、围标等方面都有了显著效果,特别是在传统纸质招标和电子招投标双轨并行的今天,鼓励电子招投标和推动电子招投标的规范实施已经成为当下业内的工作重点之一。

电子招投标是一种必然的趋势,同时也是招标代理机构顺应潮流的积极探索和转型。通过电子招投标交易平台可以更好地为招标人及投标人服务。

电子招标投标活动是指以数据电文形式,依托电子招标投标系统完成的全部或者部分招标投标交易、公共服务和行政监督活动。数据电文形式与纸质形式的招标投标活动具有同等法律效力。

(二)电子招标投标的应用现状

在一些发达国家和地区,电子采购和电子招投标已经被广泛认可,发展也相对成熟。据一项调查报告显示,全球500强企业中,有70%的企业正在使用类似的招标投标软件。例如,美国的通用电气公司使用此类电子化手段每年能为企业节约上百亿美元;世界知名的企业资源采购软件及其服务商自1995年以来已经协助全球客户采购了超过510亿美元的物品和服务,为客户节省成本超过100亿美元。

国内的电子招投标应用总体上处于起步阶段,已经投入使用的系统基本上以信息发布类型为主,兼有一些地方专家库系统和招标代理机构办公系统。而涵盖整个招投标过程,具有信息管理、流程管理、交易管理、政府监管等功能,协同运作的电子平台在国内尚未得到有效应用。具体来说,有如下几方面的现状:

从政府职能部门的角度来看,目前国家发改委、财政部、商务部等部委均已指定了各自授权的信息发布网络媒体,但通常只限于招标公告、采购公告等信息的披露,对于接下来的流程并未实现完整的电子化,通过系统收集统计数据以及实施宏观调控还有一定困难。

从企业的角度看,随着信息技术特别是互联网的发展,企业越来越认识到采用电子化方式进行集中采购具有的方便、快捷和低成本的特点。一些集团企业如联想、华为、美的等开始引进或开发电子采购系统,进行网上集中采购。但这些系统通常以竞价采购的方式为主,侧重于对供应商、物资、财务等企业资源的整合,采购的也大都是成型的产品,而对于复杂的招投标过程管理并未有实质性介入,中小企业在这方面基本还是空白。

从招投标代理机构的角度来看,目前国内一部分大型的招标代理机构、工程交易中心引入招标项目管理和办公系统,其主要目的是管理项目信息和辅助招标,对招标投标各环节各角色的参与还缺乏有效整合。

从系统开发商的角度来看,已经有不少的IT公司借助不断发展的信息技术开发出了一些招投标领域相关的软件和系统,如竞价采购系统、招投标管理软件、项目协同工作软件、专家库系统等,但其产品成熟度和品牌知名度还需要进一步提高。

(三)电子招标投标的功能

电子招标投标系统根据功能的不同,分为交易平台、公共服务平台和行政监督平台。交易平台是以数据电文形式完成招标投标交易活动的信息平台。公共服务平台是满足交易平台之间信息交换、资源共享需要,并为市场主体、行政监督部门和社会公众提供信息服务的信息平台。行政监督平台是行政监督部门和监察机关在线监督电子招标投标活动的信息平台。

1. 电子招标投标交易平台

电子招标投标交易平台应当依法及时公布下列主要信息:

(1)招标人名称、地址、联系人及联系方式;

(2)招标项目名称、内容范围、规模、资金来源和主要技术要求;
(3)招标代理机构名称、资格、项目负责人及联系方式;
(4)投标人名称、资质和许可范围、项目负责人;
(5)中标人名称、中标金额、签约时间、合同期限;
(6)国家规定的公告、公示和技术规范规定公布和交换的其他信息。

鼓励招标投标活动当事人通过电子招标投标交易平台公布项目完成质量、期限、结算金额等合同履行情况。

2. 电子招标投标公共服务平台

电子招标投标公共服务平台应当按照《办法》和技术规范规定,具备下列主要功能:

(1)链接各级人民政府及其部门网站,收集、整合和发布有关法律法规规章及规范性文件、行政许可、行政处理决定以及市场监管和服务的相关信息;
(2)连接电子招标投标交易平台、国家规定的公告媒介,交换、整合和发布《办法》第四十一条规定的信息;
(3)连接依法设立的评标专家库,实现专家资源共享;
(4)支持不同电子认证服务机构数字证书的兼容互认;
(5)提供行政监督部门和监察机关依法实施监督、监察所需的监督通道;
(6)整合分析相关数据信息,动态反映招标投标市场运行状况、相关市场主体业绩和信用情况。

属于依法必须公开的信息,公共服务平台应当无偿提供。

电子招标投标公共服务平台应当允许社会公众、市场主体免费注册登录和获取依法公开的招标投标信息,为招标人、投标人、行政监督部门和监察机关按各自职责和注册权限登录使用公共服务平台提供必要条件。

3. 行政监督平台(部门网站)

各级人民政府有关部门应当按照《中华人民共和国政府信息公开条例》等规定,在本部门网站及时公布并允许下载下列信息:

(1)有关法律法规规章及规范性文件。
(2)取得相关工程、服务资质证书或货物生产、经营许可证的单位名称、营业范围及年检情况。
(3)取得有关职称、职业资格的从业人员的姓名、电子证书编号。
(4)对有关违法行为作出的行政处理决定和招标投标活动的投诉处理情况。
(5)依法公开的工商、税务、海关、金融等相关信息。设区的市级以上人民政府发展改革部门应会同有关部门,按照政府主导、共建共享、公益服务的原则,推动建立本地区统一的电子招标投标公共服务平台,为电子招标投标交易平台、招标投标活动当事人、社会公众和行政监督部门、监察机关提供信息服务。

二、招标投标管理软件的应用

招标人或者其委托的招标代理机构应当在其使用的电子招标投标交易平台上注册登记。选择使用除招标人或招标代理机构外第三方运营的电子招标投标交易平台的,还应当与电子招标投标交易平台运营机构签订使用合同,明确服务内容、服务质量、服务费用等权利和义务,并对服务过程中相关信息的产权归属、保密责任、存档等依法作出约定。

电子招标投标交易平台运营机构不得以技术和数据接口配套为由,要求潜在投标人购买指定的工具软件。

招投标管理软件是一个服务于招标机构的、规范的、安全的、灵活的、开放的、高效的,以项目管理为指导思想的,管理与执行并举的招标业务管理系统。完整的建设工程招投标管理系统可以实现招标文件编制、投标文件制作、交易办公、评标过程、专家管理等全过程管理的信息化,系统的各个组成部分模块性、独立性强,可以被全部应用,也可以独立运行。目前已经成熟的系统有新能量招标业务管理系统(BMS)、广联达电子招投标工具等。图 2-1 为广联达招投标整体解决方案。

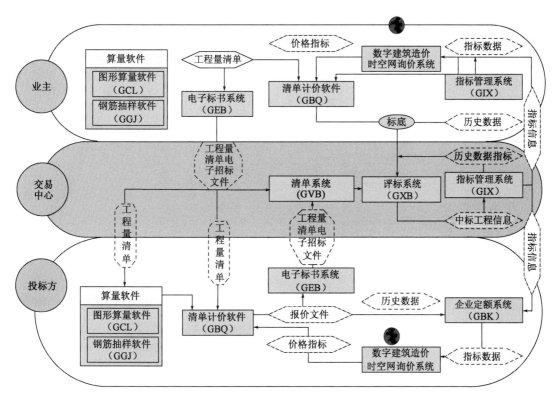

图 2-1 广联达招投标整体解决方案

(一)电子招标投标交易平台功能需求

招标投标平台的主要功能是通过网络技术实现传统招标投标流程,并对这个过程进行科学有效的管理,同时针对其提供一些辅助服务和功能,在为招标投标提供服务的同时,为用户提供与招标投标有关的专业和个性化服务。

交易平台应当包括的主要模块为招标投标流程管理子系统(项目计划—项目建档—发标—投标—开标—评标—定标—归档)、基础信息管理子系统、项目信息管理子系统、专家资源管理子系统、系统管理子系统、企业评价管理模块、澄清即时消息服务、质疑投诉处理服务、数据分析与挖掘模块、公共基础模块等。应当设计的主要接口为公共服务接口、行政监督接口、网上支付接口、计划及合同管理、企业内部系统、辅助工具软件等。交易平台基本功能结构如图 2-2 所示。

图 2-2　交易平台基本功能结构

(二)招标软件

以下以某工程软件《招标文件管理系统》(以下简称《招标系统》)为例,说明招标方编制招标文件的基本操作过程。

(1)进入【工程文件管理】界面,如图 2-3 所示。

图 2-3　工程文件管理界面

(2)新建招标管理项目。先点击【清单计价】按钮,然后再点击【新建项目】下的【新建招标项目】,如图2-4所示。

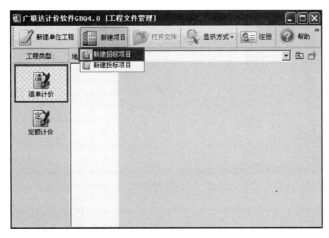

图2-4 新建招标项目

(3)在弹出对话框的【地区标准】中选择"北京市标准接口08清单规范"(【地区标准】中"北京市标准接口"指的是03清单规范标准接口);在【项目名称】【项目编号】中输入工程项目名称信息,然后点击【确定】,如图2-5所示。

图2-5 输入项目信息

(4)进入【招标管理】界面,如图2-6所示。在此界面可以新建单项工程,也可直接新建单位工程,并对每个单位进行编辑,输入清单、定额组价。(若是多人合作完成一个项目工程,每个人在先做好单位工程后,再在此界面点击鼠标右键选择"导入单位工程"并新建功能,把做好的单位工程一一导入此界面)。

(5)在对项目的清单组价、调价、取费等工作都完成后,接下来就是生成电子招标书。切换到【发布招标书】窗口,点击【生成招标书】按钮,弹出提示信息框,点击【是】进行招标书自检,如图2-7所示。

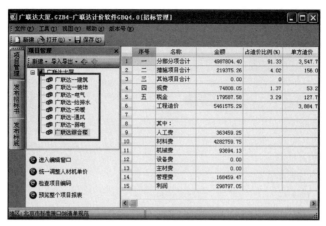

图 2-6 招标管理界面

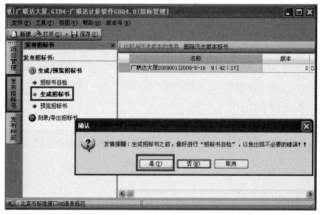

图 2-7 招标书自检

弹出【设置检查项】窗口,在要自检的项后打对勾,点击【确定】,对项目各项自检,如图 2-8 所示。若某项内容不符合自检项目,会生成招标书自检报告,列出不符合自检要求的内容;若各项内容都符合自检要求,会直接生成招标书。

图 2-8 设置检查项窗口

(6)生成招标书后,再就是导出招标书。切换到【刻录/导出招标书】界面,点击【导出招标书】,如图 2-9 所示。

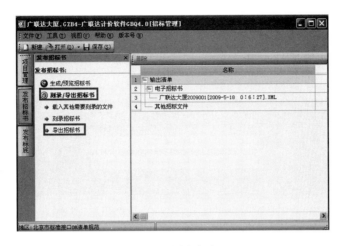

图 2-9 导出招标书

在保存路径文件中生成 ▨ 文件夹,在文件夹里面有刚生成的 .XML 格式招标书。最后,把 .XML 格式电子招标书导入电子标书生成器中。(标底操作同招标书。)

(三)投标软件

投标软件有 7 项主要功能和 5 项辅助功能。各功能汇总见表 2-7。

投标软件主要功能和辅助功能　　　　　　　　　　　　　表 2-7

主要功能	简述
新建项目	打开投标软件以后新建一个项目文件
打开项目	打开一个之前新建的项目文件
浏览招标文件	浏览招标文件中答疑说明文件、招标文件、工程量清单等内容
工程量清单	计价软件制作好的清单。GZTB 格式文件
商务标	投标文件中涉及的商务信息
技术标	投标文件中涉及的技术信息
生成投标文件	各项内容都填写完成后,工具自动生成一份独立的文件;该文件中包含投标文件中文字部分的内容、导入的文件等。投标人对此文件进行转换、签章后自动生成相应的投标文件
辅助功能	简述
另存为	将当前项目保存一份副本
更新答疑文件	制作与该投标项目相关的答疑补充文件
导出工程量清单	导出招标工程量清单 .GZZB 格式文件
导出招标文件	将招标文件导出,包含 .PDF、.GZZB 等独立可用的文件
检查示范文本	为防止投标文件出现遗漏项目,软件提供检查工具,以便快速检查制作的投标文件是否与示范文本的要求一致

以下介绍投标软件的几个主要功能。

1. 新建项目

点击桌面上安装的投标工具图标进行软件的启动。启动软件后，在【新建项目】中可导入购买的项目招标文件。

第一步：点击【新建项目】，在弹出的对话框中选择招标文件，点击【新建】，如图 2-10 所示。

图 2-10　新建项目

第二步：在弹出的对话框中选择需要投标的标段编号（"投标单位名称"需要插入 CA 锁自动获取），如图 2-11 所示。

图 2-11　选择标段

第三步：相关信息选择完成后点击【新建】按钮，此时系统将提示选择保存文件的位置，如图 2-12 所示。（建议保存在非系统目录，以免系统损坏或无法启动时使已经制作保存的项目文件丢失。）投标工具制作的投标工程文件默认文件后缀为 .GYTB6。

图 2-12　保存文件

2. 浏览招标文件

项目保存好后,首先浏览招标文件,以便确认投标的内容和相关的要求等信息,如图 2-13 所示。

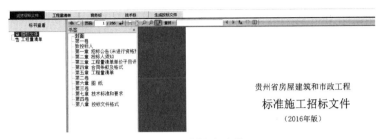

图 2-13 浏览招标文件

3. 导出招标文件

导出招标文件提供了 PDF 版本的招标文件、PDF 版本的工程量清单、符合接口标准的 .GZZB格式的工程量清单,供投标人使用,如图 2-14 所示。.GZZB 格式的工程量清单,用于计价软件组价。

图 2-14 导出招标文件

点击【导出工程量清单】,选择保存位置,即可导出。

4. 工程量清单

按照需求导入总说明和已标价的工程量清单 .GZTB 文件,如图 2-15 所示。

图 2-15 导出工程量清单

5. 商务标

完成工程量清单后,开始录入商务标,由于招标文件使用了示范文本,所以项目中已包含了投标文件中所需要的通用条款内容,这部分内容作为模板的方式保存在投标文件中。因此只需要把空格的地方填写上就可以。对于特殊的章节,软件提供了编辑功能,供用户随意填写,也可以导入图片等格式的其他文件;正在制作的投标书已从基本信息处导入了部分内容,如图2-16所示。

图2-16 商务标

进行手动录入,如图2-17所示。

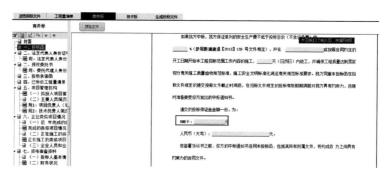

图2-17 手动录入商务标

进行商务标导入项录入,如图2-18所示。

图2-18 商务标导入项录入

特别提示,在制作投标文件时,注意系统中未填写完项目的提示,该提示将会显示当前页面中必填多少项,多少项尚未填写。

6. 技术标

此部分的操作和商务标部分类似,但是都是上传相应的技术性文档,根据投标文件的需求,逐一导入相应的技术性文件,如图 2-19 所示。

图 2-19　技术性文件导入

7. 生成投标文件

【生成投标文件】是将投标文件内容进行 .PDF 格式转换、进行电子签章并最终生成电子投标文件的模块,如图 2-20 所示。在软件中设置了强制检查功能,在进行投标文件转换前,软件会检查投标文件项目是否符合示范文本的要求。如果不符合示范文本的要求,无法进行 .PDF 格式转换和签章。

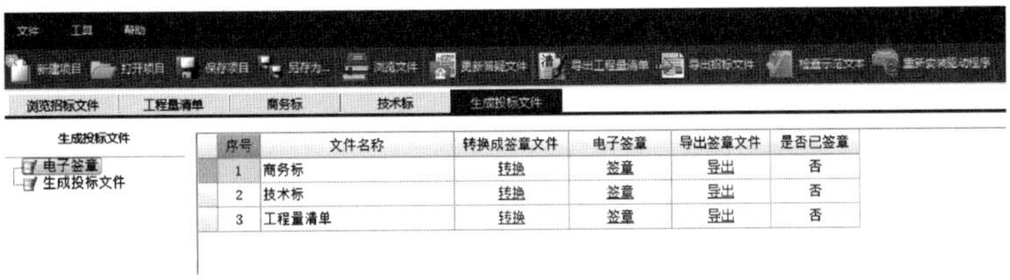

图 2-20　生成投标文件

在所有的项目检查通过后,首先将制作的文件转换为 .PDF 格式文件,如图 2-21 所示。

三个文件转换完成后,在主操作界面分别对三个文件进行电子签章。插入 CA 锁,点击签章按钮,将鼠标移动到要签章的位置单击。

签章时,因使用的 CA 锁不同,签章界面有差异。签章完成后,已签章会显示"是"。为深圳 CA 电子签章界面,如图 2-22 所示。

所有签章完成后,先目测检查已签章一列是否全部显示"是"。

点击【生成投标文件】进入生成投标文件操作界面,在操作界面点击【生成】按钮(此刻需要插入投标人的 CA 锁)。输入 CA 锁密码,工具自动生成电子投标文件,如图 2-23 所示。

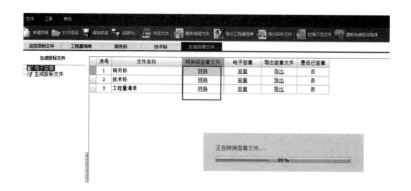

图 2-21　生成 .PDF 格式文件

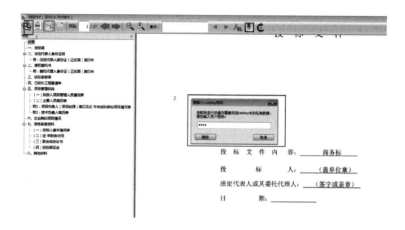

图 2-22　深圳 CA 电子签章界面

图 2-23　自动生成电子投标文件

8. 打开项目(参考项)

用于经保存的投标文件的过程文件可以用打开项目的方式来打开,如图 2-24 所示。同时,也可以对已签章的文件进行修改、转换、签章、生成操作。

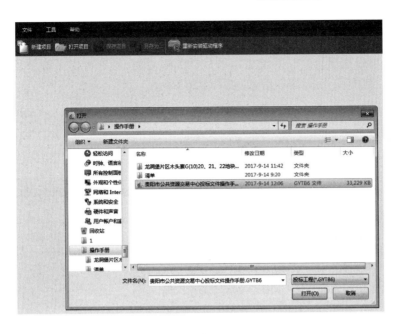

图 2-24　打开项目

(四)电子评标系统

1. 登录系统

评标专家进入评标室后,由评标委员会选出一名专家组长,专家组长坐在指定的位置进行评标。

专家启动登录界面后,填写专家姓名和专家编号,确认后即可登录电子评标系统,如图 2-25 所示。

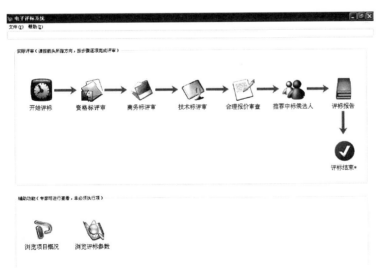

图 2-25　电子评标系统界面

2. 准备评标

(1)浏览项目概况

点击【浏览项目概况】按钮,系统显示项目概况的界面,专家可以了解项目工程的基本信息及工程预算控制价、工期等招标信息,如图2-26所示。

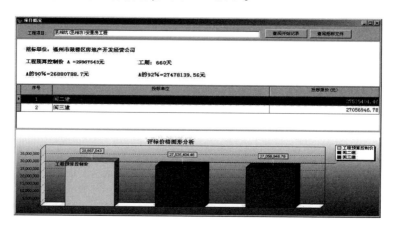

图2-26 浏览项目概况

(2)查看招标文件

在浏览项目概况界面中,点击上方的【查阅招标文件】按钮查看该项目的招标文件,如图2-27所示。

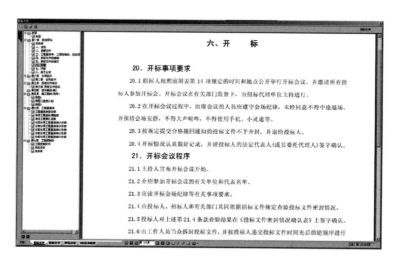

图2-27 查看招标文件

(3)查阅开标记录

点击【查阅开标记录】按钮,系统弹出开标记录的界面,专家可以了解各投标人名称、项目经理姓名及建造师执业证书注册编号、投标保证金、投标总价质量目标和工期等信息,如图2-28所示。

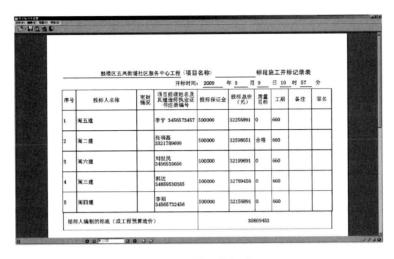

图 2-28　查阅开标记录

(4) 浏览评标参数

点击【浏览评标参数】按钮,系统弹出评标参数的界面,专家可以了解项目的工程预算价、评标方法、拦标价范围、技术标评审方式等各项评标规则,如图 2-29 所示。

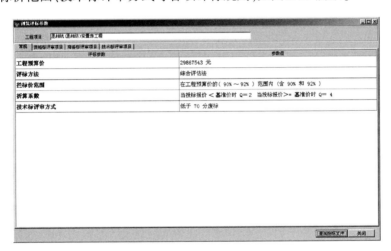

图 2-29　浏览评标参数

3. 评审阶段

由专家组长点击【开始评标】按钮,确认后开始该工程项目的电子评标。

(1) 资格标评审

点击【符合性评审】按钮进入符合性评审的界面,如图 2-30 所示。界面左侧是评审区,界面右侧是标书浏览区。

评标专家浏览招标文件和投标文件后,在各投标单位及评审项对应的评分栏中选择"通过"或"未通过"。各评标专家对所有投标人每项资格标评审结束后,点击【个人评审结束】绿色按钮进行确认。所有评标专家评审结束后,由专家组长点击【小组评审汇总】按钮,符合性评审结束。

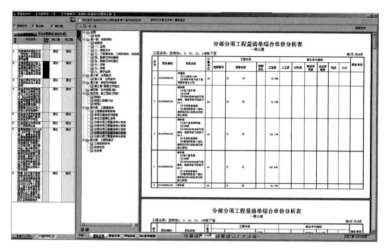

图 2-30 符合性评审界面

(2)技术暗标评审

技术暗标评审前,系统为各投标文件暗标部分进行随机暗标编号,评审时专家可自由查看各投标文件的暗标内容(但系统仅显示暗标编码,不显示投标人名称),并随时查看招标文件。每位专家对各投标人结束评审提交评审小组汇总后,系统自动对应各投标人相应得分。

本系统设计两种暗标评审方式:暗标整体评审和暗标分模块评审。具体采用何种方式由招标人在招标文件中约定。

①暗标整体评审。暗标整体评审,是指专家在技术暗标评审的过程中,投标文件显示的方式为"整体显示",即专家能够查看各投标人完整的技术暗标文件内容,如图 2-31 所示。

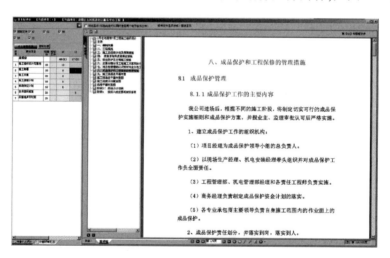

图 2-31 暗标整体评审

技术标评审界面左侧是评分区,右侧是标书浏览区。专家在右侧标书浏览区查看招标文件和投标文件后,在左侧评审对应项目内输入得分即可。

各评标专家对所有投标人每项暗标评分结束后,点击【个人评审结束】绿色按钮进行确认。确认后不能再修改。所有专家评审结束后,由专家组长点击【小组评审汇总】,按钮结束技术标评审。

②暗标分模块评审。暗标分模块评审,是指专家在技术标评审的过程中,投标文件显示的方式为"分模块显示",即专家在对各评审项评分时只能查看与该评审项相关部分暗标模块的内容;每一评审模块评分结束后,系统自动打乱下一评审模块的投标人排序,所有模块评审结束后,系统再通过内部识别汇总计算。

进入暗标分模块评审的界面,顶端的下拉菜单是评审项内容,界面左侧上方是评分标准,左侧下方是招标文件、投标文件序号和评审结果,界面右侧是标书浏览区。如图2-32所示。

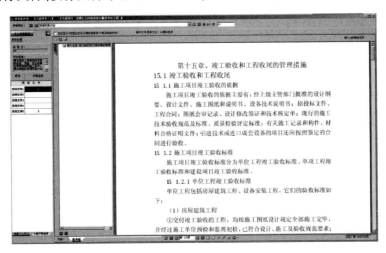

图 2-32 暗标分模块评审

操作技巧提示:

为了方便评标专家比较暗标文件内容,技术暗标评审支持各投标人的暗标文件对比显示,在右侧标书浏览区可以同时显示两个暗标文件。其具体操作步骤如下:

①勾选暗标评审界面上的"对比显示",右侧标书浏览区会分成上下两部分。

②将要对比的电子暗标文件序号直接拖拽到标书浏览区;使标书文件显示同一章节内容,进行对比,如图2-33所示。

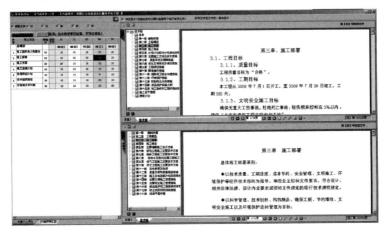

图 2-33 对比显示

(3)商务标评审

技术标评审结束后,点击【商务标评审】按钮进入商务标评审界面,如图 2-34 所示。界面左侧是评审区,界面右侧是标书浏览区。

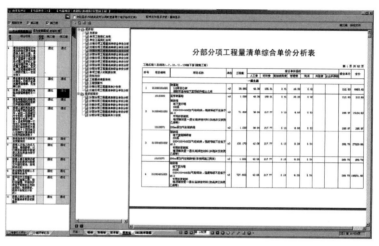

图 2-34　商务标评审

评标专家浏览招标文件和投标文件后,在各投标单位及评审项对应的评分栏中选择"通过"或"未通过"。各评标专家对所有投标人每项商务标评审结束后,点击【个人评审结束】绿色按钮进行确认。所有评标专家评审结束后,由专家组长点击【小组评审汇总】按钮,商务性评审结束。

(4)合理报价评审

电子评标系统会自动把不符合招标文件要求投标报价的投标人过滤掉,专家只须确认下即可。点击【合理报价评审】按钮,进入审查界面,如图 2-35 所示。深色部分即为不符合招标文件要求投标报价的投标人。专家确认后在最后一栏选择【否决其投标】,点击【确定】按钮后拦标审查结束。

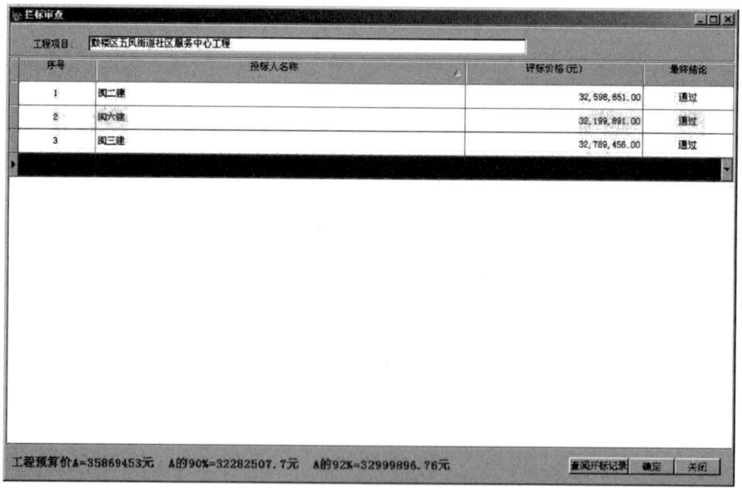

图 2-35　合理报价评审

(5)推荐中标候选人

点击【推荐中标候选人】按钮,进入推荐候选人界面,如图2-36所示。【K值】和【C值】为专家录入之前抽出来的。点击【重新计算】按钮,系统会自动计算各投标人的最后得分和最后排名,专家只须确认即可。专家组长点击【小组评审汇总】按钮后,该步评审结束。

图2-36 推荐中标候选人界面

(6)评标报告

项目评审结束后,计算机自动生成评标报告。评标委员会组长进行打印操作,打印出各专家评审记录表和评标委员会评标汇总表等全部评审报告,由评标专家签字确认,如图2-37所示。

图2-37 自动生成评标报告

(7)评标结束

由评委会组长点击【评标结束】按钮,该项目评审结束。

附:否决其投标处理。

在各评审步骤中,评标委员会可以对某投标人进行否决其投标处理。由专家组长在各评审界面点击【否决其投标处理】按钮,系统弹出对话框,如图2-38所示。

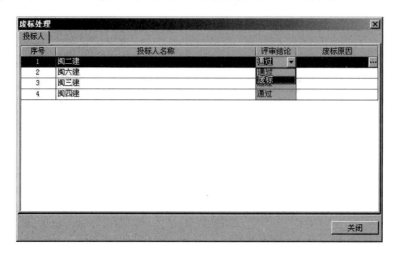

图2-38 否决其投标处理对话框

在评审结论项选择【废标】并点击【废标原因】,弹出【否决其投标原因】对话框,如图2-39所示。

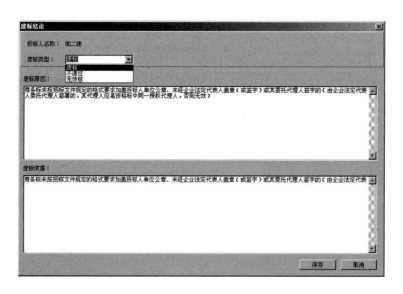

图2-39 否决其投标原因

选择否决其投标类型——"废标""不通过"或"无效标",并在下面说明否决其投标原因和否决其投标依据,保存后确认即可。

三、BIM 技术及其在招投标中的应用

2017 年 9 月,交通运输部办公厅发布《关于开展公路 BIM 技术应用示范工程建设的通知》,提出利用 BIM 技术提升公路设计水平、提高公路建设管理水平和推进公路养护管理信息化,加强 BIM 技术的示范指导工作。

(一)BIM 信息模型简介

近年来,BIM 在国内建设工程行业形成一股热潮,除了前期各软件厂商的大声呼吁外,政府相关单位、行业协会、业内专家、设计单位、施工企业、科研院校等也开始重视并推广 BIM。什么是 BIM? BIM 译为"建筑信息模型",是 Building Information Modeling 的简写。Building 含义涵盖建筑过程的设计、施工和运营;有动词词性的 building,体现建造全过程的意义。Information,即"信息"是软件集成的各类信息,不仅是几何信息,还有进度、成本等各类型信息。Modeling,即"模型",它以建设工程三维形式为基础,集成各种信息,是建设工程信息化管理的基础平台。也就是说,BIM 为建设工程全生命周期的信息集成应用平台。建设工程全生命周期,包含决策、设计、招投标、施工、运维等阶段。BIM 技术主要有以下特性:

1. 可视化

在 BIM 建筑信息模型中,整个操作过程都是可视化的。我们在常用的施工图纸上只能获得各个建筑构件的几何信息,而缺少空间信息,因此我们只能去自行想象它竣工以后的样子。但使用 BIM 技术,我们就可以在设计阶段获得工程项目竣工后的样子。基于 BIM 技术的工程建设项目三维立体数据模型的构建,使项目在投资决策、设计、招投标、施工、竣工、运营等各个阶段实施的过程可视化,为项目参与者提供一个更好地沟通、讨论与决策的共享平台。在 BIM 模型中,边梁的几何信息和构造可以直接看见,如图 2-40 所示。

2. 协调性

基于 BIM 技术建立的信息共享平台,集合工程建设项目从投资决策、设计、招投标、施工、竣工、运营等各个阶段全部的信息,为工程项目建设提供整个数据支撑,使各个工序的施工互相协调,有序进行。比如在设计过程中,一个工程建设项目包含

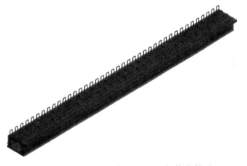

图 2-40 BIM 模型中边梁的几何信息构造

了结构、土建、安装等各个专业,在设计的过程中,各个专业独立完成,但是在具体施工过程中难免会发生专业间的碰撞。例如,暖通等专业中的管道在进行布置安装时,容易和正好在此处结构设计的柱梁等构件的位置发生冲突,产生碰撞。这种就是施工中常遇到的碰撞问题。BIM 的协调性还可以被应用在调整构件空间布局上。例如,电梯井的空间布置需要考虑其他设计空间的位置还有净空要求、地下排水管的空间布置与其他设计空间布置之间的协调等等。如图 2-41 所示,基于 BIM 的工程项目信息管理系统框架指出,终端用户群在工程建设项目各个阶段使用 BIM 的过程中产生的信息数据,将上传到数据服务器中。如图 2-42 所示,工程建设项目的各个参与者从基于 BIM 的工程项目信息集成平台,获取对自己有用的工程信息,从而方便了大家协同工作。

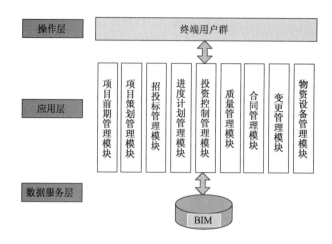

图 2-41 基于 BIM 的工程项目信息管理系统框架

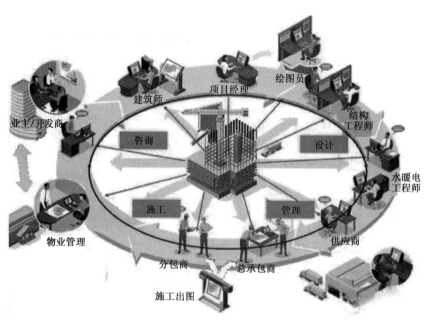

图 2-42 基于 BIM 的工程项目信息集成平台

3. 模拟性

基于 BIM 技术,可以对整个工程建设项目全生命周期的各个阶段进行模拟。比如在设计阶段,利用 BIM 技术可以对建设工程信息模型进行模拟实验,如道路或桥隧施工模拟以及运营模拟等;在招投标阶段,可以对施工方案进行模拟,从而决定哪一个施工方案更加安全可靠,从而增加效益;在施工阶段,加上施工进度计划,就可以进行 4D 模拟,从而获得各个时间点的资源消耗计划以及工程量完成状况;在后期运营阶段,也可以模拟日常设备的维护和检修以及还有楼层紧急疏散演练。如图 2-43 所示,利用 BIM 软件对工程建设项目进行桥梁墩柱工程施工模拟,有利于对现场施工状况进行有效指导。

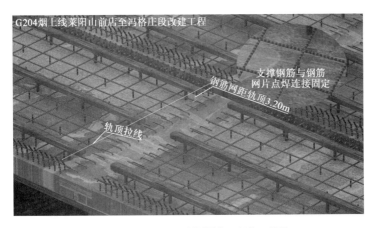

图 2-43　基于 BIM 的桥梁墩柱工程施工模拟

4. 优化性

在设计阶段,也可基于 BIM 技术,构建虚拟化的建筑信息模型。模型中包括详细的建筑物构配件的几何信息、空间信息以及物理信息等。在设计优化阶段,根据招标文件提供的各个专业的施工图纸,基于 BIM 技术,在建立设计模型的过程中,也可以检验图纸设计得是否符合规范标准,比如车辆在道路上行驶的连续性和安全性等。如图 2-44 所示,为基于 BIM 的工程道路行驶模拟与优化。对于图纸不合理不规范的地方进行修改与补充,为后期的具体施工操作提供了技术指导,不但可以减少返工,提高施工效率,还可以缩短工期,增强效益。

图 2-44　基于 BIM 的工程道路行驶模拟与优化

5. 可出图性

基于 BIM 技术,可以对工程建设项目进行三维渲染的展示、参与者之间的信息协调、设计图纸的优化等。BIM 经过修改与整理,清除了项目不合理的地方,最后可以输出正确的图纸,如综合管线图、综合结构留洞图及碰撞检查修改方案。基于 BIM 技术的图纸导出,如图 2-45 所示。

6. 提高造价精确性

基于 BIM 技术可以建立算量模型。算量软件会自动计算汇总工程量,并根据工程项目特征,编制出工程量清单;按照工程量清单计价方法,套用当地政府或企业颁布的施工定额,从而得出工程建设项目的造价费用。使用 BIM 技术不仅大大节约了技术人员建模的时间和精力,同时也提高算量的精确性,减少了很多人为因素带来的错误。BIM 技术的运用可以对工程费用进行精细化管理,节约技术人员预算花费的时间。提高利用 BIM 共享平台的效率,可以真正实现信息互动和高效管理。

图 2-45　基于 BIM 技术的图纸导出

(二)我国 BIM 技术的应用现状

目前我国 BIM 技术的应用现状主要包括 BIM 技术在建筑企业和实际工程中的应用,见表 2-8 和表 2-9。

BIM 技术在建筑企业和实际工程中的应用 表 2-8

建筑企业所占比例	应用情况
38.0% 的建筑企业	BIM 概念推广阶段
26.1% 的建筑企业	BIM 技术试点阶段
10.4% 的建筑企业	BIM 推广应用阶段
25.5% 的建筑企业	BIM 规划阶段

BIM 技术在实际工程里的应用 表 2-9

项目名称	项目规模	应用范围	应用方	应用内容
国家体育场	25.8 万 m²	结构	总承包商	进度管理、施工模拟
广州国际金融中心	45 万 m²	设备安装	项目部	进度管理、资源管理
昆明新机场	54.8 万 m²	运营维护	业主	进度管理、碰撞检测
青岛海湾大桥	28.05km	结构	业主	进度管理、施工模拟
邢汾高速公路	84.3km	公路施工	业主	进度管理、资源管理
上海国际金融中心	51.7 万 m²	全生命周期	业主	项目综合管理

在我国，BIM 技术主要应用于项目复杂、规模庞大的建设工程项目；应用范围主要是结构、机电设备安装、运营维护等方面；应用方主要是总承包方和业主；应用内容主要是碰撞检测、施工模拟、进度管理以及资源管理。

(1) 目前很多人还未熟练掌握 BIM 技术，同时 BIM 技术的软件使用费用昂贵，导致采用成本较高，因此只有一些工程复杂，规模庞大的工程建设项目才能用得起 BIM。这也反映了 BIM 技术在普通工程项目中使用率不高，阻碍 BIM 技术的普及使用。

(2) 当前 BIM 技术普遍运用在工程项目全生命周期中的某一个阶段，对 BIM 技术的利用率不高，也没有充分发挥出 BIM 技术带来的好处。目前，也就只有上海国际金融中心把 BIM 技术应用在了整个项目全生命周期里。

(三) 应用 BIM 技术碰到的阻碍

1. 应用软件方面

BIM 技术引进国内的时间较晚，发展也比较缓慢，所以导致 BIM 应用软件在国内的使用也很不成熟。应用软件发展缓慢主要原因有两点：一是这些软件是根据国外的建筑使用标准引进的，与我国自己的工程建设相关专业的规范不相适应，使用起来需要来回调整、既烦琐又浪费大量时间。二是我国需要作出与自己国情相符合的软件，拥有充足的自主知识产权。这样不仅可以扩大 BIM 技术的使用规模，同时也可以促进国内软件行业的快速发展。国家已经在组织相关的软件开发商、高校以及研究院等进行应用软件的开发与研究，以推动我国在应用软件方面技术的发展。

2. 标准方面

BIM 技术的应用主要体现在应用软件方面。事实上，将 BIM 技术运用在整个工程项目全生命周期里，就是借助各种 BIM 软件实施。因此 BIM 技术设计大量的软件，而工程建设的各种信息就是在这些软件之中来回反复使用的。因此为 BIM 数据指定统一标准很有必要，这样就避免了数据来回转换会发生缺失的情况。目前，国际上常用的 BIM 数据标准是 IFC 标准，IFC 标准被国外国家广泛使用。而在我国，软件产业落后，发展比较缓慢，所以一直没有自己统一使用的数据标准。为了享受 BIM 技术给行业发展带来的便利，我国只引进了 IFC 标准的平台部分。所以国内对拥有自己的 BIM 技术数据统一标准还很缺乏。

3. 应用模式方面

应用模式主要包括两个方面：一是技术应用模式。比如设计阶段，基于 BIM 技术，构建虚拟化的建筑信息模型。模型中包括详细的工程构配件的几何信息、空间信息以及物理信息等。在设计优化阶段，根据招标文件提供的各个专业的施工图纸，基于 BIM 技术在建立设计模型的过程中，也是在检验图纸设计的是否符合规范标准。同时基于 BIM 技术还可以对投标文件里提出的施工方案进行优化与检验。根据施工方案里的施工组织设计以及资源配置计划，可以使用 BIM 技术模拟出施工阶段的整个过程，对施工方案进行技术与经济分析。二是实践应用模式。比如施工阶段在施工开始前，借助 BIM 技术建立 3D 数据信息模型，根据施工时间安排，可以把整个施工现场模拟出来，后期施工过程一直处在控制之中。国内使用 BIM 技术也一直停留在应用实践上面，一直没有深入到更高的应用层次上面去，如制定较高层次的行业应用标准。

4. 设计方的障碍

将BIM技术推广应用在设计阶段,需要满足三个条件:一是设计院需要花费大量的资金来购买BIM技术软件、花费精力培养自己的BIM工程师团队,同时还需要建立应用BIM技术设计的工作流程,前期投入较大。二是设计方基于BIM技术更多偏向进行BIM技术的建模和设计优化,适用面窄,不能将BIM技术的全部功能发挥出来,造成资源的浪费。三是使用BIM技术打破了传统设计工程师长久以来的工作习惯和思维理念,对设计师提出更高的要求。

(四)传统工程招投标管理的关键问题分析

2018年版《公路工程标准施工招标文件》的发布,让企业自主报价的权利得到了更充分的体现,不但进一步明确了各方主体的责、权、利,同时也对企业提出了更高的要求。

目前,国内公路工程招投标管理中主要存在以下问题:

(1)招标报名过程烦琐,浪费大量时间,效率低下。比如招标公告的发布、投标申请人的招标报名、投标人的资格预审、投标人递送报名材料等环节过于烦琐,阻碍了一些单位加入招投标活动中来。

(2)招投标活动在实施过程的各个环节都需要招投标参与者递交大量纸质材料,纸质资料的存放、整理和查找都比较复杂、烦琐,会导致人力、物力和财力成本的增加。

(3)在招投标过程中,几乎全部是人工操作,这样导致招投标过程中的人为决定比例过大,从而容易有很多漏洞可钻,容易弄虚作假,导致招投标管理的不公平、不公正和效率低下。

(4)招投标代理机构在代理的过程中,一方面没有完全按照"公平、公开、公正以及诚实信用"的原则来约束自己的行为;在招投标活动中,明显偏向招标人或者投标人,协助他人扰乱招投标活动秩序。另一方面,招标代理机构中从事代理行为的技术人员不愿学习新技术,专业能力还需要进一步提高。在时间紧凑的情况下,有的技术人员只管速度,不管质量,编写的招标文件错误百出。

(5)针对招标方而言,现在的工程招投标项目时间紧、任务重,甚至还出现边勘测、边设计、边施工的工程,使招标方招标清单的编制质量难以得到保障。而施工过程中的过程支付以及施工结算是以合同清单为准,直接导致了施工过程中的变更难以控制,结算费用一超再超情况的发生。

要想有效地控制施工过程中的变更多、索赔多、结算超预算等问题,关键是要把控招标清单的完整性、清单工程量的准确性以及与合同清单价格的合理性。

(6)针对投标方而言,由于投标时间比较紧张,要求投标方高效、灵活、精确地完成工程量计算,把更多时间运用在投标报价技巧上。这些单靠手工是很难按时、保质、保量完成的。而且随着现代建筑造型趋向复杂化、艺术化,人工计算工程量的难度越来越大,快速、准确地形成工程量清单成为招投标阶段工作的难点和瓶颈。这些关键工作的完成也迫切需要信息化手段来支撑,以进一步提高效率,提升准确度。

(五)基于BIM技术在招标阶段管理中的主要应用

工程建设项目招标阶段主要内容是招标文件的编制和投标申请人资格的审查,而招标文件里的工程量清单和招标控制价的编制是最重要也是最基础的工作,它决定了整个招投标活动管理的质量与效率,与招投标活动能否顺利开展息息相关。招标文件里的工程量清单和招标控制价的传统编制方式不仅编制过程烦琐复杂、工作量大,占用了工程造价技术人员的大量时间与精力,而且在编制过程中总会发生漏项、少算的情况,导致计算后的结果与实际工程量有所出入,不能为投标人提供参考价值,这样编制的投标文件也毫无意义。

基于 BIM 技术的引用,招标人可以设计单位提供的 BIM 建设工程信息模型为基础,将数据模型导入相关的算量软件,准确、快速以及高效地计算和汇总各个专业的工程量,根据工程项目特征,编制招标文件里的工程量清单。与此同时,可以结合国家、行业或者市场颁布的相关工程定额,获得招标控制价,不但提高了报价的准确性,还为招标单位节省了时间,减少成本。

1. BIM 设计模型导入

基于 BIM 技术进行招投标管理,最重要也是最基础的工作就是建立各专业的 BIM 模型。建立 BIM 模型的方式常用的有三种。

第一种:这是建立 BIM 模型的方式最常用、最基础的方式,即根据工程建设项目各个专业图纸中提供的构配件数据,直接在 BIM 软件中逐步建立模型。

第二种:BIM 软件可以直接导入电子版.DWG 格式的施工图纸。在导入过程中,会发生数据篡改和丢失的现象,因此操作完成后,仍需要手动补充完善相关数据,以使之成为完整的 BIM 模型。

第三种:将已经建好的 BIM 建设工程信息模型,直接以 .GFC 格式导出,然后再导入算量软件中,经过修改和补充完善,构建算量模型,从而大大节约技术人员不停建模的时间和精力,同时也提高了算量的精确性,减少了很多人为因素带来的错误。

目前,影响设计模型转化成算量模型效率的主要因素有以下两点:

其一,算量模型数据不完整。设计人员基于 BIM 技术构建建设工程设计信息模型时,工作重点主要放在设计方面,忽略了对项目构配件造价信息的填写,所以在模型导入后,仍要耗费大量时间与精力来对算量模型数据进行补充完善,导致了转换效率的低下。

其二,数据标准问题。基于 BIM 构建的设计模型与算量模型文件格式不同,数据标准不统一,所以造成在设计模型文件导入算量软件过程中,形成的算量模型数据格式发生错误,部分数据发生丢失。因此,迫切需要有一个对构件信息描述统一的通用数据标准,这样才有利于提高软件之间数据交换的效率。目前国际广泛应用的数据标准是 IFC 标准。

2. 基于 BIM 技术的工程量计算汇总

基于 BIM 技术的工程量计算汇总,对算量软件的主要操作步骤如下:

(1)基于 BIM 技术建立算量模型。建立 BIM 算量模型的方式主要有两种。一是根据招标文件里提供的各个专业的图纸,直接在 BIM 算量软件中建立各个专业的算量模型,如路基、路面、桥梁、涵洞以及隧道等工程。二是将已经达到设计标准的设计模型直接导入算量软件,得到算量模型。算量模型可以把工程中各个构配件的几何、物理以及空间等相关信息以参数化、可视化的方式呈现给造价咨询技术人员。

(2)输入工程主要参数。根据招标文件里提供的各个专业的图纸,在算量软件建立算量模型过程中,需要输入工程的一些主要参数,比如钢筋的损耗率,绑扎方式以及梁、柱等的高程数据,等等。这样才能使计算的工程量更加符合施工过程中实际发生的工程量,才具有参考意义。

（3）基于BIM技术建立算量模型,算量软件自动计算汇总工程量,根据工程项目特征,编制出招标文件里的工程量清单,再套用当地政府、行业或市场颁布的工程定额,从而得到招标文件最基础也是最重要的招标控制价。把BIM技术和工程建设项目招标文件里的工程量清单和招标控制价的编制结合起来,大大减少了造价咨询技术人员的计算时间,这样技术人员才能把更多精力放在后期的招标文件编制以及招标活动开展上。如图2-46所示为利用BIM技术进行的钻孔灌注桩首批灌注混凝土最少数量计算。

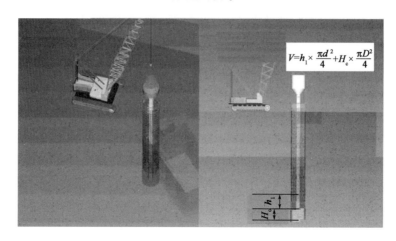

图2-46　利用BIM技术进行钻孔灌注桩首批灌注混凝土最少数量计算

3. 基于BIM的施工方案模拟

基于BIM技术构建工程建设项目三维立体数据模型,再根据施工进度计划安排,以相关软件为平台,可以对工程建设项目各个阶段进行施工现场布置,模拟施工状况,同时也可以对施工组织设计进行审查,判断其合理性与经济性,为工程施工过程中的重要施工节点提供技术上的支持与建议。如图2-47和图2-48所示为隧道施工方案模拟和道路施工方案模拟。

图2-47　隧道施工方案模拟

4. 基于BIM的4D进度模拟

基于BIM技术的工程建设项目3D立体数据模型的构建,加上施工进度计划,构成BIM的4D进度模拟。基于BIM的4D进度模拟,可以明确、直接地获取每一段时间施工现场的工程量完成情况,以及未来短期内的资金和资源供应情况。借助4D进度模拟,可以对施工现场和施工过程有一个清晰的认识,同时也可以对整个施工现场的技术、资源、进度进行控制与调节,达到节约资源,保证工期,保障质量的目的,进而实现工程效益的增长。在工程建设项目投标阶段,采用基于 BIM 的 4D 进度模拟,可以让招标方对投标人施工方案里的施工过程以及施工过程中的资源配置计划有一个清晰的认识,从而大大增加投标单位中标的概率。如图 2-49 所示,为公路工程施工 4D 进度模拟。

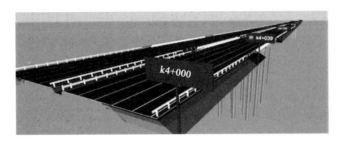

图 2-48 道路施工方案模拟

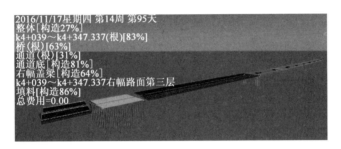

图 2-49 公路工程施工 4D 进度模拟

第三章 公路工程施工合同风险管理

人们在社会活动中,会面临各种各样的风险,风险本身就是客观存在的,也是不可避免的,这就要求我们主动认识风险,积极管理风险,有效控制风险,把风险降到最低。风险管理的过程由风险识别、风险估计、风险评价、风险应对四个部分组成。风险管理是人们对潜在的意外损失进行辨识、评估、预防和控制的过程。工程项目由于规模大、周期长以及生产的单件性和复杂性等特点,在实施过程中存在着许多不确定的因素,比一般产品生产具有更大的风险,更应进行风险管理。风险管理的核心思想是选择最优的管理技术来应对可能出现的损失。

项目风险管理是指项目管理组织对可能遇到的风险进行识别、估计、评价、应对的过程,是以科学的管理方法实现最大安全保障的活动的总称。项目风险管理贯穿项目的整个生命周期,了解风险的来源和发生规律并进行有效的管理,对项目的实施具有重要意义。

第一节 施工合同风险管理概述

一、风险的概念

到目前为止,学术界对风险的内涵还没有进行统一的定义,原因在于对风险的理解和认识程度不同,或者因为不同的学者对风险研究的角度不同,所以对风险概念有着不同的解释,但总的来说,可以将风险的定义归纳为以下几个方面。

(1)风险是指某事件未来结果发生的不确定性。A. H. Mow Bray(1995)将风险称为不确定性;C. A. Williams(1985)把风险定义为在给定的条件和某一特定的时期,未来结果的变动;而 March & Shapira 则认为风险是事物可能结果的不确定性,是由收益分布的方差测度;Brimley 认为风险是公司收入流的不确定。Markowitz 和 Sharp 利用收益率的方差来度量证券投资的风险后,将证券投资的风险定义为该证券资产各种可能收益率的变动程度,这一实验通过量化风险的概念改变了投资大众对风险的认识。由于方差计算的方便性,在实际中这种风险的定义得到认可并被广泛应用。

(2)风险是指结果发生后损失的不确定性。J. S. Rosenb(1972)认为损失的不确定性就是风险,F. G. Crane(1984)认为风险就是未来损失的不确定性。Ruffle 等人将风险定义为不利事件或事件集发生的概率或机会,并根据这样的观点又将风险分为主观学说和客观学说两大类。主观学说认为不确定性是主观的,是由于个人和其心理上的不确定性而产生的风险,是个人对于客观事物的主观估计,而不是从客观的角度去衡量它。不确定性的范围包括时间、状况以及结果严重程度等的不确定性。客观学说则是以风险客观存在为前提,以风险事故观察为基础,以数学和统计学观点加以定义,认为风险可用客观的尺度来度量。例如,佩费尔(Peffer)定义风险是可测度的客观概率的大小;而 F. H. Knight 认为风险是可测定的不确定性。

(3)风险是指可能发生损失的损害程度的大小。段开龄把风险定义为预期损失的不利偏差,这里的所谓不利是指对保险公司或被保险企业而言的。例如,若实际损失率大于预期损失率,那么这种正偏差对保险公司而言即为不利偏差,也就是保险公司所面临的风险。

Markowitz 在别人质疑基础上,排除可能收益率高于期望收益率的情况,提出了下方风险(Downside Risk)的概念,即现实的收益率低于期望收益率的风险,并用半方差来计量下方风险。

(4)风险是指损失的大小和发生的可能性。2002 年朱淑珍总结了各种风险描述的基础,把风险定义为:在一定条件下和一定时期内,由于各种结果发生的不确定性而导致行为主体遭受损失的大小以及这种损失发生可能性的大小。风险是一个二位概念,风险以损失发生的大小与损失发生的概率两个指标进行衡量。2003 年王明涛把风险定义为:在决策过程中,由于各种不确定性因素的作用,决策方案在一定时间内出现不利结果的可能性以及可能损失的程度,包括损失的概率、可能损失的数量以及损失的易变性三方面的内容,其中可能损失的程度处于最重要的位置。

(5)风险是由风险构成要素相互作用的结果。一些学者认为风险因素、风险事件和风险结果这些基本要素构成了风险,认为风险因素是风险形成的必要条件,是风险产生和存在的前提。风险事件是外界环境变量发生预料未及的变动从而导致风险结果的事件,它是风险存在的充分条件,在整个风险中占据核心地位。风险事件是连接风险因素与风险结果的桥梁。

综上所述,风险,是指某种特定的危险事件(事故或意外事件)发生的可能性与其产生的后果的组合。

二、风险的特征

风险的特点包括以下几个方面。

(一)风险的不确定性

(1)风险是否发生具有不确定性;

(2)风险发生时间具有不确定性;

(3)风险产生的结果具有不确定,即损失程度具有不确定性。

(二)风险的客观性

风险是客观的,是不以人的意志为转移,独立于人的意识之外的客观存在。因为事物的内部因素决定了自然界的物质运动、社会发展的规律,这些都超过人们主观意识而存在。人们只能在一定的时间和空间通过工具或者方法改变风险存在和发生的条件,降低风险发生的频率和损失程度,但并不能从根本上消除、消灭风险。正是风险的客观存在,决定了风险管理活动以及风险管理项目存在的必要。

(三)风险的普遍性

正是因为风险的不确定性和客观的存在性,人类一直与各种风险相伴,如自然灾害、疾病、伤残、死亡、战争等。随着科学技术的发展、生产力的提高、社会的进步、科技的发展,又产生了新的风险,如经济危机,而且风险事故造成的损失也越来越大。在当今社会,个人面临着生、老、病、残、死、意外伤害等风险;企业面临着自然风险、市场风险、技术风险、政治风险等;甚至国家和政府机关也面临着各种风险。正是风险的这些特性,说明了风险无处不在,无时不有;正是由于有着这些普遍存在的、对人类社会生产和人们的生活构成威胁的风险,才有风险管理存在的必要和发展的可能。

(四)风险的可测定性

个别风险的发生是偶然的,不可预知的,但通过对大量风险的观察会发现,有些风险往往呈现明显的规律性。根据以往大量资料,利用概率论和数理统计的方法可测算风险事故发生的概率及其损失程度,并且可构造出损失分布的模型,成为风险估测的基础。例如,在高速公路建设过程中,根据实地的勘测、以往的经验以及掌握的数据,通过精算,就可以得出一定风险发生的概率。由此我们可以通过一些工具或者更改方案对策来降低风险,降低风险带来的损失。

(五)风险的发展性

人类社会在自身进步和发展的同时,风险也相生相伴而存在着,尤其是当代高新科学技术的发展和应用,使风险的发展性更为突出——风险会因时间、空间因素的不断变化而不断发展变化。

(六)风险的危害性

所谓风险的危害性,是指风险引致的所有可能损失,即潜在损失对行为主体造成的威胁。这种威胁可致使行为人焦虑、恐惧,并由此而导致行动选择的非理性和资源配置的低效性。危害性是风险的本质属性。

(七)风险的行为相关性

风险的行为相关性是指决策者面临的风险与其决策行为是紧密关联的;不同的决策者对同一风险事件会有不同的决策行为,具体反映在其采取的不同策略和不同的管理方法上,也因此会面临不同的风险结果。传统上的研究将在风险环境中的决策行为称为"风险态度",也叫"风险偏好特性"。实质上任何一种风险都是由决策行为与风险状态结合而成的,风险状态是客观的,但其结果会因不同风险态度的决策行为而不同。

(八)风险的潜在性

尽管风险是一种客观存在,但它的不确定性决定了它的一种特定出现只是一种可能,这种可能要变成现实还有一段距离,还有赖于其他相关条件,这一特性可称为是风险的潜在性。风险的潜在性使人类可以利用科学的方法,正确地鉴别风险,改变风险发生的环境条件,从而减小风险,控制风险的负面结果。

(九)风险的隶属性

所谓风险的隶属性,是说凡风险皆有其明确的行为主体,且必被置于某一目标明确的行动中,即风险是指包含于行为人所采取行动过程中的风险。比如地震会对其波及范围内生活和从事各类活动的人造成伤害,海啸、台风与沿海地区人们的生活与活动相关,等等。但如果地震一类事件发生在丝毫不影响人类生活的那种无人区,这类所谓的自然灾害就不应再被称为自然灾害,而只应当被称为自然现象。

(十)风险的可测量性

虽然风险具有不确定性,但这种不确定性并不是指对客观事物变化全然不知,人们可以根据以往发生的一系列类似事件的统计资料,经过分析处理,对风险发生的频率及其造成的经济损失程度作出统计分析和主观判断,从而对可能发生的风险进行预测与衡量。

三、风险的分类

对风险进行分类是基于风险管理的需要。不同的风险在性质、形态、成因及损失状况上会表现出不同的特点,进行风险分类便于确定针对风险应采取的对策。

(一)按风险后果划分

按后果的不同,风险可划分为纯粹风险和投机风险。

纯粹风险,是指只有损失可能而无获利机会的风险,即造成损害可能性的风险。其所致结果有两种,即损失和无损失。例如交通事故只有可能给人民的生命财产带来危害,而决不会有利益可得。

投机风险,是指既可能造成损害,也可能产生收益的风险,其所致结果有三种:损失、无损失和盈利。如赌博、市场风险等,这种风险都带有一定的诱惑性,是可以促使某些人为了获利而甘冒这种损失的风险。

(二)按风险是否可管理划分

按照风险可管理的程度,可将风险划分为可管理风险和不可管理风险。可管理风险是指用人的智慧、知识等可以预测;反之则为不可管理风险。风险可否管理取决于所收集资料的多少和掌握管理技术的水平。风险的可管理水平会随着数据、资料和其他信息的增加以及管理水平的提高而提高,有些不可管理风险也可以转变为可管理风险。

(三)按风险来源划分

按照风险的来源或损失产生的原因划分,可将风险划分为自然风险和人为风险。

1. 自然风险

自然风险是指由于自然现象或物理现象所导致的风险,如洪水、地震、风暴、火灾、泥石流等所致的人身伤亡或财产损失。

2. 人为风险

人为风险是由于人的活动而带来的风险。人为风险又可以细分为行为风险、经济风险、技术风险、政治风险、组织风险等。

(四)按工程项目风险承担的主体划分

按照风险承担的主体不同划分,可分为业主的风险、承包商的风险和咨询监理的风险、设计单位的风险以及其他相关方的风险。如业主和投资者支付能力差,改变投资方向,违约、不能完成合同责任等产生的风险;承包商(分包商、供应商)技术及管理能力不足,不能保证安全质量,无法按时交工等产生的风险;项目管理者(监理工程师)因能力、职业道德、公正性差等产生的风险;其他方面的风险,如外围主体(政府部门、相关单位)等产生的风险。

四、施工合同风险

施工合同是建设工程项目的主要合同,是工程建设质量控制、进度控制、投资控制的主要依据。在市场经济条件下,承发包双方的权利义务关系主要是通过合同来确定的,建筑市场实行的是先定价后成交的期货交易,其远期交割的特性决定了建筑行业的高风险性。因此,尽可能有效地防范和控制施工合同的风险是每个施工企业都要面临的问题。我国的许多工程项目中,风险常常是导致项目失败的主要原因之一。因此,在现代工程项目中合同风险的控制已成为管理的重点之一。

(一)施工合同风险的概念

工程项目的立项、分析和实施的全过程,都存在不能预先确定的内部和外部的干扰因素,这种干扰因素称为工程风险。施工合同的风险主要可分为两大类。

1. 合同条文中存在的风险

虽然从施工合同中合同条件规定来看,业主在合同中应承担的风险较多,但因目前建筑市场竞争激烈,业主可能利用有利的优势地位和起草合同的便利条件,在合同中用苛刻的合同条款把相当一部分风险转嫁给承包人,主要有合同存在单方面的约束性,不平衡的责、权、利条款,合同内缺少和有不完善的转移风险的担保、索赔、保险等条款,缺少因第三方造成工期延误或经济损失的赔偿条款,缺少对发包人驻工地代表或监理工程师工作效率低或发出错误指令的制约条款,等等。

2. 合同履行中存在的风险

一般施工企业仅注重施工合同的静态管理,而忽视施工合同的动态管理。在签订合同前,虽然注意审查合同对方的资信和履约能力,但施工合同的履行是一个动态的过程,包括签约、开工、施工、变更、验收、结算支付等环节,业主的资信和经济实力到底如何,是在合同履行过程中体现出来的,业主过去的资信和履约能力强并不能证明其对当前签订的合同履约资信和能力就高。因此,注重签约时对方当事人的资信调查和合同文本的审查,而忽略合同履行中各个环节的管理,也会导致施工企业存在风险。

(二)施工合同风险的主要表现形式

目前公路工程施工合同风险的主要形式有以下几点:

(1)合同中明确规定的应由承包商承担的风险。一般的施工合同中,都有明确规定应有承包商承担的风险条款,常见的有:

①恶劣气象条件。除去由合同所界定的不可预见的特大自然灾害的风险应由业主承担以外,恶劣的天气(如严寒、酷暑、大雨、暴风等)往往对施工影响甚大,可能导致承包商的工期拖延和经济损失。

②不利的自然条件或障碍。招标文件(通常是合同文件的组成部分)往往要求承包商在投标之前已对施工现场有详尽的了解。然而由于投标阶段时间短促及囿于现场踏勘的设备条

件,承包商对现场的调查了解大多比较粗浅。由于对现场的地质、水文、道路、料场等困难条件可能估计不足,可能导致投标单价过低。

③开工后施工方法有重大的改变,或是消耗过多的资源(设备、材料、劳力等),或是在投标时对标书中规定的过紧的工期没有引起重视,执行时不能按期交工而被罚款,这些都可能导致承包商的经济亏损。

④工程变更的补偿范围和补偿条件。例如在某些合同中规定,工程变更在某一比例(通常是在15%左右)的合同金额内,承包商不得要求变更单价。如果承包商在该工程项目上的投标单价过低,则要承担在上述范围内由于工程量的增加所带来的风险。

⑤合同价格的调整条件。如对通货膨胀、汇率变化、税收增加等,若合同规定不予调整,则承包商必须承担全部风险;若合同规定在一定范围内可以调整,则承包商只承担部分风险。

⑥在某些合同,特别是国际工程合同中,常赋予工程师(与业主签署服务协议书,因此凡事都难免站在业主的立场上)对承包商所作工作的各种检查和认可权,在这些合同中常写有"严格遵守工程师对本工程任何事项所作的指示和指令"的条款,而业主有时正是利用工程师的这些检查权和认可权来提供工程设计、施工、材料等标准,而不对承包商进行补偿。

⑦由于分包商选择不当或分包合同定得不完善,而导致承包商对分包工程或分包价格要承担风险。

⑧在国际工程合同中,通常是以工程所在国的法律作为合同的法律基础。这本身就隐藏着很大的风险。很多承包商因不谙工程所在国的法律而最终导致产生沉重的经济损失。

(2)由于合同条文不全面、不完整,没有将合同双方的责、权、利关系全面表达清楚给承包商造成的风险。这种情况大多数是由于承包商没有预计到合同实施过程中可能发生的各种不利的情况,签约时过于草率,从而给自己留下后患。例如:

①在合同条款中没有"不利的自然条件"(或称"不利的施工条件")的条款。这就限制了承包人在遇到恶劣施工条件时要求索赔的权利。

②合同工期定得很紧,有时承包商明知不能按期竣工,但为了拿到工程项目还是不得不承诺。通常的土建施工合同中都定有拖延工期的每日罚款,但有时却缺少拖延工期最高限额的条款,这极易给承包商造成严重的经济亏损。

③在合同中缺少业主拖欠工程款的处罚条件款。这迫使承包商有时不得不"高息贷款"以维持生产或因无钱购买材料、设备、配件等,而导致停工。

④在合同中对工程量变更、通货膨胀、汇率变化、税收增加等引起价格改变的情况没有规定具体的调整方法,如规定调价公式、调价原则等。如果发生将使承包商蒙受经济损失。

(3)由于合同条文不细致,不严密,承包商不能准确地理解合同内容,产生失误而带来的风险。这种情况对专业素质、承包经验、语言文字水平(在国际土建施工中,特别重要的是外语水平)、理解和应用合同的能力等都是一种考验。例如:

①某些合同中常有这样的条款:"承包商可以合理推知需要的为本工程服务所需的一切辅助工程""凡未列入工程量清单内工作项目的费用均视为已摊入相关工程的单价中"。这就是就承包商在投标报价漏报在合同实施中将得不到业主的拨款。

②某些合同中还有这样的条款,"承包商为施工方便而设置的任何设施,其费用均由自己

负责"。这种提法对承包商相当不利,在施工过程中业主就可以对某些永久性设施以"承包商为施工方便"为借口而拒绝支付。

③在某些合同中,只有"业主(或材料和安装设备的供应商)负责供应材料和设备"的条款,但没有"必须送达施工和安装现场"的规定,这样很容易引起对场内运输、场外运输的争执。

④在某些合同中,业主对一些重要的问题有意不作具体的规定,取代之以"另行协商解决"的条款,这也容易给合同履行预埋下隐患。

(4)由于业主提出单方面的约束性条件、苛刻的合同条款将余款转嫁给承包商的风险。

这种现象在当今建筑市场主要是"买方市场"而建设法规又不健全的情况下颇为盛行。例如:

①在某些合同中,本来附有工程的水文、地质等勘探试验资料,但业主却声明对这些资料的"准确性"不负责任,使用这些资料的风险要由承包商承担。

②某些工程从开工到建成要历时数年,但合同中确没有调整价格的条款,业主也常在合同中设置"单价固定""总价包干"等条款来锁定合同的价格,由承包商独自承担物价上涨的风险。

③有些工程项目尚未落实,本不具备开工条件,但业主却以项目为"诱饵",要求承包商自己带资入场、垫资施工。这将给承包商带来资金上的很大压力和风险。

④在一般的施工合同中,尚欠缺因业主资信不好而违约或因业主经营失败而导致其公司破产、倒闭、停业(这在国际土建工程承包中较为常见)后,应该如何给予承包商以充分的经济补偿的条款。

(三)《施工合同条件》下的承包商风险分析

《施工合同条件》(Conditions of Contract for Constructions,CONS)是建筑施工过程常用的施工合同,适用于由业主提供设计,承包商负责施工(也可以设计项目中的某些部分),工程师进行监理,按实测工程量计价的建筑或工程项目。

合同条件是相互关联的有机整体,对承包商风险的识别应当着眼于对整个合同条件进行全面系统的分析。以下是对通过CONS合同条件可以识别的承包商风险进行的分析,并提出了防范措施。

1. 承包商承诺的充分性条款的风险

承包商承诺的充分性表现为:承诺充分获得对投标书或工程产生影响的资料;承诺现场、周围环境、地下水文、气候条件等满足要求;承诺中标价的正确性和充分性及在中标价内承担全部义务的充分性;承诺对需要的专用和临时道路承担全部费用;等等。对承包商承诺的充分性要求极大地减少了承包商申辩的机会,是业主将风险转嫁给承包商的重要方式。对于这类风险,承包商应当在投标前仔细研究资料和进行现场踏勘,在标价中适度计入风险费用。承包商还应当认识到承诺的充分性并不是完全无条件的,当业主提供的资料有误或隐瞒事实时,承包商可以推翻自己满意合同金额充分性的说法,甚至向业主提出索赔。

2. 支付风险

在实践中,国际工程的核心问题是支付问题,一项工程不论完成得如何成功,如果不能取得预期的工程款支付,则此工程的承包商便不能达到预期的目的,因此以审慎而认真的态度对待项目的支付风险非常必要。在实践中,国际工程支付问题的焦点在于合同价款、支付币种和支付方式等。一是汇率和汇兑风险。如果结算的货币多为当地货币,则会存在严重的汇率和汇兑风险。二是支付款项风险。对承包商不能收回或者不能全额收回,应由业主在不同时期支付的性质不同的款项的风险。在各支付款项中,最终账单(Final Bill)和质保金(Retention Money)的风险很大。最终账单风险是指一些项目的合同规定只有获得了维修合格证书才可以进行最终结算,将工程竣工结算和维修责任结合在一起为承包商所带来的风险。质保金风险是指作为工程质量保证的押金,业主经常无故或者借故不支付应付的质保金于承包商而为承包商带来损失的风险。质保金的支付风险在实践中表现得尤其巨大,经常有承包商的质保金被业主以各种理由扣除,即使最后被收回也须付出很大代价。

3. 生产设备、材料或工艺缺陷风险

CONS 规定承包商对自己提供的材料、设备、全部现场作业和施工方法负完全责任,体现了承包商基本义务和诚实信用,也带给承包商风险。生产设备、材料或工艺缺陷风险不仅贯穿整个施工过程,而且延续到工程竣工之后,以"缺陷通知期限"的形式加以体现,保障了业主和消费者权益。承包商应当注意,引起缺陷的原因并不都是容易判定的,缺陷有可能完全或部分是由设计问题引起的,但承包商往往难以证明,特别是很难证明缺陷的部分原因是设计不当造成的,因此,承包商常常仍是这类风险的承担者。承包商应严格质量管理,包括人的工作质量和材料、工程设备和工艺的合格性,并取得工程师的认可,特别是做好预控、事中控制和自检。遇到设计明显不合理或错误之处,要及时提出,要求修正,降低风险。

4. 承包商未履行告知义务的风险

将有关问题和情况及时通知工程师和业主是承包商合作义务的体现,而未履行或未及时履行告知义务会给承包商带来风险。CONS 中承包商履行的告知义务大致可分两类:一类是正常情况下的告知义务,如进度报告的提交,隐蔽工程覆盖前要求检验通知,等等。显然,不履行这些义务或者会影响承包商得到支付,或者会使承包商付重新检验费用。另一类是遇到特殊情况的告知义务,如承包商对工程放线时发现工程师通知的基准错误要及时警告,保险事项发生变动、遇到不可预见的不利的物质条件要及时通知,等等。不履行这些义务,承包商会失去索赔机会并承担相应的违约责任。

5. 延误风险

(1)限定期限给承包商带来的风险。对承包商影响较大的是索赔的期限和不可抗力的期限。关于索赔的期限,对承包商而言,最重要的是应在察觉或应已察觉引起索赔事件后的 28d 内发出说明事件的通知,否则业主不再承担赔偿责任,承包商将失去索赔机会。关于不可抗力的期限,应在察觉或应已察觉构成不可抗力的有关事件或情况后 14d 内发出通知。其他还有提交索赔报告的限定期限,提交进度计划的限定期限,现场清理的限定期限,等等,都应引起承包商重视。

(2)工期延误风险。许多项目会遇到工期延误的问题,工期延误常常导致业主和承包商双方费用的增加。在多个事件交叉作用导致工期延误的情况下,只要存在业主责任,业主应给承包商工期补偿;相反,只要存在承包商责任,承包商不得提出费用方面的施工索赔,甚至还要向业主支付误期损害赔偿金。承包商可从以下方面着手化解工期延误风险:关键路线工期要有一定弹性,以提高抗延误能力;加强与业主、设计、供货人等的沟通和信息反馈,预防各方造成工期延误的隐患,避免关键路线工作的停工;究竟哪一方原因造成了延误,造成了多大程度的延误,并不总是容易判定,承包商应收集证据,合理计算因非自己责任导致工期延误给自己造成的损失,及时索赔。

(3)延误或未能通过竣工试验的风险。竣工试验的延误不仅直接影响工程接收证书的颁发,而且可能导致承包商支付误期损害赔偿费;若竣工试验最终未能通过,可能会造成分项工程或整个工程被折价接受或拒收。竣工试验的成败不仅给承包商,也给业主带来很大的风险。因此,通过竣工试验成为业主获得工程利益、承包商获得正常工程款项的底线。实际工作中有些承包商为了能得到业主付款,用不进行竣工试验的办法向业主施压。但 CONS 规定如果承包商未在规定的时间内进行竣工试验,业主可自行进行这些试验,由承包商承担试验风险和费用,可见这样做承包商的风险反而增大了。只有承包商找到非自己原因造成竣工试验延误或试验失败的证据,才可能通过索赔降低风险损失。

6. 工程变更风险

合同项目变更风险是指由于承包工程投资大、工期长,在合同执行过程中不可避免地会发生很多变更,变更又往往涉及费用和工期的变化而为项目带来损失的风险。在项目开工后,特别是项目施工后期,由于汇率变化,劳动力和材料涨价,或货币贬值,都有可能造成合同收入的贬值。但是业主并不会考虑这些因素,总是利用种种手段,要求承包商使用合同原有的单价实施合同工程,这必然给承包商带来亏损的风险。风险的另外一种表现形式是当业主资金不足时,随意删减工程量甚至工程内容,使承包商遭受资源浪费和预期利润的损失。发布工程变更指示或要求承包商提交建议书是工程师的一项重要权利,在颁发工程接收证书前,工程师随时可通过上述方式,提出工程数量、质量和工作顺序、时间安排等的变更。承包商应遵守并执行每项变更。工程变更是一把双刃剑,既可能给承包商带来收益,也可能带来损失。承包商在投标时根据现场踏勘、工程资料和历史经验,预测可能的工程变更,采取措施(如对实际工程量可能会增多内容的单价采用适度偏高报价,反之采用偏低报价的不平衡报价法),可以有效地防范风险。

7. 环境保护风险

环保问题日益受到重视。CONS 将保护施工现场内外环境,限制施工作业污染、噪声,明确为承包商责任。环保不力成为承包商风险,体现了按照对不利事件的控制较有优势的一方来承担风险的原则。即使是工程师批准的施工方案,承包商仍应进行环保方面的自评估,使之符合合同规定的环保要求和国家的有关环保标准,并研究采取环保措施后对费用、工期的影响。

8. 不可抗力风险

不可抗力风险,是指工程项目各方在合同签订后或履约过程中遇到超出各方合理预见能力并合法加以控制的风险事件而遭受工程误期或合同终止、人员和物资安全受到损害,使成本增加的风险。在工程施工过程中,由于工程周期长,遇到的各种复杂情况往往是难以完全预料和防范的,特别是一些大型工程,有些灾害和重大事故会给承包商带来毁灭性的灾难和经济损失。一般来说,通过投保工程一切险等,能够得到全部或部分经济补偿,但上述的险种并未包括所有的风险损失,对自然灾害、战争、罢工等不可抗力造成的损失并不能得到补偿,但往往这些损失又非常大。

9.合同文件不同解释引起的风险

合同组成文件种类多,文件间可能出现矛盾或歧义,CONS 不仅规定了文件优先次序,还规定工程师有对文件中矛盾或歧义的澄清和指示权。由于工程师做出的澄清和指示很可能是不利于承包商的,给承包商带来风险。因此,承包商有三项对策:投入力量对合同各组成文件进行前后对照、逐条分析检查,考虑对己不利的情况;按文件的优先次序规定防范工程师做出不利于承包商的澄清和指示,或推定这些澄清和指示构成变更;依据《合同法》,对业主提出的格式条款,有两种以上解释的,应当坚持做出不利于业主一方的解释。

(四)合同管理中的风险

签订合同的目的就是为了确定各方的权利、义务与职责,并在各方之间分配风险。接受某项责任就意味着要承担相应的风险,即因自身准备不充分、能力欠缺、疏忽、过失或者外界因素对事件的干扰而导致承担不能履行该责任的风险。但是,在任何合同中都仅仅规定了一些基本原则,合同的履行还有赖各方良好的意愿、决心以及相互之间的关系。

工程建设标准合同通过明示和隐含条款在合同各方之间进行了风险分配。但是,不同类型合同其风险分配区别很大。如图 3-1 所示,简要表明了在目前建筑业中使用的各种合同中各方承担风险的情况。

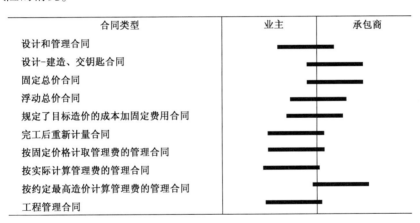

图 3-1　各类合同的风险承担情况

任何项目内在的基本风险都可以在业主、设计单位、承包商、专业承包商和材料设备供应商之间通过不同的合同关系得以分配。某些风险对建设工程成本的影响相当大。但是,合同风险事件,可能发生,也可能不发生。合同风险是相对的,可以通过合同条文定义风险及其承担者。实际上,在目前的建筑市场中,合同中的业主已利用买方的有利地位通过单方面的合同条款把大多数风险转移给了承包商。

合同管理主要是利用合同条款保护自己,扩大收益。要求承包商具有渊博的知识和娴熟的技巧,要善于开展索赔,精通纳税技巧,擅长运用价格调值办法。所有这一切都会直接或间接地给承包商造成经济损失。

五、施工合同风险应对策略

公路工程施工合同风险常用的应对方法有风险规避、风险转移、风险缓解、风险自留和风险利用以及这些方法的组合。由于对风险的敏感度不同,不同的投标人对于同一类风险所采取的方法也是不同的,需要根据招投标的具体情况和风险管理者的心理承受能力以及抗风险能力,确定工程项目投标风险应对策略。

(一)风险规避的运用

1. 风险规避的效用

风险规避就是通过仔细研究招标文件、分析文件中相关条件并权衡利弊、吃透合同条件等,从而消除风险或清除风险产生的条件。从风险管理的角度而论,风险规避是一种最彻底地消除风险影响的方法,也是标前合同风险管理的重要手段。虽然风险是不可能全部消除的,但是借助风险规避的方法,对某些不可利用的风险,在它发生之前消除其发生的机会或造成的损失,还是很有可能的。

风险规避的方式有如下两种:

(1)规避风险事件发生的概率;

(2)规避风险事件发生后可能的损失。

2. 风险规避的方法

风险规避的方法具体有终止法、程序法和教育法等。

(1)终止法。终止法是规避风险的基本方法,即通过终止计划方案或计划方案的实施来避免风险。终止法是风险管理中比较消极的一种方式,但是也具有一定的合理性和科学性。因为如果经过预测,管理风险的费用超过了由于承担风险带来的收益,那么就应该终止相关活动,将风险降到最低,但是施工方也失去了可能获利的机会。

(2)程序法。程序法要求使用标准化、制度化、规范化的方式从事施工管理工作,这需要施工合同管理人有一定的经验,反复对文件的编制进行优化,从而形成标准化文件。程序法不仅规避了一些技术风险,而且有效遏制了权力寻租对施工工作的影响。

(3)教育法。主要是对施工项目所有参与人员进行正反两方面的教育,降低合同履行环节中道德风险、技术风险发生的概率。

3. 风险规避的局限性分析

风险规避是风险应对策略中一种行之有效的方法,但是也存在着许多局限性:

(1)在项目管理的特殊情况下,预防风险在一定程度上降低了创新的机会。

(2)在工程项目落实的过程中,风险规避的途径适用性较差,有时为了规避风险,需要全盘放弃已有计划,可行性是非常小的。

(3)风险规避的方式会受到信息失衡的影响,如果无法准确地预估风险,规避策略也就失去了存在的意义。

(4)在项目实施过程中,风险规避策略也无法全部规避风险,因为新的风险不断出现,而要规避所有的风险是不可能实现的。

(二)风险转移的运用

施工合同不仅需要规避风险,以达到控制风险发生和消除风险的损失,有时还需要面对风险,这就需要借助其他的风险应对措施。

1. 风险转移的效用

风险转移是指设法将某种风险的结果连同应对风险的权力和责任转移给他方。风险转移只是将风险管理的责任移交给他方,并不能消除风险。风险转移的实质是自身不受风险损失的影响,这种转移往往是通过文件的条款设置和订立合同实现的,是正当合法的方式。例如,在建筑工程中,材料上涨10%,工程总体造价上涨6%,签订固定单价合同,可使材料上涨的风险由承包人承担。此外,风险转移并不完全意味着将损失移交给他方,从某种意义上讲,工程项目招投标就是一种风险转移,即招标人将不确定的项目通过激烈的招投标竞争移交给中标人,变成具体的成果。如果中标人通过精心的组织,利用自己的经验和技术优势缩减成本,就可以达到盈利的目的;相反,如果中标人没有合理地组织,安全地施工,很有可能造成亏损。

2. 风险转移的应用

对于施工单位来说,施工合同风险转移的两种常用方法是合同转移和保险转移。

(1) 合同转移

对承包商来说基本都是低利润中标,业主将很多风险都转移给了施工单位,施工单位必须组织相关人员认真研究和学习总承包合同,找到对施工单位不利的因素,然后采取相关措施控制。

①研究合同中已经明确的承包内容和范围以及后期可能会发生的施工内容,对有利可图的一定要争取。例如,对业主分包的单位、采购的材料应采取什么样的管理措施,主要材料的品牌、品质、清单价格(承包商采购业主认可;业主指定承包商采购)如何。若承包商难采购或价格明显低于市场价格的可以协商变更。研究工程量清单中分项工程特征描述是否与设计图纸不符;使用材料的价格是否与市场价出入很大;根据设计图纸研究是否有清单缺项,若有必须要协商变更。研究设计图纸中建筑、结构和机电安装各专业在施工中是否有相互冲突,是否有设计表述不完善的地方。若有必须要设计变更。

②研究合同责任开脱条款。合同条款规定了业主和承包商的责任和义务,通过合同责任开脱条款能够免除合同参与方的部分责任。例如,业主在合同中规定,合同单价不予调整,就是让承包商来承担价格上涨的风险、汇率的风险。但是,这种开脱责任的免责条款要符合国际工程惯例或法律规定,否则,这些责任开脱条款的规定可能是无效的。

③分包合同。施工单位自身选择的专业分包、劳务分包、材料供应商,主动权把握在施工单位手中,分包合同的起草、定稿必须是一个集思广益的过程。对使用量大、价格波动大的主要耗材,如钢材、混凝土等(总承包合同中可能会约定涨跌超过一定比率时可以调价),现场要收集材料的进场时间,施工时合同中必须约定损耗率。对辅助性的周转材料,若使用量大、损耗大,如钢管、扣件、模板、木方,建议全部分包,将风险转移给对方。对机具的使用内容和范围,小型的机具、配料,如钢筋加工机具、木工加工机具、场地二次转运机具、材料装卸机具等必须全部包含在分包合同中;大型机具,如塔吊、施工电梯等垂直和水平运输设备,在租赁合同中要明确;对埋件、人员、围护、电缆、检测等涉及土方工程的机具要按照分项工程包含在合同中。

分包合同的内容,能明确的工作必须明确,付款方式必须与总承包合同相吻合或晚于总承包合同,并写明违约处罚方式及保修金金额。

④现场分包管理。应避免工作范围不清,避免出现扯皮、推诿事项,少发生点工、签证。组织项目内部管理人员进行合同内容交底,明确工作内容、工期、质量要求;明确各工序的验收程序、工作组织方式。分包单位的进度款实行项目部各部门签证流转制度,让管理人员对分包都有经济权。与各分包商签订项目质量、安全管理规定,对分包的不配合、质量缺陷、安全违章,根据《项目质量、安全管理规定》中的要求进行处罚,做到有理有据。项目部零星用工,分包合同中必须约定单价,现场确定用工数,做到每日或每周一签。项目部零星用工,分包合同中必须约定单价,现场确定用工数,做到每日或每周一签,切忌时间过长。

(2)保险转移

①工程保险。工程保险是指业主和承包商为了工程项目的顺利实施,向保险人(公司)支付保险费,保险人根据合同约定对在工程建设中可能产生的财产和人身伤害承担赔偿保险金的责任。工程保险主要有以下几种:建筑工程一切险(附加第三者责任险)、安装工程一切险(附加第三者责任险)、工伤保险、专业责任险、意外伤害保险等。其中,建筑工程和安装工程一切险对工程项目在实施期间的所有风险提供全面的保险,即对施工期间工程本身、工程设备和施工机具以及其他物质所遭受的损失予以赔偿,也对因施工而给第三者造成的人身伤亡和物质损失承担赔偿责任。保险事故发生后,保险人依照保险合同请求赔偿或者给付保险金时,投保人、被保险人或者受益人应当向保险人提供其所能提供的与确认保险事故的性质、原因、损失程度等有关的证明和资料。这就要求投保人在日常管理中应当注意证据的收集和保存。当保险事件发生后,更应注意收集证据,有时还需要有关部门的证明。索赔的证据一般包括保单、建设工程合同、事故照片、鉴定报告以及保单中规定的证明文件。投保人、保险人或者受益人知道保险事故发生后,应当及时通知保险人。这与索赔的成功与否密切相关。因为资金有时间价值,如果保险事件发生后很长时间才能取得索赔,即使是全额赔偿也不足以补偿自己的全部损失,而且时间过长还会给索赔人的取证或保险人的理赔增加很大的难度。

②工程担保。工程担保是指担保人(一般为银行、担保公司、保险公司、其他金融机构、商业团体或个人)应工程合同一方(申请人)的要求向另一方(债权人)作出的书面承诺。工程担保是工程风险转移措施的又一重要手段,能有效保障工程建设的顺利进行。承包人对分包工程进行分包,选择分包人,应要求分包人担保。保证金的形式有现金、银行保函,保兑支票、银行汇票、现金支票。

③投标担保。投标保证金是指投标人按照招标文件的要求向招标人出具的,以一定金额标识的投标责任担保。其实质是为避免因投标人在投标有效期内随意撤回、撤销标或中标后不能提交履约保证金和签署合同等行为而给招标人造成损失。

④维修担保。采取扣留合同价款的3%~5%作为维修保证金。由于建筑工程在建设过程中存在着越来越多的不确定性因素,风险管理正成为工程项目管理日益重要的一个组成部分。

施工单位对工程风险的控制,应以企业制度的创新为基础,通过设立风险管理部门、风险经理和风险保护基金,建立相应阶段的动态前瞻性决策机制,以目标管理为主要形式,利用合理的资本结构,对各个营建过程、潜在风险因素和有关细节进行科学的管理和控制,以降低风险带来的损失,提高盈利能力和资本效率。这样,施工单位才能在竞争日趋激烈的未来市场确保不败,无论是面对建筑业的繁荣期还是萧条期,始终保持企业的活力。

3. 风险转移的优势及局限性

风险转移将招标人的风险转移给他方,基本上不需要任何成本,同时在编制招标文件及合同上不断地完善,也是其最大的优势。但风险转移也有其局限性:

(1)工程项目风险转移需要合同支持,但同时也受到国家法律法规和标准化合同文本的限制。如建设主管部门对工程规模较大的工程有最短工期的限制,这使招标方不能将其在进度方面的风险不加限制地转移给承包者。此外,标准化合同文本的广泛使用,也使风险转移条款运用的范围变得十分有限。

(2)风险转移也存在一定的盲目性。一方面,风险转移是建立在风险估计和风险评价上的,若分析的精度不高,可能会失去机会。另一方面,风险转移后,往往会伴随新的风险产生,势必会造成扯皮,反而会造成进度的拖延和质量下降的风险。比如,承包方指定分包会和工程总承包间发生配合上,管理上的问题,会直接导致风险损失难以界定。

(三)风险缓解的运用

风险规避、风险转移是施工合同风险管理的重要手段,但是在某些条件下,采用减轻风险的方法可能会收到更好的经济技术效果。

1. 风险缓解的效用

风险缓解是指将工程项目施工合同风险的发生概率或后果降低到某一可以接受程度的过程。风险缓解不是消除风险,也不是避免风险,而是减轻风险,包括减少风险发生的概率和风险发生的损失。风险缓解要达到什么样的目标,将风险减弱到什么程度,主要取决项目的具体情况、风险管理的要求和对风险的认识程度。在指定风险措施前,须将风险缓解的程度具体化,确定具体的目标,然后加以控制。施工企业风险缓解采用的形式可以是选择一种减轻风险的新方案,采取更有把握的施工技术,运用熟悉的施工工艺,或者选择更可靠的材料或设备。施工企业风险缓解还可能涉及变更环境条件,以使风险发生的概率降低。分散风险也是有效缓解风险的措施。通过增加风险承担者,可以减轻每个个体承担的风险压力。例如,总承包商可以通过在分包合同中另加入误期损害补偿条款来降低其所面临的误期损害赔偿风险。

2. 风险缓解的方法

要达到什么目的、将风险减轻到什么程度,这与风险管理规划中列明的风险标准或风险承受度有关。所以,在制定风险缓解措施之前,必须将风险缓解的程度具体化,即要确定风险缓解后的可接受水平。例如,风险发生的概率控制在多大的范围以内,风险损失应控制在什么范围以内,等等。风险缓解的途径有以下几种:

(1)降低风险发生的可能性。例如,若工程项目施工分包商的技术、资金或信誉不够,构成较大的分包风险,则可以放弃分包计划或选择其他分包商;若拟采用的最新施工方法还不成熟,则需要选择成熟的施工方法;其他还有挑选技术水平更高的施工人员,选择更可靠的材料,对施工管理人员加强安全教育;等等。

(2)控制风险事件发生后的可能损失。在风险损失不可避免地要发生的情况下,可通过各种措施来防止损失的扩大。例如,在台风中,采用技术措施减少工程损失;高空作业设置安全网;等等。

按照缓解风险措施执行时间的不同,可以分为损失发生前、损失发生时和损失发生后三种不同阶段的损失控制方法。应用在损失发生前的方法是损失预防,而应用在损失发生时和损失发生后的控制实际上就是损失抑制。

(1)损失预防。损失预防是指在损失发生前为了消除或减少可能引起损失的各项因素所采取的具体措施,也就是消除或减少风险因素,以便降低损失发生的概率。损失预防从化解项目风险产生原因出发,控制和应对项目具体活动中的风险事件。例如,对可能出现的项目团队冲突的风险,可以采取双向沟通、消除矛盾的方法解决问题。损失预防不同于风险回避,损失预防不消除损失发生的可能性,而风险回避则使损失发生的概率为零。

(2)损失抑制。损失抑制是指在事故发生前后,采取措施减少损失发生的范围或损失程度的行为。损失抑制措施大体上分两类:一类是事前措施,即在损失发生前为减少损失程度所采取的措施;一类是事后措施,即在损失发生后为减少损失程度所采取的措施。在损失发生前所采取的损失抑制措施,有时也会减少损失发生的可能性。例如,在工程高空作业中,采取严格的措施保证工人按规程操作,既达到了损失抑制的效果,又起到了损失预防的效果。损失发生后的抑制措施主要集中在紧急情况的处理,即急救措施、恢复计划或合法的保护,以此来阻止损失范围的扩大。例如,分包商没有能力完成施工任务,则施工单位可立即与分包商解除合同。

3. 风险缓解的局限性

风险缓解方法使用的前提是招标人认为无法做到风险的规避和转移时,所采取的降低风险发生概率和减少风险损失的风险控制方案。这种方法的局限性主要是不能根本性地消除和转嫁风险的发生和所受到的损失。此外,风险缓解方案的确定依赖风险估计的精度,风险缓解的效力会在执行过程中打折扣,风险缓解方案形成和执行的依赖性,决定了风险缓解方法的局限性。

(四)风险自留的运用

对于一些发生概率低,风险损失小,对其采取措施又需要成本投入的工程项目,一般运用风险自留的方法。

1. 风险自留的效用

风险自留是指发现风险后,考虑其影响较小而将风险一旦发生的损失通过自身弥补的方法。工程项目风险自留,也称"风险接受",是一种由项目团队自行承担风险后果的应对策略。这意味着项目团队决定以不变的项目计划去应对项目的某些风险,或者项目团队不能找到更合适的风险应对策略,或者出于经济方面考虑,其他的应对措施成本大于风险的期望损失,所以自留风险。积极地接受风险包括制订应急计划以备风险发生时使用。消极地接受风险不需要采取任何行动,仅让项目组织在风险发生时去应对风险。积极的风险自留常常通过建立应急储备来实现,包括一定量的时间、资金或其他资源。

2. 风险自留的运用

在实践过程中有主动自留和被动自留之分。

(1)主动风险自留,也称计划性风险自留,是指项目管理者在识别和衡量风险的基础上,对各种可能的风险处理方式进行比较,从而决定将风险留在内部组织,由项目团队自己承担风险损失的全部或部分。主动风险自留一般是项目管理者认为该风险程度小,不超过风险的承受能力;或者风险程度虽然大,但是受益可观。该方式要求在风险管理规划阶段对风险作出充分的准备,当风险事件发生时马上可以执行应急计划。所以,主动的风险自留是一种有周密计划、有充分准备的风险处理方式。主动风险自留可以采取将损失摊入经营成本、建立风险基金等措施。

(2)被动风险自留,也称"非计划风险自留",是指项目管理者没有充分识别风险及其损失的最坏后果,没有考虑其他处置风险的措施,或在发生原先没有识别出来的风险事件的条件下,不得不由自己承担损失后果的风险处置方式。被动自留风险一般有如下两种表现形式:一是没有意识到风险存在而导致风险的无意识自留;二是虽然意识到风险的存在,但低估了风险的程度,怀侥幸心理而自留了风险,这种自留风险行为并没有预先做好资金安排。风险自留也许是无奈的选择,有时施工企业不可能预防损失,回避又不可能,且没有转移的可能性,其他任何一种方法都无法有效地应用于处理某一特定风险,施工企业别无选择,只能自留风险。自留风险考虑的因素主要有费用、期望损失与风险概率、机会成本、服务质量、税收等。一般是在风险事件造成的损失数额不大,不影响项目大局时,项目管理者将损失列为项目的一种费用。现实生活中,被动的风险自留大量存在,似乎不可避免。有时项目管理者虽然已经完全认识到了现存的风险,但是由于低估了潜在损失的大小,也产生了一种被动的风险自留。

主动风险自留的风险在发生后,一般要实施应急计划,并动用应急储备。因为应急储备包含在项目计划中,所以不会对项目造成很大影响。但是,如果被动风险自留的风险发生,则会对项目计划造成影响。

风险自留是最经常使用的风险应对策略。因为风险表现为一种不确定性,其发生不确定,对项目造成的损失也不确定,所以很多人总是存在侥幸心理,对一些较大的风险也不采取积极的风险应对措施,造成大量的非计划性风险自留,其结果是严重影响项目目标的实现。所以,风险自留必须要充分掌握该风险事件的信息,并作出详细的风险应对方案,否则风险自留将会面临更大的风险

3. 风险自留的局限性

(1)风险自留本身具有风险性,它是对小概率、损失小的风险及残余风险进行的一种风险应对措施。可是工程项目是有变化的,很多的变化是在招投标环节无法估计的,当施工过程所考虑的项目环境发生变化时,再运用原来的风险自留方案,就会出现很大的风险。

(2)风险自留是以风险估计为前提条件的,特别是工程投资和工程量不大的情况,更依赖风险估计的精度,如材料单价和措施费可变的合同,工程造价特别容易受到市场价格变动和技术措施考虑不周全的影响,而招标人没有在事前预留足够的不可预见费用,极有可能造成结算困难、无力支付进度费用的情况。

(五)风险利用的运用

在一定的条件下,某些风险是可以利用的,当然,这是风险应对策略的一个更高境界。

1. 风险利用的效用

因为风险具有不确定性,所以就存在有利的一面和不利的一面。事实上任何项目都存在风险,风险是一把双刃剑,既有消极的成分,也有能被充分利用的成分。风险利用就是充分利

用能够给项目带来积极影响的风险,以提升实现项目目标的机会。

2. 风险利用的策略

很多的风险都是可以利用的,但是要充分把握项目的实施环境、实施时机和应对方案。

(1)分析风险利用的可能性和利用价值,在风险识别阶段就要识别出风险。分析者应进一步分析风险利用的可能性和价值,利用的可能性不大或价值不大的风险均不应作为利用的对象。

(2)分析风险利用的代价,评估承载风险的能力。风险利用的代价包括多个方面,不仅包括直接影响,还包括间接影响。例如,为了开拓市场,要承揽风险较大的项目。项目风险带来的直接影响可能是本项目的损失;间接的影响是该项目占用了企业大量的资源,减少了其他赢利的机会;项目失败也会给企业的信誉和市场占有率带来影响。这些都是计算风险利用的代价时应考虑的问题。此时还要考虑企业承担风险的能力,如果企业承担风险的能力小于风险有可能带来的损失,则还是不能冒险。

(3)注意风险利用的策略。决定利用某一风险后,风险决策人员和风险管理人员应该制订相应的策略或行动方案。一般风险利用要注意以下几点:风险利用的决策要迅速,因为风险利用就是要利用机会;要量力而行,每个组织或项目管理者能够承受的风险程度不同,可利用的风险也不同,要灵活处理。

总之,风险应对的策略多种多样,每种风险应对的方法都存在优势和不足,项目管理者要根据公司发展策略、项目团队经验、可利用的资源情况等因素作出综合决策。

图 3-2 为风险控制策略分析路径。需要注意的是,风险策略的选择条件并不完全是非此即彼的,往往需要根据现实情况的不同而选择不同的风险控制策略组合。比如,除非不进行投标,否则投标决策风险就不能完全规避,但可以通过采取一些改进措施来达到减轻风险的目的,因此此时主要采取的是风险减轻策略。

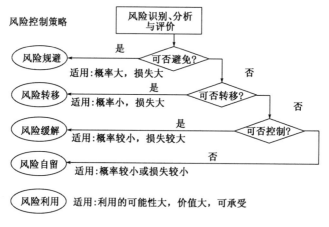

图 3-2 风险控制策略分析路径

六、施工合同风险分配

对施工合同风险的分配问题,研究者进行了很多研究,提出了许多理论和方法,如合理的可预见性风险分配方法、可管理性分配风险方法等。在有关各方之间进行风险分配时,首先应当考虑下列问题：

（1）对于可能产生风险的事件，哪一方更有能力对其进行控制？

（2）在风险发生时，哪一方能够更好地进行应对？

（3）发包方是否愿意参与控制风险？

（4）在遇到不能人为控制的风险时，哪一方应当承担由此产生的不利后果？

（5）承担风险的一方是否能够接受投保所需的保险费？

（6）在风险发生时，承担风险的一方是否有能力承受风险事件所造成的后果？

（7）在发包方将风险转移给承包方承担时，某种不同性质的风险是否也会同时由承包方转移给发包方？

也有学者指出，在进行风险分配时应考虑以下基本原则：

（1）合同各方应当对自己的行为负责，即应对由自己的故意或者过失造成的风险承担后果。

（2）承担风险的一方应该能够对风险进行投保，并由另一方支付保险费。这是风险管理最经济、最实用的方案。

（3）承担风险的一方能够从管理风险中得到经济方面的利益。

（4）风险分配必须符合提高效率的要求（包括策划、激励和创新等方面），并且其长期效果也应该有利于建筑业的发展。

（5）当风险发生时，首先应当由事先约定的责任方承担由此造成的损失。同时，根据上述四项原则，应明确执行风险负担的其他有关规定，责任方不得试图将该种风险转移给合同另一方。

在现代工程项目中，合同风险分配综合各种理论、方法和原则的优点，逐渐变得完善。在1999年新版的 FIDIC 合同条件和 NEC 合同条件中都体现这种发展趋势。结合许多研究者对风险分配的基本观点，合同风险的合理分配应遵循风险共担原则、效率原则、最具控制力原则、公平合理和权责对等原则、诚意合作原则、符合工程惯例原则，且要能够体现现代工程管理的先进理念和理论。

1. 风险共担原则

风险共担原则要求在分配工程施工过程中的风险时，业主和承包商应该合理分配风险，而不应要求任何一方承担全部风险。业主和承包商合理分配风险符合双方的利益，但是，由于建筑市场是典型的卖方市场，而且风险一般会带来损失。因此，有些业主总是希望利用自己的有利地位，将尽可能多的风险甚至全部风险分配给承包商，而自己尽可能少承担甚至不承担风险。从上述分析可以看出，这种认识和做法是错误和有害的。对众多成功的项目进行分析可以发现，只有在业主和承包商都共同承担风险的情况下，风险才能够得到最好的控制。

2. 效率原则

合同风险分配的效率原则，是指合同风险分配应从工程项目的整体效益出发，最大限度地发挥项目参与方的积极性，减少交易成本。风险的分配必须有利于项目目标的实现。

根据效率原则，风险分配应满足以下几方面的要求：

（1）风险承担者控制相关风险是经济的，即能够以最低的成本来承担风险损失，同时其管理风险的成本、自我防范和市场保险费用最低；

(2)风险承担者采取的风险措施是有效的、方便的、可行的;

(3)从项目整体来说,风险承担者的风险损失应低于其他方因风险得到的收益,收益方在赔偿损失方的损失后仍然可以获利。

3. 最具控制力原则

风险分配的最具控制力原则,是指项目参与方谁能最有效、最合理地(有能力和经验)预测、防止和控制风险,或谁能够最有效地降低风险损失,将风险进行合理的转移,在赔偿损失方的损失后仍然可以获利,则应由谁承担相应的风险。在传统合同关系中,业主承担设计责任,承包商承担施工责任,供应商承担材料设备责任。例如,1999新版FIDIC"红皮书"中的工程师,作为业主的代理人,受业主的委托提供施工监理和合同管理等服务,并从业主处获得报酬。显然,就双方而言,业主比承包商更能影响和控制工程师的行为,应该承担工程师滥用职权或不履行职责的风险。因此,新"红皮书"规定,如果承包商因为工程师的原因遭受损失,其有权向业主进行索赔。同样,承包商必须根据合同规定的工期安排施工进度,组织施工作业和管理施工现场。业主则不能干扰或阻碍承包商的正常施工计划和施工作业。显然,就双方而言,承包商比业主更能控制施工计划和施工效率。因此,新"红皮书"规定,承包商应该承担施工管理不善的风险。如果承包商由于施工管理不善的原因遭受损失,其无权向业主进行索赔。

最具控制力原则所体现的是应通过风险分配明确责任,以发挥合同参与方项目管理和技术革新的积极性。

4. 公平合理和权责对等原则

工程合同的风险分配必须符合公平合理和权责对等原则。具体体现在:

(1)承包商承担的风险与业主支付的价格之间应体现公平。合同价格中应该有合理的风险准备金。例如,对于同一项目,在固定总价合同与可调总价合同两种合同形式下,承包商在固定总价合同中承担了材料价格变动的风险,合同价格应更高。

(2)风险权利与责任之间对等。合同参与方的任何一方有一项风险责任时必须有相应的权利;反之有一项权利,就必须有相应的风险责任。应防止单方面权利或单方面义务的不合理风险分配条款。例如,业主起草招标文件,应对它的正确性(风险)承担责任;业主有权指定分包商,则应对他们的工作失误承担风险;承包商承担工期风险,则工期延误要承担误期损害赔偿费,支付违约金,反之若工程竣工日期提前,应有提前竣工奖金。如果采用成本加酬金合同,业主承担全部风险,则其有权选择施工方案,干预施工过程,进行更为严格的过程管理;而采用固定总价合同,承包商承担大部分风险,则承包商就拥有更多的施工过程管理权,业主不应多干预施工过程。

(3)风险的损失和收益之间对等。在分配施工过程中的风险时,如果要求某方承担某风险可能带来的损失,则该方应该有权利享受该风险可能带来的收益。在长时间的工程施工过程中,建筑材料和劳动力的价格可能上涨,也可能下降。因此,价格变动是一种风险。同样,工程所在国法律、法规的变化,可能增加施工成本,也可能减少施工成本。因此,工程所在国法律、法规变化也是一种风险。根据风险的损失和收益之间对等原则,采用固定总价合同时,承包商可能因材料价格上涨而受损,但是材料价格下跌时也可以受益。同样,工程所在国法律、法规变化的风险也是如此。

(4)承担的可能性和合理性,即给风险承担者以风险预测、计划、控制的条件和可能性,不鼓励承包商冒险和投机。风险承担者应能最有效地控制导致风险的事件,能通过一些手段(如保险、分包)转移风险;一旦风险发生,应能进行有效地处理;能够通过风险责任发挥其计划、控制风险的积极性和创造性;风险的损失能由他的作用而减少。例如,承包商要承担报价风险、环境调查风险、施工方案风险和对招标文件理解有误的风险,则其就应有合理的投标时间,业主也应能提供一定详细程度的工程技术文件和工程环境文件(如水文地质资料),如果没有这些条件,就不应承担这些风险;相反,可以采用成本加酬金合同。签订公平合理的合同能使双方都愉快合作,而显失公平的合同常常会导致合作的失败,进而损害工程的整体利益。但是,在实际工程中,对公平合理往往难以评价和衡量。尽管我国《合同法》规定显失公平的合同是无效合同,但实际工作中却很难判定一份合同的公平程度(除了极端情况)。这是由于以下几方面原因:

①即使采用某种合同形式,如固定总价合同,让承包商承担大部分风险,也可能是合理公平的。因为在理论上,承包商有投标的自由选择权、有报价的决定权,也可以按所承担的风险程度调整报价。

②工程承包市场是卖方市场,业主占据主导地位。业主在起草招标文件时经常提出一些苛刻的、不够公平合理的合同条款,使业主权力大、责任小,风险分配不合理。这在国内已经成为较为普遍的现象。

③由招标投标确定的合同价格是动态的、变化的,市场价格没有十分明确的标准。

④一些承包商通过提高工程管理水平,或采用先进的施工技术或工艺,使其完成项目的成本可以大大低于其他承包商,从表面上看,这些承包商的报价就可能显得不合理。

⑤很多承包商出于公司的战略角度考虑,如进入一个新的区域市场,或考虑后续业主的项目、项目的影响力等,宁愿答应表面看起来"显失公平"的合同条件。

⑥承包合同规定承包商必须对报价的正确性承担责任,如果承包商报价失误,造成漏报、错报或出于经营策略降低报价,这属于承包商的风险,这类报价常常是有效的,不违反公平合理原则。例如,我国某承包商在国外的一个房屋建筑工程施工中,因对招标文件的理解有误,门窗的报价仅为合理报价的20%,而这类价格通常是有效的。

5. 诚意合作原则

诚意合作原则要求业主在分配施工过程中的风险时,充分考虑承包商的风险承受能力,积极主动地承担那些潜在损失巨大、承包商又无法控制,甚至无法投保的风险。根据这一原则,工程项目建设中的战争、敌对行动、叛乱、革命、军事政变、自然灾害等不可抗力应属于业主的风险。当不可抗力事件发生时,承包商应有权向业主提出索赔,也有权选择终止合同。

6. 符合工程惯例原则

工程合同的风险分配应符合工程惯例原则,即工程合同中明示的、默示的合同风险分配应符合行业内大家熟知的习惯或通用的规则。一方面,工程合同是明确双方在工程项目建设过程中权利义务的协议,由于现代工程项目越来越复杂、参与方众多,仅仅用工程合同来明确参与方所有的权利、义务就显得非常单薄,也使合同变得非常复杂,不利于双方的执行。另一方面,由于工程项目的特殊性,常常需要起草单独的合同文本,而工程合同是技术、法律、管理、经济等多方面知识的集成,合同的起草者受经验或知识的限制,很难起草出非常全面、完整的合同条件。综合上述两方面因素,工程惯例可以作为双方执行合同的参照和依据,以降低合同文本的繁杂程度;在合同文本存在矛盾、遗漏等缺陷时,双方也有了参照的标准。在国际工程中,双方产生工程争端时,争端裁决人员或法官常常在没有法律依据的情况下,以工程惯例作为判定的标准。有些判定的结果已经成为工程实践中经典的判例。

用工程惯例作为合同风险分配的依据,一般比较公平合理,能较好地反映双方的要求。此外,一般情况下,合同双方对惯例都比较熟悉,使工程建设更容易顺利进行。

根据工程惯例,承包商应承担的风险包括:对招标文件的理解风险、环境调查风险;报价的完备性和正确性风险;施工方案的安全性、正确性、完备性、效率性的风险;材料和设备采购风险;承包商的分包商、供应商、雇用的工作人员的风险;工程进度和质量风险;等等。

根据工程惯例,业主承担的风险包括:招标文件及所提供资料的正确性风险;工程量变动、合同缺陷(设计错误、图纸修改、合同条款矛盾、存在歧义性等)风险;国家法律变更风险;一个有经验的承包商不能预测的风险;不可抗力;业主雇用的工程师和其他承包商风险;等等。

综上所述,工程风险的合理分配,并没有绝对的原则和标准,而是在基本原则的基础上,根据项目的具体条件以及项目参与方对风险的偏好进行分配,这样才更有利于风险的管理,更有利于发挥各方在工程建设过程中的积极性。

国际上标准的合同条件,如 FIDIC 合同条件、ICE 合同条件、AIA 合同条件、JCT 合同条件等,以及国内的《建设工程施工合同(示范文本)》,虽然对业主与承包商之间风险的分配不完全统一,但基本上都反映了上述风险分配的基本原则。

以 1999 年新版 FIDIC"红皮书"为例,业主的风险(第 17.3 款)主要有以下几点:

(1)战争、敌对行动(不论宣战与否)、入侵和外敌行动;

(2)工程所在国的国内叛乱、恐怖活动、革命、暴动、军事政变、篡夺政权或内战;

(3)暴乱、骚乱或混乱,但完全局限于承包商的人员以及承包商和分包商的其他雇用人员中间的事件除外;

(4)工程所在国的军火、爆炸性物质、离子辐射或放射性污染,但由承包商使用此类军火、爆炸性物质、辐射或进行放射性活动的情况除外;

(5)以音速或超音速飞行的飞机或其他飞行装置产生的压力波;

(6)业主使用或占用永久工程的任何部分,但合同中另有规定的除外;

(7)因工程任何部分设计不当而造成的风险,而此类设计是由业主的人员提供的,或由业主所负责的其他人员提供的;

(8)一个有经验的承包商不可预见或无法合理防范的自然力的作用。

上述业主风险之外的风险均为承包商应承担的风险。

此外,在风险分配中还要体现现代工程管理的先进理念和理论,例如"伙伴关系""风险共担、利润共享"等。在国际上,一些新的合同条件中,规定由双方共同承担不可预见的风险,如不可抗力、恶劣的气候条件、汇率、政府行为、政府稳定性、环境限制和适应性等,因为合同的任何一个参与方单独承担这些风险都是不经济的,在很多情况下也是不现实的。在这些风险发生时,需要的就是上述"伙伴关系"体现的协作精神。

虽然风险分配的原则以及一些标准合同示范文本从理论上提出了合理的分配方法，但是在工程实践中，鉴于一些具体情况，尤其是业主的项目管理水平以及对风险的认识问题，使得这些风险分配原则在很多情况下难以实现。因此，从风险管理的角度出发，我们不但要了解这些原则，而且还应考虑如何结合实践中的具体情况来恰当和灵活地应用这些原则。

第二节 风险识别

施工合同风险识别与分析在整个合同管理中占有重要位置，只有在全面了解各种风险的基础上，正确认识风险，才能准确衡量风险，预测危险可能造成的危害，从而选择处理风险的有效手段。风险识别的结论是否正确直接关系风险管理的成效，然而，在大多数情况下，风险并非显而易见，不容易被准确地识别和预测。在风险识别的过程中，如果关键的风险因素没有被识别出来，而仅就非关键的风险进行识别、分析和处理，这将会对整个项目产生很大的负面影响。由于目标设定、项目技术设计和计划、环境调查的深度不同，对风险的认识程度也不相同，因此风险的识别与分析是一个由浅入深、逐步细化的过程。

一、风险识别的含义

所谓风险识别，是指在收集相关资料基础上，运用特定方法，系统识别影响建设工程项目目标的各类风险，并加以判断、归类、鉴定的过程。风险识别是风险管理的第一步，也是风险管理的基础。只有在正确识别出自身所面临的风险的基础上，才能够主动选择适当有效的方法进行处理。

存在于人们周围的风险是多样的，既有当前的也有潜在于未来的，既有内部的也外部的，既有静态的也有动态的，等等。风险识别的任务就是要从错综复杂的环境中找出经济主体所面临的主要风险。

风险识别一方面可以通过感性认识和历史经验来判断；另一方面也可以通过对各种客观资料和风险事故的记录来分析、归纳和整理，以及进行必要的专家访问，从而找出各种明显和潜在风险及其损失的规律。因为风险具有可变性，因而风险识别是一项持续性和系统性的工作，要求风险管理者密切注意原有风险的变化，并随时发现新的风险。

整个风险识别过程的原则有多维度原则、整体性原则和科学性原则。多维度原则要求应从多个角度考虑公路工程施工合同存在的风险。例如从公路工程本身、施工合同管理等方面考虑风险识别，再根据工程本身、施工合同管理本身具体展开分析。整体性原则要求从公路工程项目整体出发，对施工合同存在的风险具体化、细致化。科学性原则要求在公路工程合同风险识别过程中注重研究方法的使用，建立多种方法的组合结构。例如把头脑风暴、事故分析、模糊综合评价三种方法结合起来，使定性、定量研究相互补充、配合，可以起到更加明显的识别效果。

二、风险识别的步骤

一般情况下，公路工程风险因素的识别与分析有如下三个步骤。

(一)收集数据和信息资料

公路工程项目风险识别的基础是收集相关数据和信息资料。通过分析相关数据和信息资料,可以识别出工程项目中存在的一些风险。在识别的过程中,应重点收集以下几个方面的数据和信息资料:①施工环境方面的数据和信息资料;②已完成的类似项目的有关数据和信息资料;③业主单位、设计单位、监理单位的背景资料;④招投标相关文件、施工组织设计、施工过程文件;⑤项目的工期、质量、安全等目标和制约因素等。

(二)分析数据和信息资料

在收集相关数据和信息资料后,就要对这些资料进行详细分析,找出工程项目中存在的大部分风险。同时,还要对项目进行不确定性分析,分析工期、质量、安全等目标的不确定性、分析工程结构的不确定性、分析施工环境的不确定性等。通过不确定性分析,找出项目中存在的不确定性因素。

(三)确定风险并分类

在初步找到工程项目存在的风险后,对这些风险进行再次分析确认,看是否存在重复、遗漏、错误的现象。在确认没有重复、遗漏、错误的基础上,对风险进行分类归档,以便下一步分析导致风险的原因,评价风险对项目的影响及可能造成的损失,以方便下一步制订风险应对策略。

三、风险识别的方法

风险评价是在有效识别的基础上,综合考虑风险因素的发生概率和风险影响的损失程度,应用定量、定性或两者相结合的方法,得到系统风险发生程度和可能性,由此决定是否需要采取控制措施以及控制到什么程度。公路工程项目合同履行阶段风险识别和评价方法比较,见表3-1。

风险识别和评价方法比较　　　　表3-1

类　别	优　点	缺　点	典型方法
定性识别方法	简单直接,项目相关的人员对项目风险识别理解程度高	主观性、经验性强,难以评估和解释较复杂的系统	专家调查法(德尔菲法、头脑风暴法)、主观判断法、风险清单法等
定量识别方法	数据可靠、指标简洁清晰、客观定量	样本量大,计算困难,对相关风险管理人员素质要求高	敏感性分析、概率统计分析、蒙特卡罗模拟、神经网络法、主成分分析法等
综合识别方法	层次性、系统性好,综合了定量和定性评估方法的优点	风险因素的选择还具有主观性,科学性不高,而相关指标体系的建立还不够规范	层次分析法、模糊综合评价法、灰色关联分析法等

(一)专家调查法

专家调查法中被调查的专家主要有两类:一类是从事标的工程项目风险管理的技术人员和管理人员;另一类是从事与工程项目相关领域的工作人员。

优点:在缺乏足够统计数据和原始资料的情况下,可以做出定量的估计。

缺点:主要表现在易受心理因素的影响。

专家调查法有十余种方法。其中专家主观判断法、智暴法(头脑风暴法)和德尔菲法是用途较广、具有代表性的方法。

1. 专家主观判断法

对照有关标准、法规、检查表或依靠分析人员的观察分析能力,借助经验和判断能力,直观地评价对象危险性和危害性的方法。其优点是简便、易行,缺点是受辨识人员知识、经验和占有资料的限制,可能出现遗漏。

2. 德尔菲法

德尔菲法,又称专家预测法,是指以匿名的方式邀请相关专家就项目风险这一主题,达成一致的意见。20世纪40年代,美国兰德公司首次使用有显著身份差别的专家和第三方中介人共同完成风险识别。

德尔菲法是一种专家们就某一主题达成一致意见的方法。对风险识别而言,就是项目风险专家对项目风险进行识别,并达成一致性意见。这种方法有助于减少数据方面的偏见,并避免了因个人因素对结果产生不良影响。做法是:选定与该项目有关的专家,并与这些适当数量的专家建立直接的函询关系;通过函询收集专家意见,加以综合整理,再反馈给各位专家;征询意见,再集中,再反馈。这样反复多次,逐步使专家的意见趋于一致,作为最后识别的根据。

德尔菲法有三个特点:其一,在风险识别过程中发表意见的专家互相匿名,这样可以避免公开发表意见时各种心理对专家们产生影响;其二,对各种意见进行统计处理,如计算出风险发生概率的平均值和标准差等,以便将各种意见尽量客观、准确地反馈给专家;其三,有反馈地反复地进行意见交换,使各种意见相互启迪,集思广益,从而容易地做出比较全面的预测。

风险识别德尔菲法的基本步骤如下:

(1)由项目风险人员提出风险问题调查方案,制定专家调查表;

(2)请若干专家阅读有关背景资料和项目方案设计资料,填写调查表;

(3)风险管理人员收集整理专家意见,并把汇总结果反馈给各位专家;

(4)请专家进行下一轮咨询填表,直至专家意见趋向集中。

德尔菲法具有匿名性、反馈性和统计性三个主要特点。该法除用于科技预测外,还广泛用于政策制定、经营预测、方案评估等方面。发展到现在,德尔菲法在信息分析研究中,特别是在预测研究中已占有重要的地位。

德尔菲法同常见的召集专家开会、通过集体讨论得出一致预测意见的专家会议法既有联系又有区别。

德尔菲法能发挥专家会议法的优点,既能充分发挥各位专家的作用,集思广益,准确性高,又能把各位专家意见的分歧点表达出来,取各家之长,避各家之短。德尔菲法还能避免专家会议法的缺点,如权威人士的意见影响他人的意见;有些专家碍于情面,不愿意发表与其他人不同的意见;出于自尊心而不愿意修改自己原来不全面的意见。

德尔菲法的主要缺点是过程比较复杂,花费时间较长。表3-2为某项目采用德尔菲法进行风险识别而制订的风险问卷表。

某项目风险问卷表　　　　　　　　　　　　　　　　　　　表3-2

风　险　问　卷	编号：
项目名称： 工程项目名称	日期：
风险描述： 对所列风险的简短描述	审核：
对项目目标的影响评估： 风险对预算、程序、质量、安全、环境等的影响	
活动范围的描述： 风险活动范围的描述	
对风险进行详细的描述： 对风险的来源,风险出现的方式和风险主要后果的描述	
对风险归属权的分析： 谁受损失？ 谁应付款？ 谁能管理风险？	

3.头脑风暴法

通过专家之间的信息交流和相互启发,诱发专家们产生"思维共振",达到互相补充并产生"组合效应",以获取更多的未来信息,使预测和识别的结果更准确。

头脑风暴法由美国学者奥斯本于20世纪30年代末提出,又称"智力风暴法"。含义是邀请不同知识领域的专家组成小组,以创造性思维获取未来信息,让专家们畅所欲言,对风险因素提出全面的、新的、大胆的的设想,诱发专家的思维共振,达成共识,做到所研究的问题明确,发表的见解多样,关键性的总结评价科学合理。

这种方法运用时应做到目标明确、畅谈自由、总结科学。主要分析步骤：一是要明确整个探讨的过程针对的是某个建设工程招投标,并对该建设工程招投标的风险进行识别。识别的方向是招投标本身的风险、公路工程施工合同需要识别的风险。二是小组成员各抒己见,主持人仔细记录在案。三是结束后及时梳理总结、科学归纳,罗列好初步风险因素。需要注意的是,邀请专家进行分析时应有针对性。

针对某个公路工程合同风险识别时,应该邀请不同领域的专家。就业主方而言,以道路工程为例,应包括相关管理机构人员、法律人员、纪委监督人员、道路结构工程设计人员、道路工程造价人员、相关理工类学者等人员。

(二)核对表法

对同类已完工项目的施工合同风险进行归纳总结后,可以建立该类项目的基本风险结构体系,并以表格形式按照风险来源排列,该表称为风险识别核对表。

优点：结合当前工程项目的建设环境、建设特性、建设管理现状、资源状况,再参考对照核对表,可以有所借鉴,对风险的识别查漏补缺。

缺点：我国的公路工程合同风险管理,在这方面的积累较少。目前尚没有企业或咨询机构编制工程项目风险核对表。

(三)故障树分析法

故障树分析法(FTA法)是利用图解的形式,将大的故障分解成各种小的故障,或对各种引起故障的原因进行分析。图的形式像树枝一样,越分越多,故称"故障树"。

进行故障树分析的一般步骤如下:

(1)定义工程项目的目标,此时应将影响项目目标的各种风险因素予以充分地考虑;

(2)做出风险因果图(失效逻辑图);

(3)全面考虑各风险因素之间的相互关系,从而研究对工程项目风险所应采取的对策或行动方案。

故障树经常用于直接经验较少的风险识别。

该方法的主要优点是:比较全面地分析了所有故障的原因,包括人为因素,因而包罗了系统内、外所有失效机理;比较形象化、直观化。

不足之处:应用于大的系统时,容易产生遗漏和错误。

(四)工作—风险分解法

工作—风险分解法(WBS-RBS法)是将工作分解构成WBS树,将风险分解形成RBS树,然后以工作分解树和风险分解树交叉构成的WBS-RBS矩阵进行风险识别的方法。

运用WBS-RBS法进行风险识别主要分为三个步骤:一是工作分解;二是风险分解;三是套用WBS-RBS矩阵判断风险是否存在。

在将工作分解形成工作分解树时,主要是根据母工程与子工程以及子工程之间的结构关系和施工流程进行工作分解。工作分解树,如图3-3所示;风险分解树,如图3-4所示;WBS-RBS矩阵,如图3-5所示。

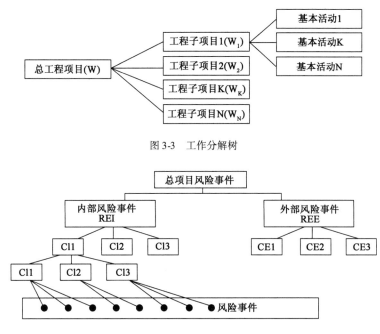

图3-3 工作分解树

图3-4 风险分解树

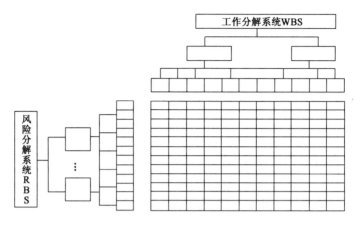

图 3-5 WBS-RBS 矩阵图

(五) 幕景分析法

幕景分析法是一种能够分析引起风险的关键因素及其影响程度的方法。它可以采用图表或曲线等形式来描述当影响项目的某种因素作各种变化时,整个项目情况的变化及其后果,供人们进行比较研究。

幕景分析特别适用于以下几种情况:

(1) 提醒决策者注意措施或政策可能引起的风险及后果;

(2) 建议需要监视的风险范围;

(3) 研究某些关键性因素对未来过程的影响;

(4) 当存在各种相互矛盾的结果时,应用幕景法可以在几个幕景中进行选择。

(六) 资料法

这是工程风险辨识中常用的辅助风险辨识的方法。由于工程风险的复杂性以及项目的子工程之间某些风险状态的相似性,可以通过收集各种有关投保工程的文字和图表资料识别工程的风险,尤其对工程尚未施工或者刚刚动工就要进行风险分析的项目,难以通过实地观察识别风险,使用资料法较为合适。但是资料法本身具有一定的局限性,资料的真实性、完整性和有效性影响着风险分析的结论,因而资料法一般作为辅助的风险识别方法,配合其他方法进行风险识别。

(七) 询问法

辨识工程风险仅靠资料是不够的,还要对具体工程具体分析,询问即是比较合适的方法。风险管理者可以询问专家、承包商或施工现场的技术人员及管理人员。询问调查法一般有两种形式:一是依据投保单询问,适用一般的询问。投保单根据风险评估和保险条款需要制定。二是依据询问表询问。询问表是对投保单的补充,是根据具体工程情况制定的附加询问表。

(八) 现场调查法

1. 调查前的准备工作

(1) 时间安排。首先要安排调查时间,一方面要确定参与一项调查需要的时间,另一方面要确定何时实施调查最合适。

（2）制作调查项目表。风险经理应对调查本身作一个详细的计划。

（3）参考过去的记录。如果风险经理不是第一次调查项目，那么其就应该参考过去的记录，检查一下是否存在仍然没有解决的问题或需要再检查一遍的地方。

（4）选择重点调查项目。通过查阅过去的报告，风险经理可发现项目合同管理有哪些环节存在风险，这次可以检查问题是否得到了妥善的处理。

（5）明确负责人。在现场调查前，风险经理必须熟悉合同管理环节，明确各部门风险管理的负责人。

2. 现场调查

有关现场的技巧中，经验是最重要的，只有从更多的现场调查实践中才能获得更丰富的经验。另外，创造力和灵活性也是十分重要的。表3-3为某项目的现场调查表。

某项目现场调查表　　　　　　　　　　　　　　　　　表3-3

序　号	安全检查项目	是　或　否	备　　注
1	工人有很强的防范意识吗？	是	
2	龙门架有专业人员拆除吗？	否	缺乏严明的责任追究制度
3	施工现场布置安全合理吗？	是	
4	建立健全施工安全责任制了吗？	否	

3. 现场调查的后续工作

现场调查后，风险经理就必须着手采取行动。除了采取一些特别的措施外，风险经理还必须关注许多日常事务。

4. 现场调查法的优缺点

优点：风险经理通过现场调查可以获得第一手的资料，而不必依赖别人的报告。现场调查还有助于风险经理与基层人员以及项目负责人建立和维持良好的关系。

缺点：现场调查耗费时间多，这种时间成本抵减了现场调查的收益，而且定期的现场调查可能使其他人忽视风险识别或者疲于应付调查工作。

（九）事故分析法

事故分析法是沃森等科学家于20世纪50年代末提出的一种分析法，是指对风险因素进行层次细化研究，明确子风险对上一级风险的贡献度，做到风险识别多样性、全局性、不确定性的统一。例如，造成技术风险的原因是多方面的，包含施工技术风险、设计技术风险；制度风险包括招投标规章制度风险、廉政监督风险等；环境风险由自然环境、社会环境因素引发；等等。运用该方法时应做到顶层风险明确、子风险分析到位、归纳风险明确。如图3-6所示，为事故分析示例。

图3-6　分析示例

(十)模糊综合评价法

模糊综合评价法是由美国科学家查德在20世纪70年代初提出的一种风险管理方法,即模糊综合评价法是一种对受多种因素作用影响的事物做出全面评价的理论方法,对评价结果不做绝对肯定、否定或数字精确表达,而是以一个模糊集合进行表示,对许多无法用数学定量描述或文字理论定性表述的风险因素能够作出有效评价,对建设工程项目的损失具有一定预测作用,为风险防范打下基础。

运用该方法时应做到风险权重集合、风险隶属度集合科学建立及矩阵计算准确无误。这种方法的使用流程如下:

首先,运用头脑风暴法或德尔菲法等方法建立风险集合 $U, U = |U_1, U_2, \cdots U_n|$。例如风险集合包含串标风险、围标风险、合同风险、技术风险等。在此基础上建立风险因素权重矩阵 S。S 为横向评判向量,表示为 $|S_1, S_2, \cdots S_n|$。其次,运用头脑风暴或德尔菲等方法建立风险评价集 $V, V = |V_1, V_2, \cdots V_n|$,区别于"大、中、小"这种绝对表述方法,用"很高、较高、中等、较低、很低"等表示。在此基础上,建立用概率和数学期望表示的隶属度模糊矩阵 $|P_1, P_2, \cdots P_n|$,其中 P_n 为子因素横向评价矩阵。通过事故树分析法对子因素包含的诸多集合因素可以再细分,最终形成若干评判向量形成的子因素评价矩阵 P,表示为

$$\begin{vmatrix} a_{11}, a_{12}, a_{13}, a_{14}, a_{15} \\ \cdots \quad \cdots \quad \cdots \quad \cdots \\ a_{n1}, a_{n2}, a_{n3}, a_{n4}, a_{n5} \end{vmatrix}$$

例如,公路工程合同管理风险因素中的环境风险,可以包含社会环境风险、自然环境风险等内容,专家们认为这两项风险度很高、风险度较高、风险度中等、风险度较低、风险度很低的人数占比分别为 $0.2,0.2,0.3,0.1,0.2;0.1,0.5,0.1,0,0.3$,则子因素构成的隶属矩阵就可以表示为

$$P_x = \begin{vmatrix} 0.2, 0.2, 0.3, 0.1, 0.2 \\ 0.1, 0.5, 0.1, 0, 0.3 \end{vmatrix}$$

以此类推。

最后,确定施工合同风险识别中各因素综合评价的结果即该工程的总体风险隶属度,计算结果可以用矩阵 $R = S * P$ 描述,同时结合风险因素评估指标体系,对之前的风险识别进行完善,明确需要公路工程施工合同管理的产权单位重点识别的施工合同风险因素。例如表示为

$$|S_1, S_2, \cdots S_n| \times |P_1, P_2, \cdots P_n|^T = |R_1, R_2, \cdots R_s|$$

其中,$C_{1 \times 5}$ 为该公路工程施工合同总体风险程度,即在事先规定的风险等级下的各种数据集合。

(十一)SWOT 分析

SWOT 分析法又称为"态势分析法",SWOT 是英文的缩写形式,其中"SW"是指项目本身

的优势与劣势(Strengths and Weaknesses),"OT"是指项目外部的机会和威胁(Opportunities and Threats)。早在20世纪80年代初由旧金山大学的管理学教授提出,是一种能够较客观而准确地分析和研究一个单位现实情况的方法,即将与研究对象密切相关的各种主要内部优势因素(Strengths)、弱点因素(Weaknesses)、机会因素(Opportunities)和威胁因素(Threats),通过调查罗列出来,并依照一定的次序按矩阵形式排列起来,然后运用系统分析的思想,把各种因素相互匹配起来加以分析,从中得出一系列相应的结论。SWOT分析用于项目风险识别时,就是对项目本身的优势和劣势以及项目外部环境的机会与威胁进行综合分析,对项目作出系统的评价,最终达到识别项目风险的目的。

四、风险识别的结果

风险识别的结果:

(1)项目风险来源表(风险清单)。

至少说明:风险事件的可能后果;对该来源产生的风险事件预期发生时间的估计;对该来源产生的风险事件预期产生后果的估计。

结果可以用表格、直观图、文字叙述等形式输出。直观图的表达形式主要有以下几种:

①楔形图。楔形图的顶端表示中位数,底边长为最迟和最早时间间隔。纵坐标上的数字为项目代号,如图3-7所示。

②截角楔形图。截角楔形图的顶点表示中位数,截角端点为上下四分点。底边长表示四分点间隔。截角楔形图上的号码为所代表事件的号码。如图3-8所示。

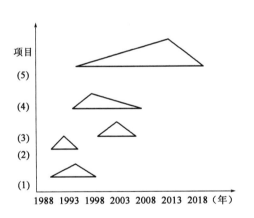

图3-7 楔形图

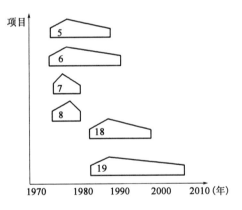

图3-8 截角楔形图

③表示两种概率的预测结果的截角楔形图。预测组织者有时要求专家按一定概率预测事件可能发生的时间。如果要求按两种概率回答(例如,40%和70%),那么,对每一事件的发生时间的预测有两种结果(一般来说,概率越高,预测的事件发生时间越迟)。可以把这两种结果都用截角楔形图表示出来,如图3-9所示。顶点表示中位数,截角端点为上下四分点直方图:横坐标表示不同时间段,纵坐标表示赞同事件发生在相应时间段的专家比例。

④直方图。直方图的横坐标表示不同时间段,纵坐标表示赞同事件发生在相应时间段的专家的比例,如图3-10所示。

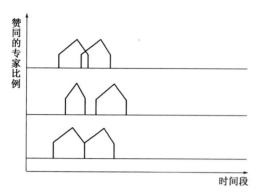

图 3-9 表示两种结果的截角楔形图

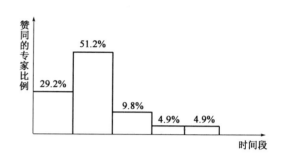

图 3-10 直方图

(2)项目的风险征兆。
(3)项目风险的类型说明。
(4)其他要求。

第三节 风险估计与评价

风险识别解决了有无风险,风险发生的原因,风险出现的环节,但是研究风险事件发生的可能性以及风险造成的影响,需要做进一步的风险估计。风险估计主要针对风险事件发生的可能性大小、可能的结果范围和危害程度、预期发生的时间以及一个风险因素所产生的风险事件的发生概率。

一、风险估计与评价概述

(一)风险估计的概念

风险估计是在有效识别项目风险的基础上,根据项目风险特点,运用概率论和数理统计的方法,对工程项目各个阶段风险事件发生可能性的大小、可能出现的后果、可能发生的时间和影响范围的大小等进行估计,估算风险事件发生的概率及其后果的大小,以降低项目的不确定性。

(1)风险估计的依据:已识别的风险基础;项目的进展情况——一般随项目的进展,风险逐渐降低;项目的性质——简单的项目风险程度低,复杂的或者高新技术的项目风险程度则较高;数据的准确性和可靠性;风险的重要性水平。

(2)风险估计包括的工作:风险发生可能性的度量;风险后果严重程度的度量;风险影响范围的度量;风险发生时间的度量;风险事件发生的频率和损失时间分布的估计。

(3)风险估计内容。

在风险评估过程中,有几个关键的问题需要考虑:

首先,要确定保护的对象(或者资产)是什么?它的直接和间接价值如何?

其次,资产面临哪些潜在威胁?导致威胁的问题所在?威胁发生的可能性有多大?

再次,资产中存在哪些弱点可能会被威胁所利用?利用的容易程度又如何?

再次,一旦威胁事件发生,组织会遭受怎样的损失或者面临怎样的负面影响?

最后,组织应该采取怎样的安全措施才能将风险带来的损失降低到最低程度?

解决以上问题的过程,就是风险评估的过程。

进行风险评估时,有几个对应关系必须考虑:每项资产可能面临多种威胁;威胁源(威胁代理)可能不止一个;每种威胁可能利用一个或多个弱点。

(二)风险评价的概念

风险评价,又称"安全评价",是指在风险识别和估计的基础上,综合考虑风险发生的概率、损失幅度以及其他因素,得出系统发生风险的可能性及其程度,并与公认的安全标准进行比较,确定企业的风险等级,由此决定是否需要采取控制措施,以及控制到什么程度。只有在充分揭示项目所面临的各种风险和风险因素的前提下,才可能作出较为精确的评价。项目在运行过程中,原来的风险因素可能会发生变化,同时又可能出现新的风险因素,因此,风险识别必须对项目进行跟踪,以便及时了解项目在实施过程中风险和风险因素变化的情况。

(1)风险评价的作用:确定风险大小的先后顺序;确定各风险事件间的内在联系;认识已估计风险发生的概率和引起的损失,降低风险估计过程中的不确定性;作为风险决策的基础。

(2)风险评价的步骤:确定项目风险评价标准;确定评价时的建设项目风险水平;将建设项目单个风险水平和单个评价标准、整体风险水平和整体评价标准进行比较,确定风险可接受范围及采取的风险措施。

(三)施工合同风险估计

由于组成合同的文件具有优先解决顺序(本合同协议书,中标通知,投标书及其附件,本合同专用条款,本合同通用条款,标准、规范及有关技术文件,图纸,工程量清单,工程报价单或预算书),因此合同的重要性和风险性不言而喻。

施工合同的风险主要来自合同谈判、合同方式的选择及合同条款的设置,关键在于合同谈判者的经验和能力。由于受谈判者的谈判技巧和项目管理经验的限制,以及承发包双方的信息不对称,合同的签订存在普遍性风险。由于风险概率的普遍存在和风险损失有可能很大,因此,合同订立的风险是施工合同风险的主要风险之一。据资料显示,在建筑工程中,材料费占总造价的比例为50%左右;在安装工程中,材料费占总造价的比例为70%左右。因此,材料上涨10%,工程总体造价上涨6%。如签订可调价款合同,业主将全部承担因材料上涨带来的全部风险。

二、风险估计方法

(一)故障树分析法

事故树分析法主要是以树状图的形式表示所有可能引起主要事件发生的次要事件,揭示风险因素的聚集过程和个别风险事件组合可能形成的潜在风险事件。

(二)概率分析法

同一类型的项目具有相似性,通过大量观察同类项目的风险,可以发现其规律性。常用大数定律和类推原理。

大数定律又称"大数律"。是在随机现象的大量重复实验和观察中,出现某种几乎必然的规律性的一类定理的总称。如在掷钱币时,每次出现正面或反面是偶然的,但大量重复投掷后,出现正面(或反面)的次数与总次数之比却必然接近常数1/2。这是最早发现的大数法则之一。

根据已知理论概率分布和项目具体情况求解风险事件发生的概率。对类似项目的历史资料进行统计分析,可以推算出该项目的风险。

应用大数法则和类推原理的主要指标有分布频率、平均数、众数、方差、正态分布、概率等。不确定性较强的风险因素常用均匀分布或均方差较大的正态分布描述,相对较确定的因素则可用三角形分布、正态分布或离散型概率分布描述。

三角形概率分布是一种应用较广的连续型概率分布,是一种3点估计,特别适用于对风险变量缺乏历史统计资料和数据,但可以经过咨询专家意见,得出各参数变量的最乐观值(a),最可能出现的中间值(b)以及最悲观值(m),这3个估计值(a,b,m)构成一个三角形分布。

风险估计结果的有效性首先决定于对风险结果的判定及其相应概率值的确定。

根据大量实验用统计的方法确定的概率为客观概率;凭经验或预感而估算出来的概率为主观概率,这是一种用较少信息量作出主观估计的方法。

(三)蒙特卡罗模拟法

蒙特卡罗模拟法是一种模拟技术,即通过对每一随机变量进行抽样,将其代入数据模型中,确定函数值。

用蒙特卡罗方法模拟进行风险估计的基本步骤如下:

(1)根据实际问题,构造模拟的数学模型;
(2)根据模型的特点,进行相应概率分布的多次重复抽样;
(3)将抽样模拟结果进行统计处理;
(4)得出结论。

其优点是:

(1)模拟算法简单,过程灵活;
(2)可模拟分析多元风险因素变化对结果的影响;
(3)模拟结果的精度和概率模型的维数无关;
(4)模拟成本低,并可方便地补充、更新数据。

但该方法也有不容忽视的缺点:

(1)蒙特卡罗方法要求的数据信息较多,每个输入变量都必须有一个确定的变化范围和概率分布曲线。虽然这些分布曲线是凭过去的统计数据或主观经验确定的,但在资料不足的可行性研究阶段,要做到这点也不容易。

(2)进行模拟的前提是各输入变量是相互独立的,因此该方法不能显示实际存在的输入变量间的相互关系,且无法了解诸多因素中,哪个因素是关键因素。

(四)外推法

外推法分前推、后推和旁推三种方法。

(1)前推。即根据历史的经验和数据推断出未来事件发生的概率及其后果。
(2)后推。如果没有直接的历史经验数据可供使用,可以用后推法把未知的、想象的事件及后果与某一已知的事件及后果联系起来。

(3)旁推。利用类似系统的数据进行外推,用类似系统的历史数据对新的、未知系统可能遇到的风险进行分析和估计。

(五)影响图法

影响图是由有向图构成的网络,它用直接紧凑的图形表示问题主要变量间的相互关系,并可以清楚地揭示变量间存在的相互独立性及进行决策所需的信息流。影响图法既可以作为一般直观的定性分析工具,又可以研究使其成为由计算机实现的正规数量化分析手段。

三、风险评价方法

(一)定性方法

1. 主观评分法

主观评分法一般取 0~10 之间的整数(0 代表没有风险,10 代表最大风险),然后由项目管理人员和各方面的专家进行评价,为每单个风险赋予一个权重;把各个权重下的评价值加起来,再同风险评价基准进行比较。

2. 层次分析法

层次分析法(the Analytic Hierarchy Process,AHP),在 20 世纪 70 年代中期由美国运筹学家托马斯·塞蒂(T. L. Saaty)提出。应用 AHP 方法进行风险分析的过程共有五个步骤。

(1)构造递阶层次结构模型。根据评价目标和评价准则建立递阶层次结构模型。建立层次机构模型,首先要对所解决问题有明确的认识,弄清楚它涉及哪些因素,如评价目标、分目标、约束、可能情况和方案等,以及因素相互之间的关系。其次,将决策问题层次化。将决策问题划分为若干个层次,一般分为三个层次:第一层总目标层,是最高层次,是指决策问题所追求的总目标;第二层中间层,通常称为分目标层、准则层、约束层、指标层等,是评判方案优劣的因素层;第三层方案层或措施层,是最低层次,是解决问题的方案或相应措施。

AHP 法所建立的层次结构通常有三种类型:

①完全相关性结构,即上一层次的每一要素与下一层次的所有要素完全相关,如图 3-11 所示。

②完全独立结构,即上一层次要素都各自独立,都有各不相干的下层要素,如图 3-12 所示。

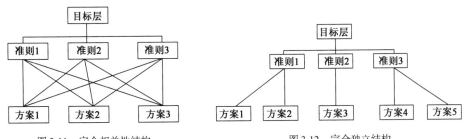

图 3-11 完全相关性结构　　　　　图 3-12 完全独立结构

③混合结构,是上述两种结构的混合,是一种既非完全相关又非完全独立的结构,如图 3-13 所示。

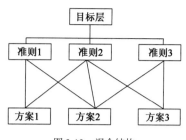

图 3-13 混合结构

(2)建立比较判断矩阵。比较判断矩阵是层次分析的核心。之所以称为比较判断矩阵,是因为该矩阵是通过两两比较得出来的。比较判断矩阵是以上层的某一要素 H_S 作为判断标准,对下一层次要素进行两两比较确定的元素值。

(3)确定权重。应用 AHP 法进行评价和决策时,需要知道判断各要素 A_i 关于 H_S 的相对重要度,即 A_i 关于 H_S 的权重。

①将判断矩阵 A 的每一列向量进行归一化处理,得到 $B = (b_{ij})_{n \times n}$;

②将归一化矩阵 B 的行向量的元素相加;

③将向量 $M = (M_1, M_2, \cdots, M_n)$ 归一化,得到特征向量 W;

④计算最大特征值。

(4)一致性检验。一致性检验是通过计算一致性指标和一致性比率进行的。

一致性指标 $$C.I. = \frac{\lambda_{\max} - n}{n - 1}$$

一致性比率 $$C.R. = \frac{C.I.}{R.I.}$$

$R.I.$ 为随机一致性指标,与判断矩阵的阶数有关。一般情况下,矩阵阶数越大,则出现一致性随机偏离的可能性也越大。其对应关系,见表 3-4。

平均随机一致性指标 $R.I.$ 标准值　　　　表 3-4

矩阵阶数	1	2	3	4	5	6	7	8	9	10
$R.I.$	0	0	0.58	0.90	1.12	1.24	1.32	1.41	1.45	1.49

(5)层次加权。在计算各层次要素对上一层次某一要素的相对重要度后,即可从最上层开始,自上而下地求出各层次要素关于系统总体的综合重要度,对所有项目风险因素(或备选方案)进行优先排序。

(二)定量方法

1. 等风险图法

等风险图包括两个因素:失败的概率和失败的后果。这种方法把已识别的风险分为低、中、高三类。低风险是指对项目目标仅有轻微不利影响、发生概率也小(小于0.3)的风险。中等风险是指发生概率大(从0.3到0.7),且影响项目目标实现的风险。高风险是指发生概率很大(0.7以上),对项目目标的实现有非常不利影响的风险。如图3-14所示为等风险图。横坐标 C_f 为风险后果的非效用值;纵坐标 P_f 为风险发生的概率;R 为项目风险系数,取 0~1 之间的一个数。

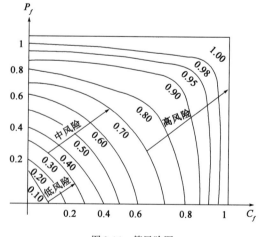

图 3-14 等风险图

2. 决策树法

采用决策法的步骤如下：

①首先弄清决策项目方案个数，然后绘制决策树(从左往右绘)，用方框"□"表示决策点。从决策点向右引出的若干直线(或折线)称为方案枝，每一条线代表一个方案；每个方案枝的末端画一个"○"，称为自然状态点。从自然状态点引出代表各自然状态发生的概率分枝，并注明其发生的概率，各概率分枝之和等于1。如果某概率分枝导致最终结果，则在该概率分枝末端画一个三角形"△"，称为结果点，在每一个结果点的"△"后均要标明损益值。如果某概率分枝还有分枝，则在其末端画一个"○"，称为二级自然状态点，依此类推。

②计算各自然状态点的期望利润(从右往左算)，并在"○"上标明。

③根据各方案的期望利润大小进行取舍。决策树如图3-15所示。

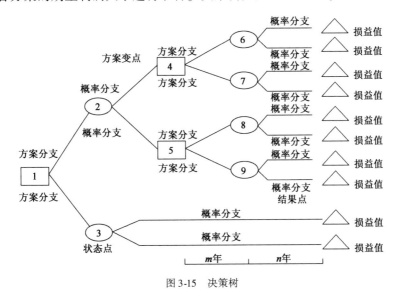

图3-15 决策树

【例3-1】 某承包商现有A,B两项工程的投标机会，但因受自身能力和资源条件的限制，只能选择其中一项工程投标，或者两项工程均不投标。根据过去类似工程投标的经验数据，A工程投高价标的中标概率为0.3，投低价标的中标概率为0.7。编制投标文件的费用为5万元；B工程投高价标的中标概率为0.4，投低价标的中标概率为0.6，编制投标文件的费用为6万元。各方案实施的效果、概率及损益情况，见表3-5。试利用决策树法选择最优先投标项目。

投标方案损益预测表 表3-5

方 案	效 果	概 率	损益值(万元)
A 高	好	0.3	120
	中	0.5	80
	差	0.2	30
A 低	好	0.2	100
	中	0.7	50
	差	0.1	10

续上表

方 案	效 果	概 率	损益值(万元)
B 高	好	0.4	120
	中	0.5	80
	差	0.1	40
B 低	好	0.2	60
	中	0.5	30
	差	0.3	-20
不投标			0

解：(1)绘制决策树,如图3-16所示。

(2)计算每个机会点的期望损益值。

点⑦：$120 \times 0.3 + 80 \times 0.5 + 30 \times 0.2 = 82$（万元）

点②：$82 \times 0.3 - 5 \times 0.7 = 21.1$（万元）

点⑧：$100 \times 0.2 + 50 \times 0.7 + 10 \times 0.1 = 56$（万元）

点③：$56 \times 0.7 - 5 \times 0.3 = 37.7$（万元）

点⑨：$120 \times 0.4 + 80 \times 0.5 + 40 \times 0.1 = 92$（万元）

点④：$92 \times 0.4 - 6 \times 0.6 = 33.2$（万元）

点⑩：$60 \times 0.2 + 30 \times 0.5 - 20 \times 0.3 = 21$（万元）

点⑤：$21 \times 0.6 - 6 \times 0.4 = 10.2$（万元）

点⑥：0

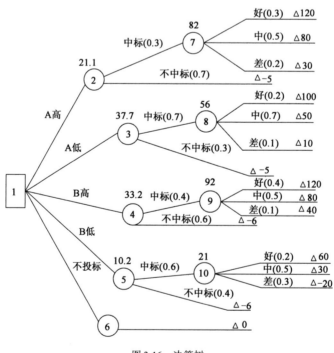

图 3-16 决策树

(3)选择最优方案。因为点③的期望值最大,故应按低价标方案投 A 工程。

3. 模糊数学法

模糊数学将二值逻辑转移到连续逻辑上来,把绝对的"是"与"非"变为更加灵活的东西,在相当的限阈上去相对地划分"是"与"非",这并非是让数学放弃它的严格性去迁就模糊性;相反,是用严格的数学方法去处理模糊现象。

模糊数学的优势在于它为现实世界中普遍存在的模糊、不清晰的问题提供了一种充分的概念化结构,并以数学的语言去分析和解决它们,特别适合用于处理那些模糊、难以定义的、难以用数字描述而易于用语言描述的变量。正因为这种特殊性,模糊数学已被广泛应用于各种经济评价中。

4. 敏感性分析法

敏感性分析法只考虑影响工程目标成本的几个主要因素的变化,如利率、投资额、运营成本等,而不采用工作分解结构把总成本按工作性质细分为各子项目成本,从子项目成本角度考虑风险因素的影响,再综合成整个项目风险。

敏感性分析的步骤和内容如下:

(1)确定具体评价指标作为敏感性分析的对象。

敏感性分析的指标选择有两个原则:一是敏感性分析的指标应与确定性分析的指标相一致,不应超出确定性分析所用指标的范围另立指标;二是确定性分析中所用指标比较多时,应选择最重要的一个或几个指标作为敏感性分析的对象,如工期与质量等。

(2)选择需要分析的风险因素。影响项目的风险因素很多,但并非对所有的因素都要进行敏感性分析。有些因素虽有不确定性,但对风险的影响很小。只有那些对风险影响较大的因素才须作敏感性分析。

(3)确定项目目标对各种敏感性因素的敏感程度。项目目标对风险因素的敏感程度可以表示为某种因素或多种因素同时变化时导致项目目标的变化程度。

(4)经分析比较找出最敏感因素,并对风险情况作出判断。根据上一步的计算分析结果,对每种敏感性因素在同一变化幅度下引起的同一项目目标的不同变化幅度进行比较,选择其中导致变化幅度最大的因素,即为最敏感因素。

5. 网络计划技术

工程项目进度常用网络计划来描述。网络计划技术分为肯定型和非肯定型两类。

肯定型网络计划假设工程项目的每一活动(Activity,或称工序)间的逻辑关系是确定的,完成每一个活动所需的时间也是确定的,这种网络须用关键路线法(CPM)去分析。

在工程实践中,由于政治、经济、气象、水文、施工方案、资源供应,施工环境等不确定因素的影响,工程项目进度更适合用活动逻辑关系确定而活动持续时间不确定的网络来描述,即用计划评审技术(PERT)来分析评价工程项目实施进度。显然,PERT 属于非肯定型网络计划技术。

四、风险估计与评价的结果

风险估计与评价最主要的成果一般包括以下内容:

(1)项目风险发生的概率大小;

(2)项目风险可能影响的范围；

(3)对项目风险预期发生时间的估算；

(4)项目风险可能产生的后果；

(5)项目风险等级(灾难级/严重级/轻微级/忽略级)的确定。

(一)风险等级的确定

1.根据风险事件对项目的影响程度确定风险等级

工程项目实施过程中,风险因素很多,如果对所有的风险予以同等的关注及应对,会使风险管理成本显著提高,这与提高投资效益的原则是相悖的,因此在风险管理中,只要识别和量化影响项目主要目标的重要风险,就可以达到管理风险的目的,而对项目目标影响较小和能被接受的风险则可以进行一般的管理。所以,对施工合同进行风险管理时,根据风险对项目主要目标的影响来确定风险管理的等级显得尤为重要。

2.根据风险坐标图法确定风险的等级

假定其中一个风险事件发生的概率为 P,造成的损失为 R,风险的严重程度为 Q,风险坐标点在右上方的区域则表明风险的损失程度大;如果风险坐标点在中间的区域,则表明风险的损失程度一般;风险的坐标点在左下方则表明风险的损失程度小。风险等级坐标图,如图3-17所示。

图3-17中将风险分为Ⅰ,Ⅱ,Ⅲ三类,其分类原则如下：

Ⅰ类风险:风险处于高位能状态,风险值很大,对项目目标的实现造成严重的影响。这类风险发生的概率大,一旦发生给项目造成的损失也大,属于重点管理的对象。

Ⅱ类风险:风险处于中位能状态,风险值一般,造成的损失也比较小,属于一般管理的对象。

Ⅲ类风险:风险处于低位能状态,风险值很小,损失也很小,这类风险是可以接受的风险。

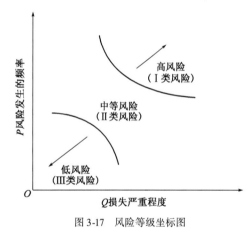

图3-17 风险等级坐标图

一般而言,深化设计风险和资格预审风险属于Ⅰ类风险;合同签订、选择招标方式及编制招标文件属于Ⅱ类风险;认知风险和竞争风险属于Ⅲ类风险。

(二)风险评价的方法及实证分析

根据工程项目的特点,主要选择用综合评价法进行风险评价。综合评价法,也称"主观评分法",是一种最常见又便于操作的风险评价方法,分三步进行:首先,列出风险调查表;然后,请有经验的专家对可能出现的风险事件的权重进行估计;最后,综合风险水平。这种方法尤其适用于项目的前期决策。如对某项目的风险评价如下。

【例3-2】 某项目为国有投资,预算2 200万,工期18个月,质量标准合格。深化设计阶段业主没有确定空调和消防工程,招标方式为无标底公开招标,招标文件聘请招标代理机构编制,资格预审由业主单位负责完成,合同为固定单价合同。此项目风险评价表,见表3-6。

项目风险评价表　　　　　　　　　　　　　　表3-6

可能的风险事件	权 重 Y	风险事件发生的可能性 X			YX
		很大	中等	较小	
深化设计	0.2		√		0.4
招标方式	0.15			√	0.15
编制招标文件	0.15		√		0.3
资格预审	0.2	√			0.6
评标	0.1			√	0.1
合同签订	0.2		√		0.4

风险大取3,风险中等取2,风险小取1,此方案的风险评价得分为$\sum Y_i X_i = 1.95$,超过2分的为风险较大的方案。该项目最终得分1.95,为风险适中项目。

(三)对风险事件进行因果关系分析,确定风险源

因果关系分析是进行工程项目合同风险评价的重要内容,也是降低风险管理成本的重要举措之一。

(1)很多表面上不相关的多个风险往往是由一个共同的风险源造成的,如前面分析的,由编制招标文件、标底及签订合同产生的风险,主要是由于深化设计的精度造成的。

(2)风险评价的目的在于之后的风险控制,发现风险事件的因果关系,找出其根源,并加以有效的控制。

(3)风险事件的形成可能是几个风险源共同叠加的,这种情况更需要重视。

如图3-18所示,为风险来源分析图。风险e,g都是由风险A,B共同形成的,在分析风险之间的关系后,可将多个风险进行合并,从而使招投标阶段的风险事件数减少,为风险管理带来极大的方便。

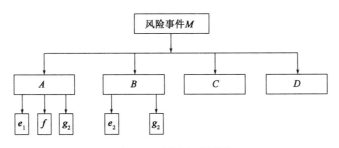

图3-18　风险来源分析图

第四节　标前合同风险管理

一、标前的风险管理的准备工作

从获得招标文件到投标截止日,投标人的主要工作就是编制标书和投标,这是承包商在合同签订前的一项最重要的工作。在这一阶段,投标人完成投标前各项准备工作、招标文件分析工作、现场考察和环境调查工作,确定工程项目范围,确定实施方案和计划,计算工程成本、作投标决策,并按业主要求的格式、内容准备好标书,按时将投标书送达投标须知中规定的地点。

(一)投标方向的选择

承包商通过对建筑市场的调查,收集大量工程招标信息。在许多可选择的招标工程中,必须对投标方向作出选择,这是承包商工程承包过程中的一次非常重要的决策,对承包商的报价策略、合同谈判策略和合同签订后实施策略的制订有重要的指导作用。承包商投标方向选择的依据是:

(1)工程承包市场情况、宏观经济形势等,如市场是处于发展阶段还是处于不景气阶段。

(2)该工程可能的竞争对手数量以及竞争对手状况,确定自己在工程投标中的竞争力和中标的可能性。

(3)工程项目情况,例如工程项目的特点、规模,工程项目的资源条件、所处区域、类型、技术难度、时间紧迫程度,是否为重大的、有影响的工程(如一个地区的形象工程),该工程施工所需要的工艺、技术和设备。

(4)业主情况。

业主情况主要包括:

①业主对投标人的基本要求,如投标人企业规模、等级、专业要求、经验要求、对工程建设的垫资要求等。

②业主的合同策略,如承包方式、合同种类、招标方式、合同的主要条款等。

③业主的资信,如业主的身份、经济状况、资信,建设资金的落实情况,过去有无不守信用、拖欠工程款的历史,等等。

④业主管理团队状况,如业主管理团队管理能力、所获得的授权、与业主管理团队的合作经验等。

(5)承包商的情况。

承包商的情况包括:

①承包商的优势和劣势,技术水平、施工力量、资金状况,同类工程项目的施工经验,正在实施的项目数量,公司可以分配的资源,等等。

②承包商的经营和发展战略。投标方向的选择要能最大限度地发挥自己的优势,符合承包商经营的总体战略,如正准备在该地区或该领域发展、试图打开局面,则应该积极投标。不要努力承包超过自己施工技术水平、管理水平和财务能力的工程,以及自己没有竞争力的工程。

承包商在决定参加投标后,就应积极地与业主进行广泛的联系,加深对项目和业主的了解,展示公司的实力、水平和经验,并通过业主的资格预审。

(二)全面的工程环境调查

1. 承包商对环境调查的责任

工程合同是在一定的环境条件下履行的,所以,工程项目的环境对工程实施方案合同工期和费用都有直接的影响,也是工程风险的主要来源。承包商必须收集、整理、保存一切可能对施工方案、工期和费用有影响的工程环境资料。这不仅是工程预算和报价的需要,也是制订施工方案、组织施工、进行合同控制、索赔(反索赔)的需要。

承包商应充分重视，并认真仔细地进行现场考察和环境调查，以获取那些应由投标人自己负责的关于编制投标文件、签订合同所需的所有资料，并对环境调查的正确性负责。工程合同惯例一般规定，只有出现有经验的承包商不能预见的自然状况或地下条件时，才属于业主风险，才可以获得业主的补偿。

2. 工程环境调查的内容

工程环境调查有极其广泛的内容，包括工程项目所在国、所在区域环境，以及现场环境等方面。

(1) 政治方面，包括政治制度、政局的稳定性、国内动乱、骚乱、政变的可能，发生战争、封锁、禁运等的可能。在国际工程中，还应考虑该国与邻国的关系。

(2) 法律方面。了解与工程建设相关的主要法律及其基本规定，如合同法、劳工法、移民法、税法、海关法、环保法、招标投标法等，以及与本项目相关的、特殊的优惠或限制政策。

(3) 经济方面。经济方面所要调查的内容繁多，而且要详细，需要做大量的询价工作，包括：

① 市场和价格，例如建筑工程、建材、劳动力、运输等的市场供应能力、条件和价格水平，生活费用价格，通信、能源等的价格，设备购置和租赁的条件和价格，等等。

② 经济形势和基本政策，例如通货膨胀率、汇率、贷款利率、换汇限制等，特别是要调查经济发展状况及稳定性，在工程项目实施中有无大起大落的可能。

(4) 自然条件方面包括：

① 气候条件，例如气温、降雨量、雨季分布及天数等。

② 项目的资源条件，例如可以利用的建筑材料资源，包括砂、石、土壤等。

③ 工程的水文、地质情况、施工现场地形、平面布置、道路、给排水、交通工具及价格、能源供应、通信等。

④ 各种不可预见的自然灾害情况，例如地震、洪水、暴雨、风暴等。

(5) 参加投标的竞争对手情况，例如实力、业绩、优势、基本战略、可能的报价水平。

(6) 过去同类工程建设的资料，包括价格水平、工期、合同及合同执行情况、经验和教训等。

(7) 其他方面，例如当地主管部门的办事效率和所需各种费用，当地的风俗习惯、生活条件和方便程度，当地人的商业习惯、文化程度、技术水平和工作效率，等等。

3. 工程环境调查的基本要求

(1) 真实。环境调查应反映实际，不能道听途说，特别是从竞争对手或业主获得的口头信息，更要注意其可信度、尽量获得第一手资料。

(2) 全面。环境调查应包括获得工程的实施方案、价格和工期，对承包商顺利地完成合同责任，承担合同风险有重大影响的各种信息，不能遗漏。国际上许多大型承包公司都会制定环境调查标准格式和程序，并由专人负责处理这些事务，这样会使调查内容更为完备，也更为规范化、条理化。

(3) 应建立文档，保存环境调查的资料。许多环境调查资料，不仅是投标报价的依据，也是制订施工计划、实施控制和工程索赔的依据。

(4)承包商对环境的调查常常不仅要了解过去和目前的情况,还须对其趋势和将来进行合理的预测。

在全面了解工程项目和业主情况后,标前的主要工作就是进行工程投标文件的编制工作了。

(三)正确理解并全面分析招标文件

1. 承包商对招标文件理解的责任

招标文件是业主对投标人的要约邀请文件,几乎包括全部合同文件。它所确定的招标条件和方式、合同条件、工程范围和工程的各种技术文件是承包商制订施工方案和报价的依据,也是双方进行合同谈判的基础。承包商对招标文件主要承担以下责任:

(1)承包商对招标文件的理解负责,必须按照招标文件的各项要求投标报价、签订合同、进行工程施工。承包商应全面分析和正确理解招标文件,清楚地理解业主的意图和要求。一般情况下,由于对招标文件理解错误造成的施工方案和报价失误责任由承包商承担。

(2)投标人在递交投标书前被视为已经对规程、图纸进行了检查和审阅,对其中可能的错误、矛盾或缺陷做了注明,并应在标前会议上公开向业主提出澄清的要求。如果承包商没有提出招标文件中明显的、一个有经验的承包商能够发现的错误,则可能要承担相应的责任,业主也会对承包商的实力产生怀疑。按照工程惯例,业主应该对承包商澄清的问题作出公开的、明确的答复,并以书面的方式送达所有的投标人,这些答复是具有法律约束力的。承包商不应该随意理解招标文件,导致盲目投标。

在国际工程中,国内的许多承包商由于受到外语水平的限制,加上投标期短,招标文件翻译不准确,引起对招标文件理解不透、不全面或错误,发现问题又不向业主提出澄清的要求,按照自己的理解解释合同,造成许多重大的失误,这方面教训是极为深刻的。

2. 招标文件分析工作

投标人在获得招标文件后,首先应该对招标文件进行总体检查,重点是招标文件的完备性。应对照招标文件的清单检查文件是否齐全,是否有缺损;对照图纸目录检查图纸是否齐全。然后分三部分进行全面分析:

(1)投标人须知分析。通过分析不仅可以掌握招标条件、招标过程、评标的规则和各项要求,还可以对投标报价工作作出具体安排,确定投标风险、制订投标策略。

(2)工程技术文件分析,即进行图纸会审,工程量复核,并对图纸和规范中的问题进行分析。了解承包商具体的工程项目范围、技术要求、质量标准。在此基础上制订施工组织计划,确定劳动力、材料、设备的安排,并进行工程询价。

(3)工程合同审查。工程合同审查的对象是合同协议书和合同条件。从合同管理的角度来说,合同审查是招标文件分析中最重要的工作。

(四)工程合同审查

工程合同审查是一项综合的、复杂的、技术性很强的工作,要求合同管理者必须熟悉合同相关的法律、法规,精通合同条款,对工程建设环境有全面的了解。通过工程合同的审查,承包商能够对工程合同的风险有详细的把握和了解,并将其作为作出投标决策、制订风险管理策略的依据。

风险分析中工程合同审查的主要内容包括工程合同的效力审查、工程合同的完备性审查、合同条款的公正性审查以及合同双方权利和义务及其关系分析等内容。其中,工程合同的效力审查、完备性审查和公正性审查将在本书第四章第二节详细阐述。由于工程合同的复杂性,合同双方的责、权、利关系是十分复杂的。合同应公平、合理地规定双方的权利和义务,使它们达到总体平衡。在工程合同审查中,应列出双方各自的权利和义务,在此基础上进行审查。合同双方的权利和义务是由合同条款明确规定的,也有可能是默示规定的,或根据惯例得出的。工程合同双方的权利和义务关系审查主要包括以下内容。

(1)工程合同是双务合同,即合同双方的权利和义务是互相制约、互为前提条件的。业主和承包商权利与义务的关系,如图3-19所示。

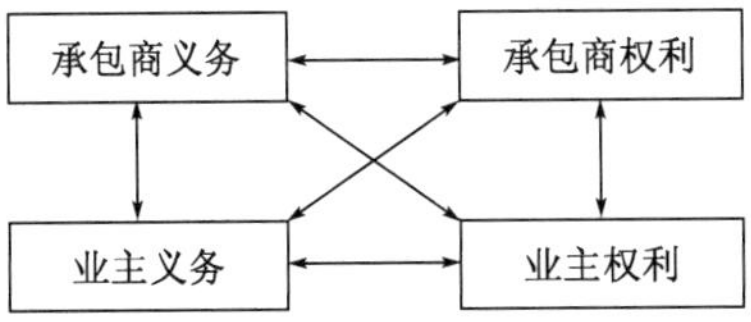

根据上述分析可以得出:

①业主有一项合同权利,则必然对应着承包商的一项合同义务;反之,承包商的一项权利,又必然对应着业主的一项合同义务。

图3-19 业主和承包商权利与义务的关系

②对于工程合同的任何一方,有一项权利,则必然承担与此相关的一项义务;有一项义务,则必然又有与此相关的一项权利,权利可能是其完成某个义务所必需的,或由某个义务引申的。

例如,承包商对实施方案的安全性、稳定性承担责任,但是,在不妨碍合同总目标或者为了更好地完成工程合同的前提下,其应有选择更为科学、合理、经济的实施方案的权利;投标人对环境调查、实施方案和报价承担责任,但其应有合理编制标书的时间、进入现场调查和获得信息的权利。

③如果工程合同规定业主有一项权利,则要分析行使该项权利对承包商的影响,该项权利是否需要制约,业主使用该权利应该承担什么责任,该责任常常就是承包商的权利。这样可以提出对权利的制约,如果没有这个制约,则业主的权利可能是不合理的。

例如,FIDIC合同条件规定,业主或工程师有权要求对承包商的材料、设备、工艺进行合同中未指明或规定的检查,承包商必须执行,甚至包括破坏性检查。但是,如果检查结果表明材料、设备、工艺符合合同规定,则业主应承担相应的损失(包括工期和费用赔偿)。这就是对业主和工程师检查权的限制,以及由这个权利产生的合同责任,以防止工程师滥用检查权。

④如果合同规定承包商有一项义务,则应分析完成这项合同义务有什么前提条件。如果这些前提条件应由业主提供或完成,则应当作为业主的一项义务,在合同中作明确规定;如果缺少这些约束,则合同双方的权利和义务不平衡。例如,按照一般工程合同规定,承包商必须按规定的日期开工,则同时也应该规定,业主必须按照合同规定及时提供施工场地、图纸、道路,接通水电,支付预付款,办理工程各种许可证等。这是及时开工的前提条件,必须作为业主的义务予以规定。

⑤工程合同所定义的事件或工程活动之间有一定的逻辑关系,使合同双方的某些责任是互为条件的,则双方的义务之间必然存在一定的逻辑关系。

例如,某工程中业主提供了设计的基础资料,部分设计是由承包商完成的,承包商在设计完成以后需要获得业主的批准才能进行工程施工。对于此项工程的设计和施工工作,双方的义务,如图3-20所示。

图 3-20　某工程设计和施工的责任逻辑关系

出现上述情况,则应具体定义这些活动的责任和批准的流程。例如,如果按照业主批准的设计进行施工,政府在竣工验收中提出问题由谁承担责任?业主应在多长时间内对承包商的设计进行批复?业主如何支付承包商额外的设计任务费用?这在索赔和反索赔中是非常重要的,在确定干扰事件的责任时常常需要分析这种责任的逻辑关系。

通过上述几方面的分析,可以确定合同双方的权利和义务是否平衡,合同有无逻辑方面的问题。

(2)审查业主和承包商的权利和义务是否具体、详细,并注意其范围的限定。例如,某工程合同中地质资料标明地下为普通地质的砂土。合同条件规定"如果出现岩石的地质条件,则应根据商定的价格调整合同价格"。在实际工程中地下出现建筑垃圾和淤泥,造成施工的困难,承包商提出费用索赔要求。但是,被业主拒绝,因为合同规定只有"出现岩石的地质条件"承包商才能进行索赔,承包商的权利因索赔范围太小受到限制。出现"普通砂土地质"和"岩石地质"之间的其他地质情况,也会造成承包商费用的增加和工期的延长,但按照本合同条件的规定,这属于承包商的风险。如果将工程合同中"出现岩石的地质条件"换成"出现与合同文件规定的普通地质条件不一致的情况",就扩大了承包商的索赔范围。

(3)合同双方的权利保护条款是否符合工程合同惯例。一个完备的工程合同应合理保护双方的权利,并对双方的行为都形成制约,这样才能保证项目建设的顺利进行。FIDIC 合同条件对业主和承包商的权利保护条款就非常合理。例如,业主(包括工程师)的权利包括:指令权、检查权,对转让和分包工程的审批权,变更工程的权利,进度、投资和质量控制的权利,在承包商不履行或不能履行合同、或严重违约情况下的处置权,等等。另外,合同还通过履约保函、预付款保函、保留金、承包商材料和设备出场的限制条款保护了业主的这些权利。承包商的权利,包括承包商的索赔权、业主不支付工程款时承包商采取暂停工程施工的权力、业主严重违约情况下终止合同的权力等。

(4)合同条款内在联系审查。通常合同审查还应注意合同条款之间的内在联系。同样一种表达方式,在不同的合同环境中可能有不同的风险。

由于合同条款所定义的合同事件和合同问题具有一定的逻辑关系,例如实施顺序关系、空间上和技术上的相互依赖关系、权利和义务的平衡和制约关系、完整性要求等,使得合同条款之间有一定的内在联系,共同构成一个有机的整体,形成一份完整的合同。

例如,工程合同关于工程质量管理方面的程序包括:承包商很好地进行工程施工,全面执行工程师的指令;工程师对承包商质量保证体系行使检查权,如材料、设备、工艺使用前的认可权,进场时的检查权,隐蔽工程的检查权,工程的竣工验收权,签发各种证书的权力,对不符合合同规定的材料、设备、工程的拒收和处理的权力,在承包商不执行工程师指令的情况下让业主行使处罚的权力,等等。关于合同价格方面的规定涉及合同计价方法,测量程序,进度款结算和支付、预付款、保留金、外汇比例,合同价格的调整条件、程序方法,竣工结算和最终结算,等等。工程变更的规定涉及工程范围,变更的权利和程序,有关价格的确定,索赔的条件、程序、有效期,等等。

通过合同条款内在联系的分析可以看出合同中条款之间的矛盾、不足之处和逻辑方面的问题。从这一点也可以看出,在工程实践中,不能不研究合同的整体性而对部分合同条款进行删减、增加或修改,这样很容易与合同的其他部分形成矛盾,这些工作应由专业的、有经验的工程合同管理人员进行。

二、标前合同风险管理工作

在工程招标文件中,业主一般已经制订了较为详细、完备的工程合同条件,承包商从获得招标文件开始,就应当进行施工合同的风险分析和评价,但是,在发出中标通知书以后,业主和承包商还要进行合同谈判工作。这项工作主要包括工程合同风险的总体评价和合同条件的风险管理等内容。

(一)工程合同风险的总体评价

承包商在投标前必须对本工程的合同风险有一个总体的评价。一般地说,如果工程建设存在以下问题,则合同风险很大。

(1)工程规模大、工期长,而业主要求总承包商采用固定总价合同形式。

(2)业主仅给出设计任务书或初步设计文件让承包商编标,但图纸不详细、不完备,工程量不准确、范围不清楚,或合同中的工程变更赔偿条款对承包商很不利,而业主又要求采用固定总价合同。

(3)业主为了加快项目建造进度,将做标时间压缩得很短,承包商没有时间详细分析招标文件和进行环境调查。

(4)招标文件为外文,采用承包商不熟悉的技术规范、合同条件。

(5)工程环境不确定性大,如物价和汇率大幅度波动、水文地质条件不清楚,而业主要求采用固定价格合同。

(6)业主有明显的非理性思维,苛刻要求承包商,招标程序不规范,要求最低价中标。

大量的工程实践证明,如果存在上述问题,特别当一个工程中同时存在几个上述问题,这个工程可能彻底失败,甚至有可能让整个施工企业背上沉重的债务包袱。承包商若参加这些项目的投标,应有足够的思想准备和风险措施准备。

(二)承包商标前施工合同风险管理目标

综上所述,在招标投标直至签订工程合同阶段,承包商作为投标人,其总体目标是通过投标竞争,被业主选作中标单位,并签订工程合同。承包商具体的目标包括:

(1)提出有利的、具有竞争力的报价。投标报价是承包商对业主要约邀请(招标文件)的响应。它在投标截止日期以后即具有法律效力。报价是能否取得工程承包资格、取得承包合同的关键。

(2)签订一个有利的工程合同。对承包商来说,有利的工程合同可以从以下几个方面进行定性的评价:

①合同条款比较优惠或有利;
②合同价格较高或适中;
③合同总体风险处于承包商的控制能力和水平之内;
④合同双方的权利义务分配比较平衡;
⑤没有苛刻的、单方面的约束性条款等。

由于工程承包市场竞争十分激烈,招标程序和文件十分完备,现代工程趋向加大承包商的合同责任和风险,承包商在招标投标过程中又处于卖方市场的不利地位,所以,要签订一个对承包商有利的合同常常是十分困难的。但是,承包商必须对所签订的合同非常清楚了解,即对合同中的不利条款、合同责任以及由此带来的问题和风险是清楚的,而且是有准备和有对策的。

(三)承包商标前施工合同风险管理工作

在这个阶段承包商要组织强有力的投标班子,需要企业和项目的各种人员共同努力,协调工作。在这个阶段涉及的合同风险管理工作主要包括:

(1)投标以及合同签订的高层决策工作,例如投标方向的选择,投标策略的制订,合同谈判策略的确定,合同最后决策的签订,等等。

(2)工程合同谈判工作。承包商应选择熟悉工程合同,有合同管理和合同谈判方面的知识、经验和能力的人作为主谈判人进行相关的合同谈判工作,并根据需要组成合同谈判小组。

(3)招标文件分析、合同评审工作。通过这些分析和评审,为工程预算、制订报价策略、确定报价数额、进行合同谈判和合同签订提供决策方面的信息和意见,以及风险管理建议。

(4)进行工程项目的分包(工程分包、劳务分包、采购等)或联营投标策划以及分包合同或联营体合同的选择、风险分配策划,解决各分包合同之间的协调问题、或联营体合同责任分配问题等。

三、标前合同风险的应对措施

标前合同风险应对措施,根据标前合同风险识别和分析的结论,找出风险源和风险事件,运用风险应对的方法,找出降低合同风险的应对措施。根据公路工程项目标前的特征,应对合同风险的主要措施应包括如下内容。

(一)工程风险全面分析

首先必须对工程风险作全面分析和预测。主要考虑如下问题:

(1)工程实施中可能出现的风险类型、风险发生的规律等基本特征。

(2)风险的影响程度或结果,即如果风险发生,对承包商的施工过程、工期和成本(费用)所造成的影响,以及承包商应承担的经济和法律的责任,等等。

(3)对风险分析的结果提出有效的对策和计划,即考虑如何规避风险。

工程风险非常复杂,再加上工程合同涉及工程技术、管理、法律、经济等综合知识,加大了承包商正确、充分地预测工程风险的难度。承包商风险分析的准确性和充分性主要依赖以下几个方面的因素:

（1）承包商对项目环境状况的了解程度。要精确地分析风险,必须作详细的环境调查,占有大量的项目环境资料。

（2）招标文件的完备程度,以及承包商对招标文件分析的准确性和充分性。

（3）对业主和工程师资信和意图了解的准确性和充分性。承包商对业主的项目建设总目标和项目的立项过程有所了解是十分重要的。虽然一般情况下业主是在工程设计完成后招标,但是,承包商如果提前参与项目,与业主建立联系,对风险分配无疑是十分有利的。

（4）对引起风险的各种因素的合理预测及预测的准确性。

（5）编标时间的长短,即承包商是否在投标阶段有足够的时间进行风险分析和研究。

（二）合同条件的风险分析

不论采用哪种合同形式,业主为了规避风险,一般有明确规定承包商应承担的风险条款和一些明显的或隐含着的对承包商不利的条款。

（1）工程变更的补偿范围和补偿条件。例如某合同规定,工程量变更5%的范围内,承包商得不到任何补偿。则在这个范围内工程量可能的增加便是承包商的风险。

（2）合同价格的调整条件。如对通货膨胀、汇率变化、税收增加等,若合同规定不予调整,则承包商必须承担全部风险;如果在一定范围内可以调整,则承包商承担部分风险。

（3）工程合同条件常赋予业主和工程师对承包商工程和工作的认可权和各种检查权。但这必须有一定的限制和条件,应防止写有"严格遵守工程师对本工程任何事项(不论本合同是否提出)所作的指示和指导",特别当投标时设计深度不够、施工图纸和规范不完备时,如果有上述规定,业主可能使用"认可权"或"满意权"提高工程的设计、施工、材料标准,而不对承包商补偿,则承包商就必须承担这方面变更风险。

（4）业主为了转嫁风险提出单方面约束性的、过于苛刻的、责权利不平衡的合同条款。明显属于这类条款的是对业主责任的免责条款。

例如,某合同规定"承包商无权以任何理由要求增加合同价格,如市场物价上涨、生活费用提高、调整税法等"。又如,某分包合同规定"对总承包商因管理失误造成的违约责任,仅当这种违约造成分包商人员和物品的损害时,总承包商才给予分包商以赔偿,而其他情况不予赔偿"。这样,总承包商管理失误造成分包商成本和费用的增加就不在赔偿之内。

（5）其他形式的风险型合同条款。

①要求承包商大量垫资承包、工期要求太紧、质量要求过于苛刻等。

②合同中对一些问题不作具体规定,仅用"另行协商解决"等模糊规定。

③对业主供应的材料和生产设备,合同中未明确规定详细的送达地点,不规定业主的违约责任,等等。

④付款条款不清楚,付款程序不明确。例如,某合同中对付款条款规定"工程款根据工程进度和合同价格,按照当月完成的工程量支付。乙方在月底提交当月工程款申请,在经过业主上级主管审批后,业主在15d内支付"。由于没有对业主上级主管审批时间加以限定,所以在该工程中,业主上级主管利用拖延审批的办法大量拖欠工程款,而承包商无法对业主进行约束。

⑤索赔程序和有效期规定太严格,或规定承包商没有索赔权。

四、签订合同阶段的风险应对措施

签订合同阶段风险应对的方法主要是风险转移和风险缓解，其主要措施有：

（1）掌握与合同相关的法律法规、熟悉"游戏规划"是签好一份高质量施工合同的前提条件。随着国家各项资金监管制度的不断完善，把主要精力放在人事公关环节的做法越来越行不通，因为就算关系到位，每项资金也都要经得起招投标专项稽查、财政评审、国家审计。

（2）不论是投标阶段还是合同谈判阶段，跟业主澄清问题时，对于既定的评标办法、招标文件、合同条款不能妄加评判，要请教自己不明白的问题和有活动空间地方，照顾对方的情面。

（3）每一项合同权利，都要有对应的责任主体、时间、方式、违约责任来保证，特别是工程进度款、尾款、质保金、现金履约担保金，必须在合同中明确回款时间，如果不能按期回款违约责任是什么要明确。

（4）在合同中明确规定索赔的范围和期限。发生索赔和提出索赔之间，是有时限性的，一般规定为28d，利用好索赔的时限性，可以减少索赔的发生，避免结算价远远超过中标价的风险，同时可以采取风险利用的策略，对承包人提出反索赔。

（5）在合同中确立履约担保条款，利用风险转移这一重要手段，确保工程建设的顺利进行。

第五节　标后合同风险管理

标后，即合同履行阶段，通过项目建设参与方之间合理分配，更好地控制风险，降低风险管理成本，提高项目管理水平，这一直以来都是项目风险管理研究中的热点。

一、标后合同风险分析原则

公路工程标后合同管理过程中，承包商可能遇到各种风险，即在一个项目中有许多种类的风险存在，如经济风险、安全风险、自然风险、技术风险、质量风险、工期风险等。这些风险因素的内在联系错综复杂。因此，在识别和分析公路工程项目风险因素的时候，须注意如下原则：

（1）任何一个建设项目，都可能遇到各种不同性质的风险，因此，采用唯一的识别方法是不可取的，必须把几种方法结合起来，相互补充。

（2）对于特定活动和事件，采用某种识别方法比其他方法更有效。例如，对于混凝土的浇筑质量问题，采用因果分析法就比较适当。

（3）项目的风险管理人员应尽量向有关业务部门的专业人士，例如其他熟悉项目风险的单位以及专家等征求意见，以求得对项目风险的全面了解。

（4）风险因素随着项目的进展是会不断发生变化的，一次大规模的风险识别工作完成后，经过一段时间又会产生新的风险。因此，必须制订一个连续的风险识别计划。

（5）风险识别的方法必须考虑其相应的成本，讲究经济上的合理。对于影响项目系统目标比较明显的风险，需要花较大的精力、用多种方法进行识别，以其做到最大限度地掌握情况。但对于影响小的风险因素如果花费较大的费用来进行识别就失去经济意义。

（6）资料的不断积累是开展风险管理的重要基础，而在风险识别时产生的记录则是主要的风险管理资料之一,因此,在识别风险的同时要做好准确记录。这就要求识别工作开始前应准备好将要用到的记录表格,完成识别工作后,将所获取的相关资料整理保存。

二、标后合同风险管理措施

合同的本质是契约精神,是合同订立双方在法律基础上,确定、变更、终止民事权利、义务关系的协议,是项目双方获得经济、社会利益的载体,同样也是双方纠纷的基础。在市场经济体制的环境中,项目只有通过科学的合同管理,避免合同漏洞,才能够将项目可能出现的风险降至最小,促使利益各方在健康的轨道内发展,实现效益利益的双丰收。因此,政府应加强合同风险的监管,引导合同订立双方进行必要的风险评估和预警,避免合同执行中可能出现的风险和分歧。

(一)建立风险管理制度

在合同管理的工作中,存在的漏洞和可能面临风险的环节主要有工程质量安全问题突出、工期拖延、资金支付不能及时到位、合同履约率低等。这些问题都极大地影响了项目的正常运作,对发包方的经济效益也造成了很大的威胁,因此应尽快建立符合我国国情的风险管理制度,将保证金制度与项目建设实际进行有效结合,降低合同风险概率。

1.在项目开工前,采用预付款保证金制度

在合同签订后,按照合同条款约定,由项目业主单位预先支付给承包人一定数额的工程款,由银行或其他金融担保机构出具预付款保函保证预先支付资金的安全。随着业主按照工程进度支付工程款并逐步扣回,预付款担保责任随之逐渐降低直至最终消失。如邢衡高速公路招标文件约定预付款为开工预付款和材料预付款两种。开工预付款的金额为10%签约合同价,可以国内商业银行预付款保函形式出具。材料预付款按项目专用合同条款中钢材、水泥、沥青、碎石、中粗砂、石灰、粉煤灰等主要材料采购费用的75%支付,预付款条件包括:

(1)符合规范要求并经监理人认可;

(2)承包人已出具材料费用凭证或支付单据;

(3)材料已在现场交货,且存储良好,监理人认为材料的存储方法符合要求。项目预计交工前3个月,将不再支付材料预付款。

2.在项目交工验收后,采用保修保证金制度

保修担保可以通过银行保函或者担保公司担保书以及保证金的形式进行,也可以采用同业担保。保修担保的期限,应当与法定的保修期限和合同约定的保修期限一致。如邢衡高速公路招标文件约定监理人应从第一个付款周期开始,在发包人的进度付款中,按专用合同条款的约定比例(10%)扣留质量保证金,直至扣留的质量保证金达到专用合同条款约定的金额(5%签约合同价)为止。

3.在项目建设过程中,采用工程保险担保制度

承包人应以发包人和承包人的共同名义向双方同意的保险人投保建筑工程一切险、安装工程一切险、第三者责任险等。如邢衡高速公路招标文件约定工程一切险和第三方责任险由承包人以承包人与发包人联名投保,保险费由发包人承担。

(二)确定风险应对策略

结合风险特点可采用本章第一节中阐述的五种风险应对策略。此处介绍施工合同风险转移时常用的两种类型:有保险风险转移和非保险风险转移两种。

1. 非保险风险转移

非保险风险转移是指通过合同、担保两种方式将风险向第三方转移。

合同转移。合同转移需要合同各方进行充分的沟通,在合同文件中明确风险事件发生后,各方应承担的责任和义务,按照合同条款的要求通过有偿计价的方式将风险进行转移,以合同的方式有效降低风险事件产生的损失。

担保转移。在合同执行过程中,通过银行、保险、非金融机构为项目风险承担间接责任。例如在公路建设过程中可以通过保险公司、银行或非金融机构在投标、合同履行、付款、债务、违约等方面承担间接责任,降低损失。

2. 有保险风险转移

有保险风险转移具体是指项目建设单位通过缴纳一定的保险费用为可能发生的风险投保,在出现财产或人身损失时,由保险公司代为向损失方进行补偿。在当前的建设市场中,工程项目保险是转移工程风险的主要手段。具有如下几个特点:

(1)项目投保人具有确定性。公路建设项目在具体的施工过程中,经常会通过合同的方式来对双方的责任和权利进行分配和细化,因此在出现风险问题时,需要承担风险的责任人是非常明确的。所以通过投保的方式转移风险,在主体选择方面是确定的,不能随意更改。

(2)保险种类多元化。保险种类的多元化主要表现在两方面:一是投保人可以是合同任意方;二是保险种类多种多样。

(3)保险内容具有确定性。针对公路建设项目的保险,不管是合同的哪一方,在双方签订的保险单中都明确了保险类别和双方需要承担的义务,保险人对承保项目发生索赔事件应承担的责任和补偿的金额、方式的相关条款清晰。

计费依据和保险费率存在随机性。投保人在项目保险计算过程中,计算方法和流程都是既定标准的,但是在保险中计算的依据、费率都不是固定的,而是会受到项目所处的环境、风险等实际情况的影响,因此在保险过程中应该根据承保人预期的年限及相关的法律和规定确定。通常情况下,承包风险面临较大的风险及责任,费率会随着时间的改变而改变。

保险根据提供的保障内容可以分为建筑工程、安装工程、人身保险、责任保险等种类。按实施形式分自愿保险、强制保险。

(三)加强合同索赔管理

索赔是工程承包合同履行中,非常重要的内容,是当事人一方对对方履行合同的行为判定不符合其应该履行的义务,或者认为对方的行为已经伤害到自身的利益,因此要求对方进行补偿的权利。在公路建设项目实施过程中,索赔的实质就是承包人与业主在分担风险的具体过程中,进行责任分配的过程。合同履行过程中,在出现意外的情况下,索赔会增加,因此要对合同责任进行重新界定,由各方分担风险,对工程成本进行重新计算和分配。

在公路建设项目具体的施工过程中,因为承包人在合同履行方面的不足,造成项目业主单位利益受损,业主可以向承包人提出索赔,承包人应予以高度重视。索赔具体原因如下。

1. 施工工期延误引发的业主索赔

在公路建设项目实施过程中,因为多方原因导致竣工日期延后,给业主造成了损失。根据工程承包的相关规定,业主有权向承包人索赔,即要求承包人承担"误期损害赔偿费"。如邢衡高速公路招标文件约定"由于承包人原因造成的工期延误,承包人应支付逾期交工违约金",项目约定逾期交工违约金为10万元/天,逾期交工违约金限额为10%签约合同价。

2. 施工工程质量问题引发的业主索赔

当承包人没有根据合同规定进行施工时,或者材料不符合合同规定时,或者责任期内尚未完成工程修补施工时,业主有权向承包人进行索赔。如××高速公路招标文件约定如下:

(1)工程质量的检验要依据合同规定技术标准和《公路工程质量检验评定标准》执行。

(2)承包人如果使用不符合合同要求的材料和设备以及工艺,造成工程质量问题或者预算问题的,承包人应该立即采取措施,进行补救,直到符合合同要求。相关费用由承包人负责。

(3)如果承包人在合同规定的时间内,没有履行监理人的要求,发包人可以聘请他人进行,相关费用由承包人负责。

3. 其他原因引起的业主的索赔

(1)原本由承包人负责的工程保险,例如工程一切险和第三者责任险等,如果承包人没有依照合同规定完成投保,同时确保保险生效,业主可以进行投保,保险费应该从承包人款项中扣除。

(2)承包人无法提供向指定的分包人付款的有关凭证时,业主可以依照工程师提供的资料,将承包人拖欠分包人的款项,支付给分包人,同时从承包人的款项中扣除。

(3)当承包人严重违约,不能(或无力)完成工程项目合同的职责时,业主有权终止其合同关系,由业主雇用另一承包人来完成后续工程。

三、施工合同全过程风险管理总结

施工合同全过程风险管理是一项系统性工作,在合同的不同阶段有不同的风险管理工作重点,归纳起来有以下几个方面:

(1)项目投标前,承包商的风险管理工作主要是进行项目风险调查、分析工作,包括项目环境、业主资信、项目资源条件调查等,在此基础上,作出投标方向选择与投标决策。

(2)项目投标与合同谈判阶段,承包商的风险管理工作主要是进行项目风险分配工作,即通过工程合同风险分析,确定工程投标报价策略、分包策略等,规避风险,通过合同谈判,争取业主给予有利的合同条件;制订风险管理方案。

(3)合同实施直到工程竣工阶段,承包商的风险管理工作主要是实施并调整风险管理方案,即通过加强项目管理,积极履行工程合同内容,通过工程索赔管理,争取应得的利益。

(4)缺陷责任期阶段,承包商的风险管理工作主要是在履行缺陷整改责任的基础上,加强对工程尾款和保留金的催讨工作;进行合同风险管理总结,即总结项目投标阶段风险工作的准确性、投标决策的正确性、合同风险分析的质量、风险管理方案的科学性和严密性以及合同履约与工程索赔管理的情况。建立风险管理档案,包括项目档案、业主档案、分包商和供应商档案等。承包商施工合同全过程风险管理实施方案,见表3-7。

承包商施工合同全过程风险管理实施方案 表 3-7

阶　段	风险管理重点与内容	风险管理应对策略
项目投标前	(1)项目风险调查与分析:项目环境、业主资信、项目资源条件的调查分析等。 (2)投标决策:在此基础上,作出投标决策	(1)回避策略。 (2)合同风险管理策略
项目投标与合同谈判	(1)合同风险:审查合同风险。 (2)报价策略:确定工程投标报价策略。 (3)合同风险分配:争取业主给予有利的合同条件。 (4)合同风险转移:确定工程保险或分包。 (5)风险管理方案:制订完整的、系统的风险管理方案	(1)报价策略。 (2)通过合同谈判争取有利的合同条件。 (3)参加工程保险,转移风险。 (4)与其单位共同承担方案
合同实施至工程竣工	(1)实施并调整风险管理方案。 (2)进行工程索赔管理	(1)加强项目管理。 (2)加强工程索赔管理
缺陷责任期	(1)加强对工程尾款和保留金的催讨。 (2)进行合同风险管理总结。 (3)建立风险管理档案	建立合同风险管理案例库,为后续项目合同风险管理策略的制订提供依据

对于承包商来说,进行施工合同全过程风险管理的主要难点和挑战在于:

(1)在施工合同的全寿命周期内,由不同的部门或成员完成不同的工作内容。在项目跟踪阶段,一般是公司的商务部门或开发部门实施;项目投标前和项目投标阶段,由项目的招投标部门实施;而在施工合同签订以后,一般的建筑施工企业,将通过内部的竞争,把项目交给项目部实施;项目竣工移交以后,项目部解散,将由另外的部门进行缺陷维修或整改工作。不同的部门或成员对风险的认识和看法是不一样的,同时,如何保证施工合同的全寿命周期内风险管理的知识传递、共享,以降低成本、更好地落实风险管理措施,成为进行施工合同全过程风险管理的关键。

(2)在施工合同的全寿命周期内,风险是多变的,不同的阶段有不同的风险事件和内容,随着项目的实施,新的风险可能产生并造成难以预测的影响。这就要求经常进行施工合同风险的预测和措施制订工作。

(3)在施工合同的全寿命周期内,不同的阶段有不同的风险管理重点与内容,也有不同的风险管理应对策略。在整个施工合同的全寿命周期内进行风险管理应纠正两种错误的思想和观念。

①不重视合同签订前的合同风险管理工作,即不重视项目风险的调查与分析工作,作出错误的投标决策;不重视合同风险的审查工作,作出错误的报价策略、不合理的合同风险分配方案或风险转移方案。没有制订完整、科学的风险管理方案。从工程实践来看,签订一个风险分配很不合理的合同,是很多项目实施遭受困难、亏损,产生大量争端的主要原因,这方面的教训也是很多的。

②不重视合同履行的合同风险管理工作,即不重视实施并调整风险管理方案,不重视工程索赔管理,不重视加强对工程尾款和保留金的催讨,不重视合同风险管理总结,不重视建立风

险管理档案。其实,施工合同履行阶段是合同风险管理各项措施的具体实施阶段,合同风险管理的效果能够反映公司的综合实力和水平。

综上所述,施工合同全过程风险管理是一项系统性工作,国际知名的建筑施工企业、承包商都十分重视施工合同全过程风险管理,并具有很高的管理水平。这些工作需要具有全员参与、全过程重视、全面实施的思维和实施策略,才能确保施工合同全过程风险管理的效果。

第四章 公路工程施工合同管理

公路工程项目合同是指项目组织机构为完成既定的工程目标而与各方达成的明确项目权利义务的具有法律效力的协议。合同作为工程项目正常运作的基础和工具,在工程项目的实施过程中具有重要作用。合同管理就是要通过合同的策划、签订,合同的实施控制等工作,全面完成合同责任,以保证公路工程项目目标和企业目标的实现。因此,合同管理应遵循一定的程序进行。公路工程施工合同是公路工程建设中最重要,也是最复杂的合同,具有履行时间长、标的物复杂、价格高等特点。在整个建设工程合同体系中,起主干合同的作用。公路工程施工合同管理是指对公路工程施工合同的签订、履行、变更和解除进行监督和检查,对合同履行过程中的争议或纠纷进行处理,以确保合同依法订立和全面履行。公路工程施工合同管理贯穿施工合同签订、合同履行、合同终止、归档等的全过程。对施工合同进行管理,分清其主次轻重,使项目合同管理有效、顺利地开展,对整个工程项目的成功建设将会起到积极的影响作用。合同管理一般经过合同策划、合同谈判、合同订立、合同履行等基本程序。

第一节 合 同 策 划

一、合同策划的含义

在公路工程项目的开始阶段,首先应对与工程相关的合同进行总体策划。合同策划是在项目的实施战略确定后对与工程相关的合同进行合理规划,以保证项目目标的实现。合同策划对整个工程、整个合同的签订和实施具有重大意义。合同总体策划的目标是,通过合同保证项目总目标的实现。合同策划必须反映公路工程项目战略和企业战略,反映企业的经营指导方针和根本利益。

在公路工程中,发包商是通过合同分解项目目标,委托项目任务,实施对项目的控制的,因此,合同策划对工程项目有重大影响。在进行合同策划时,首先,进行项目总目标和战略分析,确定企业和项目对合同的总体要求。其次,进行相应阶段项目技术设计的完成和总体实施计划的制订,进行工程项目的结构分解工作。再次,确定项目的实施策略,如工作的具体分配、承包、发包方式的确定等,进行与合同相关事宜的策划,包括合同种类的选择、合同风险的分配策划等。项目管理工作过程策划,包括项目管理工作流程定义、项目管理组织设置和项目管理规则制订等。最后,是招标文件和合同文件的起草工作,这项工作是在合同的招标过程中完成的。

业主合同策划主要确定如下一些重大问题:

(1)如何将项目分解成几个独立的合同?如何明确每个合同有多大的工程范围?

(2)采用什么样的委托方式和承包方式?

(3)采用什么样的合同种类、形式及条件?

(4)合同中一些重要条款如何确定,如付款方式、风险分担等?对承包人的激励措施、国际招标投标工程中合同所适用法律如何选择?如何通过合同实现对项目严格全面的控制?

(5)合同签订和实施过程中一些重大问题如何决策?

(6)工程项目相关各个合同在内容、时间、组织、技术上如何协调?等等。

正确的合同策划不仅能够签订一个完备、有利的合同,而且可以保证圆满地履行各个合同,并能使它们之间完善地协调,以顺利地实现工程项目的根本目标。

二、合同策划的依据

公路工程施工合同策划的依据主要有:

(1)业主方面。包括:业主的资信、资金供应能力、管理水平和具有的管理力量;业主的目标以及目标的确定性,期望对工程管理的介入深度;业主对工程师和承包商的信任程度;业主的管理风格;业主对工程的质量和工期要求;等等。

(2)承包商方面。包括:承包商的能力、资信,如是否具备施工总承包、设计——施工总承包或设计——施工——供应总承包的能力;企业规模、目前经营状况、管理风格和水平、在本项目中的目标与动机、过去同类工程经验;企业经营战略、长期动机,承包商承受风险的能力;等等。

(3)工程方面。包括:工程的类型、规模、特点;技术复杂程度、工程技术设计的准确程度,工程质量要求和工程范围的确定性、计划程度;招标时间和工期的限制,项目的盈利性,工程风险程度,工程资源(如资金、材料、设备等)供应及限制条件;等等。

(4)环境方面。包括:工程所处的法律环境,建筑市场竞争激烈程度,物价的稳定性,地质、气候、自然、现场条件的确定性,资源供应的保证程度,获得额外资源的可能性,等等。

三、合同策划过程

通过合同总体策划,确定工程合同的一些重大问题。它对工程项目的顺利实施,对项目总目标的实现有决定性作用。合同总体策划过程如下:

(1)研究企业战略和项目战略,确定企业和项目对合同的要求。由于合同是实现项目目标和企业目标的手段,所以它必须体现和服从企业及项目战略。项目总的管理模式对合同策划有很大的影响,例如业主全权委托监理工程师,或业主任命业主代表全权管理,或业主代表与监理工程师共同管理。一个项目不同的组织形式、不同的项目管理体制,会有不同的项目任务的分解方式,需要不同的合同类型。

(2)确定合同的总体原则和目标。

(3)分层次、分对象对合同的一些重大问题进行研究,列出可能的各种选择,按照上述策划的依据,综合分析各种选择的利弊得失。

(4)对合同的各个重大问题作出决策和安排,提出合同措施。在合同策划中有时要采用各种预测、决策方法,风险分析方法,技术经济分析方法。例如专家咨询法、头脑风暴法、因素分析法、决策树、价值工程等。

在项目实施过程中,在开始准备每一个合同招标时,以及在准备签订每一份合同时,都应对合同进行策划并评价。

四、合同策划的内容

在合同策划的整个过程中,由于各参与方所处的地位不同、目的不同、工作的任务和重点不同,因此其策划的内容也不同。

(一)业主方合同策划

在工程中,业主处于主导地位,其合同策划对整个工程有很大影响。承包人必须按照业主的要求投标报价,确定方案并完成工程。业主通常必须就如下合同问题作出决策。

1. 分标策划

工程是可以进行分标的。因为一个建设项目投资额很大,所涉及的各个项目技术复杂,工程量巨大,往往一个承包商难以完成。为了加快工程进度,发挥各承包商的优势,降低工程造价,对一个建设项目进行合理分标是非常必要的。所以,编制招标文件前,应适当划分标段,选择分标方案。

(1) 分标策划的作用

项目的工作都是由具体的组织(单位或人员)来完成的,业主必须将它们委托出去。对业主来说,正确的分标和合同策划能够保证各个合同被圆满地履行,促使组织协调,减少组织矛盾和争执,顺利地实现工程项目的整体目标。一个项目的分标策划也就是决定将整个项目任务分为多少个包(或标段),以及如何划分这些标段。分标策划决定了与业主签约的承包人数量,决定着项目的组织结构及管理模式,决定合同各方责任、权力和工作的划分,所以对项目的实施过程和项目管理会产生根本性的影响。业主通过分标和合同委托项目任务,通过合同实现对项目的目标控制。分标和合同是实施项目的手段,通过分标策划可以摆正工程过程中各方面的重大关系,防止由于这些重大问题的不协调或矛盾造成工作上的障碍,造成重大的损失。

(2) 分标的原则

分标时应坚持不肢解工程的原则,保持工程的整体性和专业性。

分标时要防止和克服肢解工程的现象,关键是要弄清工程建设项目的一般划分和禁止肢解工程的最小单位。在我国,工程建设项目一般被划分为五个层次:建设项目、单项工程、单位工程、分部工程和分项工程。勘察设计招标发包的最小分标标的为单项工程。施工招标发包的最小分标标的为单位工程。对不能分标发包的工程而进行分标发包的,即构成肢解工程。

(3) 标段划分主要考虑的因素

①工程的特点。如工程建设场地面积大、工程量大、有特殊技术要求、管理不便的,可以考虑对工程进行分标;如工程建设场地比较集中、工程量不大、技术上不复杂、便于管理的,可以不进行分标。

②对工程造价的影响。大型、复杂的工程项目,一般工期长、投资大、技术难题多,因而对

承包商在能力、经验等方面的要求很高。对这类工程,如果不分标,可能会使有资格参加投标的承包商数量大为减少。竞争对手少就会导致投标报价提高,招标人就不容易得到满意的报价。如果对这类工程进行分标,就会避免这种情况,对招标人、投标人都有利。

③工程资金的安排情况。建设资金的安排,对工程进度有重要影响。有时,根据资金筹措、到位情况和工程建设的次序,在不同时间进行分段招标,十分必要。如对国际工程,当外汇不足时,可以按国内承包商有资格投标的原则进行分标。

④对工程管理上的要求。现场管理和工程各部分的衔接也是分标时应考虑的一个因素。分标要有利于现场的管理,尽量避免各承包商之间在现场分配、生活营地、材料堆放场地、交通运输、弃渣场地等方面的相互干扰,在关键线路上的项目一定要注意相互衔接,防止因一个承包商在工期、质量上的问题而影响其他承包商的工作。

2. 承包方式的选择

(1)分阶段分专业工程平行承包方式。这是一种传统的工程发包方式,是一种业主将工程项目的勘察设计、工程施工、材料和设备供应等分别发包给若干个独立的承包人,各承包人分别与业主签订合同的方式,如图4-1所示。

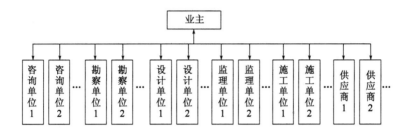

图4-1 分阶段分专业工程平行承包方式

这种方式的特点是:

①业主的管理工作多,要进行多次招标,计划要求做得较细,因此项目前期工作需要较长的时间。

②由于各承包人分别与业主签订合同,向业主负责,各承包人之间没有合同关系,因此业主必须负责各承包人之间的协调,对各承包人之间互相干扰造成的问题承担责任。在整个项目的责任体系中存在着责任的"盲区"。所以在这类工程中组织争执较多,索赔较多,工期比较长。

③这种方式要求业主的管理和控制比较细,需要对出现的各种工程问题做中间决策,必须具备较强的项目管理能力。如果业主不是项目管理专家,可以委托监理工程师进行管理。当无法聘请得力的咨询(监理)工程师进行全过程的项目管理时,不能将项目分标太多。

④业主将面对很多承包人,直接管理承包人的数量太多,管理跨度太大,容易出现职责交叉或盲区,造成项目协调的困难、工程中的混乱和项目失控等现象,从而产生合同争议和索赔,最终导致总投资的增加和工期的延长。

⑤分散平行承包,由于承包人之间存在着一定的制衡,如各专业设计、设备供应、专业工程施工之间存在制约关系,如果协调不好,不利于项目目标的实现。

⑥使用这种方式,对项目的计划和设计必须周全、准确、细致,这样才能使各承包人的工程范围容易确定,责任界限比较清楚,否则极易造成项目实施中的混乱。

(2)项目总承包方式,即由一个总承包人承包建设工程项目的全部工作,包括设计、供应、各专业工程的施工以及管理工作,甚至包括项目前期筹划、方案选择、可行性研究的方式。总承包人向业主承担全部工程责任,当然也可以将全部工程范围内的部分工程或工作分包出去,如图4-2所示。

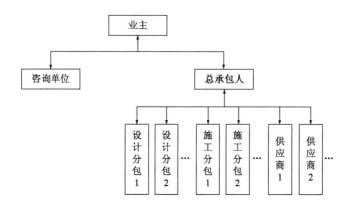

图4-2 项目总承包方式

这种承包方式的特点是:

①业主的管理工作量较少,仅需要一次招标,合同争执及索赔较少,容易协调,现场管理简单,而且项目的责任体系完备。无论是设计与施工的互相干扰、供应商之间的互相干扰,还是不同专业之间的干扰,都由总承包人负责,业主不承担任何责任,业主只要提出工程的总体要求(如工程的功能要求、设计标准、材料标准的说明等),作宏观控制,验收结果,一般不干涉承包人的工程实施过程和项目管理工作。所以项目总承包方式对双方都有利,工程整体效益高。

②承包人能将整个项目管理形成一个统一的系统进行管理,避免多头领导,降低管理费用,同时,方便协调和控制,减少大量的、重复的管理工作,减少花费,使得信息沟通方便、快捷、不失真,对施工现场的管理也有利,可减少中间检查、交接的环节和手续,避免由此引起的工程拖延,从而大大缩短工期(招标投标和建设期)。

③对承包人的要求很高。在项目总承包方式中,业主必须加强对承包人的宏观控制,选择资信好、实力强、适应全方位工作的承包人。承包人不仅需要具备各专业工程施工力量,而且需要很强的设计能力、管理能力、供应能力,甚至很强的项目策划能力和融资能力。据统计,在国际工程中,国际上最大的承包人所承接的工程项目大多数都是采用项目总承包方式。

④对业主来说,承包人资信风险很大。支付管理费用高、项目控制能力差。因此,业主可以选择让几个承包人联营投标,通过法律规定联营成员之间的连带责任"抓住"联营各方,降低风险。这在国际上一些大型和特大型的工程中十分常见。

(3)平行总承包方式。平行总承包方式是指业主分别将项目的设计、施工、供应等工作平行委托给主要的承包人,每个总承包人又可以进行分包的方式。这种方式在工程中是极为常见的,如图4-3所示。

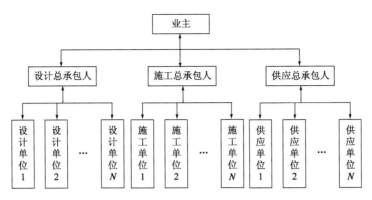

图 4-3　平行总承包方式

(4)CM承包方式。CM(Construction Management),即 CM/non-Agency 方式,是指由业主委托 CM 项目负责人(Construction Manager,CM 经理)与工程师组成一个联合小组,共同负责组织和管理工程的规划、设计和施工的方式。整个建设过程可以合理地分解成若干个阶段,而每个阶段的设计图纸完成即可开始施工招标,中标单位即可开始施工,实现有条件的"边设计、边招标、边施工"。CM 承包人只从业主处收取项目管理的服务费用,以及当实际成本低于合同总价时,可按合同规定与业主分享节余部分。由于 CM 公司早期即进入设计管理,并可对设计工作施加影响,因而,设计单位可听取 CM 公司的建议,预先考虑在施工过程中可能会发生的问题,以改进设计,实现 CM 公司对业主承诺的最高合同总价;还可以运用价值工程优化设计,节省投资;合理安排、科学管理,缩短工程项目从策划、设计、招标、施工到竣工验收的整个周期,使建设工程项目尽早投产、使用,减少投资风险,较早地获得收益。

CM 模式可以有多种方式,最常用的两种是代理型 CM 方式和非代理型 CM 方式。

①代理型 CM 方式。CM 单位是业主的咨询人和代理人,可以帮助业主进行分阶段工程的招标。业主和 CM 单位的服务合同规定费用是固定酬金加管理费,业主在各施工阶段与承包人签订工程施工合同,CM 公司与承包人没有合同关系。代理型 CM 模式结构,如图 4-4 所示。

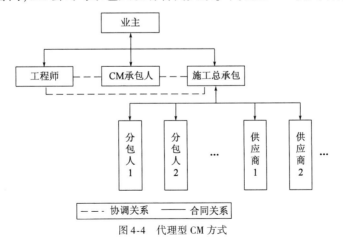

图 4-4　代理型 CM 方式

这种方式下,在明确整个工程项目成本之前,可能花费较大;由于边设计、边施工,会出现索赔和变更的费用较高的情况;CM 承包人不可能对进度和成本作出保证,使得业主方承担的风险很大。

②非代理型 CM 方式。CM 承包人直接与业主签订合同,接受整个工程施工的委托,再与分包人、供应商签订合同。非代理型 CM 方式,如图 4-5 所示。

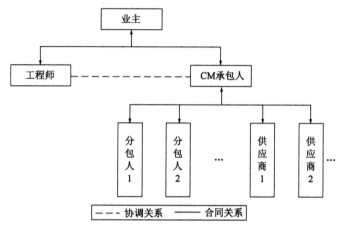

图 4-5 非代理型 CM 方式

在现代工程中,工程承包方式多种多样,各有优点、缺点和适用条件,业主在进行合同策划时应根据业主的具体情况、工程的具体情况、市场的具体情况选择合适的方式。

3.合同种类的选择

在实际工程中,合同的计价方式有近 20 种。不同种类的合同,有不同的应用条件、不同的权力和责任的分配、不同的付款方式,对合同双方有不同的风险,合同双方应按具体情况选择合同类型。

4.招标方式的确定

招标方式有公开招标、邀请招标(选择性竞争招标)、议标等,每种方式均有其特点及适用范围。一般要根据承包形式、合同类型、业主所拥有的招标时间(工程紧迫程度)等决定。

另外,在招标的策划工作中,还应处理好以下一些问题:

(1)确定资格预审的标准和允许参加投标单位的数量。业主要保证在工程招标中有比较激烈的竞争,必须保证有一定量的投标单位,这样才能取得一个合理的价格,选择余地较大。但如果投标单位太多,则管理工作量大,招标期较长。

在资格预审期要对投标人有基本的了解和分析。一般从资格预审到开标,投标人会逐渐减少,即发布招标广告后,会有大量的承包人来了解情况,但提供资质预审文件的单位就要少点,买标书的单位又会少一点,提交投标书的单位还会减少,甚至有的单位投标后又撤回标书。对此必须保证最终有一定量的投标人参加竞争,否则在开标时会很被动。

(2)确定合理的定标标准。确定定标的指标对整个合同的签订(承包人选择)和执行影响很大。实践证明,如果仅选择低价中标,不分析报价的合理性和其他因素,则公路工程实施过程中会产生较多争执,工程合同失败的比例较高。因为它违反公平合理原则,承包人没有合理的利润,甚至要亏损,当然不会有高的履约积极性。所以人们越来越趋向采用综合评标,即从报价、工期、方案、资信、管理组织等方面进行综合评价,以选择中标者。

(3)标后谈判的处理。一般在招标文件中业主都申明不允许进行标后谈判。这是为了不留活口,掌握主动权。但从战略角度出发,业主应欢迎标后谈判,因为可以利用这个机会获得更合理的报价和更优惠的服务,对双方和整个工程都有利,这已被许多工程实践所证明。

5. 合同条件的选择

合同协议书和合同条件是合同文件中最重要的部分。在实际工程中,业主可以根据需要,自己(通常委托咨询公司)起草合同协议书(包括合同条款),也可以选择标准的合同条件。在具体应用时,可以按照自己的需要通过制订特殊条款对标准的文本作修改、限定或补充。

对一个工程,有时会有几个同类型的合同条件供选择,特别是在国际工程中。合同条件的选择应注意如下问题:

(1)合同条款应与双方的管理水平匹配。大家从主观上都希望使用严密、完备的合同条件,但合同条件应该与双方的管理水平相配套,否则执行时会有困难。如果双方的管理水平很低,却使用十分完备、周密,同时规定又十分严格的合同条件,则这种合同条件没有可执行性。将我国的原示范文本与FIDIC合同相比较就会发现,我国施工合同在许多条款中的时间限定要严格很多。这说明,在工程中如果使用我国的施工合同,则合同双方要比使用FIDIC合同有更高的管理水平,更快的信息反馈速度,发包人、承包人、项目经理、监理工程师的决策过程必须很快。但实际上做不到,所以在我国的承包工程中常常双方都不能准确执行合同。

(2)应尽可能使用标准的合同条款且最好选用双方都熟悉的标准合同条件。这样既有利于业主管理工作,又利于承包人对条款的执行,可减少争执和索赔,能较好地执行合同。如果双方来自不同的国家,选用合同条件时应更多地考虑承包人的因素,使用承包人熟悉的合同条件。由于承包人是工程合同的具体实施者,所以应更多地被偏向,而不能仅从业主自身的角度考虑这个问题。当然在实际工程中,许多业主都选择自己熟悉的合同条件,以保证自己在工程管理中处于有利的地位和掌握主动权,但结果是工程不能顺利进行。最终承包人受到很大损失,许多索赔未能得到解决,而业主的工程质量则很差,工期也相应拖延。由于工程迟迟不能交付使用,业主不得已又委托其他承包人进场施工,对工程的整体效益产生极大的影响。

(3)合同条件的使用应注意到其他方面的制约。招标文件由业主起草,业主居于合同主导地位。业主应特别关注下列重要合同条款:

①适用合同关系的法律、合同争执仲裁的机构和程序等。

②付款方式。

③合同价格调整的条件、范围、方法,特别是由于物价、汇率、法律、关税等的变化对合同价格调整的规定。

④对承包人的激励措施,如提前竣工,提出新设计,使用新技术新工艺使业主节省投资;奖励型的成本加酬金合同;质量奖;等等。

⑤合同双方的风险分配。

⑥保证业主对工程的控制权力,包括工程变更权力、进度计划审批权力、实际进度监督权力、施工进度加速权力、质量的绝对检查权力、工程付款的控制权力、承包人不履约时业主的处置权力等。

6. 重要合同条款的确定

(1)确定适用于合同关系的法律,以及合同争执仲裁的地点、程序等。

(2)确定付款方式。是采用进度付款、分期付款、预付款,还是由承包人垫资承包,由业主的资金来源保证情况等因素决定。让承包人在工程中过多垫资,会对承包人的风险、财务状况、报价和履约积极性有直接影响。当然,如果业主超过实际进度预付工程款,在承包人没有出具保函的情况下,又会给业主带来风险。

(3)确定合同价格的调整条件、范围,调整方法,特别是遇物价上涨、汇率变化、法律变化、关税变化等对合同价格调整的规定。

(4)确定合同双方风险的分担,即将工程风险在业主和承包人之间进行合理分配。基本原则是通过风险分配,激励承包人努力控制三大目标、控制风险,达到最好的工程经济效益。

(5)确定对承包人的激励措施。各种合同中一般都会订立奖励条款,恰当地采用奖励措施可以鼓励承包人缩短工期、提高质量、降低成本、提高管理积极性。通常的奖励措施有:

①提前竣工奖励。这是最常见的,通常合同明文规定工期提前一天业主将给承包人奖励的金额。

②提前竣工,将项目提前投产实现的盈利在合同双方之间按一定比例分成。

③承包人如果能提出新的设计方案、使用新技术,使业主节约投资,则按一定比例分成。

④对具体的工程范围和工程要求,在成本加酬金合同中,可确定一个目标成本额度,并规定如果实际成本低于这个额度,则业主应将节约的部分按一定比例发给承包人作为奖励。

⑤质量奖,这在我国用得较多。例如,合同规定,如工程质量达全优(或优良),业主另外支付一笔奖励金。

(6)设计合同条款,通过合同保证业主对工程的控制权力,并形成一个完整的控制体系。

①控制内容。明确规定业主和其项目经理对工期、成本(投资)、质量及工程成果等各方面的控制权力。

②控制过程。各种控制必须有一个严密的体系,形成一个前后相继的过程。

a.工期控制过程,包括开工令、对详细进度计划的审批(同意)权、工程施工出现拖延时的指令加速权、拖延工期的违约金条款等。

b.成本(投资)控制过程,包括工作量计算程序、付款期、账单的审查过程及权力、付款的控制、竣工结算和最终决策、索赔的处理、决定价格的权力等。

c.质量控制过程,包括图纸的审批程序及权力、方案的审批(或同意)权,变更工程的权力,材料、工艺、工程的认可权、检查权和验收权,对分包和转让的控制权。

③对失控状态或问题的处置权力,如材料、工艺、工程质量不符合要求的处置权,暂停工程的权力,在极端状态下中止合同的权力,等等。

这些都有了具体、详细的规定,才能形成实施控制的合同保证。

(7)为了保证双方诚实信用,必须有相应的合同措施。具体包括:

①工程中的保函、保留金和其他担保措施。

②承包人的材料和设备进入施工现场,则作为业主的财产,没有业主(或工程师)的同意不得移出现场。

③合同中对违约行为的处罚规定和仲裁条款。例如在国际工程中,在承包人严重违约的情况下,业主可以将承包人逐出现场,而不解除其合同责任,让其他承包人来完成合同,费用由违约的承包人承担。

(二) 承包人的合同策划

对于业主的合同策划,承包人常常必须执行或服从。如招标文件规定,承包人必须按照招标文件的要求作标,不允许修改合同条件,甚至不允许使用保留条件。但承包人也有自己的合同策划,承包人的合同策划主要有如下几个方面的内容。

1. 投标项目的选择

承包人通过市场调查获得许多工程项目的招标信息,需要就是否参与某一项目的投标作出战略决策。其依据是:

(1) 政治文化环境,包括国内政局、国际关系、法律规定、风俗习惯、宗教信仰等。

(2) 经济环境,包括市场景气程度、生产水平、劳动力成本、汇率、利率、价格水平等。

(3) 自然环境,包括水文、地质、气候条件,自然灾害发生概率,等等。

(4) 承包市场状况和竞争的形势,包括该工程竞争者的数量、竞争对手的状况等。

(5) 工程及业主的状况,包括:工程的技术难度,施工所需的工艺、技术和设备,对施工工期的要求及工程的影响程度;业主对承包方式、合同种类、招标方式、合同的主要条款等的规定和要求;业主的资信情况,是否有不守信用、不付款的历史;业主建设资金的准备情况和企业经营情况;等等。

(6) 承包人自身的状况,包括公司的优势和劣势、施工力量、技术水平、管理能力、同类工程经验、在手工程数量、资金状况等。

总之,选择的投标项目应符合承包人自身的经营战略要求,最大限度地发挥自身优势,符合其经营战略,不要企图承包超过自己施工技术水平、管理水平、财务能力的工程以及没有竞争能力的工程。

2. 合同风险的评价

承包人在合同策划时必须对工程的合同风险有一个总体的评价。合同风险评价主要包括风险的辨识和风险的评估两项工作。

一般情况下,如果工程存在下列问题,则说明工程风险很大。

(1) 工程规模大,工期较长,且业主要求采用固定总价合同形式。这种情况下,承包人须承担全部工程量和价格的风险。

(2) 业主要求采用固定总价合同,但仅给出初步设计文件让承包人作标,图纸不详细、不完备,工程量不准确、范围不清楚等,或合同中的工程变更赔偿条款对承包人很不利。

(3) 业主将作标期压缩得很短,使承包人没有时间详细分析招标文件;或者招标文件为外文,采用承包人不熟悉的合同条件。这不仅对承包人风险很大,而且还会造成对整个工程总目标的损害,常常欲速则不达。

(4) 工程环境不确定性大,如物价和汇率大幅度变动、水文地质条件不清楚,且业主要求采用固定价格合同。

大量的工程实践证明,如果存在上述问题,特别当一个工程中同时出现上述多种问题,则这个工程可能会彻底失败,甚至将整个承包企业拖垮。这些风险可能造成损失的大小,在签订合同时往往是难以想象的,遇到这类工程,承包人应有足够的思想准备和应对措施。

3. 合作方式的选择

在总承包模式下,承包人可以选择分包或联营承包等合作方式共同完成合同工程,充分发挥各自的技术、管理和财力优势,以共同承担风险。但不同的合作方式其风险分担程度也不相同。

(1)分包

分包在工程中使用较多,通常在以下几种情况下使用:

①出于经济目的。对于某些分项工程,如果总承包人认为自己承担会亏本,可将其分包给有可能报价低的分包人。这样,总承包人不仅可以避免损失,还能获得一定的经济效益。

②合理转移或减少风险的需要。有些项目虽然利润大,但风险也较高,承包人经过风险分析,不愿承担或无法承担这些很大的风险,就可以通过分包将风险部分地转移给其他承包人,转嫁或减少风险。

③业主的要求,即业主指定承包人将某些分项工程分包出去。例如,业主对某些特殊分项工程只信任某一承包人,要求将该分项工程由该承包人承担。在国际工程中,有些国家还有规定外国承包人必须分包一定量的工程给本国的承包人等的情况。承包人在投标报价时,一般应确定分包人的报价,商定分包的主要条件,甚至签订分包意向书。

④技术上的需要。总承包人不可能也不需要具备工程所需所有专业的施工能力,通过分包的形式可以弥补总承包人在技术、人力、设备、资金等方面的不足。

由于承包人向业主承担工程责任,分包人出现任何问题都由总包人负责,所以选择分包人应慎重,要选择符合要求的、有能力的、长期合作的分包人。此外,还应注意分包不宜过多,以免出现协调和管理困难,或引起业主怀疑承包人能力等问题。

(2)联营承包

联营承包,是指两家或两家以上的承包人联合投标,共同承接工程。承包人通过联合承包,可以承接工程规模大、技术复杂、风险大、难以独家承揽的工程,扩大经营范围,同时,在投标中可以发挥联营各方的技术、管理、经济和社会优势,使报价更具竞争力。联营各方可取长补短,增强完成合同的能力,业主较欢迎,易于中标。联营有多种方式,最常见的是联合体方式。联合体方式是指各自具有法人资格的施工企业结成合作伙伴联合承包一项工程,以联合体名义与业主签订合同,共同向业主承担责任。组成联合体时,应推举其中一成员方为该联合体的责任方,代表联合体的一方或全体成员承担本合同的责任,负责与业主和工程师联系并接受指令,以及全面负责履行合同。

联营各方应签订联合体协议和章程,经业主确认的联合体协议和章程应作为合同文件的组成部分。在合同履行过程中,未经业主同意,不得修改联合体协议和章程。联合体协议属于施工承包合同的从合同。通常联合体协议先于施工承包合同签订,但是,只有施工承包合同签订了,联合体协议才有效,施工承包合同结束,联合体协议也结束,联合体也随之解散。

五、合同策划应注意的问题

合同策划是一个十分重要而复杂的问题,为保证合同的顺利执行,应注意的一个关键问题就是工程合同体系的协调性。这一点处理得好,不仅可以使参与各方责任清楚,减少合同纠纷和索赔,而且能保证合同目标的顺利实现。工程合同体系的协调包括以下几个方面:

(1)不同时间所订立的合同应协调。由于各个合同不在同一个时间内签订,容易引起失调,所以必须纳入一个统一的、完整的计划体系中统筹安排,做到各个合同之间互相兼顾。

（2）各部门在订立合同时应注意相互间的协调。在许多企业及工程项目中,不同的合同由不同的职能部门或人员管理,如采购合同归材料科管,承包合同和分包合同归经营科管,贷款合同归财务科管,在管理程序上应注意各部门之间的协调。例如,提出采购条件时要符合承包合同的技术要求;供应计划应符合项目的工期安排,与财务部门一齐商讨付款方式;签订采购合同后要报财务部门备案,安排资金,并就运输等工作作出安排(签订运输合同)。这样才能形成一个完整的项目管理体系。

（3）各个合同之间,工程各相关合同间应协调。为了一个工程的建设,业主要签订许多合同。这些合同中存在十分复杂的关系,业主必须负责这些合同之间的协调工作。工程合同体系的协调就是让各个合同所确定的工期、质量、成本、技术要求、管理机制等有较好的相容性和一致性。这个协调必须反映项目的目标系统、技术设计和计划(如成本计划、工期计划)等内容。工程变更不仅要顾及相关的承包合同,而且要顾及与它平行的供应合同,以及它所属的分包合同、供应合同及租赁合同等。在采取调控措施时,也要考虑对整个合同体系中各个合同的影响。

六、公路工程项目合同管理制度

公路工程施工企业为了更好地落实合同管理工作,必须建立完善的项目合同管理制度。在公路工程项目实施中,须建立完善以下几种制度。

(一)施工企业内部合同会签制度

由于施工企业的合同涉及施工企业各个部门的管理工作,为了保证合同签订后得以全面履行,在合同未正式签订之前,由办理合同的业务部门会同企业施工、技术、材料、劳动、机械动力和财务等部门共同研究,提出对合同条款的具体意见,进行会签。在施工企业内部实行合同会签制度,有利于调动企业各部门的积极性,发挥各部门的管理职能作用,群策群力,集思广益,保证合同履行的可行性,促使施工企业各部门之间相互衔接和协调,确保合同的全面及实际履行。

(二)合同签订审查批准制度

为了使施工企业的合同在签订后合法、有效,必须在签订前履行审查、批准手续,即将准备签订的合同在部门之间会签后,送给企业主管合同的机构或法律顾问进行审查;再由企业主管或法定代表人签署意见,同意对外正式签订合同。通过严格的审查、批准手续,可以使合同的签订建立在可靠的基础上,尽量防止合同纠纷的发生,以维护企业的合法权益。

(三)印章制度

施工企业合同专用章是代表企业在经营活动中对外行使权利、承担义务、签订合同的凭证。因此,企业对合同专用章的登记、保管、使用等都要有严格的规定。合同专用章应由合同管理员保管、签印,并实行专章专用。合同专用章只能在规定的业务范围内使用,不能超越范围使用。不准为空白合同文本加盖合同印章;不得为未经审查批准的合同文本加盖合同印章;严禁与合同洽谈人员勾结,利用合同专用章谋取个人私利。若出现上述情况,要追究合同专用章管理人员的责任。凡外出签订合同时,应由合同专用章管理人员携章陪同,由负责办理签约的人员一起前往签约。

(四)管理目标制度

合同管理目标是各项合同管理活动应达到的预期结果和最终目的。合同管理的目的是施工企业通过自身在合同的订立和履行过程中进行的计划、组织、指挥、监督和协调等工作,促使企业内部各部门、各环节互相衔接、密切配合,进而使人、财、物各要素得到合理的组织和充分的利用,保证企业经营管理活动的顺利进行,提高工程管理水平,增强市场竞争能力,使建设项目高质量、高效益地完成,满足社会需要,更好地为发展和完善建筑业市场服务。

(五)管理质量责任制度

这是施工企业的一项基本管理制度,规定了企业内部具有合同管理任务的部门和合同管理人员的工作范围、职责及权利。这一制度有利于企业内部合同管理工作分工协作,明确责任,落实任务,逐级负责、人人负责,从而调动企业合同管理人员以及合同履行中有关人员的积极性,促进施工企业合同管理工作正常开展,保证合同圆满完成。公路工程施工企业应当建立完善的合同管理质量责任制度,确保人员、部门、制度的落实。

(六)统计考核制度

合同统计考核制度是施工企业整个统计报表制度的重要组成部分。完善的合同统计考核制度,是运用科学的方法,利用统计数字,反馈合同订立和履行情况,通过对统计数字的分析,总结经验、教训,为企业经营决策提供重要依据。

(七)评估制度

合同管理制度是合同管理活动及其运行过程的行为规范,合同管理制度是否健全是合同管理能否奏效的关键所在。因此,建立一套有效的合同管理评估制度是十分必要的。建立合同管理评估制度,必须满足以下要求:

(1)合法。合同管理制度应符合国家有关法律、法规的规定。

(2)规范。合同管理制度应具有规范合同行为的作用,对合同管理行为进行评价、指导、预测,对合法行为进行保护奖励,对违法行为进行预防、警示或制裁,等等。

(3)实用。合同管理制度应能适应合同管理的需求,以便于操作和实施。

(4)系统。各类合同的管理制度是一个有机结合体,互相制约、互相协调,在工程建设合同管理中,能够起发挥整体效应的作用。

(5)科学。合同管理制度应能够正确反映合同管理的客观经济规律,能保证人们利用客观规律进行有效的合同管理。

(八)检查和奖励制度

为更好地发现和解决合同履行中的问题,协调企业各部门履行合同中的关系,施工企业应建立合同签订、履行的监督检查制度。通过检查及时发现合同履行管理中的薄弱环节和矛盾,提出改进意见,以促进企业各部门不断改进合同履行管理工作,提高企业的经营管理水平。进行定期检查和考核,对合同履行管理工作完成好的部门和人员给予表扬鼓励,对于工作不负责任、玩忽职守的部门和人员要给以批评教育和处罚。

(九) 合同的变更、解除制度

在签订合同之后,应尽力保障合同的履行。如实际履行或适当履行确有人力不可克服的困难而须变更或解除合同时,应在法律规定或合理期限内与对方当事人进行协商。为维护合同双方利益,合同的变更与解除由合同承办人以书面形式报合同评审机构审核,批准后,应尽快与对方签订变更或解除协议。施工企业应该建立合同变更、解除的相关程序等制度。

七、公路工程项目合同管理机构及人员的设置

(一) 合同管理机构的设立

合同管理机构应当与企业总经理室、工程部等机构一样成为施工企业的重要内部机构。合同管理是非常专业化且要求相当高的一种工作,所以,施工企业应设立专门的法律顾问室来管理合同的谈判、签署、修改、履约监控、存档和保管等一系列管理活动,而不应兼任,甚至是临时管理。

由于集团型大型施工企业和其属下的施工企业都是独立的法人,故两者之间虽有投资管理关系,但在法律上却又相互独立。施工企业在经营上有各自的灵活性和独立性。因此,这种集团型施工企业应当设置二级双重合同管理制度,即在集团和其子公司中分别设立各自的合同管理机构。对中小型公路工程施工企业也应当设立合同管理机构和合同管理员,统一管理施工队的合同,制订合同评审制度,切忌将合同管理权下放到项目部,以强化规范管理。

(二) 合同管理人员的配备

合同管理工作由合同管理机构统一操作,应当落实到具体人员。对于集团型施工企业,合同管理工作较繁重,应当配多人,明确分工,做好各自的合同管理工作;而中小型施工企业,可依具体的合同管理工作量、企业自身情况和企业经营状况决定合同管理人员的数量和管理人员的职责。

由于公路工程施工企业须签订的合同种类繁多、性质各异,不同种类的合同所涉及的行业、专业不同,同时,企业内部各相关职能部门各司其职,分别参与合同的谈判、起草、修改等工作,因此,在合同管理过程中,应注重企业内部机构和人员之间的协作,建立会审和监督机制,实施合同管理的行为和制度。

第二节 合同谈判与订立

一、合同审查

在工程项目招标投标阶段的初期,业主的主要工作是合同策划;而承包商的主要合同管理工作是合同评审。合同策划和评审是合同谈判和签订的前提。

公路工程合同评审应在合同谈判、签订之前进行,主要是对招标文件和合同的条件进行审查认定、评价,对合同的合法性、条款的完备性及合同的风险进行分析。通过合同评审,可以发现合同中存在的内容含糊、概念不清之处或未能完全理解的条款,对此应进行仔细研究,认真

分析,制订相应的措施,以减少合同中的风险,减少合同谈判和签订中的失误,从而有利于合同双方合作愉快,促进公路工程项目施工的顺利进行。合同审查分析是一项技术性很强的综合性工作,要求合同管理者必须熟悉与合同相关的法律法规,精通合同条款,对工程环境有全面的了解,有合同管理的实际工作经验并有足够的细心和耐心。

合同审查包括以下几个方面内容。

(一)合同效力的审查

合同必须在合同依据的法律基础的范围内签订和实施,否则会导致合同全部或部分无效,从而给合同当事人带来不必要的损失,这是合同审查的最基本也是最重要的工作。合同效力的审查主要从以下几个方面入手。

1. 合同当事人资格的审查

合同当事人资格的审查,即权利能力、行为能力的调查。无论是发包人还是承包人必须具有发包和承包工程、签订合同的资格,即具备相应的民事权利能力和民事行为能力。有些招标文件或当地法规对外地或外国承包商有一些特别规定,如在当地注册、获取许可证等。在我国,施工单位的资格主要从营业执照、资格证书两个方面审查。施工单位必须具备企业法人资格且营业执照经过年检,施工单位要在资质等级许可的范围内对外承揽工程。施工单位在签订合同前应调查建设单位是否是依法登记注册的正规单位,是否具备法人资格。如果是法人下属单位,应查清其授权委托书,必要时可保留其复印件或向被代理单位查询。

2. 合同项目合法性审查

工程项目合法性审查,即对合同客体资格的审查。主要审查工程项目是否具备招标投标、签订和实施合同的一切条件,包括:

(1)是否具备工程项目建设所需要的各种批准文件。按照我国《中华人民共和国城乡规划法》等法律的规定,在城市规划区域内进行工程建设,招标人应当取得"建设用地规划许可证"和"建设工程规划许可证"。根据《中华人民共和国建筑法》的规定,建设工程开工前,建设单位必须申领"施工许可证"。无证施工的视为非法,会受到相关行政主管部门的处罚。

(2)工程项目是否已经列入年度建设计划。

(3)建设资金、主要建筑材料和设备来源是否已经落实。为避免建设单位在合同履行过程中出现资金困难的情况,在签约时,应尽量选择资金有保障的单位。如果建设单位提供担保的,还必须对担保方进行担保主体合法性和资信调查。《中华人民共和国合同法》(以下简称《合同法》)明确规定了不安抗辩权,即施工方在施工过程中,如果发现建设单位有经营状况严重恶化,或转移资产、抽逃资金,丧失商业信誉,以及其他可能丧失履行债务能力的情形,并有确切证据的,可以中止履行,并要求建设单位履行债务或提供担保,否则有权解除合同,追究赔偿责任。

(4)业主资信情况的审查。业主的付款能力问题是承包商最大的风险,必须审核业主的付款能力。应重点审核:业主资金来源是否可靠;自筹资金和贷款的比例是多少,是政府贷款、国际金融机构贷款还是商业银行贷款;业主资金筹措情况,有无为项目提供必要的担保。另外,在审查业主支付能力时,还要审核业主项目的可行性。除了考虑业主自身的经济实力外,对业主的付款能力关键取决于其能否取得融资,如银行贷款、卖方信贷、股东贷款、企业债券等。

3. 合同订立过程的审查

合同订立过程的审查包括：招标人是否有规避招标行为和隐瞒工程真实情况的现象；投标人是否有串通作弊、哄抬标价或以行贿的手段谋取中标的现象；招标代理机构是否有泄露应当保密的与招标投标活动有关的情况和资料的现象以及其他违反公开、公平、公正原则的行为。任何单位和个人不得将依法必须进行招标的项目化整为零，或者以其他任何方式规避招标。依法应当招标而未招标的合同无效。特别需要强调的是，在工程招标投标过程中，会出现少数发包人和承包人签订黑白合同(阴阳合同)的现象。所谓"黑白合同"是指，合同当事人出于某种利益考虑，对同一合同标的物签订的、价款存在明显差额或者履行方式存在差异的两份合同，其中一份作了登记、备案等公示的合同称为"白合同"或"阳合同"，而另一份仅由双方当事人持有的、内容与备案合同不一致的私下协议，称为"黑合同"或"阴合同"。对于黑白合同，《司法解释》第二十一条规定，"当事人就同一建设工程另行订立的建设工程施工合同与经过备案的中标合同实质性内容不一致的，应当以备案的中标合同作为结算工程价款的根据"。有些合同需要公证或由官方批准后才能生效，这应当在招标文件中说明。在国际工程中，有些国家项目、政府工程，在合同签订后或业主向承包商发出中标通知书后，还得经过政府批准，合同才能生效。对此，应当特别注意。

4. 合同内容合法性的审查

对合同内容合法性的审查，主要审查合同条款和所指的行为是否符合法律规定，包括：

(1)审查合同规定的工程项目是否符合政府批文；

(2)审查合同规定的项目是否符合国家产业政策；

(3)审查政府投资项目合同是否约定代、垫资施工条款。

对合同内容违反地方性、专门性规定的合同效力确认，应具体审查地方性、专门性规定的效力，看该地方性、专门性规定是否与法律法规的禁止性或义务性规定相一致，一致的合同无效，否则，不影响合同的效力。其他内容的审查，如审查分包转包的规定、劳动保护的规定、环境保护的规定、赋税和免税的规定、外汇额度条款、劳务进出口条款等是否符合相应的法律规定。

(二)合同完备性的审查

根据《合同法》规定，合同应包括合同当事人、合同标的、标的的数量和质量、合同价款或酬金、履行期限、地点和方式、违约责任及解决争议的方法。一份完整的合同应包括上述所有条款。由于建设工程的工程活动多，涉及面广，合同履行中不确定性因素多，从而给合同履行带来很大风险。如果合同不够完备，就可能会给当事人造成重大损失。因此，必须对合同的完备性进行审查。合同的完备性审查包括以下内容：

(1)合同文件完备性审查，即审查属于该合同的各种文件是否齐全。例如，发包人提供的技术文件等资料是否与招标文件中规定的相符，合同文件是否能够满足工程需要，等等。

(2)条款完备性审查。这是合同完备性审查的重点，即审查合同条款是否齐全，对工程涉及的各方面问题是否都有规定，合同条款是否存在漏项，等等。合同条款完备性程度与采用何种合同文本有很大关系。

①如果采用的是合同示范文本，如 FIDIC 条款，或我国施工合同示范文本等，则一般认为

该合同条款较完备。此时,应重点审查专用合同条款是否与通用合同条款相符、是否有遗漏等。

②如果未采用合同示范文本,但合同示范文本存在,在审查时应当以示范文本为样板,将拟签订的合同与示范文本的对应条款一一对照,从中寻找合同漏洞。

③对于无合同示范文本,如联营合同等,无论是发包人还是承包人在审查该类合同的完备性时,应尽可能多地收集实际工程中的同类合同文本,并进行对比分析,以确定该类合同的范围和合同文本的结构形式。然后再将被审查的合同按结构拆分开,并结合工程的实际情况,从中寻找合同漏洞。

(三)合同条款公正性的审查

公平、公正、诚实信用是《合同法》的基本原则,当事人无论是签订合同还是履行合同,都必须遵守该原则。但是,在实际操作中,由于建筑市场竞争异常激烈,而合同的起草权又掌握在业主手中,承包人只能处于被动应付的地位,因此业主所提供的合同条款往往很难达到公平公正的程度。所以,承包人应逐条审查合同条款是否公平公正,对明显缺乏公平公正的条款,在合同谈判时,通过寻找合同漏洞、向业主提出自己的合理化建议、利用发包人澄清合同条款及进行变更的机会,力争使发包人对合同条款作出有利于自己的修改。同时,业主应当认真审查研究承包人的投标文件,从中分析投标报价过程中承包人是否存在欺诈等违背诚实信用原则的现象。对公路工程施工合同而言,应当重点审查以下内容。

1. 工作范围

工作范围,即承包人所承担的工作范围,包括施工材料和设备供应,施工人员的提供,工程量的确定,质量、工期要求及其他义务。工作范围是制订合同价格的基础,因此工作范围是合同审查与分析中一项极其重要的不可忽视的问题。招标文件中往往有一些含糊不清的条款,故有必要进一步明确工作范围。在这一方面,经常发生如下问题:

(1)因工作范围和内容规定不明确或承包人未能正确理解而出现报价漏项,从而导致成本增加甚至整个项目出现亏损。

(2)由于工作范围不明确,对一些应包括进去的工程量没有进行计算而导致施工成本上升。

(3)规定工作内容时,对于规格、型号、质量要求、技术标准文字表达不清楚,从而在实施过程中产生合同纠纷。

(4)对于承包的国际工程,在将外文标书翻译成中文时出现错误,如将金扶手翻译成镀金扶手,将发电机翻译成发动机等,这必然导致报价失误。因此,合同审查一定要认真仔细,规定工作内容时一定要明确具体,责任分明,特别是在固定总价的合同中,应根据双方已达成的价格,查看承包人应完成哪些工作,界面划分是否明确,对追加工程能否另计费用。对招标文件中已经体现,工程质量也已列入,但总价中未计入者,要审查是否已经逐项指明不包括在本承包范围内,否则要补充计价并相应调整合同价格。为现场监理工程师提供的服务如包含在报价内,分析承包人应提供的办公及住房的建筑面积、标准,工作、生活设备数量和标准等是否明确。合同中有否诸如"除另有规定外之一切工程……""承包人可以合理推知需要提供的为本工程服务所需的一切工程……"等含糊不清的词句。

2. 权利和责任

合同应公平合理地分配双方的责任和权利。因此,在审查合同时,一定要列出双方各自的责任和权利,在此基础上进行权利义务关系分析,检查合同双方责、权、利是否平衡,合同有无逻辑问题,等等。同时,还必须对双方责任和权力的制约关系进行分析。如在合同中规定一方当事人有一项权力,则要分析该权利的行使会对对方当事人产生什么影响,该权利是否需要制约,权力方是否会滥用该权力,使用该权利的权利方应承担什么责任,等等,据此提出对该项权利的反制约。例如,合同中规定"承包商在施工中随时接受工程师的检查"条款,作为承包商,为了防止工程师滥用检查权,应当相应增加"如果检查结果符合合同规定,则业主应当承担相应的损失(包括工期和费用赔偿)"条款,以限制工程师的检查权。

如果合同中规定一方当事人必须承担一项责任,则要分析承担该责任应具备什么前提条件,以及相应该拥有什么权力,如果对方不履行相应的义务应承担什么责任,等等。例如,合同规定承包商必须按时开工,则在合同中应相应地规定业主应按时提供现场施工条件,及时支付预付款,等等。

在审查时,还应当检查双方当事人的责任和权利是否具体、详细、明确,责权范围界定是否清晰,等等。例如,对不可抗力的界定必须清晰,如风力为多少级,降雨量为多少毫米,地震的震级为多少,等等。如果招标文件提供的气象、水文和地质资料明显不全,则应争取列入非正常气象、水文和地质情况下业主提供额外补偿的条款,或在合同价格中约定对气象、水文和地质条件的估计,即如超过该假定条件,则需要增加额外费用。

3. 工期和施工进度计划

(1) 工期

工期的长短直接与承/发包双方利益密切相关。对发包人而言,工期过短,不利于工程质量,还会造成工程成本增加;而工期过长,则影响发包人正常使用,不利于发包人及时收回投资。因此,发包人在审查合同时,应当综合考虑工期、质量和成本三者的制约关系,以确定一个最佳工期。对承包人来说,应当认真分析自己能否在发包人规定的工期内完工;为保证自己按期竣工,发包人应当提供什么条件,承担什么义务;如发包人不履行义务应承担什么责任,以及已方不能按时完工应当承担什么责任等。如果根据分析,很难在规定工期内完工,承包人应在谈判过程中依据施工规划,在最优工期的基础上,考虑各种可能的风险影响因素,争取确定一个承/发包双方都能够接受的工期,以保证施工的顺利进行。

(2) 开工

开工主要审查开工日期是已经在合同中约定还是以工程师在规定时间发出开工通知为准,从签约到开工的准备时间是否合理,发包人提交的现场条件的内容和时间能否满足施工需要,施工进度计划提交及审批的期限,发包人延误开工、承包人延误进场各应承担什么责任等。

(3) 竣工

竣工主要审查:竣工验收应当具备的条件,验收的程序和内容;对单项工程较多的工程,能否分批验收交付;对已竣工交付部分,其维修期是否从出具该部分工程竣工证书之日算起;工程延期竣工罚款是否有最高限额;对于工程变更、不可抗力及其他发包人原因而导致承包人不能按期竣工的,承包人是否可延长竣工时间;等等。

4. 工程质量

对工程质量主要审查：工程质量标准的约定能否体现优质优价的原则；材料设备的标准及验收规定；工程师的质量检查权力及限制；工程验收程序及期限规定；工程质量瑕疵责任的承担方式；工程保修期限及保修责任等。

5. 工程款及支付问题

工程造价条款是工程施工合同的关键条款，但通常会发生约定不明或设而不定的情况，往往为日后争议和纠纷的发生埋下隐患。实际情况表明，业主与承包商之间发生的争议、仲裁和诉讼等，大多集中在付款上，承包工程的风险或利润，最终也都要在付款中表现出来。因此，无论发包人还是承包人都必须花费相当多的精力来研究与付款有关的各种问题。具体包括如下内容。

（1）合同价格

合同价格审查包括合同的计价方式审查。如采用固定价格方式，则应检查在合同中是否约定合同价款风险范围及风险费用的计算方法，价格风险承担方式是否合理；如采用单价方式，则应检查在合同中是否约定单价随工程量的增减而调整的变更限额百分比（如15%或25%）；如采用成本加酬金方式，则应检查合同中成本构成和酬金的计算方式是否合理，还应分析工程变更对合同价格的影响，同时，还应检查合同中是否约定工程最终结算的程序、方式和期限。对单项工程较多的工程，检查是否约定按各单项工程竣工日期分批结算；对"三边"工程，检查能否设定分阶段决算程序，当合同当事人对结算工程最终造价有异议时是否有处理措施，等等。

（2）工程款支付

工程款支付主要包括以下内容：

①预付款。由于施工初期承包人的投入较大，因此，如在合同中约定预付款支付承包人初期准备费用是公平合理的，则对承包人来说，争取预付款既可以使自己减少垫付的周转资金及利息，也可以表明业主的支付信用，减少部分风险。因此，承包人应当力争取得预付款，甚至可适当降低合同价款以换取部分预付款，同时还要分析预付款的比例、支付时间及扣还方式等。在没有预付款时，通过合同，分析能否要求发包人根据工程初期准备工作的完成情况给付一定的初期付款。

②付款方式。对采用根据工程进度按月支付的，主要审查工程计量及工程款的支付程序以及检查合同中是否有中期支付的支付期限及延期支付的责任。对采用按工程形象进度付款的，应重点分析各付款阶段付款额对工程资金现金流的影响，以合理确定各阶段的付款比例。

③支付保证。支付保证包括承包人预付款保证和发包人工程款支付保证。对预付款保证，应重点审查保证的方式及预付款保证的保值是否随被扣还的预付款金额而相应递减。业主支付能力直接影响承包商资金风险是否会发生及风险发生后影响程度的大小。承包商事先必须详细调查业主的资信状况，并尽可能要求业主提供银行出具的资金到位证明或资金支付担保。

④保留金。主要检查合同中规定的保留金限额是否合理，保留金的退还时间，分析能否以维修保函代替扣留的应付款。对于分批交工的工程，是否可分批退还保留金。

6. 违约责任

违约责任条款订立的目的在于促使合同双方严格履行合同义务,防止违约行为的发生。发包人拖欠工程款、承包人不能保证工程质量或不按期竣工,均会给对方以及第三人带来不可估量的损失。因此,违约责任条款的约定必须具体、完整。在审查违约责任条款时,要注意以下内容:

(1)对双方违约行为的约定是否明确,违约责任的约定是否全面。在工程施工合同中,双方的义务繁多,因此一些违反非合同主要义务的责任承担往往容易被忽视。而违反这些义务极可能影响整个合同的履行,所以,应当注意必须在合同中明确违约行为,否则很难追究对方的违约责任。

(2)违约责任的承担是否公平。针对己方关键性权利,即对方的主要义务,应向对方规定违约责任。如对承包人必须按期完工、发包人必须按规定付款等,都要详细规定各自的履行义务和违约责任。在对自己确定违约责任时,一定要同时规定,对方的某些行为是自己履约的先决条件,否则自己不应当承担违约责任。

(3)对违约责任的约定不应笼统化,而应区分情况作相应约定。有的合同不论违约的具体情况,笼而统之约定一笔违约金,这很难与因违约而造成的实际损失相匹配,从而导致出现违约金过高或过低等不合理现象。因此,应当根据不同的违约行为,如工程质量不符合约定、工期延误等分别约定违约责任。同时,对同一种违约行为,应视违约程度,约定承担不同的违约责任。

(4)虽然规定了违约责任,在合同中还要强调,对双方当事人发生争执而又解决不了的违约行为及由此而造成的损失可用协商调解和仲裁(或诉讼)的办法来解决,以作为督促双方履行各自的义务和承担违约责任的一种保证措施。

7. 免责条款

免责条款订入合同中并不等于当然有效,对免责条款的效力法律上有种种限制。它除应符合法律关于合同效力的一般规定外,还应符合一些特殊规定。在审查免责条款时,应掌握以下几个标准:

(1)免责条款违反法律和社会公共利益的无效。这里所指的违反法律,是指违反法律的强制性规范。只有违反强制性规范的免责条款才无效。

(2)免责条款不得免除故意和重大过失责任。如果允许当事人在合同中订立免除故意或重大过失责任的条款,则无异于鼓励当事人不履行合同或不负责任地履行合同,这就与《中华人民共和国民法通则》规定的诚实信用原则相违背,且不符合合同订立的目的。

(3)免责条款不得免除合同当事人的基本义务。也就是说,免责条款的免责以合同的基本义务得到履行为前提。如果允许当事人不履行合同的基本义务而不须承担任何责任,就背弃了合同的本来目的,且与法律的原则相违背。

(4)免责条款不得违反公平原则。公平原则是一项基本原则,它的要求之一就是民事主体在承担民事责任上要合理。

此外,在合同审查时,还必须注意合同中关于保险、担保、工程保修、变更、索赔、争议的解决及合同的解除等条款的约定是否完备、公平、合理。

二、合同谈判

合同谈判,即合同双方共同商谈合作细节,明确所有合同参与方的权利与义务及各方违约的处理方式。一个善始善终的谈判对合同的签订及其内容将起决定性作用合同谈判是业主与承包商面对面的直接较量,谈判的结果决定着合同双方的利益。因此,在正式谈判前,无论业主还是承包商,必须深入细致地做好充分的思想准备、组织准备、资料准备等,做到知己知彼、心中有数,为合同谈判的成功奠定坚实的基础。

(一)合同谈判的原则

合同谈判的基本原则如下。

1. 客观性原则

客观性原则要求谈判人全面收集信息材料,客观分析信息材料;寻求客观标准,如法律规定、国际惯例等;不屈从压力,只服从事实和真理。

2. 求同存异的原则

谈判的前提是各方需要和利益不同,但谈判的目的不是扩大分歧,而是弥合分歧,使各方成为谋求共同利益、解决问题的伙伴。

3. 公平竞争的原则

谈判是为了谋求一致,需要合作,但合作并不排斥竞争。要做到公平竞争,其一,各方地位要一律平等。其二,标准要公平。这个标准不应以一方认定的标准判断,而应以各方都认同的标准为标准。其三,给人以选择机会,即从各自提出的众多方案中筛选出最优的方案——最大限度满足各方需要的方案。没有选择就无从谈判。其四,协议公平。尼尔伦伯格认为谈判获得成功的基本哲理是"每方都是胜者",即我们今天所说的"双赢"。只有协议公平,才能保证协议的真正履行,强权之下达成的不平等协议是没有持久约束力的。

4. 妥协互补原则

所谓妥协就是用让步的方法避免冲突或争执。但妥协不是目的,而是求得利益互补,在谈判中会出现许多僵局,而唯有某种妥协才能打破僵局,使谈判得以继续,直至协议达成。至于妥协,有根本妥协和非根本妥协之分。谈判各方的利益都不是单一的,这表现在谈判方案的多项条款中。其中某些主要条款必须是志在必得,不得放弃的,妥协只能在非根本利益的条款上体现,有时即使谈判破裂也在所不惜,因为这是在非根本利益上得到补偿,也不足以弥补根本的损失。所以,谈判前,各方都必须明确自己的根本利益。

5. 依法谈判的原则

国与国之间的谈判要依据国际法和国际惯例,国内商务谈判,自然也应遵守我国有关的法律和法规。

(二)合同谈判的准备工作

合同谈判中,某一方对谈判有关信息的收集和整理越充分,分析得越彻底,就越能掌握谈判的主动性,从而谈判结果可能对该方越有利。合同谈判的准备工作主要包括以下方面。

1. 信息的收集

收集的信息主要包括谈判对象、其他竞争者以及己方的情况。信息收集的渠道主要有互联网、行业咨询公司或机构、历史交易、实地调查等。

2. 谈判方案的准备

谈判方案是谈判者在谈判开始前预先对谈判策略、目标、地点等内容拟订的计划,谈判方案准备的主要内容如下:

(1)成立谈判小组。谈判小组一般由商务、技术、财务及法律人员构成。每一个谈判者都须明确分工,都有自己适当的角色,各司其职。

(2)确定谈判目标。谈判目标至少应设置期望目标和底线目标。底线目标是必须守住的底线,不能退让,期望目标是在己方可接受范围锦上添花,达到更好。

(3)设计谈判的程序。开始谈什么,接着谈什么,最后谈什么,事先要有一个大致的安排;同时要预测哪些环节会出现分歧,以及针对这些分歧要采取什么对策。

(4)在有些地区还要事先了解当地的制度要求、风俗习惯,经济、技术和质量水平,等等。

(5)安排时间。研究发现,一天中下午的3点到6点最适合人们开展商谈活动。当然,最佳谈判时间是选择对己方最有利的时机,实践中能主导更好。另外,谈判时间长短安排得要恰当,安排太仓促或太拖沓都不可取。

(6)选择谈判地点。谈判地点选择优选主场谈判,次选双方都不熟悉的中性场所,客场谈判是不得已而为之,应尽量避免由于"场地劣势"导致的错误或不必要的损失。如果进行多轮商谈,谈判地点可依次互换,显示公平。

(三)合同谈判的常用策略

在进行合同谈判时,可以采用的策略如下:

(1)做好开局准备。在谈合同的时候,一定要注意开始阶段,开局如果不好,就会影响谈判效果。开局应该克服彼此的陌生感,不进行实质性谈判,只是加强联系。

(2)掌握谈判议程,注意谈判氛围,合理分配各议题时间。在安排议程方面,也是有学问的,要讲究策略,议题可以安排先易后难,或者也可以安排先难后易,关键看自己的目的。

(3)注重报价阶段。这个阶段应该提前做好充分的调研准备。对对方的报价,应该做到心中有数。可向对方提供历史同类工程成交记录,或请第三方介入,以提高可信度。

(4)善于抓住实质性问题,避实就虚,学会讨价还价。善于抓住合同谈判的实质性问题,要学会讨价还价,不管前期做的准备工作多充分,要把握合同谈判的主要目的。

(5)分配谈判角色,学会互相配合。在谈判中,可以采用互相配合的策略,就是说,有一个"唱白脸",有一个"唱红脸",这样,对方可能会完全被牵制。"红白脸"须配合默契,软硬兼施。

(6)对等让步,适当拖延与休会,做好成交环节。当整个谈判过程已经告一段落,应该达成基本一致的意见,如果双方仍是僵持不下的话,应该给对方一个期限,并强调合同成交的种种好处,或者对等让步。

(四)合同谈判的常用技巧

在合同谈判时,可以采用的谈判技巧如下。

1. 依法造势

目前,施工企业相对业主处于劣势地位。在合同谈判中怎样维护施工企业的合法地位是一个重要问题。"依法造势"是一种较有效的技巧。

所谓"依法造势",就是依据有关法律法规,在合同谈判中制造合同双方平等谈判的声势。《中华人民共和国合同法》强调,合同双方当事人在法律地位上是平等的。既然施工企业通过招投标中了标,在合同谈判中,施工企业与业主的地位便是平等的,施工企业不必有低人一等的心态,要有大度的气势和平等谈判的态势。例如,在某大型施工项目的合同谈判中,业主首先抛出一本合同,摆出一副高高在上的施舍者的架势。在这种僵局中,施工单位可采取依法造势的策略,首先强调在合同谈判时,甲乙双方都具有平等的法律地位;其次,强调施工企业的优势,比如本企业是一个具有国家特级资质的国有大型企业,是依法守法的重合同守信誉的单位;最后,强调合同的订立必须符合平等、自愿、等价、公平的原则,在合同谈判时双方必须在平等的基础上诚信协商,任何霸道行为都会造成合同谈判的破裂。

另外,为保证合同的顺利实施,合同谈判双方都应以"先小人后君子"的姿态投入谈判,否则,造成合同无法签订,招标结果无法落实,则违反《招投标法》的法律责任应由责任方承担。该施工单位通过依法造势,对业主的无理要求进行了有理有据的反驳,赢得了对方的理解,保证了合同双方在平等基础上开始谈判,从而使合同谈判得以顺利进行。

2. 抓大放小

施工企业在竞争激烈的建筑市场上要实现收益最大化,首先必须把住合同关,合同一旦签订,就必须全面履行合同,即使亏损,也要百分之百地履行合同,这样才能树立起重合同、守信用的品牌。因此在合同谈判中,要保证企业效益最大化和合同的全面执行,做到"抓大放小"。

所谓"抓大放小",就是大的原则不能放弃,小的条款可以协商,达到"求大同、存小异"的结果。例如,在某一工程项目的合同谈判中,业主不同意采用标准合同文本,拿出了一个简易合同文本与施工企业进行合同谈判。施工企业仔细研究了该合同文本,认为其中有几个问题:一是标准合同文本中应由甲方(业主)承担的施工场地噪声费、文物保护费、临建费等小费用要求施工企业承担;二是业主实行了固定合同价包干,不会因其他因素追加合同款。为此,施工企业进行了现场考察。因施工场地在郊外,不会产生环保与文物保护费等费用,因此施工企业认为第一条在谈判时可以松动,但固定价格包干的条款决不能答应。在此基础上,施工企业依据《合同法》和标准合同文本条款,逐条与业主进行沟通,最后达成共识:业主因设计修改、工程量变更、材料和人工工资调价导致增加的工程款由业主承担,且按实结算;施工企业承担环保、文物保护费、临建费等小费用。从而实现了预定的抓大放小的目的。最终合同顺利签订,最后的结算价高于中标合同价的30%,施工企业求得了效益最大化,业主也因此节省了部分费用。

3. 针锋相对

合同谈判中的重大原则问题,应采用"求大同、存小异"的办法,而不能无原则地为保持合同顺利签订放弃原则。在重大原则问题上,应做到"针锋相对"。

所谓"针锋相对",并不是讲在谈判桌上与对方争论得面红目赤,从而影响下一步合同的顺利实施。对于合同某个条款中不能让步的原则问题,一定要以法律为准绳、以事实为根据说服对方,依法办事。例如,在一次合同谈判中,业主提出所有工程进度款一定要由业主现场工程师对工程进度、质量认可签字后才能支付。施工企业不同意,业主一定要坚持。施工企业据理力争,提出,"该条界定不准确,工程进度、质量只要符合设计要求、施工标准和规范就要认可,而不应添加人为因素。如果业主工程师心情好,不按规范行事,盲目签字,造成工程质量问题责任谁担?"结果业主很服气地将该条款改为了"按设计、法规、标准、规范进行施工现场管理",并对合同执行的依据进行了全面规范。

4. 舍远求近

美国芝加哥大学法学院教授罗纳德·科西,因为研究并解释了合同的拟定与执行对企业成本的影响,而获得了诺贝尔经济学奖。因此施工企业在合同谈判中也要非常重视合同执行对企业成本的影响,在这方面,可以采用舍远求近的技巧。

所谓"舍远求近",具体到工程款的支付条款,就是要体现"迟得不如早得,早得不如现得"。只有工程款早日收回,才能保证施工成本尽早收回,施工利润尽早形成。在合同谈判中,施工企业应充分利用交通部颁布的《公路工程建设项目招标投标管理办法》(交通运输部令2015年第24号)、《公路工程标准施工招标文件》(2018年版)等相关规定,把工程结算作为一个关键点来谈。因为依据充分、要求合理,业主一般也能理解。应尽可能地使专用条款中结算工程款的内容符合施工企业尽早结算工程款的要求。当然,完全达到通用条款的规定,全额支付结算工程款,在目前来说还是很困难的,至于具体时间和金额可由双方沟通、商议,总的原则为保本微利,后期拖欠的少量工程款为纯利。再就是保修金一般为5%以内,可以采取舍远求近的策略,尽量使质量保证金在一年内付清。实在谈不好,最后的底线就是要求在两年内付清80%,留20%待保修期满后付。合同谈判中采用舍远求近的策略,有利于工程成本的尽早回收,以及工程利润的尽早实现。

(五)谈判时应注意的问题

(1)谈判态度。谈判时必须注意礼貌,态度要友好,平易近人。当对方提出相反意见或不愿接受自己的意见时,要特别耐心,不能急躁,绝对不能用无理或侮辱性语言伤害对方。

(2)内部意见要统一。内部有不同意见时不要在对手面前暴露出来,应在内部讨论、解决,大的原则性问题不能统一时可请示领导审批。在谈判中,一切让步和决定都必须由组长作出,其他人不能擅自表态。而组长对对方提出的各种要求,不应急于表态,特别是不要轻易承诺承担违约责任,而是要在和大家讨论后,再作出决定。

(3)注重实际。在双方初步接触、交换基本意见后,就应当对谈判目标和意图尽可能多地商讨具体的办法和意见,切不可说大话、空话和不现实的话,以免谈判进行不下去。

(4)注意行为举止。在谈判中必须明白自己的行为举止代表着己方单位的形象,因此,必须注意行为举止,讲究文明。绝对禁止一切不文明的举动。

三、合同订立

经过合同谈判,双方对新形成的合同条款一致同意并形成合同草案后,即进入合同签订阶段。公路工程施工合同的订立,是指公路工程施工发包方与承包方为达成一致意见依据法定程序,经过合同分析、评审和谈判、签订合同的过程。这是确立承发包双方权利义务关系的最后一步工作。一个符合法律规定的合同一经签订,即对合同当事人双方产生法律约束力。因此,无论发包人还是承包人,应当抓住这最后的机会,再次认真审查、分析合同草案,检查其合法性、完备性和公正性,争取改变合同草案中的某些内容,以最大限度地维护自己的合法权益。

(1)订立公路工程施工合同应具备的条件包括:
①初步设计已经批准。
②工程项目已经列入年度建设计划。
③有能够满足施工需要的设计文件和有关技术资料。
④建设资金和主要建筑材料设备来源已经落实。
⑤对于招投标工程,中标通知书已经下达。
(2)订立公路工程施工合同应当遵守的原则有:
①遵守国家法律、法规和国家计划原则。订立施工合同,必须遵守国家法律、法规,也应遵守国家的建设计划和其他计划(如贷款计划)。建设工程施工对经济发展、社会生活有多方面的影响,国家有许多强制性的管理规定,施工合同当事人都必须遵守。
②平等、自愿、公平的原则。签订施工合同当事人双方都具有平等的法律地位,任何一方都不得强迫对方接受不平等的合同条件。当事人有权决定是否订立合同和合同内容,合同内容应当是双方当事人真实意思的体现,合同内容还应当是公平的,不能单纯损害一方的利益。对于显失公平的施工合同,当事人一方有权申请人民法院或仲裁机构予以变更或撤销。
③诚实信用的原则。当事人订立施工合同应该诚实守信,不得有欺诈行为,双方应当如实将自身和工程的情况介绍给对方。在施工合同履行过程中,当事人也应守信用,严格履行合同。
(3)订立施工合同的程序。
施工合同的订立同样包括要约和承诺两个阶段。其订立方式有直接发包和招标发包两种。对于必须进行招标的建设项目,工程建设的施工都应通过招标投标确定承包人。
中标通知书发出后,中标人应当与招标人及时签订合同。《招标投标法》规定:招标人和中标人应当自中标通知书发出之日起30d内,按照招标文件和中标人的投标文件订立书面合同。招标人和中标人不得再行订立背离合同实质性内容的其他协议。

第三节 合同履行管理

合同的正确签订,只是履行合同的基础。合同的最终实现,还需要当事人双方严格按照合同约定,认真全面地履行各自的合同义务。工程合同一经签订,即对合同当事人双方产生法律约束力,任何一方都无权擅自修改或解除合同。如果任何一方违反合同规定,不履行合同义务或履行合同义务不符合合同约定而给对方造成损失时,都应当承担赔偿责任。由于公路工程施工合同具有价值高、建设周期长的特点,合同能否顺利履行将直接对当事人的经济效益乃至社会效益产生很大影响。因此,在合同订立后,当事人必须认真分析合同条款,做好合同交底和合同控制工作,加强合同的变更管理,以保证合同顺利履行。

公路工程施工合同的履行,是指公路工程建设项目的发包方和承包方根据合同规定的时间、地点、方式、内容及标准等要求,各自完成合同义务的行为。根据当事人履行合同义务的程度,合同履行可分为全部履行、部分履行和不履行。

对于发包方来说,履行工程合同最主要的义务是按约定支付合同价款,而承包方最主要的义务是按约定交付工作成果。但是,当事人双方的义务都不是单一的最后交付行为,而是一系列义务的总和。例如,对施工合同来说,发包方不仅要按时支付工程备料款、进度款,还要按约定按时提供现场施工条件,及时参加隐蔽工程验收等;而承包方义务的多样性则表现为工程质量必须达到合同约定标准,施工进度不能超过合同工期,等等。总之,工程合同的履行,其内容之丰富,经历时间之长,是其他合同所无法比拟的。因此,对工程合同的履行,尤应强调贯彻合同的履行原则。

一、合同分析

合同分析是指从执行的角度分析、补充、解释合同,将合同目标和合同规定落实到合同实施的具体问题上和具体事件上,用以指导具体工作,使合同能符合日常工程管理的需要。合同签订后,合同当事人的主要任务是按合同约定圆满地实现合同目标,完成合同责任。而整个合同责任的完成是依靠在一段段时间内完成一项项工程和一个个工程活动实现的。因此,对承包商来说,必须将合同目标和责任贯彻落实在合同实施的具体问题上和各工程小组以及各分包商的具体工程活动中。承包商的各职能人员和各工程小组都必须熟练地掌握合同,用合同指导工程实施和工作,以合同作为行为准则。

从项目管理的角度来看,合同分析就是为合同控制确定依据。合同分析确定合同控制的目标,并结合项目进度控制、质量控制、成本控制的计划,为合同控制提供相应的合同对策和合同措施。从此意义上讲,合同分析是承包商项目管理的起点。

合同履行阶段的合同分析不同于合同谈判阶段的合同审查与分析。合同谈判时的合同分析主要是对尚未生效的合同草案的合法性、完备性和公正性进行审查,其目的是针对审查发现的问题,争取通过合同谈判改变合同草案中于己不利的条款,以维护己方的合法权益。而合同履行阶段的合同分析主要是对已经生效的合同进行分析,其目的主要是明确合同目标,并进行合同结构分解,将合同落实到合同实施的具体问题和具体事件上,用以指导具体工作,保证合同能够顺利履行。

(一)合同分析的作用

合同分析有如下作用:

(1)分析合同漏洞,解释争议内容。工程合同的状态是静止的,而工程施工的实际情况千变万化,一份再标准的合同也不可能将所有问题都考虑在内,难免会有漏洞。同时,许多工程的合同是由发包方自行起草的,条款简单,诸多的合同条款均未详细、合理地约定。在这种情况下,通过分析这些合同漏洞,并将分析的结果作为合同的履行依据就非常必要了。若合同中出现错误、矛盾和二义性解释,以及施工中出现合同未作出明确约定的情况,在合同实施过程中双方就会有许多争执。要解决这些争执,首先必须作合同分析,按合同条文的表达,分析其意思,以判定争执的性质。要解决争执,双方必须就合同条文的理解达成一致,特别是在索赔中,合同分析为索赔提供了理由和根据。

(2)分析合同风险,制订风险对策。工程承包是高风险行业,存在诸多风险因素,这些风险有的可能在合同签订阶段已经经过合理分摊,但仍有相当的风险并未落实或分摊不合理。因此,在合同实施前有必要作进一步的全面分析,以落实风险责任。对己方应承担的风险也有必要通过风险分析和评价,制订和落实风险回应措施。

(3)分解合同工作,落实合同责任。合同事件和工程活动的具体要求(如工期、质量、技术、费用等)、合同双方的责任关系、事件和活动之间的逻辑关系极为复杂,要使工程按计划、有条理地进行,必须在工程开始前将它们落实下来,从工期、质量、成本及其相互关系等各方面定义合同事件和工程活动,这就需要通过分解合同工作、落实合同责任。

(4)便于进行合同交底,简化合同管理工作。在实际工作中,一方面,由于许多工程小组、项目管理职能人员所涉及的活动和问题并不涵盖整个合同文件,而仅涉及一小部分合同内容,因此他们没有必要花费大量的时间和精力全面把握合同,他们只需要掌握自己所涉及的部分合同内容。为此,由合同管理人员先做全面的合同分析,再向各职能人员和工程小组进行合同交底,就不失为较好的方法。另一方面,由于合同条文往往不直观明了,一些法律语言不容易理解,遇到具体问题,即使查阅合同,也不是所有查阅人都能够准确全面地把握合同。因此若是由合同管理人员通过合同分析,将合同约定用最简单易懂的语言和形式表达出来,使大家了解自己的合同责任,则日常合同管理工作将会更简单、更方便。

(二)合同分析的要求

(1)准确客观。合同分析的结果应准确、全面地反映合同内容。如果不能透彻、准确地分析合同,就不可能有效、全面地执行合同,从而导致合同实施产生更大失误。事实证明,许多工程失误和合同争议都起源于不能准确地理解合同。对合同的工作分析,划分双方的合同责任和权益,都必须实事求是。要根据合同约定和法律规定,客观地按照合同目的和精神进行,而不能以当事人的主观愿望解释合同,否则必然导致产生合同争执。

(2)简明清晰。合同分析的结果应该采用使不同层次的管理人员、工作人员都能够接受的表达方式,使用简单易懂的工程语言,如图、表等形式;同时对不同层次的管理人员提供不同要求、不同内容的合同分析资料。

(3)协调一致。合同双方及双方的所有人员对合同的理解应一致。合同分析实质上是双方对合同的详细解释,由于在合同分析时要落实各方面的责任,很容易引起争执。因此,双方在合同分析时应尽可能协调一致,分析的结果应能为对方认可,以减少合同争执。

(4)全面完整。合同分析应全面,即对全部的合同文件都要进行解释。对合同中的每一条款、每句话甚至每个词都应认真推敲、细心琢磨、全面落实。合同分析不能只看大略,不能错过一些细节问题,这是一项非常细致的工作。在实际工作中,常常一个词甚至一个标点就能关系争执的性质,关系一项索赔的成败,关系工程的盈亏。同时,应当从整体上分析合同,不能断章取义,特别是当不同文件、不同合同条款之间规定不一致或有矛盾时,更应当全面、整体地理解合同。

【例4-1】 某县有一连接线工程,工程项目小且简单。该工程长450m,宽24m,有两道涵洞和一小段挡土墙,总合同价为300万元。经过现场考察,投标人发现该路段有一高填方路段,与设计文件的工程数据有较大出入。该路段设计文件的填方高度为7~8m,其高程是从现有的地面线计算的,而该路段实际堆满了大量建筑垃圾,所以施工时必须先清除建筑垃圾后,重新回填。所以,填方数量大大增加,填方材料不足,须借大量土石方回填。承包人认识并抓住该漏洞,通过不平衡报价中标,最终获得了满意的利润。

(三)合同分析的内容

合同分析应当在前述合同谈判前审查分析的基础上进行。按其性质、对象和内容分类,合同分析可分为合同总体分析与合同结构分解、合同缺陷分析、合同工作分析及合同交底。施工阶段合同分析的主要内容是熟悉和了解投标阶段项目分析的成果,执行合同管理计划。同时善于抓住合同机会,甚至创造合同机会,采用合理的合同手段,谋取好的经营效果。

二、合同交底

合同交底是公司合同签订人员和精通合同管理的专家向项目部成员陈述合同意图、合同要点、合同执行计划的过程。合同交底是合同管理的一个重要环节,需要各级管理和技术人员在合同交底前,认真阅读合同,进行合同分析,发现合同问题,提出合理建议,避免走形式,以使合同管理有一个良好的开端。合同交底是以合同分析为基础、以合同内容为核心的交底工作,因此涉及合同的全部内容,特别是关系合同能否顺利实施的核心条款。

(一)合同交底的层次

合同交底通常可以分层次按一定程序进行。层次一般可分为三级,这三个层次的交底内容和重点可根据被交底人的职责有所不同。

(1)公司合同管理人员向项目负责人及项目合同管理人员进行合同交底,全面陈述合同背景、合同工作范围、合同目标、合同执行要点及特殊情况处理,并解答项目负责人及项目合同管理人员提出的问题,最后形成书面合同交底记录。

(2)项目负责人或由其委派的项目合同管理人员向项目部各职能部门负责人进行合同交底,陈述合同基本情况、合同执行计划、各职能部门的执行要点、合同风险防范措施等,并解答各职能部门提出的问题,最后形成书面交底记录。

(3)各职能部门负责人向其所属执行人员进行合同交底,陈述合同基本情况、本部门的合同责任及执行要点、合同风险防范措施等,并解答所属人员提出的问题,最后形成书面交底记录。

各部门将交底情况反馈给项目合同管理人员,由其对合同执行计划、合同管理程序、合同管理措施及风险防范措施进行进一步修改完善,最后形成合同管理文件,下发各执行人员,指导其活动。

(二)合同交底的内容

合同交底的目的是将合同目标和责任具体落实到各级人员的工程活动中,并指导管理及技术人员以合同作为行为准则。合同交底一般包括以下主要内容:

(1)工程概况及合同工作范围;
(2)合同关系及合同涉及各方之间的权利、义务与责任;
(3)合同工期控制总目标及阶段控制目标、目标控制的网络表示及关键线路说明;
(4)合同质量控制目标及合同规定执行的规范、标准和验收程序;
(5)合同对本工程的材料、设备采购、验收的规定;
(6)投资及成本控制目标,特别是合同价款的支付及调整的条件、方式和程序;

(7)合同双方争议问题的处理方式、程序和要求;
(8)合同双方的违约责任;
(9)索赔的机会和处理策略;
(10)合同风险的内容及防范措施;
(11)合同进展文档的管理要求。

三、合同履行控制

合同订立并生效后,便成为约束和规范合同当事人行为的法律依据。合同当事人必须按照合同约定的条款全面、适当地完成合同义务,如交付标的物、提供服务、支付报酬或者价款、完成工作等。合同的履行是合同当事人订立合同的根本目的,也是实现合同目的的最重要和最关键的环节,直接关系合同当事人的利益,而履行问题往往最容易出现争议和纠纷。因此,合同的履行成为《合同法》中的核心内容。

为了保证合同当事人依约履行合同义务,必须规定一些基本的原则,以指导当事人具体地履行合同,处理合同履行过程中发生的各种情况。合同履行的基本原则构成了履行合同过程中总的和基本的行为准则,成为合同当事人是否履行合同以及履行是否符合约定的基本判断标准。

(一)合同履行控制的基本原则

《合同法》中规定,在合同履行过程中必须遵循以下两个基本原则。

1. 全面履行原则

全面履行是指合同当事人应当按照合同的约定全面履行自己的义务,不能以单方面的意思改变合同义务或者解除合同。全面履行原则对合同当事人的要求相当严格。因此,合同当事人各方都应当严肃、认真、完整地履行合同义务,否则即应承担相应的责任。

全面履行原则对促使当事人保质、保量、按期履行合同义务,保护当事人的合法权益有着一定的指导意义和制约作用。根据全面履行原则可以确定当事人在履行合同中是否有违约行为及违约的程度,对合同当事人应当履行的合同义务予以全面制约,并充分保护合同当事人的合法权益。

2. 诚实信用原则

诚实信用原则是指在合同履行过程中,合同当事人应讲究信用,恪守信用,以善意的方式履行其合同义务,不得滥用权利及规避法律或者合同规定的义务。

合同的履行应当严格遵循诚实信用原则。一方面,要求当事人除了应履行法律和合同规定的义务外,还应当履行依据诚实信用原则所产生的各种附随义务,包括相互协作和照顾义务、瑕疵告知义务、使用方法告知义务、重要事情告知义务、忠实义务等。另一方面,在法律和合同规定的内容不明确或有欠缺的情况下,当事人应当依据诚实信用原则履行义务。合同履行中的义务有通知义务、协助义务和保密义务。

(1)通知义务。通知义务是指合同当事人负有将与合同有关的事项通知给对方当事人的义务,包括:有关标的物到达对方的时间、地点、交货方式的通知,合同提存的有关事项的通知,后履行抗辩权行使时要求对方提供充分担保的通知,情事变更的通知,不可抗力的通知,等等。

(2)协助义务。协助义务,是指合同当事人在履行合同过程中应当相互给予对方必要的和能够的协助和帮助的义务。

(3)保密义务。保密义务,是指合同当事人负有为对方的秘密进行保守不为外人知道的义务。如果因为未能为对方保守秘密,使外人知道对方的秘密,给对方造成损害的,应当对此承担责任。

(二)合同控制的必要性

合同控制的必要性体现在:

(1)是保证合同目标实现、了解合同执行情况、解决合同执行中问题的方法和手段;

(2)是调整合同目标和合同计划的依据;

(3)是提高项目管理水平,人员管理能力、项目控制能力的重要方法和手段。

(三)合同控制的依据

合同控制的依据包括:

(1)国家、地区的法律、法规;

(2)工程规范、定额、标准;

(3)合同;

(4)设计文件;

(5)投标文件;

(6)招标文件;等等。

(四)合同履行控制的日常工作

合同履行控制的日常工作包括:

(1)参与落实计划。合同管理人员与项目的其他职能人员一起落实合同实施计划,为各工作小组、分包商的工作提供必要的保证,如施工现场的安排,人工、材料、机械等计划的实施,工序间的搭接关系和安排以及其他一些必要的准备工作。

(2)协调各方关系,即在合同范围内协调业主、工程师、项目管理各职能人员、所属的各工程小组和分包商之间的工作关系,解决相互之间出现的问题,如合同责任方面的争执、工程活动时间上和空间上的不协调等。合同责任方面争执是工程实施中很常见的问题。承包商与业主、业主的其他承包商、与材料和设备供应商、与分包商,以及承包商的各分包商之间、工程小组与分包商之间常常互相推卸一些合同中或合同事件表中未明确划定的工程活动的责任,这就会引起内部和外部的争执,对此,合同管理人员必须做好判定和调解工作。

(3)指导合同工作。合同管理人员要对各工程小组和分包商进行工作指导,作经常性的合同解释,使各工程小组都有全局观念,对工程中发现的问题提出意见、建议或警告。合同管理人员在工程实施中起"漏洞工程师"的作用,而不是寻求与业主、工程师、各工程小组、分包商的对立,其目标不仅仅是索赔,还要防止漏洞和弥补损失,以更完善地完成工程。例如,促使工程师放弃不适当、不合理要求(指令),避免对工程的干扰、工期的延长和费用的增加;协助工程师工作,弥补工程师工作的遗漏,如及时提出对图纸、指令、场地等的申请,尽可能提前通知工程师,让工程师有所准备,使工程更为顺利。

(4)参与其他项目控制工作。合同项目管理的有关职能人员要每天检查、监督各工程小组和分包商的合同实施情况,对照合同要求的数量、质量、技术标准和工程进度,发现问题并及时采取对策措施。对已完工程作最后的检查核对;对未完成的或有缺陷的工程责令其在一定的期限内采取补救措施,防止影响整个工期。按合同要求,会同业主及工程师等对工程所用材料和设备开箱检查或作验收,看是否符合质量、图纸和技术规范等的要求。进行隐蔽工程和已完工程的检查验收,负责验收文件的起草和验收的组织工作,参与工程结算,会同造价工程师对向业主提出的工程款账单和分包商提交的收款账单进行审查和确认。

(5)合同实施情况的追踪、偏差分析及参与处理。

(6)负责工程变更管理。工程变更管理是建设工程管理的重要组成部分,加强工程变更管理是严格控制工程造价、提升工程建设水平、提高工程资金使用效益的关键环节。详见本节"四、合同变更"的内容。

(7)负责工程索赔管理。索赔管理工作主要有:收集施工索赔的证据,遵循施工索赔的程序,注重施工索赔的防范。为保证索赔的公开、合理,应做好施工记录,保存好证据,建立一套资料管理系统,保存的资料应是完整的原件。

(8)负责工程文档管理。向分包商发出的任何指令,向业主发出的任何文字答复、请业主方发出的任何指令,都必须经合同管理人员审查,记录在案。

(9)争议处理。承包商与业主、分包商任何争议的协商和解决都必须有合同管理人员的参与,并进行合同和法律方面的审查、分析及评价,这样不仅保证工程施工一直处于严格的合同控制中,而且使承包商的各项工作更有预见性,更能及早地预测合同行为的法律后果。

(五)合同控制目标与合同计划

合理的合同控制目标及计划是合同控制的基础和前提。合同控制目标与总的管理目标是一致的。工程实施控制主要包括成本控制、质量控制、进度控制、合同控制等方面的内容。承包人最根本的合同任务是达到,质量、进度、成本三大由合同定义的目标,因此合同控制是其他控制的核心和保证。合同控制的目的是利用合同手段和方法确保工程质量、进度、成本等目标最合理地实现,依据总目标确定合同管理的三大目标,并在全面分析合同特点的基础上制订三方面的详细实施计划。通过合同控制使质量控制、进度控制、成本控制协调一致,形成一个系统有序的项目管理过程。

通过合同实施情况追踪、收集、整理,能反映工程实施状况的各种工程资料和实际数据,如各种质量报告、各种实际进度报表、各种成本和费用收支报表及其分析报告。将这些信息与工程目标,如合同文件、合同分析的资料、各种计划、设计等进行对比分析,可以发现两者的差异。根据差异的大小可以确定工程实施偏离目标的程度。如果没有差异或差异较小,则可以按原计划继续实施工程。

(六)合同实施情况偏差分析

合同实施情况出现偏差表明工程实施偏离了工程目标,应加以分析调整,否则这种差异会逐渐积累、越来越大,最终导致工程实施远离目标,使承包商或合同双方受到很大的损失,甚至可能导致工程的失败。

合同实施情况偏差分析,是指在合同实施情况追踪的基础上,评价合同实施情况及其偏差,预测偏差的影响及发展的趋势,分析偏差产生的原因,以便对该偏差采取调整措施。合同实施情况偏差分析的内容如下。

1. 合同实施差异的原因分析

通过对不同跟踪对象计划和实际的对比分析,不仅可以得到合同执行的差异,而且可以探索引起这个差异的原因。可以采用鱼刺图、因果关系分析图、成本量差、价差、效率差分析等方法定性或定量地进行原因分析。例如,通过计划成本和实际成本累计曲线的对比分析,不仅可以得到总成本的偏差值,而且可以进一步分析差异产生的原因。引起上述计划和实际成本累计曲线偏离的原因可能有:整个工程加速或延缓;工程施工次序被打乱;工程费用支出增加,如材料费、人工费上升;增加新的附加工程,使主要工程的工程量增加;工作效率低下,资源消耗增加;等等。

上述每一类偏差原因还可进一步细分,如引起工作效率低下可以分为内部干扰和外部干扰。内部干扰,如施工组织不周,夜间加班或人员调遣频繁;机械效率低,操作人员不熟悉新技术,违反操作规程,缺少培训;经济责任不落实,工人劳动积极性不高;等等。外部干扰,如图纸出错,设计修改频繁;气候条件差;场地狭窄,现场混乱,施工条件如水、电、道路等受到影响;等等。在上述基础上还应分析各原因对偏差影响的权重。

2. 合同差异责任分析

合同差异责任分析,即这些合同差异由谁引起,该由谁承担责任。这常常是索赔的理由。一般只要原因分析有根有据,则责任分析便自然清楚。责任分析必须以合同为依据,按合同规定落实双方的责任。

3. 合同实施趋向预测

应分别考虑不采取调控措施和采取调控措施以及采取不同的调控措施的情况下合同的最终执行结果。

(1)最终的工程状况,包括总工期的延误、总成本的超支、质量标准、所能达到的生产能力等。

(2)承包商将承担什么样的后果,如被罚款、被清算,甚至被起诉;对承包商资信、企业形象、经营战略有什么影响,等等。

(3)最终工程经济效益水平。

4. 合同实施情况偏差处理

根据合同实施情况偏差分析的结果,承包商应采取相应的调整措施。调整措施如下:

(1)组织措施,如增加人员投入,重新实施计划或调整计划,派遣得力的管理人员。

(2)技术措施,如变更技术方案,采用新的、更高效率的施工方案。

(3)经济措施,如增加投入,对工作人员进行经济激励等。

(4)合同措施,如进行合同变更,签订新的附加协议、备忘录,通过索赔解决费用超支问题,等等。合同措施是承包商的首选措施,该措施主要由承包商的合同管理机构来实施。承包商采取合同措施时通常应考虑以下问题:

①如何保护和充分行使自己的合同权力,例如通过索赔降低自己的损失。

②如何利用合同使对方的要求降到最低,即如何充分限制对方的合同权力,找出业主的责

任。如果通过合同诊断,承包商已经发现业主有恶意、不支付工程款现象,或自己已经陷入合同陷阱中,或已经发现合同亏损,而且估计亏损会越来越大,则要及早确定合同执行战略。如及早解除合同,降低损失;争取道义索赔,取得部分补偿;采用以守为攻的办法拖延工程进度,消极怠工。因为在这种情况下,承包商投入的资金越多,工程完成得越多,承包商就越被动,损失会越大。等到工程完成交付使用,承包商的主动权就没有了。

四、合同变更

在合同履行过程中,由于各种原因,会出现合同变更。合同变更的范围很广,一般在合同签订后所有工程范围、进度、工程质量要求、合同条款内容、合同双方责权利关系的变化等都可以被看作合同变更。公路工程项目合同变更包括设计变更、进度计划变更、施工条件变更以及原招标文件和工程量清单中未包括的"新增工程"。合同变更是合同实施调整措施的综合体现。

(一)合同变更的起因

合同内容频繁变更是工程合同的特点之一。一项工程合同变更的次数、范围和影响的大小与该工程招标文件(特别是合同条件)的完备性、技术设计的正确性及实施方案和实施计划的科学性直接相关。合同变更主要有以下几个方面的原因:

(1)业主发出新的变更指令,对建筑有新的要求,如业主有新的意图、业主修改项目总计划、削减预算等。

(2)由于设计人员、工程师、承包商事先没能很好地理解业主的意图,或设计出现错误,导致图纸修改。

(3)工程环境的变化,预定的工程条件不准确,要求实施方案或实施计划变更。

(4)由于产生新的技术和知识,有必要改变原设计、实施方案或实施计划,或由于业主指令及业主责任的原因造成承包商施工方案的改变。

(5)政府部门对工程有新的要求,如国家计划的变化、环境保护的要求、城市规划的变动等。

(6)由于合同实施出现问题,必须调整合同目标或修改合同条款。

(7)项目特征与招标文件描述不符。

(8)工程量清单有漏项或工程量清单中工程量出现较大偏差。

(9)人工、材料等价格出现较大变化等。

(二)工程变更的影响

工程变更对合同实施影响很大,主要表现在以下几个方面:

(1)工程变更导致设计图纸、成本计划和支付计划、工期计划、施工方案、技术说明和适用的规范等定义工程目标和工程实施情况的各种文件作相应的修改和变更,相关的其他计划如材料采购订货计划、劳动力安排、机械使用计划等也应作相应调整。所以它不仅会引起与承包合同平行的其他合同的变化,而且会引起所属的各个分合同(如供应合同、租赁合同、分包合同)的变更。有些重大的变更还会打乱整个施工部署。

(2)引起合同双方、承包商的工程小组之间、总承包商和分包商之间合同责任的变化。如工程量增加,则增加了承包商的工程责任,增加了费用开支,延长了工期。

(3)有些工程变更还会引起已完工程的返工、现场工程施工的停滞、施工秩序被打乱及已购材料出现损失。

按照国际工程中的有关统计,工程变更是索赔的主要起因。由于工程变更对工程施工过程影响较大,会造成工期的拖延和费用的增加,容易引起双方的争执,所以合同双方都应十分慎重地对待工程变更问题。

(三)变更程序

当发生合同变更时,应按下列程序进行处理:

(1)发包人对原设计进行变更。施工中发包人如果需要对原工程设计进行变更,应不迟于14d以书面形式向承包人发出变更通知。承包人对发包人的变更通知没有拒绝的权利,但是当变更超过原设计标准或批准的建设规模时,须经原规划管理部门和其他有关部门审查批准,并由原设计单位提供变更相应的图纸和说明。

(2)由于承包人原因对原设计进行变更。施工中承包人提出的合理化建议涉及对设计图纸或施工组织设计的更改及对原材料、设备的更换,须经工程师同意。工程师同意变更后,还须经原规划管理部门和其他有关部门审查批准,并由原设计单位提供变更相应的图纸和说明。

(3)其他变更的程序。除设计变更外,其他能够导致合同内容变更的都属于其他变更。这些变更的程序,首先应由一方提出,与对方协商一致,签署补充协议后,方可进行变更。

在合同履行过程中,对并非自己的过错,应由对方承担责任的情况造成的实际损失,应向对方提出索赔,要求给予经济补偿和(或)工期顺延。承包商应该在施工过程中,通过加强合同管理、重视施工计划、注意工程成本控制、提高文档管理等措施,及时、合理地提出施工索赔,以维护自己的正当权益。

(四)变更管理

1.注意对工程变更条款的合同分析

对工程变更条款的合同分析应特别注意,工程变更不能超过合同规定的工程范围,如果超过这个范围,承包商有权不执行变更或坚持先商定价格后再进行变更。业主和工程师的认可权必须限制。业主常常通过工程师对材料的认可权提高材料的质量标准,通过其对设计的认可权提高设计质量标准,通过其对施工工艺的认可权提高施工质量标准。如果合同条文规定比较含糊或设计不详细,则容易产生争执。但是,如果这种认可权超过合同明确规定的范围和标准,承包商应争取业主或工程师的书面确认,进而提出工期和费用索赔。此外,与业主、总(分)包商之间的任何书面信件、报告、指令等都应由合同管理人员进行技术和法律方面的审查,这样才能保证任何变更都在控制中,不会出现合同问题。

2.促成工程师提前作出工程变更

在实际工作中,变更决策时间过长和变更程序太慢会造成很大的损失。常有两种现象:一种现象是施工停止,承包商等待变更指令或变更会谈决议;另一种现象是变更指令不能迅速作出,而现场继续施工,从而造成更大的返工损失。这就要求变更程序尽量快捷。即使仅从自身出发,承包商也应尽早发现可能导致工程变更的种种迹象,尽可能促使工程师提前作出工程变更。施工中如发现图纸错误或其他问题需要进行变更,首先应通知工程师,经工程师同意或通过变更程序后再进行变更;否则,承包商可能不仅得不到应有的补偿,而且还会带来麻烦。

3. 对工程师发出的工程变更应进行识别

在国际工程中,工程变更不能免去承包商的合同责任。对已收到的变更指令,特别是对重大的变更指令或在图纸上作出的修改意见,应予以核实。对超出工程师权限范围的变更,应要求工程师出具业主的书面批准文件。对涉及双方责、权、利关系的重大变更,必须有业主的书面指令、认可或双方签署的变更协议。

4. 迅速、全面地落实变更指令

变更指令作出后,承包商应迅速、全面、系统地落实变更指令。承包商应全面修改相关文件,如有关图纸、规范、施工计划、采购计划等,使它们一直反映和包含最新的变更。承包商应在相关的各工程小组和分包商的工作中落实变更指令,提出相应的措施,对新出现的问题作解释和制订对策,并协调好各方面的工作。合同变更指令应立即在工程实施中贯彻并体现出来。在实际工程中,这方面的问题常常很多。合同变更与合同签订不同,没有一个合理的计划期,变更时间紧,难以详细地计划和分析,使责任落实不全面,容易造成计划、安排、协调方面的漏洞,引起混乱,导致损失。而这个损失往往被认为是由承包商管理失误造成的,难以得到补偿。因此,承包商应特别注意工程变更的实施。

(五)分析工程变更的影响

合同变更是索赔机会,应在合同规定的索赔有效期内完成索赔处理。在合同变更过程中就应记录、收集、整理所涉及的各种文件,如图纸、各种计划、技术说明、规范和业主或工程师的变更指令,以作为进一步分析的依据和索赔的证据。

在实际工作中,最好事先能就价款及工程的谈判达成一致后再进行合同变更。在商讨变更、签订变更协议的过程中,承包商最好提出变更补偿问题,在变更执行前就应明确补偿范围、补偿方法、索赔值的计算方法、补偿款的支付时间等。但现实中,工程变更的实施、价格谈判和业主批准三者之间存在时间上的矛盾,往往是工程师先发出变更指令要求承包商执行,但价格谈判及工期谈判迟迟达不成协议,或业主对承包商的补偿要求不批准,此时承包商应采取适当的措施来保护自身的利益。对此可采取如下措施:

(1)控制施工进度,等待变更谈判结果。这样不仅损失较小,而且谈判回旋余地较大。

(2)争取以点工或按承包商的实际费用支出计算费用补偿。如采取成本加酬金方法,这样可以避免价格谈判中的争执。

(3)应有完整的变更实施记录和照片,请业主、工程师签字,为索赔做准备。在工程变更中,应特别注意由变更引起返工、停工、窝工、修改计划等所造成的损失,注意这方面证据的收集。在变更谈判中应对此进行商谈,保留索赔权。在实际工程中,人们常常会忽视这些损失证据的收集,在最后提出索赔报告时往往因举证和验证困难而被对方否决。

五、合同后评价

在工程项目实施完成后,针对项目全生命周期,应对项目合同管理机构、人员,管理过程和方法、手段的运用及其效果进行评价,总结成功经验和失败教训,提出分析报告,不断提高企业管理水平。项目结束阶段后应对采购和合同管理工作进行总结和评价,可提高以后新项目的采购和合同管理水平。

由于合同管理工作比较偏重经验,只有不断总结经验,才能不断提高项目管理水平,才能通过工程项目不断培养出高水平的合同管理人员,所以合同后评价这项工作十分重要。合同后评价包括如下内容。

(一) 合同签订情况的评价

合同签订情况评价包括：
(1) 预定的合同战略和策划是否正确,是否已经顺利实现；
(2) 招标文件分析和合同风险分析的准确程度；
(3) 有无约定不明条款,有失公平甚至显失公平的条款,不切实际的条款,以及缺款少项的情况,应该如何解决；
(4) 该合同环境调查、实施方案、工程预算以及报价方面的问题及经验教训；
(5) 合同谈判中的问题及经验教训,以后签订同类合同的注意点；
(6) 各个相关合同之间的协调问题；等等。

(二) 合同执行情况的评价

合同执行情况的评价包括：
(1) 合同执行战略是否正确；
(2) 是否符合实际；
(3) 是否达到预想的结果；
(4) 在本合同执行中出现了哪些特殊情况；
(5) 应采取什么措施防止、避免或减少损失；
(6) 合同风险控制及利弊得失；
(7) 各个相关合同在执行中协调的问题；等等。

合同执行情况的评价还应包括合同全面履行的情况。所谓全面履行包括实际履行和适当履行。实际履行就是标的的履行。施工合同的标的是施工项目,它是否符合协议书约定的标准。适当履行就是合同条款或者合同内容的全部履行。

(三) 合同管理工作评价

合同管理工作评价是对合同管理本身,如工作职能、程序、工作成果的评价,包括：
(1) 合同管理工作对工程项目的总体贡献或影响；
(2) 合同分析的准确程度；
(3) 在投标报价和工程实施中,合同管理子系统与其他职能协调中的问题,以及需要改进的地方；
(4) 索赔处理和纠纷处理的经验教训等。

(四) 合同条款分析

合同条款分析的内容包括：
(1) 本合同的具体条款,特别是对本工程有重大影响的合同条款的表达和执行的利弊得失；

(2)本合同签订和执行过程中遇到的特殊问题的分析结果;

(3)对具体的合同条款如何表达更为有利;等等。

从订立合同直至合同终止,应有专人管理合同的评审和评价工作。前面介绍的评价内容,可以列表进行,还可以更全面细致一些。

第四节　合同归档管理

合同归档管理的内涵要比合同档案管理面广,不仅包括合同文档管理、档案管理,还包括合同归档之前对所有合同档案资料的系统整理和分析,以实现持续改进、不断提高的目的。

一、合同归档管理的重要性

公路工程施工合同归档管理是工程质量的客观反映,是评价工程质量的前提和基础,也是处理工程质量事故、合同纠纷等问题的主要依据。因此,在公路工程施工活动中,做好工程档案资料的收集和整理尤为重要。合同归档管理的重要作用有:

(1)逐步完善单位内部的标准化管理。合同归档管理属于单位标准化管理的一个组成部分,加强合同归档的标准化管理,对提高单位整体的标准化管理将会起到很好的推动作用。

(2)有利于实现单位的可持续发展。"前车之鉴,后事之师"。将每一个项目工程合同管理的经验和教训在本单位内部进行统一宣传贯彻,可实现本单位项目管理水平的阶梯状上升,保证可持续的发展。

(3)实现单位内部各部门、各机构和个人之间责任限界和范围的明确。

(4)提供较为可靠的单位绩效考核的依据性文件,使绩效考核的结果更加公平、合理。

(5)有效地为项目的建设、使用、保修等提供历史档案。

(6)更好地为变更、索赔提供有效、可靠的证据。

二、合同资料

在实际工程中,与合同相关的资料面广量大,形式多样,主要有:

(1)合同资料,如各种合同文本、招标文件、投标文件、总进度计划、图纸、工程说明等。

(2)合同分析资料,如合同总体分析、合同事件表、网络图、横道图等。

(3)合同履行中产生的各种资料,如发包方的各种工作指令、工程签证、信件、会谈纪要和其他协议等,各种变更指令、申请、变更记录,各种检查验收报告、鉴定报告等。

(4)工程实施中的各种记录、施工日记等,行政主管机关的各种审批文件、行政许可,反映工程实施情况的各种报表、报告、图片等。

三、合同归档管理的主要任务

(一)合同文件资料的收集、整理

在工程实施中,现场记录必须到位、完备,必须对所有合同事件和合同相关的各种活动的情况加以记录,并收集整理相关资料。

1. 资料的编码

有效的文档管理是以对与用户友好的和具有较强表达能力的资料进行编码为前提的。在合同实施前就应专门研究和建立合同资料的编码系统。一般,资料编码由一些字母和数字符号构成,被赋予一定的含义,在合同实施前必须对每部分的编码进行设计和定义。这样,可使编码便于识别。编码一般包括有效范围、资料种类、内容和对象、日期和序号等。

2. 索引系统

为使资料存储和使用方便,需要建立索引系统,类似于图书馆的书刊索引。合同相关资料的索引一般采用表格形式。在合同实施前,需要专门设计,表格中的栏目应反映资料的各种特征信息。

3. 资料加工

原始资料必须经过信息加工才能成为可供决策的信息,成为工程报表或报告文件。

4. 资料的存储

所有合同管理中涉及的资料不仅供目前使用,而且要保存,直到合同期结束。所以,必须建立资料的文档系统。

5. 资料的提供、调用和输出

合同管理人员有责任向项目经理、业主做工程实施情况报告,向各职能部门人员和工程小组、分包商提供资料,为各种验收、索赔和反索赔提供资料和证据。

(二)合同文件资料的分析

分析合同文件资料的目的是为了找出合同实施过程中存在的问题,并制订相应的对策措施。合同文件资料的分析主要包括成本分析、进度分析、质量分析等。对合同归档管理阶段资料的分析,应以成本分析为主,具体又包括人工成本分析、材料成本分析、机械台班成本分析、间接费成本分析等内容。

(三)合同执行过程的总结和宣贯

对合同分析阶段所发现的问题,有以下几种处理途径:

(1)如果问题在合同实施阶段已经得到解决,则将积累的经验、教训进行总结。

(2)如果发现的问题在合同实施过程中没有得到解决(如通过分析发现了新的较为隐蔽的索赔事件),但还可以补救,则采取及时的补救措施。

(3)若发现的问题既未处理,又不能补救,则作为教训积累下来。

最后将上述的经验和教训在全企业范围内进行宣传贯彻和推广。按照这种程序进行合同归档管理,则企业每一个项目管理水平都基本会较以前的项目管理水平有一个阶梯状的上升。

第五章 政府和社会资本合作(PPP)项目招标投标与合同

第一节 PPP模式基本概念

PPP(Public-Private Partnership),又称"公私合作"的融资模式,是指政府、私人非营利性机构和营利性企业三者互相结合而形成的合作关系模式。PPP模式的组成极其复杂,包含营利性企业、非营利性机构以及公共非营利性组织,如政府。合作双方因为利益与职责存在分歧,私营部门的目的是既寻找借贷又能够有投资回报的项目,政府的目的是利用投资来加大社会的效益。只有当政府与私人企业双方存在的分歧分散化、模糊化,才有可能提前实现所要实现的项目目标。

一、PPP模式的含义与分类

(一)PPP模式的含义

不同组织对PPP模式定义不同,如联合国开发署(UNDP)这样定义PPP:PPP是指政府、营利性企业和非营利性企业基于某个项目而形成的相互合作关系,通过这种合作形式,合作各方可以达到比预期单独行动更有利的结果。合作各方参与某个项目时,政府不是把项目的责任全部转移给私营部门,而是由参与合作的各方共同承担责任和融资风险(1998)。

美国国家PPP委员会的定义:PPP是介于外包和私有化之间并结合了两者特点的一种公共产品提供方式,它充分利用私人资源进行设计、建设、投资、经营和维护公共基础设施,并提供相关服务以满足公共需求。

英国对PPP的定义:PPP是指两个或更多主体之间的协议,用以确保他们目标一致地合作完成公共服务项目。他们之间一定程度上共享权利和责任,联合投资、共担风险和利益。

我国建设部在《市政公用事业特许经营管理办法》(建设部令第126号,2004年3月19日)中则有这样的定义:特许经营是指政府按照有关法律、法规规定,通过市场竞争机制选择市政公用事业投资者或经营者,明确其在一定期限和范围内经营某项市政公用事业产品或者提供某项服务的制度。

财政部《关于推广运用政府和社会资本合作模式有关问题的通知》(财金〔2014〕76号)提出:政府和社会资本合作模式是在基础设施及公共服务领域建立的一种长期合作关系。通常模式是由社会资本承担设计、建设、运营、维护基础设施的大部分工作,并通过"使用者付费"及必要的"政府付费"获得合理投资回报;政府部门负责基础设施及公共服务价格和质量监管,以保证公共利益最大化。

财政部《政府和社会资本合作模式操作指南(试行)》(财金〔2014〕113号)提出政府和社会资本合作模式是:政府和社会资本以长期契约方式提供公共产品和服务的一种合作模式,旨在利用市场机制合理分配风险,提高公共产品和服务的供给数量、质量和效率。"Public"指政府、政府职能部门或政府授权的其他合格机构;"Private"主要指依法设立并有效存续的自主经营、自负盈亏、独立核算的具有法人资格的企业,包括民营企业、国有企业、外国企业和外资企业,但不包括本级政府所属融资平台公司及其他控股国有企业。

研究上述有关国际组织、外国政府及我国关于PPP的相关定义可以发现:

(1)国际上对PPP没有形成一个统一定义。PPP强调公共部门(政府)和私人部门(社会资本)构建合作伙伴关系的理念,但具体实施可以采用多种模式。

(2)PPP针对的是提供公共产品和公共服务的项目,因涉及公共利益,要求政府必须直接介入项目的实施结构安排。但是,政府的介入可采用多种方式,不一定要求政府出资。

(3)PPP项目属于私人融资模式,因此必须有私人资本(社会资本)投资。没有私人资本(社会资本)参与投资的项目不属于PPP项目。

(4)PPP项目强调建立政府和社会资本之间利益共享、风险共担的长期合作伙伴关系,发挥公共部门和私人部门各自优势,根本目的是要提高公共服务的质量和效率,分担项目风险,完善公共治理体系。

(二)PPP模式的分类

目前,国际上普遍将PPP从付费机制上分为政府付费型PPP和使用者付费型PPP两大类型,以及二者之间的混合。

(1)政府付费型PPP,也称服务型PPP,或者社会型PPP,主要强调的是社会发展型项目,关注的是社会基础设施(Social Infrastructure),强调政府付费、政府购买服务。

(2)使用者付费型PPP,也称资产型PPP,或者经济型PPP,主要强调的是经济发展项目,关注的是经济基础设施(Economic Infrastructure),强调市场化运作,使用者付费。

我国使用者付费项目数和投资额占比分别为47.7%和42.3%;政府付费项目数和投资额分别占28.6%和21.9%;可行性缺口补助项目数和投资额分别占23.7%和35.8%。

二、PPP模式的特征与功能

总结世界各国和有关国际组织对PPP模式的定义及运作特点,PPP模式具有如下基本特征与功能。

(一)建立长期合作伙伴关系

PPP模式的核心属性是建立公共部门与私人部门之间长期的、可持续的伙伴关系,因此反对急功近利,强调长期合作及项目运作的可持续性。PPP项目要求对项目周期全过程的各种要素进行整合和优化,有明确且一致的目标定位,各参与主体要形成合力,共同追求全过程的效率优化。在具体项目的运作方面,强调以最少的资源投入,实现尽可能多的产品和服务,通过建立长期合作伙伴关系,实现项目周期全过程的资源最优配置。

(二)强调建立合理的利益共享机制

在 PPP 模式的交易结构设计中,公共部门和私人部门的利益诉求不同,公共部门必须维护公共利益,私人部门则追求商业利益,二者可能出现冲突,但必须兼顾各方利益诉求。公共部门一般不与私人资本争夺商业利润,而重点关注保障公共利益,提高公共服务的质量和效率。私人部门承担的 PPP 公益性项目,不应追求商业利润最大化,应强调取得相对平和、稳定的投资回报。政府通过核定经营收费价格,或者以购买服务的方式使私人部门获得收入,实现项目建设运营的财务可持续性。避免企业出现暴利和亏损,使企业实现"盈利但不暴利",对私人部门可能获得的高额利润进行调控。

(三)强调建立平等的风险共担机制

PPP 项目各参与主体应依据对风险的控制力,承担相应的责任,不能过度地将风险转移至合作方。私人部门主要进行投融资、建设、运营和承担技术风险,应努力规避因自身经营管理能力不足引发的项目风险,并承担大部分甚至全部管理职责。公共部门主要承担国家政策、标准调整变化的风险,尽可能多地承担自己有优势的伴生风险。禁止政府为项目固定回报及市场风险提供担保,防范将项目风险转换为政府债务风险。由双方共同承担不可抗力风险。通过建立和完善正常、规范的风险管控和退出机制,发挥各自优势,加强风险管理,降低项目整体风险,确保项目成功。

(四)以合同为基础

PPP 项目必须以合同为基础进行运作,不需要公共部门和私人部门直接签订合同的项目运作模式,不属于 PPP 模式。PPP 项目需要在项目合同中明确界定公共部门和私人部门之间的合作伙伴关系。合同必须界定各方的职能和责任,并以合理的方式确保利益共享、风险共担。强调公共部门和私人部门之间要平等参与、诚实守信,按照合同办事,强调一切权利和义务均需要以合同或协议的方式予以呈现,使得合同的谈判及签署显得尤为重要。

(五)政府职能转变

PPP 项目的推广应用,往往涉及公共部门治理机制的改革,涉及盘活存量公共资产,创新项目运作模式,是推动公共部门改革的重要手段。PPP 模式的引入和推广应用,要求政府处理好与市场主体之间的关系,由传统的公共服务提供模式中的直接"经营者",转变为"监管者"和"合作者"。PPP 模式强调发挥私人部门的专业优势,"让专业人做专业事",必然涉及原有利益格局的调整,权利义务关系的重新划分,以及公共治理体系的重建,政府治理能力的提升,并对政府部门提高 PPP 项目的专业运作能力提出要求。

(六)建立严格的监管和绩效评价机制

PPP 项目无论是使用者付费还是政府付费,都强调加强绩效管理,按绩效付费,确保公共产品和公共服务提供的质量和效率。公共部门要对 PPP 项目运作、公共服务质量和公共资源使用效率等进行全过程监管和综合考核评价,认真把握和确定服务价格和项目收益指标,加强成本监审、考核评估、价格调整审核。对未能如约、按量、保质提供公共产品和服务的项目,应按约定,要求私人部门退出并赔偿,并严格责任追究。私人部门必须按合约规定及时退出并依法赔偿。私人部门取得事先规定的绩效后应获得相应的投资回报。项目绩效的监管和评价,可以考虑引入第三方专业机构进行。

三、PPP 模式相关法律法规

(一)相关部门近年来出台的主要文件

2014 年 9 月 21 日,《国务院关于加强地方政府性债务管理的意见》(国发〔2014〕43 号),以国务院文件名义发布,要求剥离地方平台公司融资功能,引入 PPP 模式为地方基础设施项目进行融资。

2014 年 9 月 25 日,财政部《关于推广运用政府和社会资本合作模式有关问题的通知》(财金〔2014〕76 号),是财政部推广应用 PPP 模式的总动员令。

2014 年 10 月 23 日,《地方政府存量债务纳入预算管理清理甄别办法》(财预〔2014〕351 号),贯彻国务院 43 号文精神,全面启动地方政府存量债务清理甄别工作,并鼓励通过 PPP 模式化解存量债务。

2014 年 11 月 29 日,财政部《关于印发政府和社会资本合作模式操作指南(试行)的通知》(财金〔2014〕113 号),提出 5 个阶段 19 个步骤的 PPP 项目操作程序,被社会广泛采用。

2014 年 11 月 30 日,财政部《关于政府和社会资本合作示范项目实施有关问题的通知》(财金〔2014〕112 号),选择第一批项目进行示范,总结经验。于 2015 年又推出第二批示范项目,于 2016 年推出第三批示范项目。

2014 年 12 月 30 日,财政部《关于规范政府和社会资本合作合同管理工作的通知》(财金〔2014〕156 号),提出要加强 PPP 项目的合同规范管理,并推出财政部版的 PPP 合同编写指南。

2014 年 12 月 31 日,财政部关于印发《政府和社会资本合作项目政府采购管理办法》的通知(财库〔2014〕215 号),强调将 PPP 纳入政府采购管理的范畴。

2014 年 12 月 31 日,财政部关于印发《政府采购竞争性磋商采购方式管理暂行办法》的通知(财库〔2014〕214 号),进一步明确 PPP 项目采用竞争性磋商采购方式的使用规范。

2015 年 5 月 22 日,国务院办公厅转发财政部、发展改革委、人民银行《关于在公共服务领域推广政府和社会资本合作模式指导意见的通知》(国办发〔2015〕42 号),是一个具有重大影响的文件,对 PPP 各方面的内容提出了系统性的规范要求,由办公厅转发,后来成为由财政部牵头组织管理全国 PPP 工作的依据。

2015 年 12 月 29 日,财政部《政府和社会资本合作项目物有所值评价指引(试行)》(财金〔2015〕21 号),明确要求所有 PPP 项目必须进行物有所值评价,并提出定性和定量评价的具体方法及操作规范。

2015 年 4 月 7 日,财政部《政府和社会资本合作项目财政承受力论证指引》(财金〔2015〕21 号),要求所有 PPP 项目必须进行财政承受能力论证,并给出论证的内容及指标计算方法。

2015 年 2 月 13 日,财政部、住房城乡建设部联合发布《关于市政公用领域开展政府和社会资本合作项目推介工作的通知》(财建〔2015〕29 号),开启了财政部联合各部门分行业推动

PPP模式具体应用的一系列行动。

2015年12月28日,财政部《关于规范政府和社会资本合作(PPP)综合信息平台运行的通知》(财金〔2015〕166号),启动全国PPP综合信息平台的建设工作,在全国产生很大影响。

2015年以来,我国经济下滑压力增大,不得不调整对地方融资平台进行整顿的相关政策。

2015年5月10日,国务院发布关于税收等优惠政策相关事项的通知(国发〔2015〕25号),就《国务院关于清理规范税收等优惠政策的通知》(国发〔2014〕62号)中涉及的相关事项做出调整。如国家统一制定的税收等优惠政策,要逐项落实到位;各地区、各部门已经出台的优惠政策,有规定期限的,按规定期限执行;没有规定期限又确须调整的,由地方政府和相关部门按照把握节奏、确保稳妥的原则设立过渡期,在过渡期内继续执行;各地与企业已签订合同中的优惠政策,继续有效;对已兑现的部分,不溯及既往;各地区、各部门今后制定出台新的优惠政策,除法律、行政法规已有规定事项外,涉及税收或中央批准设立的非税收入的,应报国务院批准后执行,其他由地方政府和相关部门批准后执行,其中安排支出一般不得与企业缴纳的税收或非税收入挂钩。

(二)PPP政策实施效果及存在的主要问题

1. PPP改革全面推开

(1)连续出台规范性文件。2014年以来,国务院及各相关部委从制度建设、政策设计等方面着手,先后以"指导意见""实施意见"等形式印发了PPP改革系列指导文件,为推进PPP改革提供了制度保障,成为地方制定PPP新规与推动PPP改革的主要政策依据。

各省级、市级政府以国家与部委文件为基本模板,广泛制定并推出相关地方性法规及政府规章。部分地方政府还针对PPP模式的重点应用领域制定了具体的实施意见与管理办法。

(2)初步建立了协同推进机制。各有关部委和各地方纷纷成立了相应的PPP实施机构,如财政部于2014年5月成立PPP工作领导小组,11月成立PPP中心,负责提供与PPP改革相关的业务指导与技术支持。很多地方成立了"PPP工作领导小组",建立了PPP联席会议制度。

(3)建立PPP项目库和信息平台。各有关部委和各地方积极推动PPP项目库建设,搭建综合信息平台。财政部依托PPP中心搭建起全国范围的综合信息平台,包括"一条通道(从中央贯通各级财政部门的数据采集和管理通道)、两个平台(PPP项目管理平台和信息服务平台)、三大数据库(项目库、资料库和机构库)"。国家发展和改革委员会(以下简称"国家发展改革委")公布两批PPP推介项目。

(4)积极开展业务培训和项目推介。国家发展改革委和财政部分别在各自系统内开展多次全国性业务培训。国家发展改革委印发《关于进一步做好政府和社会资本合作项目推介工作的通知》(发改投资〔2015〕805号),联合全国工商联召开PPP项目推介电视电话会议,向民营企业集中推介7省287个项目,总投资约9 400亿元。

各地方借助推介会、官方网站、报纸杂志、微信平台等渠道进行宣传推介,提升了地方政府、金融机构、社会资本的认知水平和操作能力,营造了良好改革氛围。

(5)积极创新投/融资机制。为解决PPP项目前期开发和融资困难问题,有关部门和地方积极设立PPP引导基金。财政部牵头设立中国PPP融资支持基金,初始规模达到1 800亿元。

国家发展改革委提出"推进建立多元化、可持续的 PPP 项目资金保障机制",联合财政部印发《关于运用政府投资支持社会投资项目的通知》(发改投资〔2015〕823 号文)。

国家发展改革委联合银监会、保监会下发《关于银行业支持重点领域重大工程建设的指导意见》(银监发〔2015〕43 号文)、《关于保险业支持重大工程建设有关事项的指导意见》(发改投资〔2015〕2179 号文),从政府投资、开发性金融、商业银行与保险机构等层面促进 PPP 模式发展。

不少地方借鉴上述模式,积极推动成立地方 PPP 引导基金。

2. PPP 的改革效应初步显现

(1)提高了公共服务的效率和质量,改变了以政府部门作为公共产品单一投资、建设、运营主体的建设模式。通过引入社会资本,在项目运营期引入专业的管理理念和经营方法,实现"让专业的人做专业的事",提高公共服务的效率。

各地方实践表明,PPP 模式显著提高了公共产品的供给效率和服务质量。比如,安徽省池州市将污水处理及市政排水系统交给专业的项目公司,项目公司采用 PPP 模式解决了资金不足和使用分散的问题,很快就完成 383km 城市配水管道的检测、疏通和修复,有效解决了排水管网衔接不畅、污水外渗、河水倒灌和逢雨必涝等问题,同时还降低了建设和运营成本。

(2)推动政府管理职能转变。采用 PPP 模式,政府逐步从公共基础设施的建设环节退出,从市政建设者转成行业监管者,负责"提要求、定标准",转变了政企合作方式。

(3)缓解了地方政府债务压力。PPP 模式通过引入社会资本,平滑财政支出,有效缓解了地方政府债务压力。

(4)给社会资本带来新的发展机遇。PPP 模式为社会资本进入基础设施和公共服务领域打开了通道,有利于社会资本拓展新的盈利模式,实现转型升级。作为社会资本参与项目的企业可在承担项目的投资和施工任务之后,继续负责项目的运营和维护,从而拉长企业的业务链条,实现投资、建设、运营一体化,增强企业可持续发展能力。

(5)促进政府科学决策。引入 PPP 模式后,在社会资本的催化之下,政府将一些公用基础设施项目设计、融资、建造、运营、维护各环节捆绑,科学核算 PPP 模式下节约的成本和增加的效益,以此作为是否采用 PPP 模式的依据,从而改变了过去"拍脑袋"的决策方式。

PPP 试点项目特别强调其操作流程管理的规范性,从而使契约精神得到重视,并提升了政府决策的科学性。

(6)推动项目运作模式创新。如重庆市总结出推行 PPP 改革"四个统一、四个着力"的经验,即政府和市场相统一、政策与基层实践相统一、公平与效率相统一、组织体系和政策体系相统一;着力研究国内外典型案例、着力培育政府和社会资本双方的合作主体、着力培育示范项目典型、着力提高政府部门、企业和群众的认识水平和执行能力。甘肃省总结出政府采购模式、基金型模式、"政府授权公司+社会资本"模式三种类型的 PPP 模式。

3. 存在的主要问题

尽管我国 PPP 取得一定的成效,但仍然存在很多问题,如顶层制度设计不完善、政府过度介入、维护社会资本权益的制度缺失、无追索权融资制度缺失、存在履约信用问题、PPP 法律政策体系不完善、缺乏统一有效的协调机制、PPP 示范项目质量不高、PPP 咨询服务存在问题、大量使用 PPP 模式可能带来各种风险等。

四、PPP 模式的发展历程

(一) PPP 在国外的产生和发展

一般认为,PPP 最早产生于英国。在撒切尔夫人执政期间,推动基础设施和社会事业私有化。最后剩下的不能进行私有化的项目,都是政府必须付费的项目,主要是医疗、教育等涉及民生及公共服务领域的项目。当时,英国财政困难,于是提出对这些本来应由政府财政投资的项目,由私人部门进行投资建设,实行私人融资计划(Private Financing Initiative,PFI),然后由政府通过购买服务使得私人部门收回初始投资。这种合作计划被称为"公私合作模式",即 PPP 模式,强调公共部门和私人部门利益共享、风险共担,建立合作伙伴关系,提供公共产品和公共服务。英国的政府付费型 PPP 模式,也称"PFI 模式",后来被称为狭义 PPP 模式,或者纯 PPP 模式。因此,英国通常将政府付费型 PFI 与 PPP 视为同一个概念,专指政府购买服务类 PPP。

随着 PPP 概念的出现和传播,人们开始认为,法国等其他国家在基础设施和社会事业领域实施多年的使用者付费型特许经营模式,同样具有"利益共享""风险共担"和"公私合作伙伴关系"等特征,因此也属于 PPP 范畴。于是,出现了广义的 PPP 概念。

(二) PPP 概念在我国的引入及演变

20 世纪 90 年代后期,国际上逐步流行 PPP 的概念,并普遍将特许经营视为 PPP 的组成部分。大约从 2003 年开始,PPP 概念传入我国,开始将 BOT(Build-Operate-Transfer,建设—经营—转让)等特许经营模式称为 PPP 模式,但基本上按照特许经营项目进行管理,在实践上将特许经营项目和 PPP 项目视为同等概念。

2013 年开始,财政部门出于推动地方政府融资平台转型,解决地方政府债务问题,推动财政体制改革的需要,引入英国 PFI/PPP 的概念,实际上引入的是狭义的政府付费型 PPP 的概念,认为 PPP 就是政府采购的一种创新模式,应纳入政府采购的范畴,由财政部门牵头管理。

一般而言,发展中国家比较强调经济增长,发达国家比较强调社会发展及社会福利的提高。在经济发展的不同阶段,PPP 模式的应用领域存在差别。PPP 模式在我国的引入已有 30 年的历史,但过去不叫 PPP,而是被称为"特许经营",并为社会各界所熟知。

20 世纪 80 年代以前,基础设施及公共事业投资一般都由政府或其授权机构负责,处于政府或公共部门垄断的状态,投融资体制单一;随着中国推动改革开放,全国各地开始探索如何打破原有格局,引进国际上基础设施市场化运作的成熟经验,推动投融资改革的破题。沿海地区走在全国前列。广东沙角 B 电厂是我国第一个成功兴建、成功移交的 BOT 项目。总投资 40 亿港元,1985 年 7 月 1 日电厂正式开工,两台机组分别于 1987 年 4 月、7 月并网发电,1999 年 8 月 1 日正式移交。具有标志性意义。1995 年 8 月 21 日国家计划委员会、电力部、交通部发布《关于试办外商投资特许权项目审批管理有关问题的通知》(计外资〔1995〕1208 号,1995 年 8 月 21 日),首次由政府文件推动实施特许经营。从 1995 年开始,我国政府对公路、发电厂、自来水厂推动采用 BOT 方式,并取得进展。原国家计委审批试行广西来宾 B 电厂、成都第六水厂、广东电白高速公路、武汉军山长江大桥和长沙望城电厂等五个 BOT 试点项目,使得全国掀起通过特许经营引进外资的高潮。由于经验不足,我国由国家计委外资司牵头推进的特许经营 BOT 项目并不顺利,除广西来宾 B 电厂等项目成功之外,大量引进外资的 BOT 项目不成功。

进入21世纪,大量存在隐患的BOT项目问题逐步暴露。国务院办公厅于2002年9月10日发文《国务院办公厅关于妥善处理现有保证外方投资固定回报项目有关问题的通知》(国办发〔2002〕43号),要求对BOT保证外方固定回报的项目进行清理。从此开始原国家计委,以及后来的国家发展计划委员会和国家发展和改革委员会不再推动BOT试点及相应的立法工作。虽然国家发展改革委有关特许经营的制度建设、试点示范及立法工作推进缓慢,但基础设施和公共事业投资建设领域的市场化改革没有停止。

2004年建设部出台《市政公共事业特许经营管理办法》(建设部〔2004〕第126号令),明确鼓励非公有资本进入市政公用事业的建设、运营和管理。在建设部相关文件及政策的推动下,市政工程特许经营取得重大进展,建设部主导制定五个市政行业的特许经营协议范本,大量特许经营BOT项目在市政建设领域得以应用。在建设部的积极推动下,我国的BOT特许经营从原来仅作为引进外资的方式,扩大到引进国内民营资本,甚至是国有资本的领域,成为市场化融资的一种重要手段,涵盖领域更加广泛。

第二节　PPP模式基本操作流程

目前,财政部门将PPP项目的操作流程概括为PPP项目的识别、准备、采购、执行和移交五个阶段19个环节,这是全国推广应用PPP模式普遍采用的操作流程,如图5-1所示。

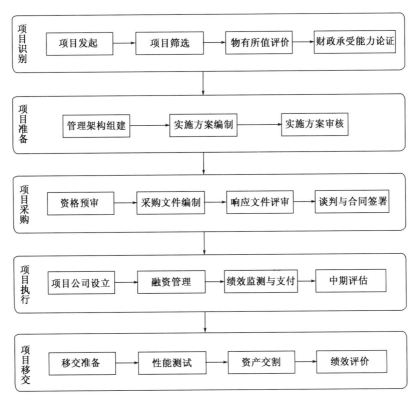

图5-1　PPP项目操作流程

一、项目识别

(一)项目发起

PPP 项目主要适用于投资规模较大、需求长期稳定、价格调整机制灵活、市场化程度较高的基础设施及公共服务类项目。政府和社会资本合作项目一般由政府或社会资本发起,以政府发起为主。政府发起时,财政部门(政府和社会资本合作中心)应负责向交通、住建、环保、能源、教育、医疗、体育健身和文化设施等行业主管部门征集潜在的政府和社会资本合作项目。行业主管部门可从国民经济和社会发展规划及行业专项规划中的新建、改建项目或存量公共资产中遴选潜在项目。社会资本发起时,社会资本一般以项目建议书的方式向财政部门(政府和社会资本合作中心)推荐潜在的政府和社会资本合作项目。

(二)项目筛选

在项目筛选时,财政部门(政府和社会资本合作中心)会同行业主管部门,对潜在的政府和社会资本合作项目进行评估筛选,确定备选项目。财政部门(政府和社会资本合作中心)应根据筛选结果制订项目年度和中期开发计划。

对于列入年度开发计划的项目,项目发起方应按财政部门(政府和社会资本合作中心)的要求提交相关资料。新建、改建项目应提交可行性研究报告、项目产出说明和初步实施方案;存量项目应提交存量公共资产的历史资料、项目产出说明和初步实施方案。

(三)物有所值评价

财政部门(政府和社会资本合作中心)会同行业主管部门,一般从定性和定量两方面开展物有所值评价工作。定性评价重点关注项目采用政府和社会资本合作模式与采用政府传统采购模式相比能否增加供给、优化风险分配、提高运营效率、促进创新和公平竞争等。定量评价主要通过对政府和社会资本合作项目全生命周期内政府支出成本现值与公共部门比较值进行比较,计算项目的物有所值量值,判断政府和社会资本合作模式是否能降低项目全生命周期成本。定量评价工作由各地根据实际情况开展。

(四)财政承受能力论证

为确保财政中长期可持续性,财政部门应根据项目全生命周期内的财政支出、政府债务等因素,对部分政府付费或政府补贴的项目,开展财政承受能力论证,每年政府付费或政府补贴等财政支出不得超出当年财政收入的一定比例。

通过物有所值评价和财政承受能力论证的项目,才可进行项目准备。

财政承受能力论证主要从项目评价的角度,即财务可负担性分析(Affordability Analysis)角度出发,属于项目财务可持续性分析的重要内容。

项目识别阶段的操作流程,如图 5-2 所示。

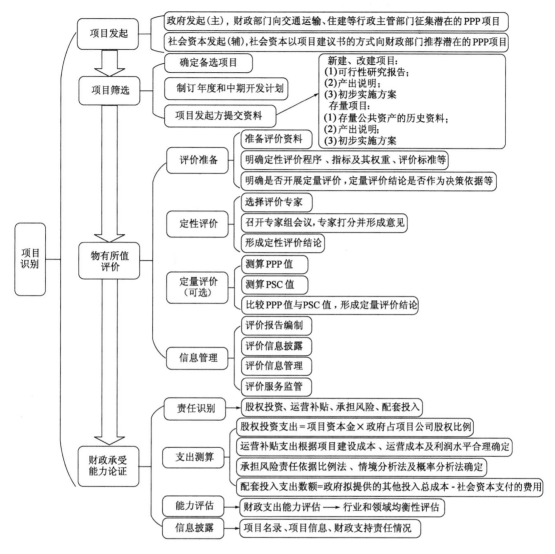

图 5-2 项目识别阶段操作流程

二、项目准备

(一)管理架构组建

一般,由县级(含)以上地方人民政府建立专门协调机制,主要负责项目评审、组织协调和检查督导等工作,实现简化审批流程、提高工作效率。政府或其指定的有关职能部门或事业单位可作为项目实施机构,负责项目准备、采购、监管和移交等工作。

(二)实施方案编制

通常,由项目实施机构组织编制项目实施方案,依次对以下内容进行介绍。

1. 项目概况

项目概况主要包括基本情况、经济技术指标和项目公司股权情况等。其中,"基本情况"

主要明确项目提供的公共产品和服务内容、项目采用政府和社会资本合作模式运作的必要性和可行性,以及项目运作的目标和意义。"经济技术指标"主要明确项目区位、占地面积、建设内容或资产范围、投资规模或资产价值、主要产出说明和资金来源等。"项目公司股权情况"主要明确是否要设立项目公司以及公司股权结构。

2. 风险分配基本框架

设定风险分配基本框架时,应按照风险分配优化、风险收益对等和风险可控等原则,综合考虑政府风险管理能力、项目回报机制和市场风险管理能力等要素,在政府和社会资本间合理分配项目风险。原则上,项目设计、建造、财务和运营维护等商业风险由社会资本承担,法律、政策和最低需求等风险由政府承担,不可抗力等风险由政府和社会资本合理共担。

3. 项目运作方式

项目运作方式主要包括委托运营、管理合同、建设—运营—移交、建设—拥有—运营、转让—运营—移交和改建—运营—移交等。具体运作方式的选择主要由收费定价机制、项目投资收益水平、风险分配基本框架、融资需求、改扩建需求和期满处置等因素决定。

4. 交易结构

交易结构主要包括项目投融资结构、回报机制和相关配套安排。其中,项目投融资结构主要说明项目资本性支出的资金来源、性质和用途,项目资产的形成和转移等。项目回报机制主要说明社会资本取得投资回报的资金来源,包括使用者付费、可行性缺口补助和政府付费等支付方式。相关配套安排主要说明由项目以外相关机构提供的土地、水、电、气和道路等配套设施和项目所需的上、下游服务。

5. 合同体系

PPP项目合同体系主要包括项目合同、股东合同、融资合同、工程承包合同、运营服务合同、原料供应合同、产品采购合同和保险合同等。项目合同是其中最核心的法律文件。项目边界条件是项目合同的核心内容,主要包括权利义务、交易条件、履约保障和调整衔接等边界。权利义务边界主要明确项目资产权属、社会资本承担的公共责任、政府支付方式和风险分配结果等。交易条件边界主要明确项目合同期限、项目回报机制、收费定价调整机制和产出说明等。履约保障边界主要明确强制保险方案以及由投资竞争保函、建设履约保函、运营维护保函和移交维修保函组成的履约保函体系。调整衔接边界主要明确应急处置、临时接管和提前终止、合同变更、合同展期、项目新增改扩建需求等应对措施。

6. 监管架构

监管架构主要包括授权关系和监管方式。授权关系主要是政府对项目实施机构的授权,以及政府直接或通过项目实施机构对社会资本的授权;监管方式主要包括履约管理、行政监管和公众监督等。

7. 采购方式选择

项目采购应根据《中华人民共和国政府采购法》及相关规章制度执行,采购方式包括公开招标、竞争性谈判、邀请招标、竞争性磋商和单一来源采购。项目实施机构应根据项目采购需求特点,依法选择适当采购方式。公开招标主要适用于核心边界条件和技术经济参数明确、完整、符合国家法律法规和政府采购政策,且采购中不作更改的项目。

(三)实施方案审核

财政部门(政府和社会资本合作中心)应对项目实施方案进行物有所值和财政承受能力验证。通过验证的,由项目实施机构报政府审核;未通过验证的,可在调整实施方案后重新验证;经重新验证仍不能通过的,不再采用政府和社会资本合作模式。

项目准备阶段操作流程,如图 5-3 所示。

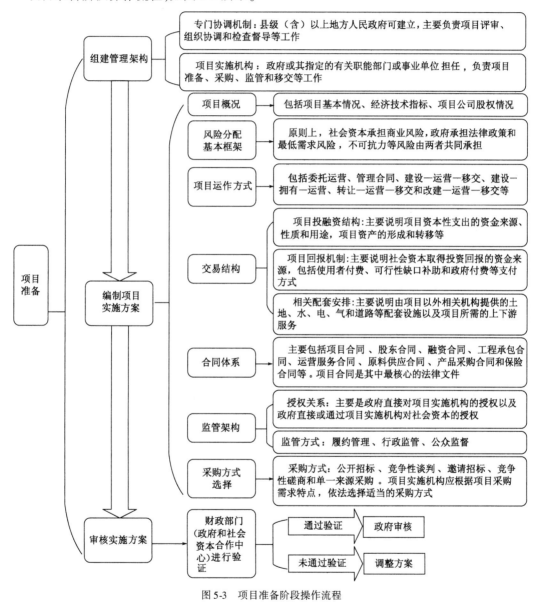

图 5-3 项目准备阶段操作流程

三、项目采购

(一)资格预审

项目实施机构应根据项目需要,准备资格预审文件,发布资格预审公告,邀请社会资本和与其合作的金融机构参与资格预审,验证项目能否获得社会资本响应和实现充分竞争,并将资格预审的评审报告提交财政部门(政府和社会资本合作中心)备案。

项目有三家以上社会资本通过资格预审的,项目实施机构可以继续开展采购文件准备工作;项目通过资格预审的社会资本不足三家的,项目实施机构应在实施方案调整后重新组织资格预审;项目经重新资格预审合格社会资本仍不够三家的,可依法调整实施方案选择的采购方式。

资格预审公告应在省级以上人民政府财政部门指定的媒体上发布。资格预审合格的社会资本在签订项目合同前资格发生变化的,应及时通知项目实施机构。

资格预审公告应包括项目授权主体、项目实施机构和项目名称、采购需求、对社会资本的资格要求、是否允许联合体参与采购活动、拟确定参与竞争的合格社会资本的家数和确定方法,以及社会资本提交资格预审申请文件的时间和地点。提交资格预审申请文件的时间自公告发布之日起不得少于15个工作日。

(二)采购文件编制

项目采购文件应包括采购邀请,竞争者须知(包括密封、签署、盖章要求等),竞争者应提供的资格、资信及业绩证明文件,采购方式,政府对项目实施机构的授权,实施方案的批复和项目相关审批文件,采购程序,响应文件编制要求,提交响应文件截止时间、开启时间及地点,强制担保的保证金交纳数额和形式,评审方法、评审标准,政府采购政策要求,项目合同草案及其他法律文本,等等。

采用竞争性谈判或竞争性磋商采购方式的,项目采购文件除上款规定的内容外,还应明确评审小组根据与社会资本谈判情况可能实质性变动的内容,包括采购需求中的技术、服务要求以及合同草案条款。

评审小组由项目实施机构代表和评审专家共五人以上单数组成,其中评审专家人数不得少于评审小组成员总数的三分之二。评审专家可以由项目实施机构自行选定,但评审专家中应至少包含一名财务专家和一名法律专家。项目实施机构代表不得以评审专家身份参加项目的评审。

(三)响应文件评审

项目采用公开招标、邀请招标、竞争性谈判、单一来源采购方式开展采购的,按照政府采购法律法规及有关规定执行。项目采用竞争性磋商采购方式开展采购的,按照下列基本程序进行:

(1)采购公告发布及报名。竞争性磋商公告应在省级以上人民政府财政部门指定的媒体上发布。竞争性磋商公告应包括项目实施机构和项目名称、结构和核心边界条件,是否允许未进行资格预审的社会资本参与采购活动,以及审查原则,项目产出说明,对社会资本提供的响应文件要求,获取采购文件的时间、地点、方式及采购文件的售价,提交响应文件截止时间、开启时间及地点。提交响应文件的时间自公告发布之日起不得少于10d。

(2)资格审查及采购文件发售。已进行资格预审的,评审小组在评审阶段不再对社会资本资格进行审查。允许进行资格后审的,由评审小组在响应文件评审环节对社会资本进行资格审查。项目实施机构可以视项目的具体情况,组织对符合条件的社会资本的资格条件,进行考察核实。

(3)采购文件售价。采购文件售价,应按照弥补采购文件印制成本费用的原则确定,不得以营利为目的,不得以项目采购金额作为确定采购文件售价的依据。采购文件的发售期限自开始之日起不得少于5个工作日。

(4)采购文件的澄清或修改。提交首次响应文件截止之日前,项目实施机构可以对已发出的采购文件进行必要的澄清或修改,澄清或修改的内容应作为采购文件的组成部分。澄清或修改的内容可能影响响应文件编制的,项目实施机构应在提交首次响应文件截止时间至少5d前,以书面形式通知所有获取采购文件的社会资本;不足5d的,项目实施机构应顺延提交响应文件的截止时间。

(5)响应文件评审。项目实施机构应按照采购文件的规定组织响应文件的接收和开启。由评审小组对响应文件进行两阶段评审。

第一阶段:确定最终采购需求方案。评审小组可以与社会资本进行多轮谈判,谈判过程中可实质性修订采购文件的技术、服务要求以及合同草案条款,但不得修订采购文件中规定的不可谈判的核心条件。实质性变动的内容,须经项目实施机构确认,并通知所有参与谈判的社会资本。具体程序按照《政府采购非招标方式管理办法》及有关规定执行。

第二阶段:综合评分。最终采购需求方案确定后,由评审小组对社会资本提交的最终响应文件进行综合评分,编写评审报告并向项目实施机构提交候选社会资本的排序名单。具体程序按照《政府采购货物和服务招标投标管理办法》及有关规定执行。

(四)谈判与合同签署

项目实施机构应在资格预审公告、采购公告、采购文件、采购合同中,列明对本国社会资本的优惠措施及幅度、外方社会资本采购我国生产的货物和服务要求等相关政府采购政策,以及对社会资本参与采购活动和履约保证的强制担保要求。社会资本应以支票、汇票、本票或金融机构、担保机构出具的保函等非现金形式缴纳保证金。参加采购活动的保证金的数额不得超过项目预算金额的2%。

履约保证金的数额不得超过政府和社会资本合作项目初始投资总额或资产评估值的10%。无固定资产投资或投资额不大的服务型合作项目,履约保证金的数额不得超过平均6个月的服务收入额。

项目实施机构应组织社会资本进行现场考察或召开采购前答疑会,但不得单独或分别组织只有一个社会资本参加的现场考察和答疑会。项目实施机构应成立专门的采购结果确认谈判工作组。按照候选社会资本的排名,依次与候选社会资本及与其合作的金融机构就合同中可变的细节问题进行合同签署前的确认谈判,率先达成一致的即为中选者。确认谈判不得涉及合同中不可谈判的核心条款,不得与排序在前但已终止谈判的社会资本进行再次谈判。

确认谈判完成后,项目实施机构应与中选社会资本签署确认谈判备忘录,并将采购结果和根据采购文件、响应文件、补遗文件和确认谈判备忘录拟定的合同文本进行公示,公示期不得少于5个工作日。合同文本应将中选社会资本响应文件中的重要承诺和技术文件等作为附件。合同文本中涉及国家秘密、商业秘密的内容可以不公示。公示期满无异议的项目合同,应在政府审核同意后,由项目实施机构与中选社会资本签署。对收费公路采用公开招标方式的,项目实施机构应当在省级交通运输主管部门政府网站或者其他政府网站上公示前三名中标候选社会资本方名单及排名,公示期不得少于3个工作日。

需要为项目设立专门项目公司的,待项目公司成立后,由项目公司与项目实施机构重新签署项目合同,或签署关于承继项目合同的补充合同。项目实施机构应在项目合同签订之日起2个工作日内,将项目合同在省级以上人民政府财政部门指定的媒体上公告,但合同中涉及国家秘密、商业秘密的内容除外。各级人民政府财政部门应当加强对PPP项目采购活动的监督检查,及时处理采购活动中的违法违规行为。项目采购阶段操作流程,如图5-4所示。

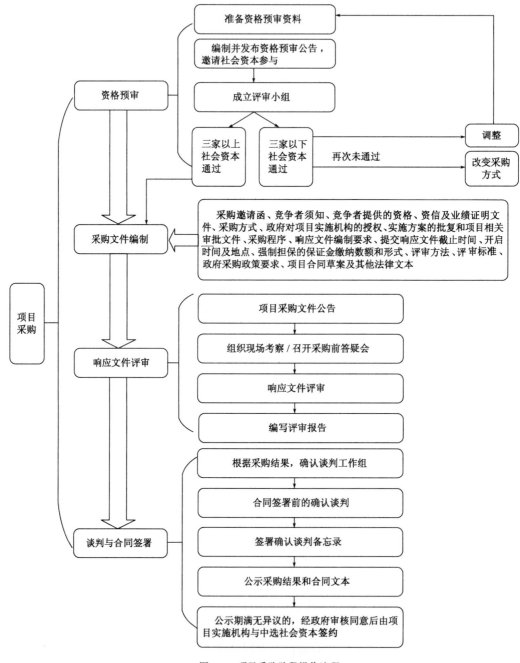

图5-4 项目采购阶段操作流程

四、项目执行

(一)项目公司设立

社会资本可依法设立项目公司。政府可指定相关机构依法参股项目公司。项目实施机构和财政部门(政府和社会资本合作中心)应监督社会资本按照采购文件和项目合同约定,按时足额出资设立项目公司。

(二)融资管理

项目融资由社会资本或项目公司负责。社会资本或项目公司应及时开展融资方案设计、机构接洽、合同签订和融资交割等工作。财政部门(政府和社会资本合作中心)和项目实施机构应做好监督管理工作,防止企业债务向政府转移。

社会资本或项目公司未按照项目合同约定完成融资的,政府可提取履约保函直至终止项目合同;遇系统性金融风险或不可抗力的,政府、社会资本或项目公司可根据项目合同约定协商修订合同中相关融资条款。当项目出现重大经营或财务风险,威胁或侵害债权人利益时,债权人可依据与政府、社会资本或项目公司签订的直接介入协议或条款,要求社会资本或项目公司改善管理等。在直接介入协议或条款约定期限内,重大风险已解除的,债权人应停止介入。

《收费公路政府与社会资本合作操作指南》第三十二条规定:各级交通运输主管部门不得为项目公司或社会资本方的融资提供担保。项目公司或社会资本方未按照收费公路PPP项目合同约定完成融资的,项目实施机构可依法提出履约要求,必要时提出终止收费公路PPP项目合同的要求。第三十三条规定:项目公司或社会资本方要按照合同约定统筹项目投入和产出,严格按照设计文件组织工程建设,加强施工管理,确保工程质量,并对工程质量负责。第三十七条规定:项目公司或社会资本方要根据有关法律、行政法规、标准规范和收费公路PPP项目合同,对收费公路及其沿线设施进行日常检查、运营、维护,保证收费公路处于良好的技术状态,为社会公众提供安全便捷、畅通高效、绿色智能的公共服务。

(三)绩效监测与支付

项目合同中涉及的政府支付义务,财政部门应结合中长期财政规划统筹考虑,纳入同级政府预算,按照预算管理相关规定执行。财政部门(政府和社会资本合作中心)和项目实施机构应建立政府和社会资本合作项目政府支付台账,严格控制政府财政风险。在政府综合财务报告制度建立后,政府和社会资本合作项目中的政府支付义务应纳入政府综合财务报告。项目实施机构应根据项目合同约定,监督社会资本或项目公司履行合同义务,定期监测项目产出绩效指标,编制季报和年报,并报财政部门(政府和社会资本合作中心)备案。

政府有支付义务的,项目实施机构应根据项目合同约定的产出说明,按照实际绩效直接或通知财政部门向社会资本或项目公司及时足额支付。设置超额收益分享机制的,社会资本或项目公司应根据项目合同约定向政府及时足额支付应享有的超额收益。项目实际绩效优于约定标准的,项目实施机构应执行项目合同约定的奖励条款,并可将其作为项目期满合同能否展期的依据;未达到约定标准的,项目实施机构应执行项目合同约定的惩处条款或救济措施。社会资本或项目公司违反项目合同约定,威胁公共产品和服务持续稳定安全供给,或危及国家安全和重大公共利益的,政府有权临时接管项目,直至启动项目提前终止程序。

政府可指定合格机构实施临时接管。临时接管项目所产生的一切费用,将根据项目合同约定,由违约方单独承担或由各责任方分担。社会资本或项目公司应承担的临时接管费用,可以从其应获终止补偿中扣减。在项目合同执行和管理过程中,项目实施机构应重点关注合同修订、违约责任和争议解决等工作。

(1)合同修订。按照项目合同约定的条件和程序,项目实施机构和社会资本或项目公司可根据社会经济环境、公共产品和服务的需求量及结构等条件的变化,提出修订项目合同申请,待政府审核同意后执行。

(2)违约责任。项目实施机构、社会资本或项目公司未履行项目合同约定义务的,应承担相应违约责任,包括停止侵害、消除影响、支付违约金、赔偿损失以及解除项目合同等。

(3)争议解决。在项目实施过程中,按照项目合同约定,项目实施机构、社会资本或项目公司可就发生争议且无法协商达成一致的事项,依法申请仲裁或提起民事诉讼。

(四)中期评估

项目实施机构应每3~5年对项目进行中期评估,重点分析项目运行状况和项目合同的合规性、适应性和合理性;及时评估已发现问题的风险,制订应对措施,并报财政部门(政府和社会资本合作中心)备案。政府相关职能部门应根据国家相关法律法规对项目履行行政监管职责,重点关注公共产品和服务质量、价格和收费机制、安全生产、环境保护和劳动者权益等。如《收费公路政府和社会资本合作操作指南》也是如此规定的。

社会资本或项目公司对政府职能部门的行政监管处理决定不服的,可依法申请行政复议或提起行政诉讼。政府、社会资本或项目公司应依法公开披露项目相关信息,保障公众知情权,接受社会监督。社会资本或项目公司应披露项目产出的数量和质量、项目经营状况等信息。政府应公开不涉及国家秘密、商业秘密的政府和社会资本合作项目合同条款、绩效监测报告、中期评估报告和项目重大变更或终止情况等。社会公众及项目利益相关方发现项目存在违法、违约情形或公共产品和服务不达标准的,可向政府职能部门提请监督检查。项目执行阶段操作流程,如图5-5所示。

五、项目移交

(一)移交准备

项目移交时,项目实施机构或政府指定的其他机构代表政府收回项目合同约定的项目资产。

项目合同中应明确约定移交形式、补偿方式、移交内容和移交标准。移交形式包括期满终止移交和提前终止移交;补偿方式包括无偿移交和有偿移交;移交内容包括项目资产、人员、文档和权利等;移交标准包括设备完好率和最短可使用年限等指标。采用有偿移交的,项目合同中应明确约定补偿方案;没有约定或约定不明的,项目实施机构应按照"恢复相同经济地位"原则拟订补偿方案,报政府审核同意后实施。

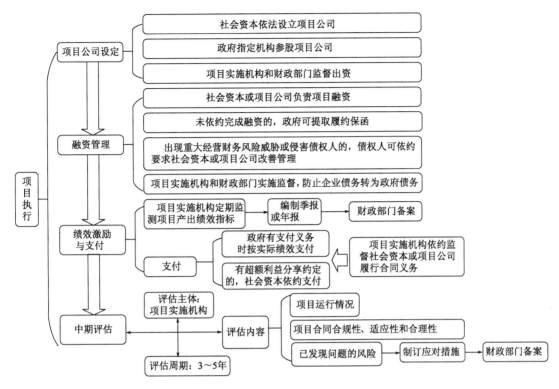

图 5-5 项目执行阶段操作流程图

(二)性能测试

项目实施机构或政府指定的其他机构应组建项目移交工作组,根据项目合同约定与社会资本或项目公司确认移交情形和补偿方式,制订资产评估和性能测试方案。

项目移交工作组应委托具有相关资质的资产评估机构,按照项目合同约定的评估方式,对移交资产进行资产评估,作为确定补偿金额的依据。

项目移交工作组应严格按照性能测试方案和移交标准对移交资产进行性能测试。性能测试结果不达标的,移交工作组应要求社会资本或项目公司进行恢复性修理、更新重置或提取移交维修保函。

(三)资产交割

社会资本或项目公司应将满足性能测试要求的项目资产、知识产权和技术法律文件,连同资产清单移交项目实施机构或政府指定的其他机构,办妥法律过户和管理权移交手续。社会资本或项目公司应配合做好项目运营平稳过渡的相关工作。

(四)绩效评价

项目移交完成后,财政部门(政府和社会资本合作中心)应组织有关部门对项目产出、成本效益、监管成效、可持续性、政府和社会资本合作模式应用情况等进行绩效评价,并按相关规定公开评价结果。评价结果可作为政府开展政府和社会资本合作管理工作的决策参考依据。项目移交阶段操作流程，如图5-6所示。

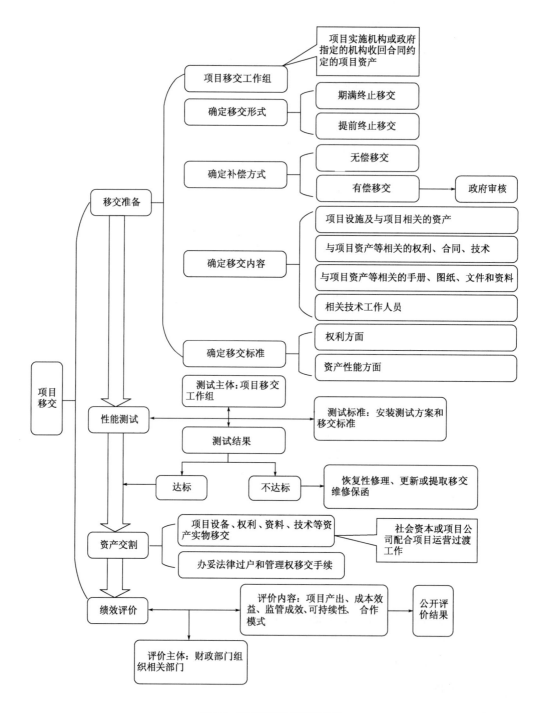

图5-6 项目移交阶段操作流程

第三节 政府和社会资本合作(PPP)项目招标投标操作

一、PPP模式招投标流程

由于PPP项目的投资大、合作周期长,要求复杂,采用一般的招投标流程时,政府部门不能一次性在招标文件中准确表达项目需求,导致社会资本不清楚项目目标;同时政府部门只能在资格预审与评标阶段了解社会资本,无法保证获得社会资本合作能力的足够信息,影响了政府部门的决策。这些都给项目的实施带了巨大的风险。为了避免这种信息不对称现象,公私双方在招投标过程中进行充分的沟通是非常有必要的。充分地沟通能让政府部门充分了解社会资本的合作能力,使社会资本清晰地认识到政府部门的项目需求,并使公私双方在合同签订前就对风险分担、利益分配等问题达成一致,从而有效降低双方在合同履行过程中的违约率。因此,可以借鉴国外的做法,在招投标流程中增加市场反馈与谈判的环节。由于PPP项目的参与主体包括政府部门、社会资本和公众,公众与公私双方之间也存在着信息不对称现象,因此,可以建立一站式的招投标信息平台。该信息平台将对PPP项目招投标的全过程进行信息公开,包括政府采购项目资料、意向邀请书、招标文件、投标人信息、中标结果与中标人等。同时,公私双方也可以利用该信息平台进行网上招投标,包括查询政府招标项目、下载招标文件、提交投标文件、进行电子评标等。信息平台的建立可保证公众参与PPP招投标的监督,提高招投标的透明度,并提高招投标工作效率。PPP项目招投标流程如下。

(一)事前准备

政府委托有关部门向PPP管理委员会提出项目需求,PPP管理委员会初步评估项目采用PPP模式的可行性,通过可行性评估后组建PPP项目组负责招投标的具体工作。然后由PPP项目组确定工作计划与实施步骤,并草拟合同。

(二)发布意向邀请

PPP项目组在政府指定的招投标信息平台发布项目意向邀请书,有意向的社会资本提交项目意向书及相关资质证明材料。

(三)市场反馈

对提交意向书的社会资本进行资格预审,筛选出潜在投标人。PPP项目组将与潜在投标人进行沟通交流,解答投标人的疑问,与投标人讨论项目具体方案,完善合同条款,并编制招标文件。

(四)组织招投标

向通过资格预审的社会资本发出招标文件。社会资本在规定时间内提交投标文件;PPP项目组负责组织评标,将专家按专业分为金融、法律、技术等小组负责评价本专业的指标。可以采用数据包络分析的二阶段评标方法进行评标,推荐两个以上的潜在中标人。

(五)合同谈判

与潜在中标人就合同细节进行谈判,但不能改变招标文件中的实质性条款。

(六)确定合作伙伴

编制评估报告,由 PPP 管理委员会审批通过后确定中标人,并将中标结果与中标人信息在招投标信息平台上公布。

二、PPP 项目招投标与一般建设项目招投标的不同

PPP 项目招投标与一般建设项目招投标相比,存在着许多不同点。PPP 项目招投标与一般建设项目招投标的不同之处主要体现在以下几个方面。

(一)招投标主体不同

一般建设项目招投标的招标人可以是一切合法的法人或者其他组织,包括政府部门也包括社会资本,投标人是工程承包商。PPP 项目的招标人是政府部门,投标人并非承包商或供应商,而是项目的投资人、长期经营者,是将与政府部门在 PPP 项目全生命周期进行合作的社会资本。《收费公路政府和社会资本合作操作指南》第十八条规定:项目实施机构根据项目实施方案和项目特点,通过公开招标、竞争性谈判等竞争方式择优选择社会资本方。

(二)招标标的不同

一般建设项目招投标会在招标文件中详细列出项目范围、工程要求等;PPP 项目招投标在最初往往没有工程的具体方案与技术标准,其项目的着眼点是项目提供的公共产品或服务而不是项目本身,招标文件只是说明项目应满足的需要和性能标准,在最终投标之前,通过与投标人沟通交流,如果有必要,可以改变招标文件的条款,完善项目招标的范围与要求。《收费公路政府与社会资本合作操作指南》第二十条规定:项目实施机构应当根据项目的特点和需要,依据批准的实施方案编制招标文件和 PPP 合同草案。招标文件和 PPP 合同草案中各项承诺和保障等相关交易条件不得超出已批准的实施方案规定的范围。

(三)招标目的不同

一般建设项目招投标的目的是寻找合适的工程承包商,以更低的价格更快、更高质量地完成项目建设。根据交通运输部 2017 年 173 号文《收费公路政府与社会资本合作操作指南》,收费公路 PPP 项目的实施应当遵循风险分担、收益共享、物有所值、公共利益最大化等原则,各方应当按照公平、公正、公开和诚实信用的原则参与。因此,PPP 项目招投标的目的是寻找合作伙伴,通过合作共同进行项目的融资、设计、建设与运营,实现物有所值。

(四)评标指标不同

一般建设项目招投标的评标指标主要是承包商自身的能力、方案与投标报价。《收费公路政府与社会资本合作操作指南》第二十一条和二十二条分别指出,项目实施机构应当根据收费公路 PPP 项目的特点和需要,对潜在社会资本方的财务状况、投融资能力、商业信誉、市场信用、项目建设管理经验和项目运营管理经验等资格条件作出要求,但不得以不合理的条件限制或者排斥潜在社会资本方,不得对不同所有制形式的潜在社会方实行歧视性待遇。收费公路 PPP 项目社会资本方招标的评标办法可以采用综合评估法或者法律、行政法规允许的其他评标办法。采用综合评估法的,应当在招标文件中载明对竞价因素、管理经验、专业能力、投

资能力、融资实力以及信用状况等评价内容的评分权重和评分方法,根据综合得分由高到低推荐中标候选人。因此,PPP项目的目的是通过合作实现物有所值,因此评价的着眼点应该是公私双方的合作,而不是社会资本本身,其评标指标不仅应包括社会资本的能力属性、方案与投标报价,还应包括公私双方合作的效率。

(五) 具体采购流程和程序不同

由于PPP项目投资大、复杂程度高、生命周期长,项目不确定因素更多,因此,PPP项目招投标的程序需要比一般建设项目招投标更灵活,以保证公私双方进行充分的沟通。国际上的做法一般都允许招标人在签订合同前与投标人进行谈判,因此持续时间更长,项目招投标费用也更高。世界各国的招投标程序不尽相同,但大致可以分为标前准备、资格预审、招标、投标、评标、谈判等阶段。

(六) 介入时间不同

PPP项目完成物有所值评价和批准项目实施方案后,即可通过竞争方式选择合作伙伴,由社会资本合作伙伴来完成设计、建设、运营、移交等整个项目周期。而一般项目施工招标应当具备下列条件才能进行施工招标:

(1) 招标人已经依法成立;
(2) 初步设计及概算应当履行审批手续的,已经批准;
(3) 有相应资金或资金来源已经落实;
(4) 有招标所需要的设计图纸及技术资料。从介入时间来看,PPP项目可比常规施工招标项目更早启动招标工作。

(七) 招标范围不同

PPP项目招标范围一般包括投融资、建设、运营、移交整个流程,招标范围更广。而一般施工招标内容仅局限于建设阶段的施工招标,范围狭窄很多。

(八) 适用项目范围不同

PPP项目主要适用于政府负有提供责任又适宜市场化运作的公共服务、基础设施类项目,包括能源、水利、环境保护、交通运输、市政工程、燃气、供电、供水、供热、污水及垃圾处理等市政设施的基础设施和公用事业领域,以及医疗、旅游、教育培训、健康养老等公共服务项目等。而一般施工招标则依据《中华人民共和国招标投标法》和《中华人民共和国招标投标法实施条例》(以下简称《招标投标法实施条例》)的相关规定。以下几种项目必须进行招标:

(1) 全部或者部分使用国有资金投资或者国家融资的项目,包括:使用预算资金200万元人民币以上,并且该资金占投资额10%以上的项目;使用国有企业事业单位资金,并且该资金占控股或者主导地位的项目。

(2) 使用国际组织或者外国政府贷款、援助资金的项目,包括:使用世界银行、亚洲开发银行等国际组织贷款、援助资金的项目;使用外国政府及其机构贷款、援助资金的项目。

(3) 不属于上述两条规定情形的大型基础设施、公用事业等关系社会公共利益、公众安全的项目。必须招标的具体范围由国务院发展改革部门会同国务院有关部门按照确有必要、严格限定的原则制定,报国务院批准。

(九) 采购方式不同

《政府和社会资本合作项目政府采购管理办法》第四条中规定"PPP 项目采购方式包括公开招标、邀请招标、竞争性谈判、竞争性磋商和单一来源采购。项目实施机构应当根据 PPP 项目的采购需求特点,依法选择适当的采购方式。公开招标主要适用于采购需求中核心边界条件和技术经济参数明确、完整、符合国家法律法规及政府采购政策,且采购过程中不作更改的项目"。而一般施工项目招标有公开招标和邀请招标两种方式,具体采用哪种招标方式则依据《招标投标法实施条例》相关规定确定。

因此,PPP 模式在采购方式中,除了保留一般施工招标采用的公开招标和邀请招标外,还可以采用政府采购中的竞争性谈判和单一来源采购等采购方式。除此之外,为保证 PPP 项目采购过程顺畅、高效和实现"物有所值"价值目标,新增"竞争性磋商"这一新的采购方式。这种方式即使只有两家合格的投标人也可以进行磋商,并引入了两阶段采购模式。

三、PPP 项目招投标关键因素

(一) 提高制度政策监管及稳定的政策支持

制度监管一方面是规范招投标制度,另一方面是完善招投标监督机制。规范的制度是各方行为的准则,能提高招投标工作效率并提高私人合作伙伴选择的质量。政府既是招投标规则的制定者,又是招投标的实施者,不健全的监管机制会导致招投标程序暗箱操作等权力寻租现象的发生。实际上在中国,政治腐败已被社会资本认为是与各级政府部门合作中不可避免的现象。政府的腐败可能会导致项目不切实际的高回报率,从而损害社会利益的实现,也会导致投标费用及时间成本的增加,不利于吸引有信誉、有实力的社会资本参加投标。因此,除了政府内部监管,独立的第三方监督机制与公众监督机制也是有必要的。

政策支持包括合理的定价、财政担保、风险分配等政策,以及这些政策的连续性和稳定性。政府政策的出台应以社会利益为导向,但是政策一旦不能保持稳定,投入项目的资源不仅不能产生收益还会造成巨大的资源浪费。政府为追求短期政绩,向社会资本盲目承诺,透支下一届政府的资源,或是对上届政府政策置之不理,都会导致政策的不稳定。为吸引潜在的投标人,应该将定价、财政担保、风险分担、利益分配等政策写入招标文件中作为招投标的依据,且需要政府保证政策的连续性与稳定性。

(二) 提高政府履约能力与行政执行力度

政府主体因素主要体现在合作部门、合作指南、政府履约能力、行政执行力度等方面。中央政府大力推行 PPP 模式,财政部和国家发展改革委分别发布了《收费公路政府和社会资本合作模式操作指南》和《关于开展政府和社会资本合作的指导意见》(以下简称《操作指南》和《指导意见》),体现了政府改革行动的迅速,但是如果缺乏协调,两个部委可能会出现意见不同、政策重复、多头监管的情况。没有明确的合作部门会让地方政府和社会资本无所适从。比如对于 PPP 项目的实施机构,《操作指南》中规定是"政府或其指定的有关职能部门或事业单位",而《指导意见》中规定是"相应的行业管理部门、事业单位、行业运营公司或其他相关机构",存在一定的差异。由于"物有所值"的实现需要公私双方的有效合作,在招投标过程中,不仅要考虑社会资本的能力,也要考虑政府自身的能力。如果政府不能履行合同约定的义务或者承诺的优惠政策不能兑现,会导致项目建设与运营陷入困境,甚至导致私人合作伙伴提前退出。因此,政府也需要修炼好自身的内功,提高履约能力与行政执行力度,为公私双方的合作提供良好的条件,从而吸引有信誉、有实力的社会资本参与投标。

(三)增强承包方工程管理能力和合同履约能力

工程管理能力包括社会资本自身的管理水平、对承包商的管理水平、技术实力、合同管理能力等,类似项目建设经验在一定程度上也体现了工程管理能力。PPP项目一般工程规模较大,技术要求较高,且政府将PPP模式引入公共项目建设的动机之一是利用社会资本的管理优势与技术优势以提高公共产品的供给效率。工程管理能力在现有的招投标机制中也是评价社会资本的重要指标之一。工程管理能力直接影响工程的成本、质量和工期,关系投入的资金如何更好、更快、更准确地转化为工程实体,体现了"物有所值"在工程建设阶段的效率性。

履约能力是企业按契约履行自身义务的实际能力。由于PPP项目以契约为基础,合作一方对契约的有效履行是合作另一方实现利益目标的基础,因此履约能力是PPP项目成功的关键。PPP项目中社会资本的履约能力不仅包括资金的按时足额支付能力和生产建设能力,还包括企业的社会责任和公信力。企业的社会责任也体现在对项目的盈利预期上,如果企业的社会责任感强,那么企业就会降低对项目直接经济利益的追求,更多地考虑项目的社会效益。如此一来企业参与项目的目标就会更加契合政府部门追求社会效益的目标,在共同的利益目标下,政府部门与社会资本就会形成更有效的合作。可以说履约能力是公私双方全过程合作的基础,没有履约能力,就没有合作,社会资本拥有再强的优势也都无法发挥。因此履约能力是PPP项目"物有所值"实现的基础,在招投标中需要给予足够的关注。

(四)提高公众参与及信息公开

PPP项目实施的目的就是为公众提供公共产品和服务,可以说PPP项目是为公众而建设的,只有公众认可的项目才称得上是成功的项目。让公众参与到PPP项目的招投标过程中,可以发挥公众在监督、评价等方面的作用。重视公众意见,接受公众监督,确保公平竞争,以实现社会利益为目标,也是PPP项目中有关"物有所值"的一部分。

信息公开减少了政府部门与社会资本之间的信息不对称,也减少了政府部门与社会公众的信息不对称。科学的招投标程序将使社会资本清晰地认识政府部门对项目的需求,也使政府部门全面地了解社会资本的能力,从而正确地做出决策。同时,信息公开是公众参与PPP项目招投标的监督与评价的前提,不但降低了腐败现象出现的可能性,提高了政府的公信力,也提高了PPP项目招投标的效率与效果。

四、完善PPP项目招投标管理

(一)加快制定专业适用的法律法规

我国开展招投标工作适用法律的主要是《中华人民共和国招标投标法》《中华人民共和国政府采购法》和其他规章制度,而PPP项目参与方关系复杂、程序烦琐使得这两部法律在实际操作过程中具有一定的局限性。为尽快适应我国PPP模式招投标发展需要,可从以下两点进行完善。

1. 制定国家层级的PPP招投标专门法

现阶段指导我国招投标工作的法律《招投标法》以及《政府采购法》在具体内容上没有专门针对PPP模式的规定,当PPP招投标阶段出现纠纷时各方依照的仍然是以上几部法律,但在寻找解决依据时,又显得力不从心。因此国家应抓紧出台针对PPP项目招投标的专门法律,完善现有的招投标法律法规体系。可借鉴美国、加拿大、法国等国家在制定专业PPP法律法规上的经验,从全国人大到国家法律委员会,将统一适用的国家层级PPP招投标法的制定工作提上日程,指导PPP项目招投标工作按国家统一规范进行。

2. 提高招投标法律的实操性

通过对国内外PPP项目案例的调查分析,大多失败案例都是在招投标阶段未正确合理的对自身权益进行规定,导致后期纠纷的发生。究其原因,一方面,是招投标方式选择不当;另一方面,招投标各种程序规定臃肿,使各潜在竞争者通过非法手段为自身增加中标机会。所以在进行招投标管理时,要提高适用法律的灵活性,明确、细化PPP项目招标范围和规模标准,将招标组织者暗箱操作的空间降到最低。

(二)完善PPP项目招投标制度

1. 强化招投标各程序管理

我国建设工程招投标制度本身存在一定缺陷,应当加快招投标体系建设,减少招投标在制度上的漏洞。首先,项目招投标过程中最重要的是信息公开,因此应加快PPP项目招标信息的透明化和公开化建设以及设立公开透明的招投标政务公开体系,使PPP项目招投标全过程在"阳光"下进行,坚决杜绝腐败串标、围标等现象的发生。其次,要将评标制度更加完善,通过建立专业的招投标信息平台,将交叉关联的信息进行整合,形成跨区域互通的信息体系,不仅可以让项目竞标方可以对信息进行实时跟踪,社会公众也可以对PPP项目招投标工作进行监督。要提高评标专家库的专业性,吸纳具有PPP专业知识和相关项目评标经验的专家学者,同时扩大评标专家的区域范围,组建跨区域的评标专家库,打破PPP项目评标的地域壁垒。还应加强对PPP招标人员和招标代理机构的专业培训,使其对PPP更加了解,提高招投标业务水平,降低PPP前期因招投标工作失误造成的风险。最后,建立国家信用评价制度,建立工程建设单位的信用档案,供公众查询,在进行PPP项目招标时,首先对投标方的诚信及资质进行严格审查,调取其以往的诚信履约档案及工程业绩作为评标的重要参考依据。

2. 完善PPP项目招标行政监督制度

国家和地方原有行政监督体系包括纪检监察机关、检察院以及行业协会等,在此基础上要设置专门针对PPP项目招投标的监管机构,在尚未设立PPP专业监督机构的地方要及时做好相应补位。首先,监督机构对监督程序要熟知掌握,提高行业监督的针对性,规范PPP项目招投标程序。同时,还应加强对行政监督者的监督,让投标方和社会公众参与项目评标的每一个过程,保证全过程的公开透明,防止监督的人情化以及投标缺位的虚假招标。在运用传统监督方式的基础上创新监督手段,充分抓住当下信息化高速发展的契机,利用云平台、微信公众平台以及"互联网+"的优势,将监督资源进行全方位系统整合,充分发挥科技监督的作用,将PPP项目招投标全过程管理的缺陷和漏洞降到最低。最后,对PPP项目招投标的监督要由事中监督向事前和合同签订、履约延伸,做到全过程的实时跟踪监督;核准前期招标文件,减少潜在投标风险,强化招标后跟踪监督,防范招投标双方不落实 PPP 项目投标结果,杜绝"阴阳合同"现象的发生。

第四节 政府和社会资本合作(PPP)项目合同

一、PPP 项目合同体系

PPP 项目的参与人主要包括政府、社会资本、融资方、承包商和分包商、原料供应商、运营商、保险公司及专业机构等。PPP 项目合同体系以 PPP 项目合同为核心,涵盖相关的各类合同,解决各参与主体之间的权利与义务问题。在该合同结构中,项目公司要实现项目融资,实现有限追索的目的,而要实现有限追索,需要三个及以上公司共同组建项目公司。因此,项目公司中设计、施工或运营公司可能做股东,各参与方要签订股东协议。政府在合同结构设计时需要分担风险,如政府可能入股,做股东,这是狭义的 PPP;但即使政府不入股,也要承担诸如补贴、风险分担、提供配套设施等责任。项目公司不可能自己做项目,也可能分包给其他公司,这样,需要签订分包合同。项目公司要作有限追索,银行需要担保,项目资产、项目权益等会作为担保,如承包商协议;若无法还款,银行有权接管项目,改组项目,而其他参与方继续履约。

根据财政部《PPP 项目合同指南(试行)》对 PPP 合同体系的划分,PPP 项目合同体系如图 5-7 所示。

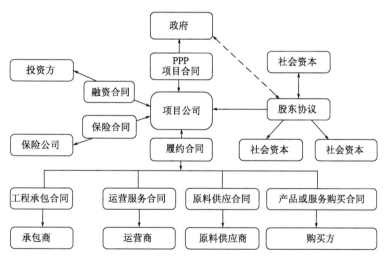

图 5-7 PPP 项目合同体系

二、PPP 项目合同的主要内容

在 PPP 项目中,项目参与方通过签订一系列合同来确立和调整彼此之间的权利义务关系,构成 PPP 项目的合同体系。PPP 项目的合同通常包括 PPP 项目合同、股东协议、履约合同(包括工程承包合同、运营服务合同、原料供应合同、产品或服务购买合同等)、融资合同和保险合同等。其中,PPP项目合同是整个PPP项目合同体系的基础和核心。

在PPP项目合同体系中,各个合同之间并非完全独立、互不影响,而是紧密衔接、相互贯通的,合同之间存在着一定的"传导关系"。了解PPP项目的合同体系和各个合同之间的传导关系,有助于对PPP项目合同进行更加全面、准确的把握。

(一)PPP项目合同

PPP项目合同是政府方与社会资本方依法就PPP项目合作所订立的合同。其目的是在政府方与社会资本方之间合理分配项目风险,明确双方权利义务关系,保障双方能够依据合同约定合理主张权利,妥善履行义务,确保项目全生命周期内的顺利实施。PPP项目合同是其他合同产生的基础,也是整个PPP项目合同体系的核心。在项目初期阶段,项目公司尚未成立时,政府方会先与社会资本(项目投资人)签订意向书、备忘录或者框架协议,以明确双方的合作意向,详细约定双方有关项目开发的关键权利、义务。待项目公司成立后,由项目公司与政府方重新签署正式PPP项目合同,或者签署关于承继上述协议的补充合同。在PPP项目合同中,通常也会对PPP项目合同生效后政府方与项目公司及其母公司之间就本项目所达成的协议是否会继续存续进行约定。

1.PPP项目合同参考范本

PPP项目合同参考范本由合同正文和合同附件组成,共设置21个模块,说明各主要参与方在PPP项目中的角色及订立相关合同的目的,阐述PPP项目合同的主要内容和核心条款,分析合同条款中的风险分配原则、基本内容和权利义务安排。适用于不同模式合作项目的投融资、建设、运营和服务、移交等阶段,具有通用性,但不能满足所有的PPP项目的特点和个性需求。

(1)主要条款

背景条款,包括合同相关术语的定义和解释、合同签订的背景和目的、声明和保证、合同生效条件、合同体系构成等。

原则条款:项目合同各方须就订立合同的主体资格及履行合同的相关事项加以声明和保证,并明确项目合同各方因违反声明和保证应承担的相应责任;明确关于合同正文、合同附件、补充协议和变更协议等优先次序,以及履约原则和违约处理原则。

主体条款,包括政府主体、社会资本主体,重点明确项目合同主体资格并概括性地约定各主体的权利和义务;明确项目公司的设立及其存续期间的法人治理结构及经营管理机制等事项;明确政府股东代表在项目公司法人治理结构中的特殊安排;等等。

标的条款:约定政府和社会资本合作关系的重要事项,包括合同内容、合作期限、排他性约定及合作的履约保证等。合作内容方面着重明确项目的边界范围,明确社会主体在合作期间获得回报的具体途径及合作各阶段项目有形及无形的所有权、使用权、收益权、处置权的归属。如有必要,可作出合作期间内的排他性约定及项目合同各方的履约担保事项。

执行条款(核心):应详尽约定执行规划、方案及流程。

项目前期工作:重点约定项目公司设立、管理架构组建、技术、商业、财务和经济等方面的各项准备,实施方案编制和审核及合作项目前期工作内容、任务分工、经费承担及违约责任等。

工程建设:重点约定合作项目工程建设条件,进度、质量、安全要求,变更管理,实际投资认定,工程验收及违约责任等事项。

绩效检测与支付:加强工程质量、运营标准的全程监督,确保公共产品和服务的质量、效率和延续性,鼓励推进第三方评估,评价结果向社会公示,作为合同调整的重要参考依据,并据此作为价费标准、财政补贴等的支付依据。

资金条款:根据投资概算等,约定项目投资规模、投资计划、投资控制与超支责任、融资方案和资金筹措、融资条件、投融资监管及违约责任等事项。如政府为合作项目提供投资补助、基金注资、担保补贴、贷款贴息等支持,应明确具体方式及必要条件并设定对投融资的特别监管措施,明确各方投融资违约行为的认定和违约责任。

验收条款:应遵照国家及地方主管部门关于基本建设项目验收管理的规定执行,通常包括专项验收和竣工验收。项目合同应约定项目验收的计划、标准、费用和工作机制等要求。如有必要,应针对特定环节作出专项安排。

运营条款:重点约定合作项目运营的外部条件、运营服务标准和要求、更新改造及追加投资、服务计量、运营期保险、政府监管、运营支出及违约责任等事项。适用于包含项目运营环节的合作项目。

核算条款:对项目的投资规模、投资计划与资金到位方案等进行系统、科学的核算和评估,约定合作项目收入、回报模式,价格确定和调整方式,财务监管及违约责任等事项。

移交条款:政府移交资产重点约定政府向社会资本主体移交资产的准备工作、移交范围、履约标准、移交程序及违约责任等。社会资本方移交项目重点约定社会资本主体向政府移交项目的过渡期、移交范围和标准、移交程序、质量保证和违约责任等。项目合同应明确各方在移交工作中违约行为的认定和违约责任。可根据影响将违约行为划分为重大违约和一般违约,并分别约定违约责任。

担保条款:可约定项目合同各方的履约担保事项,明确履约担保的类型,提供方式、提供时间、担保额度、兑取条件和退换等。对合作周期较长的项目,可分阶段安排履约担保。

保险条款:项目合同应约定工程建设期需要投标的险种、保险范围、保险责任期间、保额、投保人、受益人、保险赔偿金的使用等。

信息披露与保密条款:约定保密信息范围、保密措施、保密责任。保密信息是指项目涉及国家安全、商业秘密或合同各方约定的其他信息。

廉政与反贿赂条款:约定反不正当竞争和商业贿赂条款,保证项目过程的法治与公平。

合同的变更、修订与转让条款:约定合同权利义务是否允许转让;如允许转让,应约定须满足的条件和程序。

特许经营权条款:政府允许社会资本运营商在指定区域内负责全面提供公共服务,同时负责所有资本投资,但在项目合同中必须强化监管措施,防止垄断损害公共利益。

不可抗力和法律变更:约定如在项目合同生效后发布新的法律、法规或对法律、法规进行修订;影响项目运行或各方项目收益时,变更项目合同或解除项目合同的触发条件、影响评估、处理程序等原则和事项。

解约条款:明确合同解除事由、解除程序及合同解除后的结算、项目移交等事项。分别约定在合同解除时项目接管、项目持续运行、公共利益保护及其他处置措施等。

违约条款:明确各方在各个环节中违约行为的认定和违约责任。

纠纷解决条款:约定争议解决方式,如协商、调解、仲裁或诉讼。约定争议期间的合同履行,除法律规定或另有约定外,任何一方不得以发生争议为由,停止项目运营服务、停止项目运营支持服务或采取其他影响公共利益的措施。

兜底条款:约定项目合同的其他未尽事项,包括合同适用的法律、语言、货币等事项。

(2)应注意的主要问题

主体稳定性问题:国家发改委《关于开展政府和社会资本合作的指导意见》规定:依托各类产权、股权交易市场,为社会资本提供多元化、规范化、市场化的退出渠道。

政府债务问题:PPP合同中应对实际履约能力明确可执行的操作模式。

项目选择问题:避免过于乐观,要谨慎分析。

有效竞争问题:PPP项目的竞争压力通常来自社会资本准入阶段。但不同社会资本提供的价值、承担的风险和要求的回报难以在选择阶段进行有效的直接比较,政府无法通过现有的政府采购程序有效甄选出最具竞争力的社会资本方。

履约管理问题:政府在缺少相称资源和技能的情况下很难对社会资本的履约能力和履约情况进行有效监管;由于缺乏有限的争议解决机制,政府履约不佳时,社会资本也难以采取实际有效措施保护自身权益。

(3)PPP项目合同订立的主要原则

合同各方主体地位平等原则:以市场机制为基础建立互惠合作关系。

合法、合规原则:要与相关法律法规和技术规范做好衔接。

提高公共服务质量和效率原则:引入社会资本和市场机制,提高公共资源配置效率和社会价值。

公开透明原则:明确政府监管职责,发挥专业机构作用,提高信息公开程度。

社会资本获得合理回报原则:鼓励社会资本在确保公共利益前提下,降低项目运作成本、提高资源配置效率、获取合理投资回报。

风险最优分配原则:将风险分配给对政府而言能够以最小成本、最有效管理它的一方承担,并给予风险承担方选择如何处理和最小化该类风险的权利。

国际经验和国内实践相结合原则。

鼓励创新原则:把握PPP项目实质内容,推进深化投融资体制改革。

2. 收费公路PPP项目合同内容

根据交通运输部2017年173号文《收费公路政府与社会资本合作操作指南》规定,收费公路PPP项目合同应当主要包括以下内容:

(1)项目名称、内容;

(2)合作范围和期限;

(3)政府和项目公司的权利和义务;

(4)融资方案,投融资期限和方式;

(5)收费标准及其调整机制;

(6)项目建设标准及相关要求;

(7)养护管理和服务质量标准;

(8)合理投资回报确定及调整机制;

(9)履约保证金的有关要求;
(10)合作期内风险分担与保障;
(11)建设运营服务监测和绩效评价;
(12)安全质量保证金制度及其责任;
(13)政府承诺和保障;
(14)应急预案和临时接管预案;
(15)合同期限届满后,项目移交方式、程序和要求等;
(16)合同变更、提前终止及补偿;
(17)监督检查;
(18)违约责任;
(19)争议解决方式;
(20)需要明确的其他事项。

(二)社会资本方之间彼此签订的股东协议

股东协议由项目公司的股东签订,用以在股东之间建立长期的、有约束力的合约关系。股东协议通常包括以下主要条款:前提条件、项目公司的设立和融资、项目公司的经营范围、股东权利、履行PPP项目合同的股东承诺、股东的商业计划、股权转让、股东会、董事会、监事会组成及其职权范围、股息分配、违约、终止及终止后处理机制、不可抗力、适用法律和争议解决等。

项目投资人订立股东协议的主要目的在于设立项目公司,由项目公司负责项目的建设、运营和管理,因此项目公司的股东可能会包括希望参与项目建设运营的承包商、原料供应商、运营商、融资方等主体。在某些情况下,为了更直接地参与项目的重大决策、掌握项目实施情况,政府也可能通过直接参股的方式成为项目公司的股东(但政府通常并不控股和直接参与经营管理)。在这种情形下,政府与其他股东相同,享有作为股东的基本权益,同时也须履行股东的相关义务,并承担项目风险。

股东协议除了包括规定股东之间权利义务的一般条款外,还可能包括与项目实施相关的特殊规定。以承包商作为项目公司股东为例,承包商的双重身份可能会导致股东之间一定程度的利益冲突,并在股东协议中予以反映。例如,为防止承包商在工程承包事项上享有过多的控制权,其他股东可能会在股东协议中限制承包商在工程建设及索赔事项上的表决权。如果承包商参与项目的主要目的是承担项目的设计、施工等工作,并不愿长期持股,承包商会希望在股东协议中预先做出股权转让的相关安排。但另一方面,如果融资方也是股东,融资方通常会要求限制承包商转让其所持有的项目公司股权的权利,例如要求承包商至少要到工程缺陷责任期满后才可转让其所持有的项目公司股权。

(三)融资合同

从广义上讲,融资合同可能包括项目公司与融资方签订的项目贷款合同、担保人就项目贷款与融资方签订的担保合同、政府与融资方和项目公司签订的直接介入协议等多个合同。其中,项目贷款合同是最主要的融资合同。

在项目贷款合同中一般会包括以下条款:陈述与保证、前提条件、偿还贷款、担保与保障、抵销、违约、适用法律与争议解决等。同时,出于贷款安全性的考虑,融资方往往要求项目公司以其财产或其他权益作为抵押或质押,或由其母公司提供某种形式的担保或由政府作出某种承诺,这些融资保障措施通常会在担保合同、直接介入协议以及PPP项目合同中予以具体体现。

需要特别强调的是,PPP项目的融资安排是PPP项目实施的关键环节,鼓励融资方式多元化、引导融资方式创新、落实融资保障措施,对于增强投资者信心、维护投资者权益以及保障PPP项目的成功实施至关重要。

(四)保险合同

由于PPP项目通常资金规模大、生命周期长,负责项目实施的项目公司及其他相关参与方通常需要对项目融资、建设、运营等不同阶段的不同类型的风险分别进行投保。通常可能涉及的保险种类包括货物运输险、工程一切险、针对设计或其他专业服务的职业保障险、针对间接损失的保险、第三者责任险。

鉴于PPP项目所涉风险的长期性和复杂性,为确保投保更有针对性和有效性,建议在制订保险方案或签署保险合同前先咨询专业保险顾问的意见。

(五)工程承包合同

项目公司一般只作为融资主体和项目运营管理者而存在,本身不一定具备自行设计、采购、建设项目的条件,因此可能会将部分或全部设计、采购、建设工作委托给工程承包商,签订工程承包合同。项目公司可以与单一承包商签订总承包合同,也可以分别与不同承包商签订合同。承包商的选择要遵循相关法律法规的规定。

由于工程承包合同的履行情况往往直接影响PPP项目合同的履行,进而影响项目的贷款偿还和收益情况。因此,为了有效转移项目建设期间的风险,项目公司通常会与承包商签订一个固定价格、固定工期的"交钥匙"合同,将工程费用超支、工期延误、工程质量不合格等风险全部转移给承包商。此外,工程承包合同中通常还会包括履约担保和违约金条款,以进一步约束承包商妥善履行合同义务。

根据承包商在PPP项目中的角色不同分为工程建造商和PPP项目总承包商。当承包商作为工程建造商时,与项目公司签订工程承包合同,另外还包括项目公司与设计、运营的承包商签订的系列合同。当承包商作为总承包商时,一类是作为独立社会资本主体与政府就项目的设计、建造和运营签订的合同;另一类是承包商不作为独立的社会资本,此时与项目公司签署固定价格的EPC总承包合同,总承包商再根据项目实施情况将部分工程进行专业分包,建设工程合同中也要对工程分包的情况以及相关主体的权利、义务及责任进行规定。PPP项目工程量较大,往往存在费用超支、工程超期、工程质量缺陷等问题,各社会主体要合理分担风险,并将风险向承包商进行合理转移。当承包商作为独立社会资本时,应该增强对施工合同的管理能力以及防范处理风险的能力。承包合同约束签约各方合理履行责、权、利,承包合同管理直接关系PPP项目的实施质量,所以项目各方要重视对承包合同的管理工作。

(六)履约合同

1. 运营服务合同

根据PPP项目运营内容和项目公司管理能力的不同,项目公司有时会考虑将项目全部或部分的运营和维护事务外包给有经验的专业运营商,并与其签订运营服务合同。有时,运营维护事务的外包可能需要事先取得政府的同意。但是,PPP项目合同中约定的项目公司的运营和维护义务并不因项目公司将全部或部分运营维护事务分包给其他运营商实施而豁免或解除。

由于PPP项目的期限通常较长,在项目的运营维护过程中存在较大的管理风险,可能因项目公司或运营商管理不善而导致项目亏损。因此,项目公司应优先选择资信状况良好、管理经验丰富的运营商,并通过在运营服务合同中预先约定风险分配机制或者投保相关保险来转移风险,确保项目平稳运营并获得稳定收益。

2. 原料供应合同

有些PPP项目在运营阶段对原料的需求量很大、原料成本在整个项目运营成本中占比较大,同时受价格波动、市场供给不足等影响,又无法保证能够随时在公开市场上以平稳价格获取原料,如燃煤电厂项目中的煤炭,继而可能会影响整个项目的持续稳定运营。因此,为了防控原料供应风险,项目公司通常会与原料的主要供应商签订长期原料供应合同,并约定一个相对稳定的原料价格。

在原料供应合同中,一般会包括以下条款:交货地点和供货期限、供货要求和价格、质量标准和验收、结算和支付、合同双方的权利义务、违约责任、不可抗力、争议解决等。除上述一般性条款外,原料供应合同通常还会包括"照供不误"条款,即要求供应商以稳定的价格、稳定的质量品质为项目提供长期、稳定的原料。

3. 产品或服务购买合同

在PPP项目中,项目公司的主要投资收益来源于项目提供的产品或服务的销售收入,因此保证项目产品或服务有稳定的销售对象,对于项目公司而言十分重要。根据PPP项目付费机制的不同,项目产品或服务的购买者可能是政府,也可能是最终使用者。以政府付费的供电项目为例,政府的电力主管部门或国有电力公司通常会事先与项目公司签订电力购买协议,约定双方的购电和供电义务。

此外,在一些产品购买合同中,还会包括"照付不议"条款,即项目公司与产品的购买者约定一个最低采购量,只要项目公司按照最低采购量供应产品,不论购买者是否需要采购该产品,均应按照最低采购量支付相应价款。

(七) 其他合同

在PPP项目中还可能会涉及其他的合同,例如与专业中介机构签署的投资、法律、技术、财务、税务等方面的咨询服务合同。

三、PPP模式下的公路工程施工合同管理主体

(一) 政府主体

政府主体在PPP合同体系中有三重身份。首先,政府是向社会公众提供公共服务的管理者,并对PPP项目进行规划、采购与管理。在PPP项目建设、运营过程中政府主体还应当作为项目监管者,履行行政监管的职能。其次,有时政府会作为PPP项目的购买者,需要按照合同规定正确行使权力、积极履行义务。另外,在PPP项目实施期间政府主体还要对项目公司与

其他政府机构、私人主体之间的关系进行协调,包括行政审批、银行贷款、商业担保等事项。根据财政部(财金〔2014〕113号文)《PPP项目合同指南(试行)》和国家发改委(发改〔2014〕2724号文)《政府和社会资本合作项目通用合同指南(PPP模式)》的规定:政府授权的项目实施机构可作为政府主体;财政部2016年在《第三批PPP示范项目申报筛选工作的通知》中将国有企业和融资平台公司不再列为政府主体;财政部文件规定当地人民政府可以作为政府主体,而发展改革委文件则规定当地人民政府不能作为政府主体。

签订项目合同的政府主体,应明确政府主体的名称、住所、法定代表人等基本情况,政府主体出现机构调整时的延续或承继方式。

项目合同应明确政府主体拥有的权利为按照有关法律法规和政府管理的相关职能规定,行使政府监管的权力;行使项目合同约定的权利。

项目合同应概括约定政府主体需要承担的主要义务,如遵守项目合同、及时提供项目配套条件、支持项目审批协调、维护市场秩序等。

(二)社会资本主体

社会资本主体可以分为两类,其中一类就是所有参与到PPP项目中的私人主体,包括PPP项目融资方、总承包方、项目设计施工运营的承包商和分包商、原材料供应商、产品或服务购买方、保险公司等,共同组建项目公司,政府也可出资入股,各方通过相关合同对项目公司负责。另一类社会资本主体就是直接承包PPP项目的社会资本方,其可以一方承担PPP项目融资、建造、运营工作及合同期内的全部风险。社会资本主体可以是投资方,也可以是施工承包方或运营方。私营企业、国有企业或者外商投资企业和外国企业均可以作为社会主体,但是本级政府所控制的国有企业不得作为社会资本参与PPP项目建设。

(三)融资方

因PPP项目投资体量较大,社会资本或项目公司独自难以承担,因此在PPP模式下的施工合同涉及部分融资主体的相关内容。融资方包括银行、金融机构、信贷机构等,融资方式可以是传统的贷款,还可以是以债券的形式进行融资。因融资方作为项目的参与主体之一有权对PPP项目进行管理,在施工合同管理阶段也负有相应责任和义务。

(四)承包商和分包商

承包商在PPP项目中的角色分为两种,其中一种是承包商自身是投资方且具有PPP项目运营能力,基于这种角色定位的承包商一般作为EPC总承包处于业主的主导地位,将投资、建造、运营集于一身,此时施工单位作为总承包商承担风险较大;另外一种角色是承包商不作为投资方,而作为工程承建方只负责PPP项目的建造部分,与投资方和运营商组建项目公司一起承担整个PPP项目,此时承包商承担风险较小。对于大体量及较复杂的PPP项目,承包商会根据自身实力选择与分包商就相关分部工程签订分包合同。分包的工程可以是勘察工程、设计工程、原材料采购工程、非主体施工工程以及其他专业技术工程。由于PPP项目的特殊性,分包商要切实维护自身权益,参照传统施工合同管理内容进行合同的管理工作。

(五)保险公司

PPP项目多为复杂、不确定风险因素多的大型工程,为规避和防范风险,项目公司或总承包商、分包商等都会选择购买保险的形式将风险转移给保险公司。作为项目的参与方之一,其也应重视施工合同的管理工作。

四、PPP 项目合同管理的基本原则

PPP 项目合同在确定时的基本原则有:

(1)依法治理原则。PPP 项目合同在签订时,要严格遵守相关法律法规,保护合同双方合法权益。

(2)平等合作原则。合同双方法律地位平等,权利义务要对等。

(3)维护公益原则。PPP 项目将影响公共安全和社会公共利益,因此,要维护公共利益,保证信息公开、公众参与和公众监督。

(4)诚实守信原则。合同一经签订,双方就要严格按照合同规定履行合同义务,承担相应违约责任。

(5)公平效率原则。PPP 项目合同要统筹各方利益,要充分考虑社会资本合理收益、政府财政承受能力、使用者支付能力等方面,以提升公共产品的供给效率。

(6)兼顾灵活原则。由于 PPP 项目是一种长期合作,因此,签订合同时要考虑长期需求,灵活设置各种调整机制,预留调整变更空间。

PPP 项目合同起草及谈判的要点如下:

(1)划清边界。要约定好双方的权利、义务及各自的违约责任,这样,对双方都是一种约束,利于合同的实施。

(2)明确标准。明确项目在设计、施工、运营、移交等各阶段的标准及违约赔偿、终止补偿的范围和内容等。如对于收费公路 PPP 项目在合同签订时,应设定明确的工程质量和项目运营服务绩效标准及考核办法,以便考核。

(3)预留空间。PPP 项目是一种长期合作的项目,未来的不可预见因素很多,所以,签订的合同应该具有一定的弹性,不能签死,应该对价格调整、主体变更、临时接管、展期、提前终止等条款留有一定的商量余地。

(4)宜繁忌简。合同条款应尽可能详细,避免简而代之。

五、PPP 模式下的施工合同管理内容

(一)签约管理

PPP 项目签订施工合同的主体分为政府主体和社会资本主体,按签订主体的角色不同可分为两类:根据财政部和发改委关于对 PPP 合同签约主体的规定,当总承包商作为独立社会资本时,与其签订施工合同的是政府主体,包括政府授权的项目实施机构、行业主管部门或人民政府。当承包商不作为社会资本或以少量股份参股项目公司时,此时签订施工合同的主体分别是项目公司和施工承包商。进行施工合同的签约管理主要目的是公私双方通过谈判签订一份有利于自身利益的施工合同,由于 PPP 在我国快速发展,施工企业急于参与到新型 PPP 模式中,但是施工企业与 PPP 项目数量上失衡,加之施工企业又缺乏建设 PPP 项目的经验,导致政府或项目公司作为业主角色在 PPP 项目工程承包中占据主导地位,使承包商承担过多

风险。

PPP项目采用的招投标方式是政府采购方式,公私双方经过多轮磋商、谈判,最后就PPP项目建设相关问题达成一致意见,并对合同条款进行逐一商定,最后形成合同草案。施工合同的签订对合同的履行效果起关键作用,不仅关系公私双方的利益获得,还关系PPP项目的成败。因此,合同双方在正式签订合同之前要组织专人对合同进行审查,必要时聘请专业PPP咨询服务机构用以确保合同的公平性和专业可行性。合同双方在签订合同时,必须遵循公平、公正、诚实信用原则,参照《合同法》《政府采购法》《招投标法》《建设工程施工合同(示范文本)》《收费公路政府和社会资本合作操作指南》以及相关PPP合同文本。另外,根据《合同法》规定,PPP施工合同涉及内容复杂、建设周期长、投资金额大,为保证公众利益,施工合同应当以书面形式订立。

在PPP项目签约时,应从社会资本人牵头方角度考虑,重点是如何满足财务投资人要求。既要分析项目的投资合作期跟、股权退出方式、建设期内收益保障等因素,又要考虑项目公司运营期利润是否盈利,提取法定盈余公积,现金流是否充足、平滑,能否满足分配要求,股权分红是否须经合法程序后支付,等等诸多问题。PPP项目财务测评能否达到预期目标是社会投资人筛选项目的关键依据,规范、准确的财务测算对社会投资人的重要性不言而喻,选择合理、可实操的融资模式是财务测评的重要基础。社会投资人内部投资决策的判断依据是财务指标,常用的指标主要有资本金内部收益率FIRR(所得税后)、项目财务内部收益率FIRR(所得税前)、投资方财务内部收益率FIRR、投资方动态投资回收期P_t以及投资方财务净现值FNPV等。这些都是社会资本在签约之前应该重点测算和考虑的问题。

PPP项目签约后,要严格按照合同规定执行,如《收费公路政府和社会资本合作操作指南》第三十三条规定:项目公司或社会资本方要按照合同约定统筹项目投入和产出,严格按照设计文件组织工程建设,加强施工管理,确保工程质量,并对工程质量负责。

(二)变更管理

PPP项目周期长、工程复杂,在建设过程中会因设计及其他不确定因素的发生而进行工程或情势变更。从施工角度看,工程变更是合同变更的特殊情况,其与合同变更的不同之处在于合同变更的协商发生在合同内容变更之前,而工程变更则是由项目现场工程师先对标的实施变更,再由承发包双方后期就价款变化进行协商。工程变更的主要内容包括项目结构、数量变化、外观和设计内容的变化。由于PPP项目属于公用基础类项目,最终受益和使用者是社会公众,所以对于工程变更要求较为严格,当施工合同双方主体为承包商和项目公司,则工程变更遵循的程序应为:提出工程变更——报项目公司审批——项目公司报政府备案——变更的回复和执行——变更后工程的再评价。当施工合同双方主体是总承包商和政府时,在因设计缺陷或设计调整确须进行变更时,总承包商应向政府备案,政府对PPP项目拥有有限监督权,涉及公众利益的环节政府要严格把关。情势变更是由市场因素或不可抗力造成的不同于工程变更的合同管理的重要内容之一。造成情势变更的原因较复杂,需要施工单位将国家经济及PPP政策法律变化与PPP项目工程本身进行结合,经系统分析确定。施工企业在进行情势变更管理时,首先,要对国家宏观经济及市场环境进行跟踪分析,以保证在漫长的PPP工程实施过程中不因市场因素和经济变化造成施工合同管理的被动。如国家"营改增"政策的出台,施工企业就需要及时做出相应价格变更,做到及时发现风险并通过情势变更将风险转移。其次,国家政策和法律变化也是引起情势变更的重要原因。由于PPP模式在不断发展,国家针对PPP制定的政策和相关法律法规不断完善,新政策可能与PPP项目建设开始前签订的合同存在分歧,所以,根据施工合同示范文本的规定,若工程成本和工期的变化是由法律变化引起,承包方可要求发包方进行相应调整。根据《收费公路政府和社会资本合作操作指南》第四十二条,在收费公路PPP项目合同有效期内,合同内容确须变更的,协议当事人应当在协商一致的基础上签订补充合同,并报原审批机构审批。

(三)索赔管理

索赔管理是PPP模式施工合同管理的关键部分,涉及施工企业的相关权益能否得到维护及保障公共产品的质量或服务达到标准要求。工程索赔是指在合同履行过程中,对非己方过错,在合同对方是责任承担方而造成损失的前提下,当事人向对方提出补偿要求的过程。在工程领域,索赔是双向的,承发包双方都可以向对方发出因非己方责任造成损失的索赔。但在PPP模式下,施工合同架构比较特殊,一类是"政府—社会资本(项目公司)—承包商"的三层合同架构,另一类是"政府—总承包商(社会资本)"的合同架构,所以实际索赔的操作流程也与传统工程存在差异。

在第一类合同架构下,当PPP工程项目在施工期间出现设计、工程或情势变更,施工企业作为独立个体,应首先向项目公司索赔,在项目公司在支付索赔以后,再向政府主张由于工程变更索赔所增加的成本费用,并根据初始协议确定是否将该部分成本纳入最终产品价格。但现实案例中,在政府与社会资本方签订PPP协议时,一般会明确规定工程变更风险由社会资本方承担,以及增加的成本费用不得以后期运营产品价格上涨的形式转嫁。这样,一方面可以避免施工企业采用传统的低报价中标,然后利用索赔手段将损失转移的机会主义行为,另一方面也可以减轻政府压力及承担的不确定性风险。施工企业作为社会资本是项目公司的主体之一,此时项目公司与政府签订的合同往往规定工程变更风险由项目公司承担,而项目公司无风险承担能力,在这种情况下施工企业很难就变更向项目公司发起索赔。因为项目公司各主体间利益共享、风险共担,所以施工企业要提高合同管理水平,积极防范风险,减少变更事件的发生。

在第二类合同架构下,总承包商往往与政府签订的是固定总价合同,此时公私双方的关系属于EPC合同形式,项目的风险大部分由作为社会资本的总承包商承担。由EPC合同可知:总承包商负责项目的设计、施工和运营工作,合同条款中明确规定因设计变更或其他原因导致项目变更的,责任损失由总承包商独自承担。PPP模式下的EPC合同不同于传统EPC合同,PPP模式中政府承担着业主的角色,在PPP项目实施全过程中政府介入监督,由于PPP项目的公用性质,政府对其要求较为严苛,严格限制有损公众利益的行为。为防止承包商将索赔转换为后期服务价格的上涨或产品价格的提高等机会主义行为,在前期签订PPP合同时会明确承包商的索赔要求,现实案例中总承包商无法就变更或其他不确定风险因素造成的损失向政府实施索赔。但因政府政策变化及政府违约等由政府行为造成的总承包商严重损失的,总承包商可通过再谈判形式与政府进行协商解决,协商无法解决的,再向仲裁机构申请仲裁或向法院提起诉讼。

(四)风险管理

PPP项目周期长,不可预见的因素较多,施工企业只有提高分辨潜在风险的能力,才能在PPP模式发展过程中处于主动位置。

1. PPP项目主要的风险因素

(1)政治风险

政治风险主要是指项目主办国的政治环境和当地政府的政策行为引起的风险事件。具体的风险因素包括:

①政局不稳定。虽然现在我国政治环境相对稳定,但是在PPP谈判中也不能忽视这类风险因素的潜在影响,历史上也有这样的经验,例如我国的广州—深圳—珠海高速公路项目,由于1989年的天安门事件,造成融资完成推迟了两年。

②严重的政治抵制或敌对。由于交通基础设施项目是和居民生活息息相关的服务产品,如果项目由于某种原因无法保障公众权益或影响到公众的利益,可能会引起公民抵制或反对。

③资产征用或国有化。基础设施项目通常涉及国家能源、交通等主要领域,很有可能因为政治原因面临被政府征收的风险。

④政府失信。政府机构存在典型的官僚作风,由于存在信息不对称以及缺乏PPP运作的经验,政府部门对项目因认识不足而作出不恰当的决策时,有可能依靠其权利优势不履行或拒绝履行合同约定的责任和义务。

⑤政府审批延误。对于交通项目来说,征地、开工等程序都需要政府审批,如果政府办事效率低下,审批程序过于复杂或者审批延误,就会花费过高的成本并且影响项目的工期。

(2)法律环境风险

法律环境风险主要是指由于颁布、修订或者重新诠释法律法规或相关政策,导致项目的合法性、产品服务标准、市场需求、产品费率等因素发生变化,从而对项目的建设、运营带来负面影响,严重的会造成项目失败或被迫中断。对我国来说,PPP项目从出现到发展只有十几年时间,法律法规政策还很不完善,只有在实践中才会逐步发现新的问题,因此,这一类变更风险发生的可能性较高。具体包括以下几种风险因素:

①法律变化。交通基础设施PPP项目特许期通常长达数十年,在这期间很有可能发生国家关于境内外私营机构投资公共设施产品的相关法律规定的废除或修订,从而会影响到股东利益。

②税收政策变化。PPP项目中为了保证特许公司的收益,政府方往往会给予一定的税收优惠政策,但是可能会发生由于国家或地方税收政策的变更,导致特许公司无法得到合理的优惠,或影响项目收益的情况。

③交通行业法规变化。对于交通行业,车辆行驶的畅通性、可靠性和安全性非常重要,国家对道路标准、指示标志以及站台规格这类行业标准、法规的变更,会直接影响项目的建设和运营成本。

(3)市场环境风险

①金融市场低效率。项目东道国金融市场不成熟,市场运作机制不完善,会影响项目的融资渠道以及融资是否能按时完成。

②通货膨胀率变动。项目主办国的通货膨胀幅度过大会影响正常的经济秩序,随之会出现诸如价格上涨、利率提高等情况,对项目的收益有较大的影响。

③利率变动。在项目的建设和运营期内,利率的波动会直接或间接影响融资成本和项目的价值,使项目面临收益损失的风险。如当项目公司采用固定利率融资时,市场利率下降时便会造成机会成本提高;若采用浮动利率融资,成本则会随利率升高而增加。

④汇率变动。项目东道国货币是否可以自由兑换,汇率变动造成的本国货币贬值都会带来风险,但是这种风险一般只存在于引进外资的项目中。

⑤市场需求不足。这是交通行业PPP项目最重要的一项风险因素,主要是指项目开通后客流量不足。对于交通项目来说,客流量的预测是个难点,从历史经验看,对客流量的预测都过于乐观,而实际的客流量往往低于预期,这就会对项目公司的收益产生很大的影响。

⑥同质项目竞争。如果在用户可达区域内出现了一条竞争线路(特别是免费的或者比原公路收费低的),那么对客流量预测的精确性将会严重破坏。对国内休闲旅行者来说,价格的敏感度非常高;相对来说,一些商务旅行者受费用增加的影响比较小。

⑦劳动力/材料设备价格上涨。交通项目中劳动力成本和材料设备成本在项目总成本中占较大比重,这部分价格上涨会直接影响项目成本。

(4) 自然环境风险

①不可抗力。不可抗力是指项目合同方无法合理预见,发生时又无法回避、控制,从而对项目产生严重影响的事件或情况,如自然灾害或事故、战争、禁运等。

②地质条件。交通项目往往会遇到很多地形复杂的问题,加重项目建设难度,直接影响项目工期成本。

③气候环境。主要是指施工地点的气候、环境条件不利,影响施工进展的风险。

2. PPP项目风险分担的基本原则

PPP项目风险分担的基本原则主要有:

(1) 由对风险最有控制力(包括控制成本最低)的一方承担相应的风险。

(2) 承担的风险程度与所得的回报相匹配。

(3) 社会资本承担的风险要有上限。

3. 政府应承担的项目风险

(1) 政府信用风险

在PPP合同中,社会资本在严密签署协议时,可进一步要求政府部门作出相应的声明和保证;或争取项目能够取得更有影响力的组织或机构的支持;或者与签约人民政府建立共同获益的机制。

(2) 政府干预风险

在PPP合同中,应当明确约定政府部门不得干涉项目公司的自主经营权,政府授权部门只能够依法依项目公司章程协议行使股东权利。

(3) 政府官员腐败风险

在PPP合同中,应当约定,因政府相关公务员借职务便利,产生腐败违法违纪现象,给社会资本方造成实际损失的,由政府担责。

(4) 法律变更风险

在 PPP 协议中应明确,当已发生或即将发生的法律变更对项目的正常运营产生影响时,任何一方可致函另一方,表明对其可能造成后果的意见,包括对项目运营的任何必要变动、是否须对本协议条款进行变更以适应法律变更导致的任何收益损失、项目成本变动等,并提出实施变动的具体办法。在收到任何一方发出的任何通知后,双方应在可能的情况下尽快进行讨论,并达成一致意见。

(5) 政府决策过程冗长风险

建议在 PPP 协议中设置相应的前提条件。前提条件的设置可以有效地防止政府决策过程冗长所带来的危害,而社会资本与政府部门的充分沟通,以及双方互赢为目标进行的项目条件谈判,可以减少政府决策失误,从而减少将来的政府信用风险。

(6) 土地使用权获取风险

交通 PPP 项目的土地使用一般通过行政划拨方式,项目公司在特许经营期内无须缴纳土地相关费用。与配套基础设施类似,为避免土地获取延误对项目现金流产生影响,可以在 PPP 协议中将土地使用权获取设置为特许权协议生效的前提条件。

(7) 项目审批延误风险

应在 PPP 协议中明确要求政府部门协助项目公司完成相应的审批程序,并尽量提前列出所有需要批准的条款,整理出合理的申报顺序和所需的材料。

(8) 市场竞争限制

应在 PPP 协议中明确规定在特许经营期内,对于新的竞争性开发项目或对某一现有的竞争性项目进行改扩建,政府部门或其下属政府机关原则上将不予批准。

(9) 配套基础设施风险

与土地获取风险类似,为避免配套基础设施延误对项目现金流产生影响,可以在 PPP 协议中将配套基础设施的齐全设置为特许权协议权利和义务生效的前提条件。

4. 施工企业在 PPP 项目合同中面临的风险

施工企业在 PPP 项目合同中面临的主要风险包括:

(1) 选择合同管理模式的风险。当下 PPP 合同管理模式有 BOT 合同管理模式、ROT 合同管理模式和 O&M 合同管理模式等。不同的管理模式分别适用不同的 PPP 项目,都有各自的管理形式和风险分担机制。所以,如何正确选择合同管理模式是施工企业面临的重要问题。

(2) 选择合同类型的风险。施工合同的三种类型对应施工企业承担的风险不同。在 PPP 项目中应用较多的是总价合同,施工企业以 EPC 总承包的方式承接 PPP 项目,签订固定价格的总价合同,针对 PPP 项目的风险因素,如何规避施工过程中的风险是施工合同管理成功的关键。

(3) 合同自身缺陷风险。我国目前尚未制定出台针对 PPP 模式的施工合同文本,所参照的还是我国传统施工合同文本及国际 FIDIC 施工合同条件。但 PPP 项目有自身的特殊性,传统施工合同文本存在诸多不适用的地方,从而给施工企业进行 PPP 模式下的施工合同管理增加了难度。

(4) 签订合同主体地位不平等导致的风险。PPP 项目施工合同可以是由承包商与项目公司签订,也可以是政府与总承包商签订,各主体间的关系复杂。当 PPP 项目采用 EPC 方式建设时,其 EPC 合同有别于传统 EPC 合同,项目公司本身无风险承担能力,加之在融资机构的压力,将大部分风险转嫁给承包商。另外,施工企业急于承包工程而降低在合同中的位置,导致政府和私人资本在制定合同条款时过多考虑的是公共利益,施工企业在履行合同时就会出现很多问题。施工企业在面对合同风险时应积极应对。首先,需要对风险进行准确识别,分析判断产生风险的原因。其次,对风险进行评估。可以采用统计分析的数学模型对风险发生的可能性及可能造成的损失进行定量估计。风险评估之后对确定的关键风险进行评价,为下一步制订措施提供依据。最后,针对关键风险因素采取对应措施,包括风险自留、风险回避、风险转移等方式。另外,合理的风险分配也是合同风险管理的重要内容,在项目招投标阶段,公私双方会就 PPP 项目的风险分配问题进行磋商谈判,坚持公平合理及考虑风险利益对等的原则,在施工合同中明确双方应承担和共担的风险。所以,施工企业在合同签订之前要充分对潜在风险进行分析,对不可预知的风险以双方共担或后期再谈判的方式解决,避免在 PPP 施工合同风险管理中处于不利地位。

第六章 公路工程成本管理概述

公路工程成本管理是以公路工程为对象,以价值规律为指导,以成本预测、计划、控制、核算、分析和考核为内容,运用一系列专门的手段和方法,对公路工程的生产经营活动进行指导、协调、监督和控制的一种经济管理活动。

第一节 公路工程成本管理的作用与地位

一、公路工程成本管理的作用

公路工程成本是施工企业生产和销售建筑产品所发生的活劳动和物化劳动消耗的总和,它反映了企业生产经营活动各方面的工作效果,是企业全部工作质量的综合指标。施工企业劳动生产率的高低、原材料消耗的多少、机械设备利用程度的好坏、施工进度的快慢、产品质量的优劣、施工的技术水平和组织状况、资金的周转情况以及企业各级经营管理水平,最终都会直接或间接地在工程成本中反映出来。

公路工程成本管理是对工程项目施工过程中发生的资本运动及其结果进行的全员、全过程、全方位的科学管理。具体来说,成本管理具有保证、促进、监督和协调四大作用。

(1)保证作用。公路工程成本管理是在保证满足工程质量、工期等合同要求的前提下,对工程项目实施过程中所发生的费用,通过计划、组织控制和协调等活动实现预定的成本目标,并尽可能地降低成本费用的一种科学的管理活动。通过成本管理可以从空间上、时间上对工程项目发生的各种成本费用进行监督、调控,在发现偏差及时提出,并采取有效措施纠正不利差异,发展有利差异,使实际成本费用被控制在预定的目标范围之内,促使工程项目用较少的物质消耗和劳动消耗取得较大的经济效果,保证工程项目目标的实现。

(2)促进作用。公路工程成本管理是运用系统工程的原理对工程项目在施工过程中发生的各种耗费进行计算、调节和监督的过程,同时也是一个发现薄弱环节、挖掘内部潜力、寻找一切可能降低成本途径的过程。因而,科学地组织实施成本管理,可以促使企业改善经营管理,转变经营机制,全面提高自身的素质,使企业在市场竞争的环境中生存、发展和壮大。

(3)监督作用。公路工程成本管理是一个全员、全过程、全方位的系统管理过程,要求将企业发生的一切耗费时时刻刻置于主管人员的监控之下。同时,灵敏的成本信息反馈系统可以将一切浪费行为、违法行为迅速反馈给主管人员,以便采取措施,将一切浪费、违法行为消灭在萌芽状态。

(4)协调作用。公路工程成本管理涉及方方面面的利害冲突,因为成本的高低、成本管理的好坏直接决定着各有关部门的物质利益;而物质利益协调的好坏,反过来又直接影响成本管理工作能否顺利进行。就工程项目内部而言,成本目标因种种主观、客观方面的原因往往很难分解得十分合理、公平,因而在具体的成本管理实施过程中往往会出现苦乐不均的现象,其结果不是利益分配不公,就是挫伤各职能部门在成本控制上的积极性,造成工程项目整体利益受到损害。作为以系统论为其基础理论之一的成本管理系统,其核心是整体观点,即要求协调各分系统、子系统的行动为整体目标服务,通过成本的信息反馈协调局部利益,因此,成本管理可以协调各利益部门的冲突,达到各系统、子系统的和谐统一。

公路工程成本管理是企业管理中很重要的基础管理,其内容很广泛,贯穿工程项目管理活动的全过程和每一个方面。从项目中标签约开始,到施工准备、现场施工,直至竣工验收,每个环节都离不开成本管理工作。

二、成本管理在项目管理中的地位

随着项目管理在施工企业的逐步推广普及,项目成本管理的重要性日益为人们所认识,可以说,项目成本管理正成为施工企业管理向深层发展的主要标志和不可缺少的内容,在施工管理中的地位越来越重要。

(一)成本管理是公路工程管理的本质

施工企业成本管理的本质特征就是通过有效方法地降低成本,提高企业经济效益。作为建筑市场的独立法人实体和竞争主体的施工企业,就是希望通过公路工程管理,彻底打破长期以来计划经济体制所形成的传统管理模式,将所从事的经营管理活动由单纯以完成国家下达的指令计划转向以工程承包合同为依据,以满足业主对建筑产品的需求为目标、以创造企业经济效益为目的的方面上来。施工企业公路工程经理部作为最基本的企业管理组织,其全部管理行为的目的就是降低工程施工成本,提高经济效益,即运用项目管理原理和各种科学的方法来降低工程成本,创造经济效益,使之成为企业效益的源泉。

(二)成本管理是公路工程管理的核心

在社会主义市场经济中,施工企业所反映出来的管理水平能力,表现为能否用最低的成本去生产业主满意的、符合合同要求的建筑产品。换言之,施工企业经营管理活动的全部目的,就在于追求低于同行业平均成本水平,取得最大成本差异。施工产品的价格一旦确定,成本就是决定因素,而这个任务,是由公路工程来完成的,要完成这个任务,没有以成本管理为核心的全部有效率的管理活动,其结果难以想象。

(三)成本管理是衡量公路工程管理绩效的客观标尺

施工企业必须对所属的公路工程实施有效的监控,尤其要对其管理绩效进行评价,以保证企业的利益,提高企业的管理素质和社会声誉。施工企业对公路工程绩效的评价,首先,是对成本绩效的评价,即针对公路工程开展的以公路工程成本管理为重点的绩效评价。其次,为施工企业对公路工程的考核和奖惩奠定了基础,可以有效防止人为不公正因素的干扰,从而为建筑施工制订、实施相关的制度、办法提供依据。

(四)成本管理是企业增加盈利的根本途径

增加利润是企业的目的之一。在收入不变的情况下,降低成本可以使得利润更快的增长;在收入下降的情况下,降低成本也可使利润上升。同时,通过成本管理,降低施工成本还可以提高企业的市场竞争力。

三、项目成本管理与企业成本管理的联系与区别

(一)项目成本管理与企业成本管理的联系

公路工程成本管理由于本身所处的重要地位,已经成为施工企业经济核算体系的基础,是企业成本管理中不可缺少的有机组成部分。但是,公路工程成本管理同时又与企业成本管理存在着原则上的区别,因此,不能简单地把企业成本理解为公路工程成本的数字叠加,也不能盲目地把公路工程成本理解为企业成本的直接分解。这两种倾向都将导致公路工程成本管理走入误区。

公路工程成本中心和施工企业分别是企业的成本中心和利润中心。伴随着施工企业以市场发育、竞争激化为背景的经营机制转换进程,企业内部的管理体制、运行方式及核算体系发生了深刻的变化。公路工程成本中心作为施工企业最基本的工程管理实体,以及企业与业主所签订的工程承包合同事实上的履约主体。承担建筑产品全面、全过程管理的责任。这种基本管理模式的变革,促使施工企业将其管理重心向公路工程转移,以适应建筑市场日益激烈的竞争形势,求得企业生存、发展的空间。其中最为深刻、最为显著的举措,就是企业利润中心地位和公路工程成本中心职能的分离。公路工程以崭新的成本中心形象有力地支撑着企业利润中心作用的发挥,而企业作为利润中心又有效地制约、指导着公路工程成本中心作用的发挥。

所谓公路工程项目成本是企业的成本中心,是指建筑产品的价格在合同内确定之后,企业预留产品价格中的经营性利润部分和企业应收取的费用部分,将其余部分以预算成本的形式,并连同所有涉及建筑产品的成本负担责任和成本管理责任,下达转移到公路工程项目,要求公路工程经过科学、合理、经济的管理,降低实际成本,取得相应效益。这就从根本上改变了计划经济体制下施工管理人员不承担任何经济责任和成本管理责任的传统,促进企业经营机制转换取得质的突破,从而推动整个企业以公路工程为阵地全方位面向市场、参与竞争,取得发展主动权。同时,企业在将成本中心管理职能及相应权限下放于公路工程项目后,将集中行使利润中心的管理职能,从事高一层次的经营管理业务,扮演着经营者、投资者、监督者的角色。

(二)公路工程成本管理与企业成本管理的主要区别

公路工程成本管理与企业成本管理相比,具有鲜明的自身特征。对于公路工程成本管理,应当从全新的视角加以对待,不能简单地认为把建筑业企业的成本核算内容和方法下移至施工项目中,公路工程成本管理就可以自然而然地形成,并发挥预期的作用。事实上,公路工程成本管理是对公路工程成本活动过程的管理,这个过程充满着不确定因素。因此,不是仅仅局限在会计核算的范畴内。公路工程成本核算具有自己独有的规律性特点,而这些特点又是与公路工程管理所具有的本质联系在一起的。不了解公路工程成本管理的特点,就无法真正搞好这项工作。

公路工程成本管理与企业成本管理的区别。

1. 管理对象不同

公路工程成本管理的对象是具体的某一个工程项目,它只对该项目所发生的各项费用予以控制,仅对公路工程的成本进行核算。

企业成本管理的对象是整个企业,不仅包括各个项目经理部,还包括为施工生产服务的附属企业以及企业各职能部门,它是企业内部生产经营活动全过程、全员的、全面的成本管理。

2. 管理任务不同

公路工程成本管理的任务是在企业健全的成本管理经济责任制下,以合理的工期、优质和低耗的成本建成工程项目,完成企业下达的管理目标。

企业的成本管理是根据整个企业的现状和水平,透过对资源、费用的合理调配以及生产任务的合理摊派,使整个企业的成本、费用在一定时期内控制在预定的计划内。

3. 管理方式不同

公路工程成本管理是在项目经理负责下的一项重要的管理职能,它是在施工现场进行的,与施工过程的质量、工期等各项管理是同步的,管理及时、到位。

企业成本管理是按照行政手段的管理,层次多,部门多,管理也不在现场,而是由部门参与管理,成本管理与施工过程在时间和空间上分离,经常出现管理不及时、不到位、不落实的现象。

4. 管理责任不同

公路工程成本管理是由公路工程经理全面负责的,公路工程的成本由项目经理部承包,项目的盈亏与项目经理部的全体人员经济责任挂钩,因此,责任明确,管理到位。

企业成本管理强调部门成本责任制,成本管理涉及各个职能部门和各施工单位,难以协调。因此,往往在管理上,谁都有责任,但谁也不能负责,致使管理松懈,流于形式。

第二节 公路工程成本管理的特点与基本要求

一、公路工程成本管理的特点

公路工程成本管理是施工企业管理的基础和核心,其工作内容的每一环节之间都相互联系、相互作用。根据项目法施工对公路工程的管理要求,企业管理重心向公路工程转移,企业层次成为利润中心,并以经营者、监督者的身份集中行使企业的管理职能。而公路工程项目层次则成为成本中心,担负起工程项目成本管理的责任,由此改变了计划经济体制下公路工程不承担经济责任和成本管理责任的状况。项目层次以成本中心的形象支撑利润中心,而企业层次作为利润中心又有效地制约和指导着成本中心,两者相辅相成,构成公路工程成本管理独特的特点。

(一)综合优化性特点

工程项目成本管理的内容决定了在进行项目成本管理的各项工作中,只有综合运用定额管理、预算管理、计划管理、成本控制、会计核算等管理方法,并将各部分有机地结合起来,才能有效地控制成本支出。

公路工程成本管理的综合优化性，是指避免把项目成本管理作为孤立的工作加以对待，而是运用事物相互联系、相互作用的观点，将公路工程成本管理作为项目管理系统中一个有机的子系统来对待。这种特征是由公路工程成本管理在公路工程管理中的特定地位所决定的。公路工程经理部并不是企业的财务核算部门，而是在实际履行工程承包合同中，以为企业创造经济效益为最终目的的施工管理组织，它是为生产有效益的合格项目产品而存在的，不是仅仅为了成本核算而存在于企业之中的。因此，公路工程成本管理的过程，必然要求其与项目的工期管理、质量管理、技术管理、分包管理、预算管理、资金管理、安全管理等管理工作紧密结合起来，从而组成公路工程成本管理的完整系统。公路工程中每一项管理职能，每一个管理人员，都参与公路工程的成本管理，他们的工作都与项目的成本直接或间接、或多或少地有关。公路工程只有把所有管理职能、所有管理对象、所有管理要素纳入成本管理的轨道，整个项目才能收到综合优化的功效；否则，仅靠几名成本核算人员从事成本管理，对公路工程管理就没有实际价值了。例如在编制成本预算时，首先要根据工程项目的施工方案及其特性，套用相应定额，并由此确定单位工程和工序中人工、机械台班、材料消耗的定额和数量，计算出预算成本中的人工费、机械费和材料费用；再根据成本预算的编制方法和国家的有关规定以及本企业积累的经验数据，测算其他工程费及间接费率，编制出预算成本。由于公路工程管理内容的复杂性，每一项管理活动都与工程成本有着直接或间接的联系，不同程度地对公路工程成本带来影响。因此，只有把所有的管理要素、对象纳入成本管理的范畴，整个公路工程才能取得更好的效益。

(二)事先性特点

公路工程成本管理不是一般意义上的会计成本核算，后者只是对实际发生成本的记录、归集和计算，表现为对成本结果的事后管理，并作为对下一项目的控制依据。

由于企业为工程施工而组建的项目经理部属于一次性的临时机构，随工程项目的完工而解体。因此，公路工程的成本管理只能是在不重复的过程中进行。为了避免在公路工程上的重大失误，确保本项工程管理目标，这就要求公路工程成本管理必须是事先的、能动性的、自发的管理。公路工程一般在项目管理的起始点就要对成本进行预测，制订计划，明确目标，然后以目标为出发点，采取各种技术、经济、管理措施以实现目标，并在施工过程中进行层层控制，决不能采取事后控制。从项目承包开始，项目经理必须采取"干前预算，干中核算，边干边算"的方法，做到有效地对成本费用进行控制。假如一个公路工程没有进行事先的管理，而仅仅在项目结束或进行到相当阶段才对已经发生的成本进行核算，显然为时过晚，即所谓"不算不知道，一算吓一跳"，这时已经无法挽回了。现在不少公路工程总结出的"先算后干，边干边算，干完再算"的经验，就鲜明地体现了公路工程成本管理的事先性的特点。

(三)动态性特点

动态性是指公路工程成本管理必须对事先所设定的成本目标及相应的措施实施过程自始至终地进行监督、控制和调整、修正，不能采取"以包代管"的放任态度。建筑产品的生产过程不同于工业产品的生产，其成本状况随着生产过程的推进会随客观条件的改变而发生较大的变化。

随着经济体制改革的不断深入,各种不稳定因素会随时出现,市场经济环境下工程建设的成本状况在施工过程中会发生较大的变化。如国家政策调整、概预算编制规定的变化、材料价格的升降、人工工资的上涨、机械租赁价格的上涨、业主资金的到位状况、工程设计的修改、产品功能的调整,以及各种原因引起的工期延误等,都会使工程的实际成本处在不固定的环境之中。项目班子要想在承包的基础上实现预期的成本目标,维护企业的合法权益,取得应有的经济效益,就必须采取有效措施控制成本,其中包括调整预算、合同索赔、增减账管理等一系列针对性措施。对一些不可改变的客观因素引起的价格变化,项目管理者应随机应变,根据变化了的情况及时增添管理措施和进行索赔,否则公路工程成本管理的目标将难以实现。

(四)内容的适应性

公路工程成本管理的内容是由公路工程管理的对象范围决定的,它与企业成本管理的对象范围既有联系,又有明显的差异。对公路工程成本管理中的成本项目、核算台账、核算办法等必须进行深入的研究,不能盲目地要求与企业成本核算对口。一般来说,公路工程成本管理只是对公路工程的直接成本和间接成本的管理,除此之外的内容都不属于公路工程成本管理的范畴。企业有的核算内容,例如固定资产的核算,在公路工程成本中就不存在;企业成本中的人工费、机械费等科目,到了公路工程成本管理中部分就列入分包成本项目。另外,有些企业成本管理中不具备的内容,在公路工程成本管理中就必须设置,如项目增减账的核算管理、合同索赔的核算管理等;而质量成本的核算,企业则必须在项目核算的基础上才能汇总核算。还有一些内容,企业不一定要进行核算,而项目却必须进行。

(五)管理的全员性

成本管理要求全员参加,它是公路工程的全方位管理。公路工程成本管理必然与项目的工期管理、质量管理、技术管理、预算管理、资金管理、安全管理等相结合,从而组成公路工程管理的完整网络。公路工程中每一个管理职能部门、班组和个人都应参与本工程项目的成本管理。只有人人都重视成本管理,人人都对所从事工作的成本控制做到心中有数,并主动想办法控制消耗,降低成本,那么成本管理水平才能提高。

二、公路工程成本管理的基本要求

公路工程管理的最终目标是建成质量高、工期短、安全好、成本低的工程产品,而成本是各项目标经济效果的综合反映。因此成本管理是项目管理的核心内容。既要考虑成本分析、要素及消耗形成的成本,也要充分考虑计入成本的补偿,以从全面的角度完整地把握成本的客观性。

为做好公路工程的成本管理工作,应注意以下几个基本的要求:

(1)加强成本观念。施工企业从计划经济逐步进入市场经济的过程,是企业各级领导和职工逐步树立社会主义市场经济观念、效益观念和成本观念的过程。施工企业在实行项目管理的过程中进行了深层次的管理体制改革,政府对此也作了大量工作来推进项目管理工作。然而,成功的项目管理、成本管理要依靠上下一大批人才,依靠公路工程中各个环节的管理人员。习惯于计划经济体制的管理人员要成为优秀的、合格的项目管理人才、成本管理人才,首要的是加强成本观念,树立对项目盈亏负责的责任心,树立强烈的成本意识,自觉地参与公路工程全过程的成本管理。

（2）加强定额和预算管理。完善定额资料、做好施工预算和施工图预算是公路工程成本管理的基础。定额资料包括国家统一的工程基础定额、劳务与材料的市场价格信息、企业内部的施工定额。根据国家统一定额、取费标准编制"施工图预算"，依据企业的施工定额编制单位工程施工预算及成本计划。通过两个预算对比，可以确定成本控制的程度，对公路工程成本管理具有十分重要的意义。

（3）加强合同管理。项目管理的实质是合同管理，项目成本管理应着重于项目合同成本管理，并应将总分包合同成本管理贯穿于项目成本管理的全过程。合同内容完成后，外包队伍要按项目经理部开具的施工任务单和外包合同与项目部办理结算，结算数与预提数差额再补进成本。施工任务单和核算结果反映的外包结算数与合同预算数往往偏差较大，致使人工费难以按合同成本进行控制，影响月度成本的真实性。比如，材料费核算在传统的成本控制中是以实际成本消耗为主要控制手段，作业施工人员与耗用材料之间没有经济利益关系，致使有的项目在竣工后，现场材料发生大量剩余，或材料耗用超预算用量的现象十分严重，这样就影响了成本核算的真实性。

（4）保持收入与支出的口径一致。对于工程价款的收入和成本费用支出的口径要一致，这样才能正确计算成本，核算盈亏。但目前不少项目经理在工程未取得业主签证之前先报工作量，以此作为工程结算收入的依据。这样，当有些项目业主审核确认的工程造价与承包造价的结算发生差异时，或出现其他扯皮事项时，则工程价款无法收回，从而使项目经理部的预算成本不真实，造成收支口径不一致，甚至出现工程项目施工前期核算有盈利，到工程项目竣工决算时出现成本亏损等现象。

（5）进行成本的动态管理。对于公路工程成本来说，应该特别强调项目成本的中间控制，因为在施工准备阶段的成本控制，只是根据施工组织设计的具体内容确定成本目标，编制成本计划、制订成本控制的方案，为今后成本控制做好准备，而竣工阶段的成本管理由于成本盈亏基本定局，即使发生了误差，也已经来不及纠正。因此应把成本控制的中心放在施工阶段上，对成本实行动态管理，便于及时发现问题，采取措施，控制成本。

（6）完善原始记录和统计工作。原始记录直接记载了生产经营情况，是编制成本计划和定额的依据，是统计和成本管理的基础。项目施工中的工、料、机和费用开支，都要有及时、完整、准确的原始记录，并建立计量和验收制度以及各种分类账。要按劳动定额签发施工任务书，按材料消耗定额签发限额领料单，项目开工前要编制出施工图预算，项目竣工后要按规定时限准确、及时提供竣工决算，一切物资的收、发、领、退都要按规定的手续办理，对库存物资和现场材料要定期进行盘点，保证账物相符；原始记录和统计工作要由专人负责。

（7）建立健全责任制度。各项责任制度（如计量验收、考勤、原始记录、统计、成本核算分析、成本目标等责任制）是实现有效的全过程成本管理的保证。

三、公路工程成本管理的基本原则

施工企业在向社会提供产品和服务的同时，也必须追求自身经济效益的最大化。企业的全部管理工作的实质就是运用科学的管理手段，最大限度地降低工程成本，为创造经济效益留出最大限度的空间。因此，在企业管理中，成本管理是企业生存的有源之水。

(一)成本最优化原则

公路工程成本管理的根本目的是在科学合理的限度内,通过对工程项目中各种相关因素的成本管理,达到目标成本最低的要求。要实现成本最低化,必须挖掘所有能降低成本的潜力,在项目的各个环节上,落实相应的措施,最大限度地合理降低成本。

(二)成本节约原则

在施工过程中,不经意间的浪费往往是惊人的,有时甚至会影响工程项目的整体效益。因此,时时注意节约、避免不必要的浪费是非常重要的。这里所说的"节约"也绝对不是偷工减料或消极的限制与监督,不然就会得不偿失,造成工程质量差的后果或者影响工程项目后续分部分项工程的施工,甚至可能引起返工和增加保修费用,更为重要的是质量因素将严重影响施工企业的声誉。因此,公路工程要严格遵守节约的原则,把节约原则渗入项目每个成员的意识中,渗入施工过程的每个环节中,并积极创造有利条件,着眼于成本的事前预测、过程控制,在实施过程中经常检查是否出现偏差,不断优化施工方案,改进施工工艺,从提高项目的科学管理水平来达到节约的目的。

(三)全面管理成本原则

全面管理成本是全企业、全员和全过程地管理成本。为达到成本最低化目标,除了应注重实际成本的计算分析、注重施工成本的计算分析和注重对财会人员的管理外,还应充分注重对公路工程管理中所有会影响成本的因素进行控制,对施工过程中发生的采购、工艺和质量等因素的成本进行控制,对与这些因素相关的所有员工进行严格管理,对施工的全过程进行成本控制。全面管理成本原则一般包括两个方面,即全员控制原则和全过程控制原则。

(1)全员控制原则

在施工过程中,成本费用的发生不是由某几个人来完成的,仅靠项目经理和专业成本管理人员及少数人的努力是无法收到预期效果的,而是涉及项目组织中的所有部门、班组和职工,并与每一个参与项目施工及管理的人有着密切的关系。因此项目成本的高低需要大家共同关心,公路工程成本管理、控制也需要项目建设者群策群力,充分调动每个部门、班组和每一个职工关心成本、控制成本的积极性,真正树立起全员控制的观念,从而形成人人、事事、时时都要按照目标成本来约束自己行为的良好局面。

另外,项目成本的全员管理是一项综合性很强的指标,牵涉项目组织各个部门、单位和班组的工作业绩,也关系职工切身利益。成本控制决不单纯是工程预算人员、财务人员的任务,也不仅仅是财务部的事,而是全体工程参与者的共同任务。它涉及各个部门,如财务部门、技术部门、材料机械部门、安全部门、经营部门、人事部门等。因此,成本管理既要做到全员参与,树立全员成本意识,又要避免和防止成本控制人人有责、人人不管的互相扯皮的现象。

(2)全过程管理原则

项目成本的发生往往涉及项目的整个周期、项目成本形成的全过程。从施工准备开始,经施工过程至竣工移交后的保修期结束,任何一项业务的发生都要纳入成本管理的轨道,施工项目成本始终置于有效的控制之下。因此,成本管理工作将会伴随项目施工的每一阶段。如在施工准备阶段制订最佳的施工方案;按照设计要求和施工规范施工;充分利用现有的资源减少施工成本支出,并确保工程质量,减少工程返工费和工程移交后的保修费用。工程验收移交阶段,要及时追加合同价款办理工程结算,使工程成本自始至终处于有效控制之下。

(四)动态管理原则

所谓动态控制就是将工、料、机投入施工过程,并收集发生的实际值,将其与目标值相比较,检查有无偏离。若无偏差,则继续进行;否则要找出具体原因,采取相应措施。由于公路工程具有一次性的特点,成本控制应强调项目的中间控制,即动态控制。因为施工准备阶段的成本控制只是根据施工组织设计的具体内容确定成本目标,编制成本计划,制订成本控制的方案,为今后的成本控制做好准备。而竣工阶段的成本控制,由于成本盈亏已基本定局,即使发生了偏差,也已来不及纠正。因此,成本管理必须坚持动态管理的原则,全面考虑设计变更、人员变动、资金供应等诸因素的变动,并及时调整修正,以便更好更快地进行工程项目的施工。

(五)责、权、利相结合原则

实行全面成本管理必然要对公路工程的成本作层层分解,进行分工负责。项目经理对企业下达的成本指标负责,项目部各负责人对项目经理下达的成本目标负责,以此层层落实成本管理责任,划清责任,确保整体成本管理目标的实现。

公路工程成本管理是项目管理的一个重要部分,直接影响工程建设项目的社会经济效益。因此,要加强成本管理、提高效益,必须贯彻责、权、利相结合的原则。在项目施工过程中,责、权、利相结合有三层含义:一是各成本责任中心在履行其成本管理职责的同时,必须要赋予其相应的权力,否则,就会影响其职责履行的效果,达不到成本管理的目的;二是要求不同的管理层次对应着不同的管理内容和管理权力,即不同的成本责任中心在履行控制责任成本这一职责的同时,其相应的成本权力也有所不同,否则,会发生责、权、利的不协调,出现各部门之间互相扯皮的现象,从而导致成本管理目标和结果的扭曲;三是项目经理部必须建立一套相应的奖惩制度,对各部门、各班组以及工程技术人员在成本控制中的业绩进行定期的检查和考评,并与工资分配紧密挂钩,实行有奖有罚,从而充分调动各成本责任中心的工作积极性和主动性。如此,才能达到预期效果,实现成本管理的最终目标。

(六)主动管理原则

长期以来,成本管理的重点一直都放在目标值与实际值的比较,以及当实际值偏离目标值时,分析其产生偏差的原因上。在工程项目建设全过程进行这样的管理活动当然是有必要的,但这种立于调查分析基础之上的偏离纠偏的控制方法,只能发现偏离,不能使已产生的偏离消失,不能预防可能发生的偏离,因而只能说是被动的管理活动。

自20世纪70年代初开始,人们将系统论和控制论研究成果用于项目管理后,将"控制"立足于事先主动地采取决策措施,以尽可能地减少以至避免目标值与实际值的偏离,这是主动的、积极的控制方法,被称为"主动控制"。成本管理是项目经营管理活动的重要环节,主动、积极地进行各种成本管理活动,可以降低公路工程成本,提高项目的经济、社会效益。因此,变被动为主动,变消极为积极,在成本管理活动中是必须要遵循的原则。

(七) 工期、质量与成本均衡原则

工程项目建设目标的理想状态是同时达到工期短、成本低和高质量,但实际上是很难实现的。在整个工程施工的过程中,成本、质量、工期三者的关系是辩证统一的。适当加快施工进度,可以减少间接费的支出,对降低成本起到了一定的作用,但是,如果盲目追求高速度,必然会增加直接费用,而且会损害工程质量,质量成本也会增加,从而使总成本开支加大。同理如果不考虑工程建设项目的合理寿命,过分片面追求高质量,同样也会导致成本的增加。因此,加强公路工程成本管理必须遵循工期、质量、成本均衡的原则,正确处理工期与成本、质量与成本、工期与质量的关系,寻找最佳质量成本与最佳工期成本,在合理的工期内,达到质量高的要求,并努力提高资源的利用率,始终把总成本目标控制在最低点,以提高工程建设的社会经济效益。

(八) 目标管理原则

成本管理作为一种经济管理活动,必须要有一定的目标,来明确各部门、各班组成本管理的工作任务,并提供评价其工作业绩的指标。而成本目标则是为了实现未来一定时期内的生产经营目标所规划的企业成本水平,是企业从事生产经营活动在成本管理方面所建立的奋斗目标。实际上,目标成本反映了管理者的一种主观愿望,即管理者在全面综合分析企业的生产经营能力、外部条件、发展趋势和企业其他有关方面要求的基础上,对企业成本的一种期望值。就公路工程而言,目标成本是完成建设项目的施工任务所预定达到一种先进的成本水平。作为一种管理活动的基本技术和方法,目标成本管理要求首先要制订施工成本管理目标,再对其进行分解,根据部门岗位不同、管理的内容不同,确定每个部门、每个岗位的成本目标和所承担的责任。把总目标进行层层分解,落实到部门、班组甚至每一个人,并适时对目标进行检查,发现问题,及时纠偏,从而通过其目标责任的完成来保证总目标的实现。另外,目标成本管理还依赖于各部门之间的密切合作。公路工程成本管理涉及施工管理的方方面面,而它们之间又是相互联系、相互影响的,所以必须要发挥项目管理的集体优势,协同工作,才能完成公路工程成本管理这一系统工程。

第三节 公路工程成本管理体系

一、建立项目施工成本管理体系的必要性

施工企业在一个时期内,可能同时承担多个工程项目的施工,而这些工程项目,有的正处在施工准备阶段,有的正处在施工高峰,有的正处在收尾运行阶段,这就要求施工企业在一段时期里将有限的生产要素进行动态管理,优化配置,实现企业在项目中的最佳投入和最佳产出,提高企业综合经济效益。而其中关键是确立项目在企业中的成本中心地位,通过加强项目成本管理,带动并促进工程项目全过程的管理工作,提高企业整体管理水平。

科学、合理的管理体系是企业生产、经营活动顺利进行的保证,也是企业各项生产、经营指标能否达到的基础。在实际工作中,企业为保证质量、工期、安全,已经建立了相应的质量保证体系与安全保证体系,采用了网络技术控制工期。但是却缺乏相应的成本管理体系。成本管

理本是一个纵向到底、横向到边,贯穿整个企业生产经营活动的大体系,既然人人都应负有成本责任,则必然要建立相应的成本管理体系。由于公路工程经理部是以项目经理为核心的相对独立的作业管理班子,施工企业成本管理的主体是公路工程经理部。公路工程经理部成本管理的主体是项目全体管理人员及施工作业队全体施工人员。因此,项目经理应是项目成本管理主体的核心领导。

同时,公路工程成本管理不单纯是财务部门的一项业务,而是涉及施工企业全员的管理行为。所以,它不是针对某些具体问题建立若干管理制度或办法可以解决的。实行"公路工程成本核算"必须对公路工程成本发生的全过程进行科学的实事求是的过程分析,找出影响施工成本的关键过程以及与其他过程的关联,经过系统的过程策划和设计,确定企业成本方针和目标,建立有效的低成本的组织机构,制订系统的体系文件,经过科学的组织工作,建立科学的项目施工成本管理体系,确保"公路工程成本核算"的推行。

公路工程成本管理必须用系统的思想来对待,要把成本管理看成是企业为实现经营的整体目标而形成的整个管理系统中的一个综合的、全面的和复杂的子系统。它是一个围绕工程项目,从工程的投标报价、施工组织设计、施工图预算、施工,到交工验收的整个过程,在国家基建计划、经济政策和建筑市场等影响下,它是全员、全面、全过程参与的主动系统跟踪控制过程。应从企业成本目标整体优化的基点出发,运用系统的方法,将企业各层次、各部门、各生产环节有机地组织起来,通过成本目标的分析,规定其在成本管理中的职责和任务,并建立起组织协调机构,使各方面的工作活动标准化,建立起成本管理信息系统。在保证工程项目的工期和质量的前提下,用最优的控制方法去优化成本目标,形成建筑公路工程的成本管理体系。

二、公路工程成本管理体系的特征及建立原则

(一)公路工程成本管理体系的特征

建立公路工程成本管理体系,使之能有效地运行,必须抓住以下特征:

(1)完整的组织机构。公路工程成本管理体系必须有完整的组织机构,保证成本管理活动的有效运行。应当根据工程项目不同的特性,因地制宜建立公路工程成本管理体系的组织机构。组织机构的设计应包括管理层次、机构设置、职责范围、隶属关系、相互关系及工作接口等。

(2)明晰的运行程序。公路工程成本管理体系必须有明晰的运行程序,内容包括施工项目成本管理办法、实施细则、工作手册、管理流程、信息载体及传递方式等。运行程序以成本管理文件的形式表述控制施工成本的方法、过程,使之制度化、规范化,用以指导企业公路工程成本管理工作的开展。程序设计要简洁、明晰,确保流程的连续性、程序的可操作性。信息载体和传输应尽可能采用现代化手段,利用计算机及计算机网络,提高运行程序的先进性。

(3)规范的公路工程成本核算。公路工程成本核算是在成本范围内,以货币为计量单位,以公路工程成本直接耗费为对象,在区分收支类别和岗位成本责任的基础上,利用一定的方法,正确组织公路工程成本核算,全面反映公路工程成本耗费的一个核算过程。它是公路工程成本管理的一个重要的组成部分,也是对公路工程成本管理水平的一个全面反映,因而规范的公路工程成本核算十分重要。

(4)明确的成本目标和岗位职责。公路工程成本管理体系为企业各部门和公路工程的各管理岗位制订明确的成本目标和岗位职责,使企业各部门和全体职工明确自己为降低施工项目成本应该做什么和怎么做,以及应负的责任和应达到的目标。岗位职责和目标可以包含在实施细则和工作手册中;岗位职责一定要考虑全面、分工明确,防止出现管理盲区和重叠部分的推诿和扯皮。

(5)严格的考核。公路工程成本管理体系应包括严格的考核制度。考核包括公路工程成本考核和成本管理体系及其运行质量考核。公路工程成本管理是公路工程施工成本全过程的实时控制,因此,考核也是全过程的实时考核,绝非工程项目施工完成后最终考核。当然,工程项目施工完成后施工成本的最终考核也是必不可少的,一般通过财务报告反映,要以全过程的实时考核确保最终考核的通过。考核制度应包含在成本管理文件内。

(二)建立公路工程成本管理体系的原则

(1)任务目标原则,即不管设立什么部门、配置什么岗位,都必须有明确的目标和任务,做到因事设岗,而不能因人设岗。

(2)分工协作原则,成本管理是一项综合性的管理,它涉及预算、财务、工程等各部门,与工期、质量、安全等管理有着千丝万缕的联系。因此,在成本管理体系中相关部门之间必须分工协作,单靠某一部门或仅侧重某一项管理,成本管理工作都是搞不好的。

(3)责、权、利相符合原则,任何部门的管理工作都与其责、权、利有着紧密的联系。正确处理好各部门在成本管理中的责任、权利及利益分配是搞好成本管理工作的关键,尤其要注意的是,正确处理责、权、利之间的关系必须符合市场经济的原则。

(4)集权与分权原则。在处理上下管理层的关系时,必须将把必要的权力集中到上级(集权)与把恰当的权力分散到下级(分权)正确地结合起来,两者不可偏废。集权与分权的相对程度与各管理层的人员素质和企业的管理机制有着密切的联系,必须根据实际情况合理考虑。不是越集权越好,也不是越分权越好。

(5)执行与监督分开原则。执行与监督分开的目的,是为了使成本管理工作公正、公平、公开,确保奖罚合理、到位,防止个人行为或因缺乏监督导致工作失误或腐败现象产生。

三、公路工程成本管理体系的内容

管理体系是以组织机构为框架支撑,以资源为基础,通过规定合理的程序和过程而达到一定的目的的一系列组织活动的总称。科学、合理的管理体系不仅是施工生产、经营活动顺利进行的保证,也是企业各项生产、经营指标能否达到的基础。因此,建立相应的管理体系是公路工程生产经营活动的重要内容。公路工程成本管理体系是指在企业成本管理体系下,为实现工程项目成本管理目标,所需要的组织结构、程序、过程和资源。

(一)组织结构

成本管理体系中的组织结构是指项目为实现成本管理目标,在相应的管理工作中进行分工协作,在职务范围、责任、权力方面所形成的结构体系。组织结构的本质是员工的分工协作关系。这个结构体系的内容主要包括:

(1)层次结构。又称组织的纵向结构,即各管理层次的构成。在成本管理工作中,管理层次的多少,表明组织结构的纵向复杂程度。根据现在大多数建筑施工企业的管理体制,宜设置为3~4个层次,即企业层次(分公司或工程处)、项目层次、岗位层次。

项目层次是成本组织机构中成本管理的基层单位,一般由项目经理部经理、项目总工程师、项目合约经理、项目会计等组成。岗位层次的组织机构即项目经理部的岗位设置,一般由项目经理部根据企业人事部门的工程施工管理办法及工程的实际情况确定。岗位人员负责各岗位的业务工作和落实制度规定的本岗位的成本管理职责和成本降低措施,是成本管理目标能否实现的关键所在。

(2)部门结构。又称组织的横向结构,即各管理部门的构成。项目的管理部门,要根据工程规模、特点及企业有关部门的要求设置相应的机构,主要有成本核算、合约统计、物资供应、工程施工等部门。在项目经理的领导下,行使双重职能,即在完成自身工作的前提下,行使部分监督核查岗位人员工作情况的职能。

(3)职权结构,即各层次、各部门在权力和责任方面的分工及相互关系。由于与成本管理相关的部门较多,在纵向结构上层次也较多,因此,在确定成本管理的职权结构时,一定要注意权力要有层次,职责要有范围,分工要明确,关系要清晰,防止责任不清楚造成相互扯皮推诿,影响管理职能的发挥。

(二)程序

程序是为进行成本管理活动所规定的途径。这个"途径"应该是最简捷的途径。程序一般应形成文件,称为"程序文件"。编制书面的或文件化的程序,其内容通常包括活动的目的、范围、职责、权限和工作程序。如在工作程序中又要规定做什么?谁来做?何时、何地做?如何做?使用什么材料、设备和文件做?做到什么程度?如何对活动进行控制和记录?程序文件包括企业管理层次和项目管理层次两个方面。

(三)过程和资源

成本管理是贯穿整个施工活动而发生的一个动态过程,是施工管理人员通过对人员、资金、设施、设备、技术和方法等各项生产要素进行合理组合和调度、应用的过程,以达到优化配置、动态组合的目的,从而在合理的消耗下完成施工产品的生产。过程和程序是密切相关的,成本管理通过对过程的管理来实现,成本在过程中发生,所发生的成本是否必要以及过程的控制又取决于所投入的资源和活动,而活动的质量则是通过实施该活动所采用的途径和方法来实现的。控制活动的有效途径和方法应制定在书面程序中,因此,书面程序为确保过程受控提供了有效的途径和方法,只要认真执行书面程序的规定,就能确保过程的质量,从而使成本水平得到有效的控制。资源是进行成本管理本身所需要的人员、技术、方法以及成本管理对象(进行施工生产的过程)所需要的资金、设备等。资源包括人员、设施、设备、材料、资金、技术、方法、信息等,是成本管理的基础,如何合理使用和配置资源正是成本管理的内容。

(四)成本体系文件

成本体系需要用成本体系文件来描述。其内容一般包括:

(1)成本手册。成本手册是阐明组织的成本方针,描述其成本体系的文件,包括目的、方针、目标、组织结构、机构设置、职责权限、控制与核算方法、各类过程的成本活动要求、各类文件编制要求、文件目录等。成本手册是成本体系文件的主要组成部分,包括费用预算管理手册和项目成本管理手册。前者是用于各级管理层次的管理性成本开支的管理文件(一般为施工企业集团、公司和相应的分支机构三个层次);后者是项目经理部及岗位人员落实成本管理目标,进行项目施工成本控制和成本核算的指导性文件。

(2)程序文件。程序文件是为落实成本手册要求而规定的实施细则。

(3)各类作业指导书、相关规程与规定。这些是属于技术性程序文件,是直接指导操作人员完成成本活动的文件。

(4)项目策划书。项目策划书属于项目操作控制性文件,包括成本策划和施工策划两部分。用以指导项目进行施工和成本控制。

(5)成本记录。成本记录是对已完成的成本活动提供客观证据的文件,包括各类信息文件、单据、传票、报表、数据文件等。

四、公路工程成本管理层次岗位职责

公路工程的成本管理可以分为项目层次和岗位层次。它们之间的关系是:岗位管理层次是公路工程成本管理的基础,项目管理层次是公路工程成本管理的主体;项目层次和岗位层次在企业管理层次的控制和监督下行使成本管理的职能;岗位层次对项目层次负责,项目层次对企业层次负责。

(一)项目成本管理层次岗位职责

项目层次的管理机构是一个承上启下的结构,是企业层次与岗位层次之间联系的纽带。项目管理层次是企业根据承接工程项目的施工需要组织起来的针对该公路工程的一次性管理班子,项目层次实际上是通常所讲的项目经理部的领导层。一般有项目经理部经理、项目总工程师、项目经济师等组成。在项目经理部中,要根据工程规模、特点及企业有关部门的要求设置相应的机构,主要有成本核算、预算统计、物资供应、工程施工等部门,经企业授权在现场直接管理公路工程。它根据企业管理层的要求,结合本项目的实际情况和特点确定本项目管理部成本管理的组织及人员,在企业管理层的领导和指导下,负责本项目部所承担工程的公路工程成本管理,对本项目的施工成本及成本降低率负责。在保证质量、如期完成工程项目施工的前提下,制订措施,落实企业制定的各项成本管理规章制度,完成上级确定的施工成本降低目标。其中,很重要的一项工作是将成本指标层层分解,与项目经理部各岗位人员签订项目经理部内部责任合同,落实到人。项目层次的主要职责包括以下几个方面:

(1)遵守企业管理层次制定的各项制度、办法,接受企业管理层次的监督和指导。

(2)在企业公路工程成本管理体系中,建立本项目的施工成本管理体系,并保证其正常运行。

(3)根据企业制定的公路工程成本目标制订本项目的目标成本和保证措施、实施办法。

(4)分解成本指标,落实到岗位人员身上,并监督和指导岗位成本的管理工作。

(5)整理成本记录及执行报表程序。

(二)岗位层次的职责

岗位层次的组织机构即项目经理部岗位的设置。由项目经理部根据企业人事部门的工程施工管理办法及工程项目的规模、特点和实际情况确定。具体人员可以由项目经理部在企业的持证人员中选定。在项目经理部岗位人员由企业调剂的情况下,项目经理部有权提出正当理由,拒绝接受不合格的岗位工作人员。项目管理岗位人员可兼职,但必须符合规定,持证上岗。项目经理部岗位人员负责完成各岗位的业务工作和落实制度规定的本岗位的成本管理职责和成本降低措施,这是成本管理目标能否实现的关键所在。岗位人员负责具体的施工组织,原始数据的搜集整理等工作,负责材料、设备、劳务分包及其他分包队伍的管理。因此,岗位人员在日常工作中要注意把管理工作向材料、设备、劳务分包及其他分包队伍延伸。只有共同搞好成本管理工作,才能确保目标的实现。岗位层次的主要职责包括以下几个方面:

(1)遵守企业及项目管理部制定的各项成本管理制度、办法,自觉接受企业和项目的监督、指导。

(2)根据岗位成本目标,制订具体的落实措施和相应的成本降低措施。

(3)按施工部位或按月对岗位成本责任的完成情况及时总结并上报,发现问题要及时汇报。

(4)按时报送有关报表和资料。

不同岗位的具体职责,见表6-1。

公路工程成本管理岗位职责 表6-1

管理层次	机构名称	职 责
项目层次	成本核算组	核算项目和岗位成本,记录现金流入和流出,落实债务和债权,制订成本目标和成本计划,实施项目施工成本核算
	合约统计组	参与项目合同谈判,办理签证和牵头结算工作
	物资供应组	供应物资材料和机具及作具体管理工作
	工程施工组	进行施工过程管理
岗位层次	成本会记	进行成本核算,制作报表
	合约统计员	负责具体工作,对分解的责任目标负责
	材料保管员	负责原材料的验收,发出和控制管理
	专业工程师(或施工员)	施工方法的优化,工程进度安排及合理的成本方案拟定

五、公路工程成本管理手册和成本管理程序文件

(一)公路工程成本管理手册

1. 编制依据

项目成本管理手册在每个项目开工前由项目经理组织有关人员包括主管工程师,成本会计、合约管理人员等编制。其编制依据是:

(1)企业成本体系文件以及企业相关管理制度;

(2)与业主签订的工程承包合同;

(3)施工组织设计或方案;

(4)企业与项目内部签订的项目成本责任合同;

(5)工程规模、特点及现场实际情况;

(6)分包采购合同。

2. 编制要求

项目成本管理手册是规范、指导性文件,但作为项目管理文件的重要组成部分,对一个工程项目而言,它又是强制性的文件,因此,在编制成本管理手册时要做到以下几点:

(1)成本管理方法要结合实际,采取的措施通过努力要能够做到,可操作性要强。

(2)成本管理目标要明确,成本管理范围的界定要清晰、明了。项目是一次性机构,本身对成本管理的责任是很清晰的,但对于成本管理的各项规定在一定程度上是不可能做到全面掌握的,这就存在一个不对称性,因此成本管理责任范围一定要做到清晰、简明、方便操作。总之,成本管理目标是项目进行成本管理的方向和指针,一定要明确,否则,将失去指导意义。

(3)人员分工及职责要具体。只有分工明确才能使各类人员明确各自的职责。这里我们更加强调企业职能管理部门的职责和管理效率,要本着更新管理理念、提高工作效率、服务项目的态度,支持项目的成本管理,现在,我们更强调将企业的各项管理业务通过流程再造和业务流程化设计,保证和促进企业的管理水平提高。同时,发挥项目管理的整体优势,确保项目管理目标的完成。

(4)要有明确严格的工作程序,包括原材料供应、劳务分包、租赁等要素的供应时间、供应模式、组织方式等,这些都要给予认真设计和准确描述。成本管理不仅涉及成本产生的全过程,而且涉及对成本成果的测定,因此,对成本产生过程中的管理及测定过程中的数据收集、整理、核算等都要有明确、严格的规定。

3. 编制内容

有些企业用项目策划形式表达,可在成本管理手册中,增加一些施工和技术、质量、安全等方面的内容。

(1)工程概况,主要阐述工程规模、结构、工程地点、造价等。

(2)项目组织机构,包括人员配备、岗位设置及资质情况。

(3)企业规定的项目相关经济指标,项目责任成本及其他管理目标,包括项目责任成本及各项管理目标,如质量目标、安全目标、工期指标等。

(4)资金需求计划,包括按月的资金流入、流出和余缺预测。

(5)采购方案和需求流量,如劳务采购、原材料采购以及重大工具、机械设备的租赁采购。

(6)施工成本管理运行程序及相应的规章制度,相关岗位职责及岗位指标。

(7)成本降低措施,包括项目内部的成本降低措施及各岗位的成本降低措施。

(8)项目施工成本核算办法,包括数据的收集、整理、核实、传递与报表。

(9)岗位成本责任和奖励制度及各类人员的业绩考核办法。

(10)施工组织设计或施工方案、质量目标及保证措施、安全目标及保证措施。

(11)其他工程费、临时设施方案、专业分包方案等指标和规定。

需要指出的是,由于每个企业和每个工程项目的实际情况不同,成本管理手册的编制方法或内容可能有所不同。项目管理手册的内容和项目名称,应随着企业和项目管理特点而定,但目的都是为了规范项目成本管理,使其达到预期的成本管理目标。

(二)成本管理程序文件

由于成本管理活动主要体现在过程控制中,因此在公路工程成本管理中,要注重进行成本管理活动的途径,形成程序文件,主要包括:

(1)公路工程责任成本的确定程序和方法。公路工程责任成本是实施项目施工成本管理的前提和基础。要在推行项目施工成本核算,实施经营效益和管理效益分开的前提下,确定公平、公正、合理的项目施工成本责任测算程序和方法。

(2)项目责任合同和内部岗位成本责任合同。这是落实成本管理责任和成本管理目标的必然选择,使企业到各岗位的所有人员均承担成本管理的责任。其中企业通过与项目经理部签订以项目施工责任成本为成本控制目标的责任合同,向项目层次明确成本管理目标。而作为项目经理部成本控制第一责任人的项目经理,则在此基础上将指标层分解落实到人,并签订内部岗位责任合同。

(3)成本计划和成本核算。根据项目责任合同和工程实际情况,在进行成本管理活动前要编制成本计划,根据成本计划开展成本管理活动。成本计划包括工程总计划和分时计划(年、季、月、旬、日计划)。为了对成本管理活动能够进行有效控制,同时为了总结经验、教训,改善和提高管理水平,要按成本计划的时段进行成本核算。

(4)人工、材料、机械等的管理程序和措施。在企业的施工生产活动中,必然伴随着人力、物力的消耗。如何做到科学、合理地使用人力和物力资源,是成本管理的重点,因此,在程序文件中要对诸如人工费用核算、材料采购、验收、发放、机械租用及核算等一系列工作作程序上的规定,以保证各项工作的规范性。

(5)成本管理业绩的考核及激励机制。项目施工成本管理业绩是以项目施工责任成本(也称为项目施工成本责任总额)为基数的考核行为。根据项目施工成本的收支核算和业绩披露,综合其他管理内容和考核目标,确定项目施工成本管理业绩,并在此基础上确定和采取激励行为。现在企业的激励一般以物质手段为主,借以实现鼓励先进、推进管理、提高效益的目的。

(6)公路工程成本控制的措施。公路工程成本的控制措施要以公路工程经理部各成员的岗位职责为依据,坚持全员控制和全过程控制的原则,从组织、技术、经济、合同管理等几个方面采取控制手段。

(7)公路工程成本管理报告的形成。项目经理或项目负责人在总结分析公路工程经理部各岗位人员所形成的成本管理文件的基础上,定时向企业层次提交成本管理报告。

六、公路工程成本管理流程和实施

公路工程是施工企业通过投标、竞标等经营活动从业主方获得的建造某一产品的权利后组织施工活动的对象。公路工程的成本管理是企业成本管理的基础和重点,是公路工程管理的核心。公路工程成本管理不能简单地理解为收入与支出的核算。事实上,公路工程成本管理是对公路工程成本活动过程的管理,这个过程充满不确定因素,是一项涉及质量、安全、工期,特别是成本的综合管理。施工企业在工程项目施工过程中,要通过有效的管理活动,对所发生的各种成本信息,有组织、有系统地进行预测、计划、控制、核算和分析等一系列工作,使工程项目施工过程中的各种要素,按照一定的目标运行,使工程项目施工的实际成本能够控制在预定的计划成本范围内。

(一)公路工程成本管理流程

公路工程成本管理流程是公路工程成本活动从开始到结束的一系列按一定程序或步骤完成的管理活动。如图6-1所示,为公路工程成本管理流程。

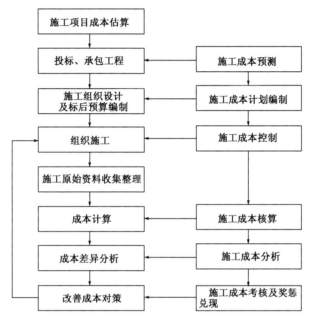

图6-1 公路工程成本管理流程

(1)施工成本预测,即由企业和项目经理部有关人员根据一定的规则和程序确定项目施工责任成本。

(2)施工成本计划编制,包括由项目经理部根据项目施工责任成本确定的施工工期内的总施工成本计划(目标成本)和月度施工成本计划的编制。

(3)施工成本控制,主要是指工程项目施工成本的过程控制。这是工程项目施工成本管理活动中不确定因素最多、最复杂、最基础也是最重要的管理内容。

(4)施工成本核算,是对工程项目施工过程直接发生的各种费用进行的项目施工成本核算。通过成本核算确定成本盈亏情况,可以为成本管理提供基础依据。

(5)施工成本分析,成本分析是一个动态的活动,贯穿公路工程成本管理的全过程。成本分析的主要目的是利用公路工程的成本核算资料,将目标成本(计划成本)与公路工程的实际成本进行比较,了解成本变动情况,确定成本管理业绩,并找出成本盈亏的主要原因,寻求降低公路工程施工成本的途径,减少浪费,达到加强工程项目施工成本管理的目的。

(6)施工成本考核及奖惩兑现,在工程项目施工成本管理的过程中或结束后,都要按时根据项目施工成本管理的盈亏情况,给予责任者相应的奖励或惩罚。只有奖罚分明,才能有效地调动每一位职工完成目标成本的积极性,为降低公路工程施工成本和增加企业的积累,作出自己的贡献。

(二) 公路工程成本管理的实施

公路工程成本管理体系是一个完整的有机体系,围绕着公路工程成本形成过程,对成本目标的优化在成本预测体系、成本控制体系、信息流通体系三条支线上交叉进行保证,同时也是计划、实施、检查和处理四个科学管理环节(PDCA 循环)在成本管理中的应用和具体化。

1. 成本预测体系的实施

在企业经营整体目标指导下,通过成本的预测、决策和计划确定目标成本,目标成本再进一步分解到企业各层次、各部门,以及生产各环节,形成明确的成本目标,层层落实,保证成本管理控制的具体实施。这样就构成了成本管理保证体系中的"计划(P)"环节。

施工企业现在面临激烈竞争的市场环境,能否招揽到必要的工程任务,关系企业的生存和发展。在投标报价中,关键是确定既能中标又能保证盈利的理想标价。标价的制订,首先需要准确计算出工程的直接工程费,做到不错算、不漏算、不重复算。其次需要计算工程的间接费,根据企业本身任务的饱满度、技术、资金条件、管理的适应能力等估算出企业的管理费用。最后还要根据企业本身经营目标的整体策略、国家基本建设计划和经济政策、建筑市场的变化以及以往工程的投标报价经验,综合上述这三个方面的因素进行成本预测。只有根据成本管理信息系统的信息反馈,经反复研究对比可选的方案,做出成本决策,才能制订出一个合理的投标标价,在竞争中处于有利地位。

施工企业中标后,为了达到预期的利润,必须确定目标成本,并以此为根据组织施工和经营管理工作。工程的目标成本等于工程的中标标价(预算收入)减去工程目标利润(计划利润加预计成本降低额)再减去税金的值;工程降低成本率目标等于工程预算成本减去工程目标成本后再除以工程预算成本。

由于成本管理是一个系统,任何一个层次或部门都不可能单独完成对成本的管理控制。只有企业各层次、各部门之间围绕工程项目成本的优化进行分工协作,相互配合,发挥各自在成本管理保证体系中的不同职能,才能在整体上对成本进行有效控制,实现成本目标的优化。成本目标必须从纵向上根据企业、项目承包班子、施工处、作业班组、个人等各级管理层次进行分级分解;从横向上根据劳资、计划、生产、财务、材料、质量、安全、政工、后勤等各级管理部门进行分工分解。分解要结合优化施工工艺和施工组织,以人工、材料、机械费的节约,质量、安全、管理成本的降低为目标进行,做到使每一层次、每一部门以至于每一个人都明确自己的责任成本,形成一个矩阵式的成本管理保证体系。只有这样才能有效发挥企业各层次、各部门的计划与决策、组织与指挥、控制与协调、教育与激励、指导与服务的成本管理控制功能,使各级、各部门将工程项目的服务落到实处,切实有效地控制施工成本,不断优化目标成本。

2. 成本控制体系的实施

围绕着工程项目,企业根据从纵向上(各层次)和横向上(各部门以及全体人员)分解的成本目标,对成本形成的整个过程进行控制。具体内容包括:在投标过程中对成本预测、决策和成本计划进行事前控制,对施工阶段成本计划实施进行事中控制和对交工验收成本结算评价进行事后控制。根据各阶段、各条线上成本信息的反馈,对成本目标的优化控制进行监督并及时纠正发生的偏差,使公路工程成本限制在计划目标范围内,实现降低成本的目标,构成成本管理保证体系中的"实施(D)"环节。

成本管理保证体系对成本目标的控制,最终都要落实到施工现场上来。加强施工现场成本的有效控制,其关键在于能否在企业、施工处相关职能管理保障下,组织包括项目管理部及项目分包单位在内的全体人员参与的公路工程成本综合管理与控制的网络系统,以目标成本为目标,实行全员、全面、全过程的跟踪管理与控制,以经济合同为手段,搞好分包协作,有效控制分包目标成本,强化工序管理,兑现奖惩,及时纠正脱离目标的偏差,保证实现最佳的成本控制目标。

由于施工中劳动力、材料、机械等消耗费用的支出,很大程度上是由施工组织设计方案控制的,因此施工组织设计要根据计划成本目标,按建设项目、单项工程、单位工程、分部分项工程编制分级网络计划,以网络计划为基础编制相应的劳动力、材料、机械需求计划,以及施工组织准备计划和资金使用计划,加强现场管理人员的网络计划意识。同时以优化的网络计划为主干,按工程进度控制劳动力、材料、机械的资金消耗,在全面按计划管理的基础上,以成本目标控制成本,以有效的技术措施和节约措施促进成本的节约,并根据施工中出现的具体情况和目标偏差,及时反馈和调整,保证计划实施的均衡性和连续性,在优化的网络计划控制下,实现劳动力、材料和机械等资源成本目标的优化,以及质量成本、技术成本、安全成本和管理成本的优化。

材料成本在工程成本中占60%以上,且材料的品种和规格繁多,数量大,供应不均衡,材料成本的降低对整个工程有重要意义。材料成本的控制主要从订货、采购、运输、入库、保管、加工、利用、回收和维护等环节入手,根据施工组织计划下达的工程量和定额数量等一系列控制参数,保证适时、适地、按质、按量、成套齐备地供应,以节省材料的采购保管费,减少损耗,合理使用材料,降低成本支出。

人工成本的控制关键在于提高工效,节约劳动消耗量,这就需要根据施工进度组织劳动力,保持生产的均衡度,减少劳动力不足或窝工现象,降低不必要的人工开支。同时还需要制订合理的劳动定额和人工费审核制度,合理确定定员,加强职工的技术水平,提高职工的积极性和能动性,减少人工浪费,从而降低人工成本。

机械成本控制要根据机械设备的最佳经济寿命、使用机械的频率、时间的长短进行技术经济分析,决定购买还是租赁。要充分利用自己已有的设备,提高设备的利用率,同时要做好维护工作,合理选配机械设备,充分发挥机械技术性能,以控制机械成本的支出。

公路工程的成本控制,还要注意在施工中采用新技术、新工艺,提高劳动生产率,减少人工、材料的浪费和消耗,力求做到一次合格、优良,杜绝因质量原因造成的材料损失和返工损失。要加强企业内部管理,采用现代化的管理方法,提高管理的工作效率,减少管理费用的支出,以降低工程成本。

由于施工中具体情况的变化,实际施工成本与计划目标成本必然存在差异。在竣工结算阶段,要从设计变更、自然灾害、价格变动、劳动组织、施工组织、机械使用、定额差错等方面入手,根据施工中反馈回来的具体资料信息,与原施工图预算及成本计划对比,逐项调整有关项目,得出实际成本和实际工程造价,作为全面考核工程成本和进行最终工程结算的依据。

3. 信息流通体系的实施

信息流通体系是对成本形成过程中有关成本信息(计划目标、原始数据资料等)进行汇总、分析和处理的系统。企业各层次、各部门及生产各环节对成本形成过程中实际成本信息进行的收集和反馈,以及用数据及时、准确地反映成本管理控制中情况的工作,构成了成本管理保证体系的"检查(C)"环节。反馈的成本信息经过分析处理,对企业各层次、各部门以及生产各环节发出调整成本偏差的调节指令,保证降低成本目标按计划得以实现,这就是成本管理保证体系的"处理(A)"环节。

公路工程成本管理的实施过程,也就是对成本信息进行管理控制的过程。在工程项目成本的形成过程中,伴随着大量的与成本有关的信息,它们是一切成本管理活动的依据,必须在企业各层次、各部门、各生产环节上建立高效灵敏的、相对封闭的成本管理信息系统,通过及时、准确的信息反馈,不断调整成本管理保证体系的目标和控制方法,促使生产中人流、物流等作有序运动,从而稳定地实现工程项目成本目标的优化。

成本信息按作用可分为以下三类:

(1)反映建筑生产经营中成本动态的各种原始资料记录和统计分析,以及国家政策、市场变化的成本动态信息。

(2)通过信息系统对企业各层次、各部门、各生产环节成本目标的分解和控制,形成的新的成本指令信息。

(3)对成本目标控制中产生的偏差,要及时反馈,形成反馈信息。经信息系统对反馈信息进行处理和决策,形成的新的调节指令信息。

要做到成本信息反馈的高效灵敏,就必须加强工程项目成本管理的基础工作。严格划分成本的开支范围,完善各种经济责任制,健全各项消耗定额指标的编制和管理工作,做好各级成本管理人员的培训,建立成本管理机构和有效的项目成本管理台账,应用科学方法对原始数据资料进行统计、整理和分析,及时地为成本控制提供准确的信息数据。

工程项目成本目标的确定是一个反复的过程,由于施工企业处于复杂多变的市场竞争环境里,企业要生存发展,获得一定的利润,就必须反复比较多个根据成本管理信息系统提供的信息预测而得到的方案,从中选择一个最优的成本目标,并经过分解,落实到企业各层次、各部门、各生产环节,最后作出成本计划。

在施工过程中对成本目标实施控制,还需要通过信息系统随时掌握执行情况,通过收集和分析各项生产费用的形成、变动和影响因素,核算实际成本,与目标成本进行比较,找出差距及原因,及时、准确地反馈到生产过程中,采取措施,纠正已经发生的偏差,保证成本目标的实现。在竣工阶段,要根据整个工程的变化情况计算得出实际成本和工程实际造价,以利于最终结算。要认真总结经验,挖掘降低成本的潜力,指导下一次工程项目的成本控制工作。

第四节 公路工程成本预测概述

一、公路工程成本预测的种类

公路工程成本预测,是指在掌握相关信息和历史资料的基础上,根据成本特性以及施工现场的实际情况、生产技术条件和管理水平等现状,对未来一定时期内的成本水平及变动趋势进行预计和测算的成本管理活动。

成本预测是成本管理工作的重要内容,为成本决策提供依据,同时,成本预测也是编制成本计划必不可少的科学分析阶段。要有正确的成本计划,首先必须有科学的成本预测,只有通过反复测算,确定合理的成本水平,才能为编制成本计划提供依据。通过成本预测,还可以寻找降低成本的途径,对历史资料进行分析总结,对未来成本进行估计,减少盲目性,还能发现从哪些方面可以降低成本,进而控制成本。按照成本预测在项目运作中的不同阶段和成本预测贯穿于项目中的不同顺序,公路工程成本预测可分为以下两大类。

(一)根据项目运作的不同阶段分类

根据项目运作的不同阶段分类,成本预测包括以下几种:

(1)在制订方案过程中,预测计划期项目目标成本。在工程项目中标、项目组织开展工作之后,首先要作的重要工作之一就是确定项目的目标成本。公路工程目标成本是以货币形式预先规定公路工程进行中施工生产耗费目标总水平的。预测目标成本是公路工程成本管理的一个重要环节,是制订公路工程目标成本计划的依据。

公路工程的目标成本是在项目标后预算成本的基础上,预测目标成本降低率后制订的。

为了使目标成本降低率能够落到实处,还要根据公路工程的生产技术组织措施、劳动工资、材料供应等情况,预测目标成本降低率。

(2)在方案(或计划)的实施过程中,进行中期成本预测。中期成本预测是计划实施阶段目标成本预测的继续和发展。在前一阶段中,通过成本预测和决策制订了成本计划,但在计划执行过程中,通过对前一阶段降低成本效益的检查,发现本方案还有一些缺点和问题以及新的成本变动趋势,要针对后一阶段成本升降情况进行预测,提出相应的改进措施,以确保降低成本目标的实现。

(3)在日常管理中,预测成本水平及其变动趋势。在日常管理中,工程量、工作量、工程结构、工程质量、劳动力组合、材料代用及市场物价等都有可能发生变动,从而影响成本的变动。因此,在日常工作中必须及时捕捉有关经济信息,通过对有关经济技术指标变动情况进行分析,预测成本变动趋势,以加强日常的成本控制。

(二)根据成本预测贯穿项目中的不同顺序分类

根据成本预测贯穿项目中的不同顺序,成本预测一般可分为以下两类。

1. 自上而下的成本预测

自上而下的成本预测方法主要依据中、上层项目管理人员对类似或相关项目的经验。完全相同的项目几乎不存在,但相似的项目有很多。中、上层项目管理人员根据自身丰富的实践经验,运用科学合理的预测方法,使自上而下的成本预测成为可能,也成为现实。首先由上层或中层管理人员对构成成本的子项目成本进行预测,并把这些预测的信息传递给低一层的管理人员。低一层的管理人员在上层预测的基础上对组成项目或子项目的任务和子任务的成本进行预测,然后继续向下一层传递它们的预测,直到最低一层。这种成本预测方法的优越性主要表现在以下两个方面:

(1)主要依据中、上层项目管理人员的经验进行预测;历史上相似或相关的项目,为新项目的成本预测奠定了基础,提供了成本预测的参考资料。通过总结历史上相似或相关项目成本预测的经验,能提高新项目成本预测的水平、可操作性,使预测结果最大限度地接近现实情况,减少因对新项目成本预测的盲目性带来的预测失真。

(2)自上而下成本预测方法,对整个项目来说具有宏观性。中、上层项目管理人员站在整个项目或子项目的高度上,合理、准确地对子项目或子任务进行成本预测,减少因人为原因造成的个别子项目或子任务成本预测得过高或过低。同时这种方法还能较容易地对不同子项目或子任务的相似性、差异性进行比较,避免了因人为或技术原因造成的对相似的子项目成本预测的较大差异性,从而保证项目成本预测能控制在一个比较准确的水平上。但是这种方法也存在自身的不足,主要表现在:

①不易调动下层项目管理人员的积极主动性,阻碍上、下级之间的顺畅对话。当上层管理人员根据他们的经验进行成本预测并分解到下层时,可能会出现下层人员认为存在不合理的情况。这时,下层人员并不一定会表达出自己的观点和上层人员展开讨论。因此,下层人员的积极主动性就会被压抑。自上而下成本预测方法,逐级对项目、子项目、任务、子任务进行成本预测。在现实中,由于下层人员很难提出和上层不一致的看法,上、下级之间的对话机制不能健康运行,上层管理人员不易尽早发现成本预测出现的偏差,给项目的成本管理带来难度,有时甚至会造成大的经济损失。

②容易形成思维定势,难以营造创新的工作氛围。社会的发展日新月异,尖端的高新技术,先进的管理理念不断引进到公路工程中。一方面,优化了传统公路工程在技术、管理上的落后之处。另一方面,也为科学地组织和管理公路工程带来挑战。同时这些影响也表现在项目的成本预测工作中,如果一味地依赖于历史的经验,没有充分认识到项目处在新时期、新技术、新理念的环境下,那么成本预测结果的失真也在所难免。

2. 自下而上的成本预测

实施自下而上成本预测的前提条件是项目的详细工作分解结构(WBS)已经确定,项目内容明确到能识别出为实现项目目标必须要作的每一项具体工作,并对这些较小的工作单元能作出较准确的预测。首先,底层项目管理人员对本层次所涉及的项目工作经过仔细地考查,进行项目成本预测,汇总上报上一层管理人员;上一层管理人员根据低一层管理人员的成本预测报告,加上适当的间接成本,如一定的管理费、意外准备金等,形成这一层次的成本预测结果。以此类推,逐级上报预测成本,最后汇集成整个项目的预测成本。

(1)自下而上成本预测的优点。这种方法保证了把所涉及的所有工作任务都考虑到,预测结果更为准确。预测结果出自日后要参与实际工作的人员之手,可以避免上下层管理人员发生争执和不满,同时还能调动各层项目管理人员的工作积极性。项目各层的管理人员能及时了解项目运行过程中成本异常情况的出现,为采取应对措施赢得时间。

(2)自下而上成本预测的缺点。这种预测方法的缺点也是显而易见的。首先,自下而上成本预测方法对任务的档次要求更高,涉及的工作量大,预测工作本身的成本高,比自上而下预测方法更为困难。其次,项目管理人员为了日后能够获得更多的资金、技术支持,以及减轻降低项目成本工作的压力,必然会较高地估计自己的资源需求,直接导致预测成本脱离现实情况,出现偏高现象。

二、公路工程成本预测的要求

为了使成本预测充分发挥积极的作用,在进行成本预测时要把握以下几点要求。

(一) 预测模型的科学性与所利用资料的充分性

数学模型对经济活动的定量描述,只是一种理论上的抽象和概括,通过模型预测出的结果,也只是反映了哪些主要因素对成本的影响。在项目的运行过程中,除这些主要因素外还存在更多的影响因素。因此,为了保证预测结果最大限度地接近现实情况,对预测模型的科学性、合理性应有更高的要求。可以根据项目自身的特点,外部资源、经济环境条件,设计、选择合适的数学模型,从理论基础上保证了成本预测的科学、合理。

预测结果的真实、可靠性除依赖数学模型的科学性外,更主要依赖于所利用资料的充分性、即时性、一般性和真实性。再精确的数学模型输入了不真实的数据也得不出理想的预测结果。因此一方面,要广泛收集资料,只有充分的资料加上科学的预测模型才能得出理想的结果。另一方面,要剔除资料中的偶然因素,避免这些因素对成本预测的误导。

(二) 充分考虑项目内部条件和外部环境对项目成本的影响

任何事物都是在内因和外因的共同作用下变化的,项目的成本预测也不例外。内因对项目成本预测来说包括项目的经济、技术、管理等内在条件。同一个项目采用不同的技术手段、管理模式,项目的成本也会存在很大差异。因此,在成本预测工作中除要选用科学合理的预测模型和充分的资料,还要熟识项目自身的技术、经济、管理特点。外因,即项目的外部条件,如国家发展规划、产业政策、宏观调控、资源条件、市场条件等。项目的运行依赖外部条件,也必然受其影响。成本预测要注意外部条件的变化,分析变化的趋势,研究外部条件变化与项目内部条件的关系以及对项目成本的影响。在充分明晰外部条件及其变化趋势的基础上,选择合适的预测模型,进行成本预测。

(三) 与项目目标相联系

项目目标是业主在合同中规定的目标,一般由成果性目标和其约束条件组成。约束条件包括工期、成本与质量,三者之间既统一又对立。所以在成本预测确定成本控制目标时必须同时考虑项目工期、项目质量的要求。项目工期越紧,项目进度越快,项目质量目标要求越高,项目成本就越高。因此在编制成本预测时,要与项目的进度计划、质量要求密切联系,根据具体情况研究三者相互关系在不同条件下的变化规律,在此基础上保持三者的平衡,防止顾此失彼,相互脱节。

(四) 弹性要求

项目成本预测是在现有资料、预测模型、经验判断的基础上得出的结论。但在项目运作过程中,可能会有预料之外事情的发生,如国内国际政治经济形势的变化、自然灾害等,这些变化会造成预测成本与现实情况的不符,给成本管理带来难度。因此在成本预测工作中要考虑意外因素对成本的影响,保持预测成本在一定意外因素下的适应能力。一般要在整个项目预测中留出 $10\% \sim 15\%$ 的不可预见费用,以应付项目运行过程中不可预见因素对项目的影响。

(五) 要认识到历史上相类似项目借鉴作用的重要性

无论采用数学模型预测还是借助专家的经验判断分析,历史上相似的项目都发挥着重要的借鉴作用。在一定的经济时期内,国家、产业政策、外部条件都不会发生太大变化。考察分析历史上类似项目,特别是近期类似项目,对项目进行成本预测具有可行性。一方面,借鉴历史类似项目成本,可以排除技术、人为原因造成的预测成本过高或过低现象;另一方面,可以减少预测工作的环节,降低预测工作的自身成本,提高项目运作效率,节约资源。

三、公路工程成本预测的基本步骤

成本预测的基本步骤,一般可分为三个阶段7个步骤,如图6-2所示。

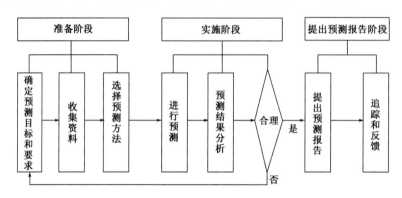

图6-2 成本预测的基本步骤

(一)准备阶段

准备阶段包括确定预测目标和要素、收集资料、选择预测方法三个步骤。

(1)确定预测目标和要素。主要明确预测的目的是什么,预测范围多大,预测期限多长,以求做到有的放矢。预测目标和要求应尽可能用数量单位来描述。

(2)收集资料。在成本预测之前,应该对预测对象的生产要素进行市场调查,包括市场目前供求情况以及今后供求情况的预测、行业竞争的情况、同类产品或施工的成本水平等。同时,应该收集一定时期的本企业和其他企业同类产品或施工的成本资料,包括有可比性的成本资料,各项生产、财务、人事、技术和组织措施计划,内部有关的经济定额,内部价格目录及相关的内部控制制度等,并按照相关性原则对其进行分析挑选。

数据资料是预测的依据,在收集资料过程中,要特别注意数据资料的可靠性、完整性和时效。要注意研究资料的变化特点,分析数据的代表性。排除个别偶然因素影响所出现的异常数据,从而大体掌握预测对象的变化规律。

(3)选择预测方法,一般应从以下几个方面考虑:

①预测期限。不同的预测方法适用于不同的预测期限。定性预测一般多用于长期预测,而定量预测则适用于中、短期预测。

②数据资料。不同的预测方法有不同的数据要求。中、长期预测一般要有3年以上的统计资料。如果历史数据比较丰富和完整,可以运用各种定量方法进行预测,否则,只宜采用定性分析方法。

③准确度。选用的预测方法应获得足够准确的预测结果。

④费用。在保证预测准确性的前提下,优先选用费用较少的方法。

⑤实用性。选用的预测方法应易于理解,方便使用。

(二)实施阶段

实施阶段包括进行预测和预测结果分析两个步骤。

(1)进行预测。根据现有的资料和已制定的预测模型进行预测,得出预测结果。

(2)预测结果分析。主要是检查是否达到预期的预测目标,预测误差是否在允许范围之内,预测结果是否合理等。如果得出否定结论,则须重复前面的步骤,重新确定预测目标,或选择预测方法,再次进行预测。

(三)提交预测报告阶段

该阶段主要包括提出预测报告以及追踪和反馈两个步骤。

(1)提出预测报告。预测结果得到确认后,便可提出预测报告。预测报告中至少包括预测结论及建议两项内容。

(2)追踪和反馈。提出预测报告并不等于预测工作的最后完成,还要追踪报告的结论和建议是否被采用,采用的结果如何,实际效果如何。要反馈追踪结果,以便在下一次预测时改进预测方法。

第五节 公路工程成本计划概述

一、成本预测与成本计划的联系和区别

成本计划是在成本预测的基础上编制的,它们之间有一定的内在联系,但是,它们之间在编制程序、编制方法、系统管理和作用上也有明显的区别。

(1)在编制程序上,成本预测是编制成本计划的前提。通过成本的预测掌握未来成本趋势,选择最优的降低成本方案,从而为成本计划的编制和确定成本目标提供了科学、可靠的数据资料。

(2)在编制方法上,成本预测重视科学研究和因果分析。一般是侧重分析影响企业的各种内部和外部的成本资料,即以与成本有关的业务量、收入、利润等客观因素为基础,建立数学模型,进行因果关系(外因)的对比分析,以求成本之优化。成本计划则注重计划成本指标的落实。在计划制订上,要从加强成本管理入手,抓住有利时机,动员内部积极因素(内因),落实降低成本措施。

(3)在系统管理上,成本预测是成本系统管理的重要环节,而成本计划则是涵盖整个成本系统管理的一项重要内容,主要体现在:

①计划准备阶段,即进行成本预测。

②计划决策阶段,优选降低成本方案。

③计划编制阶段,落实并制订具体的降低成本计划指标。

④计划执行阶段,实行成本控制和核算,实现降低成本任务。

⑤计划考评阶段,检查和分析降低成本计划的执行情况,进行绩效考评。

(4)在作用上,成本预测具有参考性,成本计划具有执行性,是一个指令性指标,是规范企业及全体职工为完成降低成本任务的行动纲领。因此可以说,成本预测是软指标,成本计划是硬指标。

二、公路工程成本计划的编制原则

(一)以先进合理的技术经济定额为基础的原则

定额和技术经济指标是编制成本计划的基础,成本计划的编制要做到既先进合理又可行,首先必须制订各种先进合理的定额,如物资消耗定额、人工定额,设备利用率和费用控制预算等。其次,制订先进合理的技术经济指标。如果定额和相关的技术经济指标不先进或者缺乏科学的依据,编制出来的成本计划,就可能保守或者难以保证完成,使成本计划流于形式,有效性较差。所以,编制成本计划之前,应该根据企业的设备、技术条件、人员素质等实际情况及奋斗目标,使技术经济指标和定额达到合理的先进水平。另外,还要制订具体措施。在提出措施的过程中,还要能发现成本计划在落实中的不足之处,加以修订。这样才能使成本计划达到先进性和可行性的统一。

(二)必须与其他计划相结合的原则

成本计划是项目全面计划的一部分,编制成本计划,必须与其他计划相结合,如与施工方案、进度计划、材料计划,财务计划等保持平衡。成本计划一方面要根据公路工程的生产、技术组织措施、劳动工资、材料供应等计划来编制;另一方面,在编制影响其他计划指标时,都应考虑适应降低成本的要求,与成本计划密切配合,而不能单纯考虑每一种计划本身的需要。

(三)严格遵守成本开支范围,注意成本计划与成本核算口径一致性的原则

企业发生的各种费用,哪些应该作为某一计算对象的成本,哪些应该作为期间费用,在成本的相关制度中都有明确的规定,亦即成本开支范围。在编制成本计划时,应严格遵守成本开支范围。凡是与生产没有直接关系的开支,都不能计入产品或项目的计划成本,以保证成本的真实性。同时成本计划还要与成本核算的核算对象、成本项目、费用细目,以及生产费用计入和分配到产品或项目成本的方法保持一致,以便两者在同一基础上进行比较,从而可以正确考核和分析成本计划的完成情况。

(四)坚持弹性原则

在编制成本计划时应留有余地,使计划具有一定的弹性。在计划期内,项目经理部的内部或外部的技术经济状况和气候条件,很可能发生一些在编制计划时所未预料的变化,尤其是材料供应、市场价格千变万化,给计划的制订带来很大困难。因而,在编制计划时应充分考虑这些情况,使计划保持一定的应变适应能力。

三、公路工程成本计划的编制步骤

编制成本计划的程序,因项目的规模大小、管理要求不同而不同。大中型项目一般采用分级编制的方式,即先由各部门提出部门成本计划,再由项目经理部汇总编制全项目工程的成本计划;小型项目一般采用集中编制方式,即由项目经理部先编制各部门成本计划,再汇总编制全项目的成本计划。无论采用哪种方式,其编制的基本程序都包括以下几个方面。

(一)收集和整理资料

广泛收集资料并进行归纳整理是编制成本计划的必要步骤。所需收集的资料也即是编制成本计划的依据。这些资料主要包括:

(1)国家和上级部门有关编制成本计划的规定;

(2)项目经理部与企业签订的承包合同及企业下达的成本降低额、降低率和其他有关技术经济指标;

(3)有关成本预测、决策的资料;

(4)公路工程的标后预算;

(5)施工组织设计资料;

(6)公路工程使用的机械设备生产能力及其利用情况;

(7)公路工程的材料消耗、物资供应、劳动工资及劳动生产率等计划资料;

(8)计划期内的物资消耗定额、劳动工时定额、费用定额等资料;

(9)以往同类项目成本计划的实际执行情况及有关技术经济指标完成情况的分析资料;

(10)同行业同类项目的成本、定额、技术经济指标资料及增产节约的经验和有效措施;

(11)本企业的历史先进水平和当时的先进经验及采取的措施;

(12)国外同类项目的先进成本水平情况等资料。

此外,还应深入分析当前情况和未来的发展趋势,了解影响成本升降的各种有利和不利因素,研究如何克服不利因素和降低成本的具体措施,为编制成本计划提供丰富、具体、可靠的成本资料。

(二)分析上期成本计划的执行情况

在编制成本计划前,必须正确分析上期成本计划的完成情况,确定执行结果。分析成本升降的原因,弄清存在的问题,找出经验和教训,把已经取得的经验巩固下来。对存在的问题进行分析,找出产生问题的原因,并确定已采取的各种具体措施解决问题的效果,以充分挖掘和利用降低成本的潜力,保证成本计划建立在既先进又切实可靠的基础上。

(三)确定目标成本及目标成本降低额

在掌握丰富的资料,并加以整理分析,特别是在对上期成本计划完成情况进行分析的基础上,在根据有关的设计、施工等计划,按照工程项目应投入的物资、材料、劳动力、机械、能源及各种设施等,结合计划期内各种因素的变化和准备采取的各种增产节约措施,进行反复测算、修订、平衡后,估算生产费用支出的总水平,进而提出全项目的成本计划控制指标,最终确定目标成本及目标成本降低额。

(四)编制成本计划草案

对于大、中型项目,经项目经理部批准下达成本计划指标后,各职能部门应充分发动群众进行认真的讨论,在总结上期成本计划完成情况的基础上,结合本期计划指标,找出完成本期计划的有利和不利因素,提出挖掘潜力、克服不利因素的具体措施,以保证计划任务的完成。为了使指标真正落实,各部门应尽可能将指标分解落实并下达到各班组及个人,使得目标成本的降低额和降低率得到充分讨论、反馈与再修订,使成本计划既能切合实际,又能成为群众共同奋斗的目标。

各职能部门亦应认真讨论项目经理部下达的费用控制指标,拟订具体实施的技术经济措施方案,编制各部门的费用预算。

(五)综合平衡,编制正式的成本计划

在各职能部门上报了部门成本计划和费用预算后,项目经理部首先应结合各项技术经济措施,检查各计划和费用预算是否合理可行,并进行综合平衡,使各部门计划和费用预算之间相互协调、衔接。其次,要从全局出发,在保证企业下达的成本降低任务或本项目目标成本实现的情况下,以生产计划为中心,分析研究成本计划与生产计划、劳动工时计划、材料成本与物资供应计划、工资成本与工资基金计划、资金计划等的相互协调平衡。最后,经反复讨论多次综合平衡确定的成本计划指标,即可作为编制成本计划的依据,项目经理部将编制的成本计划上报企业有关部门审定后,即可正式下达至各职能部门执行。

第六节 公路工程成本控制概述

公路工程成本控制是指在项目施工成本的形成过程中,按照事先制定的成本标准对工程施工中所消耗的各种资源和费用开支,进行严格的监督、调节和限制,使生产成本控制在成本计划范围之内。公路工程成本控制是一种动态的控制,在项目的实际进程中需要随着施工的进展及外部环境的变化,不断调整控制方案,在达到预期的工程功能和工期要求的同时优化成本开支,将总成本控制在计划范围内,是项目成本管理的基础、核心和关键。

一、公路工程成本控制的意义

在市场经济中,公路工程成本控制不仅在整个项目管理中,而且在整个企业管理中,都有着重要的地位,人们追求企业和项目的经济效益,都要通过收益的最大化和成本的最小化来实现。因此,要全面加强成本控制,使企业提高经济效益,同时也可以节约大量的建设资金,这对于我国社会主义经济建设具有重大的意义。

(一)项目成本控制是达到降低成本目标的有力保障

项目成本控制是按照事先确定的项目成本计划以及成本降低目标,通过运用多种方法,对项目实施过程中所消耗的成本费用的使用过程进行管理控制的。如果没有严格的成本控制工作,再完善的成本计划,再科学合理的成本降低目标,都不能很好地贯彻执行和实现。

(二)项目成本控制是监督、管理项目成本变更的有力工具

项目成本控制主要目的是对造成实际成本与成本计划发生偏差的因素施加影响,对已经发生和正在发生偏差的各项成本进行管理,其实质也就是对成本变更进行监督和管理。项目的成本控制主要包括监视成本执行以寻找与计划的偏差,确保所有有关变更被准确纳入成本预算计划中,防止恶意、未核准的变更纳入成本预算计划中,以保证项目的顺利进行。

(三)项目成本控制是提高企业经济效益和社会效益的主要途径

质量、成本、进度是公路工程三大约束性目标。其中成本管理的好坏,不仅影响一个项目的成功与否,而且对整个企业甚至建筑行业来说也是决定成败的关键因素。企业要在竞争激烈的市场中生存,低成本应是一个严格的要求。通过成本控制工作可以实现以低于同行业平均成本水平,生产出符合合同要求、业主满意的产品,同时也为以后的项目竞标奠定基础。对政府还贷公路项目而言,通过成本控制工作,项目以低成本完成,这样一方面可以为国家节省资金、节约能源,另一方面比计划日早地还清贷款,不但减轻了道路使用者的负担,还提高了道路的社会效益。

(四)项目成本控制可以增强项目管理人员的责任意识

成本控制工作就是运用各种方法,保证项目的实际运行成本按照计划成本的要求进行。实行项目管理人员的责任制,使项目各级管理人员,围绕项目的质量、工期、成本,形成以责任为约束、以权力为保障、以利益为引导的理念,增强项目各级管理人员的责任意识。通过对比成本计划与成本降低目标实现的情况,可以定量地检验项目各级管理人员成本控制工作的优劣,无形中对项目管理人员存在督促作用。

(五)项目成本控制可以为企业积累成本管理经验,指导今后投标报价工作

成本控制工作是成本管理工作的关键与核心。通过对项目成本工作资料的整理、分析,可以了解成本控制工作在降低成本目标中发挥的作用,以及发挥了多大的作用,这样便于指导以后项目的投标报价工作。在公路工程日常运营阶段,可以借鉴历史上成本控制的经验,指导成本管理工作,减少工作的盲目性,大大提高项目运作成功的概率。

二、公路工程成本控制的分类

为了更好地对公路工程成本进行控制,需要从不同的方面对公路工程成本控制进行分类。一般而言,可以从成本控制过程和成本习性两个方面进行分类。

(一)按成本控制过程分类

按照成本发生和形成时间的先后次序进行控制,分为前馈(事前)控制、防护性(事中)控制和反馈(事后)控制三个阶段。

1. 前馈控制

前馈控制又称事前控制,是根据控制对象的期望值来实施的控制。前馈控制要预先估计或假设各种因素对控制对象可能施加的影响,以及受控部分的未来行为。这种估计或假设的可靠性、详细程度及其与实际情况的吻合程度,对前馈控制的有效性起着决定性的作用。

成本的前馈控制通常是指通过成本预测和决策,编制成本计划,提出降低成本的措施以及形成降低成本的目标。

2. 防护性控制

防护性控制又称事中控制,是在成本形成过程中建立成本约束机制并从制度上加强管理,以预防偏差和浪费的发生而实施的控制。其主要任务是:

(1)在企业内部建立以成本中心为主的责任成本制,将成本控制的指标和任务落实到有关部门和个人。

(2)建立和健全成本管理制度,如生产消耗定额、成本开支范围、费用开支标准和摊销办

法等,对成本起有效的约束和控制作用。

(3)加强管理人员职业教育和业务培训,提高管理人员从业素质,发挥遵守各项规章制度和加强成本控制的自觉性和积极性,随时纠正偏差和浪费的发生,起到防微杜渐,有效控制成本的作用。

(4)着重抓好班组成本中心的核算,结合其生产任务,开展"一时一事一分析"活动,及时对各单项成本开支进行有效控制,使成本控制建立在坚实的基础上。

3. 反馈控制

反馈控制又称事后分析,是指根据受控对象实际值与期望值进行比较,分析造成偏差的原因,确定采取何种改进措施的控制。反馈控制是工程(产品)形成后的综合分析与考核,目的是对实际成本与标准(计划)成本的偏差进行分析,查明差异形成的原因,确定责任归属和业绩考评,并制订降低成本的改进措施加以反馈。对于综合性成本支出,如有关标准(计划)本身的不先进、不合理,施工(生产)操作过程中某些工料浪费等,在事前和事中两个阶段中,都是难以控制的,都有待于事后分析加以改进。因此,大量的成本控制工作必须通过事后反馈控制来完成。

由于反馈控制的事后分析特点,还比较适用于工程(产品)在使用过程中的成本控制,如对工程返修费用、工程(产品)寿命周期成本进行反馈控制等。

成本控制三阶段有一定的先后次序,但又不是截然分开的,它们都具有前后呼应、相互提供成本控制信息的反馈作用。如前馈控制无疑对后两个阶段产生影响;而事中控制则会反馈到前馈决策部门和事后的分析;事后分析又不断反馈到前馈和事中控制中,影响前馈的决策和事中的防护。它们彼此之间提供的成本控制信息对每一阶段成本控制所产生的积极影响,形成了交叉递进的成本控制势态,使成本控制更为有效。

(二)按成本习性分类

一般情况下,在工程项目成本的实际控制中,按成本习性有以下几种分类。

1. 直接成本和间接成本控制

这是从划分成本的主要方面和次要方面进行的成本控制。

(1)直接成本

直接成本,是指直接用于建筑安装施工,计入成本计算对象的费用,包括人工费、材料费、机械使用费和其他直接成本费等。影响直接成本的因素包括人工、材料、机械设备的消耗定额和单价两个方面,因此控制工作也需要从这两方面入手。其他直接成本费用包括冬、雨、夜等施工增加费,生产工具用具使用费,检验试验费,工程定位复测费,工程点交费和场地清理费等。这些费用对于不同的工程,其发生的实际费用不同。

(2)间接成本

间接成本是指不能直接列入建筑安装施工成本,一般按一定标准或比例分摊到工程项目中去的费用。间接成本主要是项目经理部为组织和管理施工生产活动所发生的费用,包括施工现场搭设的临时设施、现场管理人员的工资、奖金、职工福利费和劳动保护费等。这部分费用和其他工程费用一样,不同工程之间也会有所不同。如工程规模不同,公路工程管理人员人数也不同,其管理人员工资、奖金,以及职工福利费等也都有差别。

2. 变动成本和固定成本控制

这是从成本与工程量的变动关系上进行的成本控制。

（1）固定成本

固定成本，是指与建筑安装施工工程量大小无关的费用支出。如管理人员的工资、固定资产折旧费及摊销费、生产工人的辅助工资、办公费等。由于与建筑安装施工工程量大小无关，因此，控制固定成本的方法必须从增产节支着手，比如增加生产，降低相对固定成本，获得因增产而增加的增量收益；采取节支措施，控制一定时期的费用总额，或制订相应的费率来降低绝对固定成本。

（2）变动成本

变动成本恰与固定成本相反，是指成本费用中随着工程数量的变化而按一定比例变动的那部分成本。如材料费，人工费，计件工资及福利费，直接生产用动力，燃料及辅助材料费，现场施工机械维修费，等等。可变成本显著的特点是其成本总额与产品的增加或降低成比例地变化。但对单位产品而言，这部分成本则与产量多少无关，是固定的。因此，变动成本控制必须从内因着手，采用直接成本控制的方法，从降低其消耗定额入手，才能使变动成本得到有效控制。

此外，还有一种半变动成本，它是介于固定成本与变动成本之间的一种生产费用，可按一定比例划归固定成本与变动成本之内。如机械使用费中的燃料动力费，划归变动成本。而机械折旧费、大修理费、操作工的工资等划归固定成本。另外机械的场外运输费、机械组装拆卸、替换配件、润滑擦拭、经常修理费等，也可按一定比例分摊到固定与变动成本之中。

3. 可控成本和不可控成本控制

可控成本与不可控成本是以费用的发生能否为特定管理层所控制来划分的成本。可控成本，是指考核对象对成本的发生能予以控制，即在一个既定时期内，某个单位（或个人）能直接加以控制。由于可控成本对各责任中心来说是可控制的，因而必须对其负责。一般包括材料费、燃料费、动力费、生产人员工资等。

不可控成本，是指考核对象对成本的发生不能予以控制，因而也不予负责的成本。一般包括职工福利基金、固定资产折旧费等。

可控成本与不可控成本区分的意义，主要在于确定责任和衡量效率。在区分这两种成本时，时间是一个重要的因素。因为，在一个足够长的时期里，某些组织层次上的所有成本都是可控的。

一般而言，可控成本与不可控成本都是相对的，而不是绝对的。对一个部门来说是可控的，对另一部门来说就可能是不可控的。但从整个企业来考察，所发生的一切费用都是可控的，只是这种可控性需要分解落实到确切的部门，这样才能调动各责任中心的积极性。

三、公路工程成本控制的原则

由于公路工程成本控制是一次性行为，随着项目建设的完成而结束其历史使命；在施工期间，项目成本能否降低，有无经济效益，得失在此一举，别无回旋余地，存在很大的风险性。为了确保该项目不亏损，成本控制不仅必要，而且是必须要做好的。但企业对施工项目成本的控制，必须遵循一定的原则，才能充分发挥成本控制的作用，否则便会出现乱控乱卡的情况，不仅不能控制成本,获得好的收益,而且会造成工作上的混乱,影响职工的劳动积极性。公路工程成本控制应遵循以下原则。

(一)开源与节流相结合的原则

降低项目成本,一方面需要增加收入,另一方面需要节约支出。因此,在成本控制中,也应该坚持开源与节流相结合的原则。要求做到每发生一笔金额较大的成本费用,都要查一查有无与其相对应的预算收入,是否支大于收。在经常性的分部分项工程成本核算和月度成本核算中,也要进行实际成本与预算收入的对比分析,以便从中探索成本节超的原因,纠正项目成本的不利偏差,提高项目成本的控制水平,降低项目的成本。

(二)全面性原则

项目成本控制的全面性原则按照所涉及的影响因素不同,可分为全过程成本控制、全员成本控制和全方位成本控制。

1. 全过程成本控制

项目成本控制工作贯穿项目每一个阶段,也贯穿每个分部、分项工程的各个阶段。全过程成本控制,要求从项目的施工准备、工程施工到竣工验收移交的各个阶段,根据成本的习性进行成本控制。同时根据施工阶段的不同,保证成本控制工作在不同施工阶段的衔接、控制方法的转变以及控制成果的及时总结。

2. 全员成本控制

成本控制工作涉及参与项目的每一个员工,因此要做好成本控制工作,就要增强每位员工成本意识,调动员工控制成本的积极性,营造员工积极参与成本控制工作的氛围。形成人人参加成本控制活动,个个有成本控制指标,将成本控制工作渗透全体员工日常经营活动中。通过上下结合、专群结合的方式有效降低成本,促进成本降低目标的实现。

3. 全方位成本控制

项目成本是一项综合性价值体系,既受生产经营活动中众多复杂、相互制约的技术经济因素的影响,同时也涉及项目管理工作的方方面面。因此,项目成本控制工作,要考虑影响项目成本形成的项目内部因素,如内部资源条件、企业战略、市场定位,以及外部环境条件,如国家行业政策、经济发展条件等。同时成本控制还要考虑国家、集体、个人利益的权衡与分配,统筹兼顾眼前利益与长远利益。这就要求成本控制工作要具有全局性、战略性。

(三)及时性原则

项目的成本是在生产经营过程中形成的,这一过程受多方面因素影响,总是处于不断变化中,并且变化的规律难以把握。这也是造成项目实际消耗与计划成本之间差异的主要原因。

为了保证成本控制的时效性,及时指导项目各方面的工作,必须运用一定方法及时揭示项目运行过程中的成本差异,及时采取合理措施把成本差异引起的不良后果限制在最小的范围内。

(四)节约原则

节约是提高企业经济效益的核心,是建设社会主义和谐社会的基本要求,是实现我国经济增长方式由粗放型到集约型转变的有效途径。同时提倡节约也要防止企业陷入偷工减料、粗制滥造的误区。节约不能消极控制,要依据项目的内部条件与外部环境,充分认识到事前控制的重要性,积极创造条件,在技术、管理上寻找突破口,保证项目在正常运转情况下实现节约目标。

(五)目标管理原则

目标管理是一种贯彻执行项目成本计划的方法。企业首先要制订切合实际的成本控制目标,把它作为项目各种技术经济活动的依据。然后根据统一领导和分级归口管理的原则,将目标层层落实到项目的各层次中去。目标管理的内容有目标的设立和分解、检查目标执行情况、修正和评价目标。项目的目标管理使项目的各项技术经济活动有了指导和准绳,促进项目成本降低目标的实现,提高了企业的经济效益。

(六)例外管理原则

例外管理是西方国家现代管理的常用方法,是相对于规范管理而言的。在项目的运行过程中的许多活动是例行的,但对不经常出现的称之为"例外问题"。"例外问题"一般会带来打破成本计划,影响项目正常运转等问题。因此在项目成本控制工作中,首先要管理好可控成本、计划成本,在此基础上集中精力处理"例外问题"带来的影响。同时由于"例外问题"的多样性、偶然性,又很少有历史资料作参考,这对管理人员发现问题、分析问题、解决问题的能力也提出考验。

(七)责、权、利相结合原则

在项目的生产经营过程中,项目的各级管理人员,拥有一定范围的采取管理措施的权力,如对一定数额资金的审批权,施工机械、人员的调动等。管理人员在拥有权力的同时,也要承担因管理不力而造成损失的责任,充分认识激励机制在成本控制工作中的作用,定期进行业绩考评,实现考评同个人利益的挂钩。责、权、利相结合能充分调动各层员工的生产积极性,增强员工工作的责任感,慎重地利用拥有的权力,从而有利于成本控制工作的健康运行。

第七章　公路工程成本预测与计划

第一节　公路工程成本预测方法

公路工程成本预测的方法按是否采用数学模型,可分为定性预测法和定量预测法。

一、定性预测法

定性预测法,是指对未来事物的发展状况无法通过历史数据进行推测,只能依靠人的主观经验和综合分析能力作出判断的一种预测方法。定性预测方法包括经验判断法、调查研究法和德尔菲法。

(一)经验判断法

经验判断法也称主观估计法,主要依靠熟悉业务的、具有经验和综合分析能力的人来预测的方法,即由项目经理把与项目有关的和熟悉施工管理的各职能部门负责人集合起来,请他们对施工中的各项耗费以及可能采取的成本控制措施作出判断和估计,然后把各种意见汇总起来,进行分析研究和综合处理,最后形成预测方案。它实质上是项目经理组织各职能部门联合作出的预测。

这种预测方法的优点在于:集中各方面熟悉项目情况的有经验人员的意见,可以发挥集体的智慧,使预测比较准确可靠;迅速、经济,不需要经过复杂的计算,也不需要太多预测费用,就可以及时得到预测结果;如果施工条件发生变化,还可以立即进行修改。其缺点主要是基本上凭借经验判断,受主观因素的影响大,预测结果也只能是粗略估计。

(二)调查研究法

调查研究法,就是根据预测对象的情况,按照预测内容的要求作实际调查,取得必要的成本信息资料,然后对其进行加工整理和分析研究,并结合过去的经验,判断和推测未来一段时间内的成本发展和变化趋势的预测方法。这种方法需要掌握必要的数据,进行一定的数量分析,研究可能的数量关系。由于这种数量关系主要是通过人的主观经验作出的,所以也属于定性预测法。

(三)德尔菲法

德尔菲法起源于美国,在 20 世纪 40 年代末期由美国兰德公司首先使用,很快就在世界上盛行起来。在初期阶段,主要用于科技方面的预测,随着社会发展,德尔菲法被广泛应用于经济、社会、工程技术等许多领域。

德尔菲法主要是用函询的方式,收集专家各自意见,并形成集体判断,来代替面对面的会议,使专家的不同意见能够充分表达,经过客观分析和多次征询和反馈,使不同意见逐步趋向一致,从而得出比较符合发展规律的预测结果。主要过程如下:

(1)拟定意见征询表。根据预测的目的和要求,拟订需要调查了解的问题,列成预测意见征询表。征询的问题要简单明确,而且数目不宜太多,使专家便于回答。意见征询表中还需要提供一些已掌握的背景资料,供专家们在预测时参考。

(2)选定征询对象。选择的专家是否适宜,是德尔菲法成败的关键。一般应选择从事与工程项目有关专业工作的,精通业务的,熟悉施工现场,建筑市场等情况的,具有预见性和分析能力的专家。人数一般20人左右为宜。

(3)反复征询专家意见。预测单位通过通信方式向专家发送意见征询表,请专家于限定的时间内寄回答案;接到各专家的答案后,将不同的意见进行综合整理,汇总成表,再分送给各位专家,请他们比较各种意见,修正或发表自己的意见、判断。但为了避免受心理因素的影响,反馈的综合材料中,不说明哪些意见是谁提的,一般采用匿名的方式。这样,在第二轮征询中,每个专家都能了解其他人的意见,以及其他人对自己意见的评价。第二轮答案寄回后,再加以综合整理与反馈。经过几轮的反复征询,使各位专家的预测意见逐步趋于一致。在整个过程中,各位专家只与调查单位发生联系,各专家之间不发生任何联系,以免相互干扰。

(4)作出预测结论。预测单位根据几次提供的全部资料和几轮反复修改后的各方面意见,采用统计方法对专家意见进行定量处理。处理的方法和表达方式,取决于预测问题的类型和对预测的要求。德尔菲法的突出特点是:①集思广益。在整个过程中,每一轮都将上一轮的许多意见与信息进行汇总和反馈,使各位专家能够充分了解各方面的客观情况和别人的意见,有助于提高预测的全面性和可靠性。②匿名反馈。可使征询对象不迷信权威,不需要为了面子而固执己见,也不受上下级关系的影响,从而能使心理因素影响降到最低限度。因此,可以使参加预测的人员能独立思考,充分发表自己的意见,避免相互干扰。同时,还可以避开领导人倾向性意见的影响,而且,经过多次反馈,不断修正预测意见,集中了集体的智慧,使预测结果更加准确可靠。其缺点是,主要凭主观判断,缺乏客观标准。因此,在缺乏历史资料和在未来不确定因素较多的情况下,应用此法是比较适宜的。

二、定量预测方法

定量预测也称"统计预测",是根据已掌握的比较完备的历史统计数据,运用一定的数学方法进行科学的加工整理,借以揭示有关变量之间的规律性联系,用来预计和推测未来发展变化情况的一类预测方法。定量预测方法包括时间序列法、回归分析法、高低点法和本量利分析法等。

(一)时间序列法

时间序列法是将某种统计指标的数值,按时间先后顺序排列起来,并对其时间序列进行加工、整理和分析,利用数列所反映出来的客观变动过程、发展趋势和发展速度,进行外推和延伸,借以预测今后可能达到的水平的一种预测方法。主要可分为平均值法、移动平均法、指数平滑法和季节指数法等。

1. 平均值法

平均值法是在算术平均值的基础上发展起来的一种简单的预测方法。它适用于时间序列主要表现为随机变动时的预测。根据平均值的计算方法不同又可分为算术平均值法、几何平均值法和加权平均值法。

(1) 算术平均值法

算术平均值法是将历史数据对预测值的影响作用等同看待,采用简单算术平均值法计算预测值的预测方法。其计算公式为

$$M_{i+1} = \frac{1}{n} \sum_{1}^{n} D_i \quad (7-1)$$

式中: M_{i+1} ——第 $i+1$ 期的预测值;

D_i ——第 i 期的实际值;

n ——资料期数。

(2) 加权平均值法

这种方法是在算术平均值的基础上,对所用资料按远近期不同分别给予不同权数(近期数据更能反映下期趋势,故其权数较大),然后以近期数据的加权平均数作为下期预测值的预测方法。其计算公式为

$$M_{i+1} = \sum_{i=1}^{n} W_i D_i \quad (7-2)$$

式中: W_i 分别为 D_i 的权数;

其余符号意义同前。

(3) 几何平均值法

对于长期预测来说,为了反映时间序列的变动速度,可以采用几何平均值法。

设 X_i 为已知数据, $i=1,2,\cdots,n$,则 n 个计划内总体发展速度为 V ,每一年计划期的平均发展速度为 $\bar{V}$,则有

$$V = \frac{X_n}{X_1}$$

$$\bar{V} = \sqrt[n-1]{V} = \sqrt[n-1]{\frac{X_n}{X_1}}$$

$$\hat{X}_{i+1} = \bar{V} \times \hat{X}_i \quad (7-3)$$

式中: $\hat{X}_{i+1}$ ——第 $i+1$ 计划期的预测值。

显然,这是把 X_i 系列看成是平均的几何递增,这种方法对 $i+1$ 计划期数量预测结果远优于算术平均值法。

【例 7-1】 某工程项目前 10 个月完成的预制构件数量,见表 7-1。试采用算术平均值法预测第 11 个月的预制构件数量。

预制构件数量(单位:件) 表7-1

时间序列	1	2	3	4	5	6	7	8	9	10
预制构件数量	10	15	8	20	10	16	18	20	22	24

解:(1)采用算术平均值法预测,计算结果如下:

$$M_{11} = \frac{10+15+8+20+10+16+18+20+22+24}{10} = 16.3(件)$$

(2)采用加权平均值法预测,前5个月权重系数取0.06,后5个月权重系数取0.14,则

$$M_{11} = 0.06(10+15+8+20+10) + 0.14(16+18+20+22+24)$$
$$= 17.6(件)$$

(3)采用几何平均值法预测

$$\bar{V} = \sqrt[9]{\frac{24}{10}} = 1.1$$

$$M_{11} = 1.1 \times 24 = 26.4(件)$$

2. 移动平均法

由于实际数据序列既会受偶然因素的作用而产生随机变动,也有反映发展规律的倾向性或呈周期性变动,因此,如何消除或减少随机变动的影响,从数据模式中找出规律性变化的特征和趋势,是时间序列预测方法所要解决的技术问题。移动平均值法即是解决这类问题的方法之一。移动平均法又分一次移动平均法和二次移动平均法。

(1)一次移动平均值法

一次移动平均值法的基本思路是,每次取一定数量周期的数据平均,按时间次序逐次推进。每推进一个周期时,舍去前一个周期的数据,增加一个新周期的数据,再进行平均。其计算公式为

$$M_t^{(1)} = \frac{Y_t + Y_{t-1} + \cdots + Y_{t-N+1}}{N} \tag{7-4}$$

式中:t——周期序列号;

$M_t^{(1)}$——第t周期的一次移动平均数;

Y_t——第t周期的实际值;

N——计算移动平均数所选定的数据个数。

移动平均值法通过N个数据移动平均值可以削弱数据随机变动的影响,起到平滑数据的作用,在一定程度上反映了时间序列的变化趋势。因此,在计算移动平均值时,N值的选择是一个关键。N值越大,平滑作用越强,对新数据的反映越迟钝;反之则相反。同时,计算出的移动平均数总是落后于实际数据,存在滞后偏差。N值越大,滞后偏差越大。

一般可用最近时间的一次移动平均数作为下一周期的预测值,即

$$\hat{Y}_{t+1} = M_t^{(1)} \tag{7-5}$$

(2)二次移动平均法

二次移动平均法适用于时间序列具有线性趋势的场合。它不是用二次移动平均数直接进行预测,而是建立线性预测模型,然后用模型预测。计算公式为

$$M_t^{(2)} = \frac{M_t^{(1)} + M_{t}^{(1)} + \cdots + M_{t-N+1}^{(1)}}{N} \qquad (7\text{-}6)$$

式中：t——周期序列号；

$M_t^{(1)}$——第 t 周期的一次移动平均数；

$M_t^{(2)}$——第 t 周期的二次移动平均数；

N——计算移动平均数所选定的数据个数。

利用二次移动平均法进行预测的基本公式是

$$\hat{Y}_{t+T} = a_t + b_t T$$
$$a_t = 2M_t^{(1)} - M_t^{(2)}$$
$$b_t = \frac{2}{n-1}(M_t^{(1)} - M_t^{(2)}) \qquad (7\text{-}7)$$

式中：$\hat{Y}_{t+T}$——代表 $t+T$ 周期的预测值；

a_t, b_t——代表平滑系数。

【例 7-2】 数据同[例 7-1]，试采用移动平均值法预测第 11 个月的预制构件数量。

解：(1)采用一次移动平均法预测。取 $N=3$，计算一次移动平均值 $M_t^{(1)}$。计算结果，见表 7-2。

一次移动平均值预测(单位：件)   表 7-2

时间序列	1	2	3	4	5	6	7	8	9	10
预制构件数量	10	15	8	20	10	16	18	20	22	24
$M_t^{(1)}$			11	14.3	12.7	15.3	14.7	18	20	22

$$\hat{Y}_{11} = M_{10}^{(1)} = 22(\text{件})$$

(2)采用二次移动平均法预测。

在一次移动平均值 $M_t^{(1)}$ ($N=3$) 的基础上，计算二次移动平均值 $M_t^{(2)}$。计算结果，见表 7-3。

二次移动平均值预测(单位：件)   表 7-3

时间序列	1	2	3	4	5	6	7	8	9	10
预制构件数量	10	15	8	20	10	16	18	20	22	24
$M_t^{(1)}$			11	14.3	12.7	15.3	14.7	18	20	22
$M_t^{(2)}$					12.7	14.1	14.2	16	17.6	20

$$a_{10} = 2M_{10}^{(1)} - M_{10}^{(2)} = 2 \times 22 - 20 = 24$$

$$b_{10} = \frac{2}{N-1}(M_{10}^{(1)} - M_{10}^{(2)}) = \frac{2}{9}(22-20) = 0.44$$

$$\hat{Y}_{11} = a_{10} + b_{10}T = 24 + 0.44 \times 1 = 24.44(\text{件})$$

3. 指数平滑法

该法是在加权平均值法的基础是发展起来的，分为一次指数平滑法、二次指数平滑法和三次平均指数平滑法。

(1)一次指数平滑法

指数平滑又称"指数修匀",可以消除时间序列的偶然性变动,进而寻找预测对象的变化特征和趋势。一次指数平滑法适用于实际数据序列以随机变动为主的情况。一次指数平滑值的计算公式为

$$S_t^{(1)} = aY_t + a(1-a)Y_{t-1} + a(1-a)^2 Y_{t-2} + \cdots \qquad (7\text{-}8)$$

式中:$S_t^{(1)}$——第 t 周期的一次指数平滑值;

Y_t——第 t 周期的实际值;

a——平滑系数($0 < a < 1$)。

实际值 y_t, y_{t-1} 的权数分别为 $a, a(1-a), a(1-a)^2, \cdots$ 距现时刻越远的数据,其权系数越小。指数平滑法就是用平滑系数来实现不同时间数据的非等权处理的。因为权系数是指数几何级数,指数平滑法也因此得名。

式(7-8)略加变换,得

$$\begin{aligned} S_t^{(1)} &= aY_t + (1-a)[aY_{t-1} + a(1-a)Y_{t-2} + \cdots] \\ &= aY_t + (1-a)S_{t-1}^{(1)} \end{aligned} \qquad (7\text{-}9)$$

式中:$S_t^{(1)}$——第 $t-1$ 周期的一次指数平滑值。

一次指数平滑法是以最近周期的一次指数平滑值作为下一个周期的预测值的。即

$$\hat{Y}_{t+1} = S_t^{(1)} = ay_t + (1-a)S_{t-1}^{(1)} \qquad (7\text{-}10)$$

由上式可知,$a = 1$ 时,$1 - a = 0$,预测值等于第 t 周期的实际值;当 $a = 0$ 时,$1 - a = 1$,$S_t^{(1)} = S_{t-1}^{(1)}$,这反映了平滑系数 a 取两个极端值的特殊情况。

上式可改写成

$$\hat{Y}_{t+1} = S_t^{(1)} = S_{t-1}^{(1)} + a(Y_t - S_{t-1}^{(1)}) \qquad (7\text{-}11)$$

式(7-10)、式(7-11)均称为一次平滑预测模型。

计算指数平滑值必须先估计一个初始值 $S_t^{(1)}$。当实际数据较多(>50)时,取 $S_0^{(1)} = Y_1$。如果数据较少(≤ 20),则 $S_t^{(1)} = (Y_1 + Y_2 + Y_3)/3$。

平滑系数 a 的选择是关键,一般认为时间序列的长期趋势比较稳定,取 $a = 0.05 \sim 0.20$;如时间序列具有迅速明显的变动倾向时,取 $a = 0.3 \sim 0.7$,使时间序列中最近数据的作用能更多地反映在预测值中。

(2)二次指数平滑法

如实际数列具有较明显的线性增长倾向,则不宜用一次指数平滑法。因为滞后偏差将使预计值偏低。此时,通常可用二次指数平滑法建立线性预测模型,然后再用模型预测。计算公式为

$$S_t^{(2)} = aS_t^{(1)} + (1-a)S_{t-1}^{(2)} \qquad (7\text{-}12)$$

式中:$S_t^{(2)}$——第 t 周期的二次指数平滑值;

$S_t^{(1)}$——第 t 周期的一次指数平滑值;

$S_{t-1}^{(2)}$——第 $t-1$ 周期的二次指数平滑值;

a——平滑系数。

二次指数平滑值并不直接用于预测,而是根据滞后偏差的演变规律建立线性预测模

型。即

$$Y_{t+T} = a_t + b_t \cdot T \tag{7-13}$$

式中：t——目前的周期序号；

T——预测超前周期数；

a_t——线性模型的截距；

b_t——线性模型的斜率；

Y_{t+T}——第 $t+T$ 周期的预测值。

其中，a_t 和 b_t 的计算公式为

$$a_t = 2S_t^{(1)} - S_t^{(2)} \tag{7-14}$$

$$b_t = \frac{a}{1-a}(S_t^{(1)} - S_t^{(2)}) \tag{7-15}$$

(3) 三次指数平滑法

如果实际数据序列具有非线性增长倾向，则一次、二次指数平滑法都不适用了。此时应采用三次指数平滑法建立非线性预测模型，再用模型进行预测。计算公式为

$$S_t^{(3)} = aS_t^{(2)} + (1-a)S_{t-1}^{(3)} \tag{7-16}$$

式中：$S_t^{(3)}$——第 t 周期的三次指数平滑值；

$S_t^{(2)}$——第 t 周期的二次指数平滑值；

$S_t^{(3)}$——第 $t-1$ 周期的三次指数平滑值；

a——平滑系数。

三次指数平滑法建立的非线性预测模型为

$$\hat{Y}_{t+T} = a_t + b_t T + c_t T^2 \tag{7-17}$$

式中：t——目前的周期序列号；

T——预测超前周期数；

$\hat{Y}_{t+T}$——第 $t+T$ 周期的预测值。

其中，模型系数 a_t,b_t,c_t 的计算公式为

$$a_t = 3S_t^{(1)} - 3S_t^{(2)} + S_t^{(3)} \tag{7-18}$$

$$b_t = \frac{a}{2(1-a)^2}[(6-5a)S_t^{(1)} - 2(5-4a)S_t^{(2)} + (4-3a)S_t^{(3)}] \tag{7-19}$$

$$c_t = \frac{a^2}{2(1-a)^2}[S_t^{(1)} - 2S_t^{(2)} + S_t^{(3)}] \tag{7-20}$$

【例 7-3】 数据同［例 7-1］，试采用指数平滑法预测第 11 个月的预制构件数量。

解：(1) 采用一次指数平滑法预测。

取平滑系数 $a=0.5$，计算一次指数平滑值如下

$$S_0^{(1)} = (Y_1 + Y_2 + Y_3)/3 = (10+15+8)/3 = 11$$

$$S_1^{(1)} = ay_1 + (1-a)S_0^{(1)} = 0.5 \times 10 + 0.5 \times 11 = 10.5$$

$$S_2^{(1)} = ay_2 + (1-a)S_1^{(1)} = 0.5 \times 15 + 0.5 \times 10.5 = 12.8$$

……

依次类推,其余计算结果,见表 7-4。

一次指数平滑法预测(单位:件)　　　　　表 7-4

时间序列	1	2	3	4	5	6	7	8	9	10
预制构件数量	10	15	8	20	10	16	18	20	22	24
$S_t^{(1)}$	10.5	12.8	10.4	15.2	12.6	14.3	16.2	18.1	20.1	22

$$\hat{Y}_{11} = M_{10}^{(1)} = 22(件)$$

(2)采用二次指数平滑法预测

在一次平滑指数值 $S_t^{(1)}$($a=0.5$)的基础上计算 $S_t^{(2)}$。计算结果见表 7-5。

二次指数平滑法预测(单位:件)　　　　　表 7-5

时间序列	1	2	3	4	5	6	7	8	9	10
预制构件数量	10	15	8	20	10	16	18	20	22	24
$S_t^{(1)}$	10.5	12.8	10.4	15.2	12.6	14.3	16.2	18.1	20.1	22
$S_t^{(2)}$	10.9	11.9	11.2	13.2	12.9	13.6	14.9	16.5	18.3	20.2

$$a_t = 2S_t^{(1)} - S_t^{(2)} = 2 \times 22 - 20.2 = 23.8$$

$$b_t = \frac{a}{(1-a)}(S_{10}^{(1)} - S_{10}^{(2)}) = \frac{0.5}{0.5}(22 - 20.2) = 1.8$$

$$\hat{Y}_{11} = a_{10} + b_{10} \cdot T = 23.8 + 1.8 \times 1 = 25.6(件)$$

(3)采用三次指数平滑法预测

在二次平滑指数值 $S_t^{(2)}$($a=0.5$)的基础上计算 $S_t^{(3)}$。计算结果,见表 7-6。

三次指数平滑法预测(单位:件)　　　　　表 7-6

时间序列	1	2	3	4	5	6	7	8	9	10
预制构件数量	10	15	8	20	10	16	18	20	22	24
$S_t^{(1)}$	10.5	12.8	10.4	15.2	12.6	14.3	16.2	18.1	20.1	22
$S_t^{(2)}$	10.9	11.9	11.2	13.2	12.9	13.6	14.9	16.5	18.3	20.2
$S_t^{(3)}$	11.1	11.5	11.4	12.3	12.6	13.1	14.0	15.3	16.8	18.5

$$a_{10} = 3S_{10}^{(1)} - 3S_{10}^{(2)} + S_{10}^{(3)} = 3 \times 22 - 3 \times 20.2 + 18.5 = 23.9$$

$$b_{10} = \frac{a}{2(1-a)^2}[(6-5a)S_{10}^{(1)} - 2(5-4a)S_{10}^{(2)} + (4-3a)S_{10}^{(3)}]$$

$$= \frac{0.5}{2 \times 0.5^2}[(6-5 \times 0.5) \times 22 - 2 \times (5-4 \times 0.5) \times 20.2 + (4-3 \times 0.5) \times 18.5]$$

$$= 2.65$$

$$c_t = \frac{a^2}{2(1-a)^2}[S_t^{(1)} - 2S_t^{(2)} + S_t^{(3)}]$$

$$= \frac{0.5^2}{2 \times 0.5^2}(22 - 2 \times 20.2 + 18.5)$$

$$= 0.05$$

$$\hat{Y}_{11} = a_{10} + b_{10}T + c_{10}T^2 = 23.9 + 2.65 \times 1 + 0.05 \times 1^2 = 26.6(件)$$

4. 季节指数法

工程项目的施工一般都是露天作业,受自然气候条件影响大,生产成果经常会出现季节性变动的现象。为了适应生产的要求,搞好均衡生产,有必要掌握这种季节性变动的规律。季节指数预测法的基本思路是:先建立描述整个时间序列总体发展趋势的数学方程;再考虑季节变动对预测对象的影响,计算出季节指数;最后将两者综合而得到能够描述总体发展趋势与季节性变动的预测模型,并用于预测。季节指数预测模型为

$$\hat{Y}_t = y' \cdot F_k \tag{7-21}$$

式中:$\hat{Y}_t$——第 t 周期的预测值;

y'——反映总体发展趋势的数学方程;

F_k——季节周期中第 k 周期的季节指数。

如果时间序列具有线性增长趋势,则 Y' 为一直线方程,即

$$Y' = a + bt \tag{7-22}$$

【**例 7-4**】 某工程项目 2012 年、2013 年和 2014 年各月实际完成的工作量,见表 7-7。据此来估计 2015 年各月预计完成的工作量。

各月实际完成的工作量　　　　表 7-7

年份\月	1	2	3	4	5	6	7	8	9	10	11	12	合计
2012	200	166	231	348	394	419	335	367	388	408	400	387	4043
2013	175	222	350	419	456	426	400	420	452	408	469	395	4 592
2014	263	241	459	504	517	538	429	460	484	443	497	450	5 285
合计	638	629	1 040	1 271	1 367	1 383	1 174	1 247	1 324	1 259	1 366	1 232	13 920
月平均	212.7	209.7	346.7	423.7	455.7	461	388	415.7	441.3	419.7	455.3	410.7	386.7
季度系数(%)	55	54.2	89.7	109.6	117.8	119.2	100.3	107.5	114.1	108.5	117.8	106.2	100

解:(1)根据历史数据,分析变动性质。

从表 7-7 中可看出,实际完成的工作量总的来说是呈递增趋势,并且伴随着以年为周期的季节性变动。

(2)确定季节系数。

为确定季节系数,应分别求出月平均值与总平均值。季节系数可由下式确定。

$$季节系数 = \frac{月平均值}{总平均值} \tag{7-23}$$

季节系数计算结果,见表 2-7 中第 6 行。

(3)确定长期变动趋势。

本例中的长期变动趋势为线性趋势,故选择一元线性回归方程 $y = a + bt$ 作为趋势模型,模型参数 a,b 可采用最小二乘法确定。由于本例历史数据较少($n=3$),采用算术平均值法确定 a,b。计算过程,见表 7-8。

$$a = \frac{13\,920}{3} = 4\,640$$

$$b = \frac{1\,242}{2} = 621$$

$$Y = 4\,640 + 621t$$

2015年相应的 t 值为2,故2015年预计完成的工作量为

$$Y = 4\,640 + 621 \times 2 = 5\,882$$

计算过程　　　　　　　　　　　　　　　　　表7-8

横型参数	y_i	t_i	$y_i t_i$
2012年	4 043	-1	-4 043
2013年	4 592	0	0
2014年	5 285	1	5 285
合计	13 920	0	1 242

(4)计算各月预测值。

各月预测值可按下式确定。

$$月预测值 = \frac{年预测值}{12} \times 季节系数 \tag{7-24}$$

计算结果,见表7-9。

计算各月预测值　　　　　　　　　　　　　　表7-9

月份	1	2	3	4	5	6	7	8	9	10	11	12
季节系数(%)	55	54.2	89.7	109.6	117.8	119.2	100.3	107.5	114.1	108.5	117.8	106.2
预测值	269.6	265.7	439.7	537.2	577.4	584.3	491.6	526.9	559.3	531.8	577.4	520.6

(二)回归分析法

回归分析法是以相关原理为基础的预测方法。其基本思路是:分析研究预测对象与有关因素的相互联系,用适当的回归预测模型表达出来;然后再根据数学模型预测其未来状况。回归分析是处理变量之间相关关系的一种数理统计方法。在回归预测中,把预测对象作为因变量,把相关因素称为自变量。一个自变量的称为一元回归,多个自变量的称为多元回归。如果因变量与自变量的统计规律呈线性关系,称为线性回归;呈曲线关系的称为非线性回归。

1. 一元线性回归

当两个变量之间存在线性关系,即一个变量的增加或减少相对于另一个变量的增、减来说成一定比例时,根据自变量去预测因变量的方法,称为一元线性回归法。此法的基本计算步骤如下:

(1)根据历史数据绘出散点图。若图中各数据点的分布呈线性趋势,即大体沿一条直线分布,说明可以应用一元线性回归法进行预测。

(2)建立模型。一元线性回归方程模型是

$$Y = a + bX \tag{7-25}$$

(3)参数估计。根据数理统计中的最小二乘法,可按下式分别求出回归系数 a,b 值。

$$b = \frac{\sum X_i Y_i - \bar{X} \sum Y_i}{\sum X_i^2 - \bar{X} \sum X_i} \tag{7-26}$$

$$a = \bar{Y} - b\bar{X} \tag{7-27}$$

式中：X_i, Y_i——自变量、因变量的历史数据；

$\bar{X}, \bar{Y}$——自变量、因变量的平均值。

(4)相关性检验。任何一组数据都可求得回归直线方程，但 Y 与 X 是否确实有线性相关关系，须加以检验，检验可以采用相关系数判断。相关系数是描述两个变量线性关系密切程度的数量指标，其计算公式为

$$R = \frac{\sum (X_i - \bar{X})(Y_i - \bar{Y})}{\sqrt{\sum (X_i - \bar{X})^2 \sum (Y_i - \bar{Y})^2}} \tag{7-28}$$

当 $R_a \leq R$ 时，Y 与 X 存在显著的线性关系；当 $R_a > R$ 时，Y 与 X 不存在显著的线性关系。R_a 可以根据显著性水平 a 查相关关系检验表得到，表示对线性关系密切程度的最低要求临界值。

(5)应用回归模型进行预测。

2. 一元曲线回归

在实际应用中，一个自变量对因变量的影响，并不都呈线性关系，而需要采用一元曲线回归。对这类问题预测的关键是确定自变量与因变量之间的函数关系，为此，先将历史数据在图上标画出来，观察数据点的分布趋势和形状，或者通过数据分析确定出变化规律，然后再拟合成近似的曲线方程。由于非线性问题一般比较复杂，在确定函数方程后，可通过变换将其转换成线性函数来求解。

常用的一元曲线回归预测有二次曲线回归预测、指数曲线回归预测和双曲线回归预测等。

(1)二次曲线回归预测

二次曲线回归预测的基本公式是

$$Y = a + b_1 X_i + b_2 X_1^2 \tag{7-29}$$

式中： Y——因变量；

X_i——自变量；

a, b_1, b_2——非线性回归系数。

求解非线性回归系数的方法是把非线性回归转化为线性回归。

假设 $X_2 = X_1^2$，带入式(7-29)，即可得

$$Y = a + b_1 X_1 + b_2 X_2 \tag{7-30}$$

这样，就把一元二次回归方程变成二元一次回归方程。我们只要把 $X_2 = X_1^2$ 当作原始数据，运用二元线性回归预测法，求出回归系数 a, b_1, b_2，从而建立一元非线性回归预测模型，就可以进行预测了。

(2)指数曲线回归预测

指数曲线的数学模型为幂函数形式，其公式是

$$Y = aX^b \quad (a > 0) \tag{7-31}$$

将等式两边取对数,即可化非线性回归为线性回归。
$$\lg Y = \lg aX^b = \lg a + b\lg X$$
设:$Y' = \lg Y, a' = \lg a, X' = \lg X$,则
$$Y = a' + bX'$$
然后,运用一元线性回归预测法求出 Y',再查反对数表,即可求得未来预测值 Y。

(3) 双曲线回归预测

双曲线的数学模型为双曲线函数。其公式为

$$Y = a + \frac{b}{X} \tag{7-32}$$

求解双曲线方程式中的回归系数 a,b,先要假设 $X' = \frac{1}{X}$,则式(7-32)可转化为

$$Y = a + bX' \tag{7-33}$$

根据最小二乘法,可以导出两个标准方程式,求得回归系数 a,b。

$$\begin{cases} \sum Y = Na + b\sum X' \\ \sum X'Y = a\sum X' + b\sum X'^2 \end{cases}$$

$$a = \frac{\sum Y - b\sum X'}{N} \tag{7-34}$$

$$b = \frac{N\sum X'Y - \sum X'\sum Y}{N\sum X'^2 - (\sum X')^2} \tag{7-35}$$

然后,建立回归预测模型 $Y = a + bX'$,即可进行预测。

除以上几种外,还有对数函数 $Y = a + bX'$,S 曲线 $Y = \frac{1}{a + be^X}$,立方抛物线 $Y = aX^3$ 等。

这些都可以经过变换成为一元线性回归方程进行预测。

3. 多元线性回归预测

多元线性回归分析首先是因素选择问题。对于任一预测对象 Y,影响预测对象的因素可能有 N 个,关键在于选择主要的、起决定作用的因素。选择是通过检验因素间的相关性,即相关系数 r 来进行的。

下面以二元线性回归说明预测模型的建立。二元线性回归预测是分析一个因变量和两个自变量之间呈线性关系的一种预测方法。其基本公式为

$$Y = a + b_1X_1 + b_2X_2 \tag{7-36}$$

式中:X_1, X_2——自变量;

a, b_1, b_2——回归系数。

利用最小二乘法可以求得三个标准方程:

$$\sum Y = Na + b_1\sum X_1 + b_2\sum X_2$$
$$\sum X_1Y = a\sum X_1 + b_1\sum X_1^2 + b_2\sum X_1X_2$$
$$\sum XY = a\sum X_2 + b_1\sum X_1X_2 + b_2\sum X_2^2 \tag{7-37}$$

解此方程组,可得 a, b_1, b_2,或利用回归系数求解公式,即

$$b_1 = \frac{\sum(Y-\bar{Y})\sum(X_2-\bar{X}_2)^2 - \sum(Y-\bar{Y})(X_2-\bar{X}_2)\sum(X_1-\bar{X}_1)(X_2-\bar{X}_2)}{\sum(X_1-\bar{X}_1)^2\sum(X_2-\bar{X}_2)^2 - [\sum(X_1-\bar{X}_1)\sum(X_2-\bar{X}_2)]^2} \tag{7-38}$$

$$b_2 = \frac{\sum(Y-\bar{Y})(X_2-\bar{X}_2)\sum(X_1-\bar{X}_1)^2 - \sum(Y-\bar{Y})(X_1-\bar{X}_1)\sum(X_1-\bar{X}_1)(X_2-\bar{X}_2)}{\sum(X_1-\bar{X}_1)^2\sum(X_2-\bar{X}_2)^2 - [\sum(X_1-\bar{X}_1)\sum(X_2-\bar{X}_2)]^2}$$

(7-39)

$$a = \bar{Y} - b_1\bar{X}_1 - b_2\bar{X}_2 \tag{7-40}$$

式中：$\bar{Y} = \frac{\sum Y}{N}$；

$\bar{X}_1 = \frac{\sum X_1}{N}$。

求得 a, b_1, b_2 后，代入 $Y = a + b_1X_1 + b_2X_2$，即可进行预测。

【例 7-5】 已知某项目施工产值与成本的历史数据,见表 7-10。预计下一年度施工产值为 700 万元,试预测下年度总成本。

施工产值与成本的历史数据　　　　表 7-10

历史年度	1	2	3	4	5
施工产值(万元)	540	560	590	640	680
总成本(万元)	506	516	538	588	616

解：由于历史数据呈线性增长趋势,选用一元一次回归模型预测。

(1) 计算模型参数。

数据的计算过程,见表 7-11。

$$b = \frac{\sum X_iY_i - \bar{X}\sum Y_i}{\sum X_i^2 - \bar{X}\sum X_i} = \frac{1\,674\,820 - 602 \times 2\,764}{1\,825\,300 - 602 \times 3\,010} = \frac{10\,892}{13\,280} = 0.820\,2$$

$$a = \bar{Y} - b\bar{X} = 552.8 - 0.820\,2 \times 602 = 59.04$$

计　算　过　程　　　　表 7-11

历 史 年 度	施工产值(万元)X_i	总成本(万元)Y_i	X_iY_i	X_i^2
1	540	506	273 240	291 600
2	560	516	288 960	313 600
3	590	538	317 420	348 100
4	640	588	376 320	409 600
5	680	616	418 880	462 400
合计	3 010	2 764	1 674 820	1 825 300
平均	602	552.8	—	—

(2) 预测下一年度总成本：

$$Y = a + bX = 59.04 + 0.820\,2 \times 700 = 633.18(万元)$$

(三) 高低点法

在一定的生产规模下,工程项目各期成本费用中会有一部分是相对固定的,即不会随着产量或工作量的变动而变动,如固定资产折旧费、管理人员工资费用、水电费等;而另一部分则随着产量或工作量的变动而变动,如直接材料、直接人工费用等。因此,固定成本、变动成本和工作量之间具有下列线性关系

$$\text{某工作量下的成本} = \text{固定成本} + \text{单位变动成本} \times \text{工作量} \tag{7-41}$$

高低点法就是依据上述关系,选取某一历史时期内的成本数据,以最高点工作量的成本与最低点工作量的成本的差数,除以最高与最低工作量的差数确定单位变动成本,进而预测报告期成本费用的方法。其预测公式如下

$$Y = a + bx$$
$$b = \frac{Y_1 - Y_2}{X_1 - X_2} \tag{7-42}$$

式中:a——固定成本;

Y_1、Y_2——最高点和最低点成本;

X_1、X_2——最高点和最低点产值。

【例 7-6】 某公路工程的合同价为 190 000 万元。试根据企业同类项目的产值与成本(见表 7-12)进行总成本预测。

同类项目产值与成本　　　　　　表 7-12

期数	1	2	3	4	5
产值(万元)	120 000	135 000	148 000	156 000	172 000
成本(万元)	110 000	123 000	135 000	142 000	157 000

解:(1)计算模型参数

$$b = (157\,000 - 110\,000)/(172\,000 - 12\,000) = 0.903\,8$$
$$a = 157\,000 - 0.903\,8 \times 172\,000 = 1\,546.4$$

由此得出预测模型

$$Y = 1\,546.4 + 0.903\,8X$$

(2)预测总成本

该预测项目的总成本为

$$Y = 1\,546.4 + 0.903\,8 \times 190\,000 = 173\,268.4(\text{万元})$$

(四)本量利分析法

成本、业务量、利润三者关系的分析,简称本量利分析。本量利是在成本分析的基础上,通过对成本、业务量和利润三者之间的依存关系建立数学模型和公式,从而进行成本预测的方法。

1.固定成本和变动成本的划分

公路工程要取得收入,必有相应的耗费,且收入必须大于耗费才能盈利。公路工程的成本支出,按其数量与产量变动的内在联系,通常可以划分为变动成本和固定成本两类。

(1)固定成本,是指成本总额在一定时期和一定产量范围年内不受产量影响的成本。其特点是:总额不随产量变化而变化,但单位额却随产量的增加而减少(固定成本利润率的提高)。施工成本中的施工现场管理人员工资和办公费、临时设施费等都属于固定成本。

(2)变动成本,是指成本总额在一定时期和一定产量范围内随着产量的变动而成正比例变动的成本。其特点是:总额随产量变化而呈正比例变化,单位额保持不变。施工成本中的人工、材料以及机械设备中的变动费用等均属于变动成本。

除了固定成本和变动成本外,还有一种介于固定成本和变动成本之间的费用,它可以通过一定的方法分解为固定成本和变动成本两部分。因此,我们可以认为施工的全部费用最终可以分解为固定成本和变动成本两种类型。

2. 本量利分析的基本公式

将成本分解成固定成本和变动成本两部分之后,再把收入和利润加进来,成本、业务量和利润的关系就可以统一于一个数字模型,即本量利公式

$$
\begin{aligned}
施工利润 &= 预算收入 - 变动成本 - 固定成本 \\
&= (单价 - 单位变动成本) \times 工程量 - 固定成本 \\
&= 单价 \times 工程量 - 单位变动成本 \times 工程量 - 固定成本
\end{aligned}
\tag{7-43}
$$

3. 保本点的预算

保本点又称盈亏平衡点,是指公路工程在这个水平上,总收入与总成本相等,即无利润,也不亏损,刚好够本。因此保本点这个指标能够明确指出公路工程或分项工程在什么样的收入水平上,才能维持不赔不赚,并能预知在保本点以上,每收入一万元能够降低多少成本,获得多少利润。

保本点的测算以变动成本率与边际利润率为计算基础。

(1)变动成本率与边际利润率

变动成本率是指变动成本额占工程预算成本的比例。用公式表示如下

$$变动成本率 = \frac{变动成本}{工程预算成本} \times 100\% \tag{7-44}$$

工程预算成本减去变动成本后的余额称为边际利润,它是用来补偿固定成本和为项目提供施工利润的。用公式表示如下:

$$边际利润 = 预算成本 - 变动成本 \tag{7-45}$$

如果边际利润与固定成本相等则项目不盈不亏,若大于固定成本则为盈利;反之,则为亏损。边际利润的意义在于表明了能为项目提供施工利润的能力。所以边际利润又称边际贡献、贡献毛利或创利额。边际利润的多少对获取施工利润具有重要作用。

边际利润与工程预算成本的比值为边际利润率。用公式表示如下

$$边际利润率 = \frac{边际利润}{工程预算成本} \times 100\% \tag{7-46}$$

边际利润率与变动成本率之间有着密切的联系,属于互补性质。变动成本率越高,边际利润率越低、盈利能力越小;反之,变动成本率越低,边际利润率越高,盈利能力越强。边际利润率与变动成本率的关系,用公式表示如下

$$边际利润率 + 变动成本率 = 1 \tag{7-47}$$

(2)保本点

因为

$$边际利润 = 预算成本 - 变动成本 = 固定成本 + 利润 \tag{7-48}$$

$$边际利润率 = \frac{工程预算成本 - 变动成本}{工程预算成本} \times 100\% \tag{7-49}$$

所以

$$工程预算成本 = \frac{固定成本 + 利润}{边际利润率} \tag{7-50}$$

当利润为零时的成本,即为保本点,公式(7-50)可变为

$$保本点 = \frac{固定成本}{边际利润率} \times 100\% \tag{7-51}$$

将式(7-49)代入式(7-51),可得保本点的另一表达

$$保本点 = \frac{固定成本}{1 - \frac{变动成本}{工程预算成本}} \times 100\% = \frac{固定成本}{1 - 变动成本} \times 100\% \tag{7-52}$$

4. 用本量利分析法预测降低成本目标

工程项目的降低成本目标,也就是计划成本降低率,由下式计算:

$$计划成本降低率 = \frac{工程预算成本 - 工程目标成本}{工程预算成本} \times 100\% \tag{7-53}$$

在工程项目已中标,并签订合同后,工程预算成本是可知的。所以要确定计划成本降低率,就应预测工程目标成本。

预测工程目标成本时,应以历史或上一年度的实际成本资料作为测算的主要依据,按客观存在的成本与产量的依存关系,把成本分为固定成本和变动成本两大类,再分析研究历史或上年度固定成本和变动成本的情况,结合工程项目计划期的实际情况及要采取的技术组织措施,确定计划年度固定成本和变动成本水平,并预测计划期在一定产量下的最优目标成本。

预测的步骤和方法如下:

(1)将历史或上年度的实际成本划分为固定成本和变动成本。
(2)计算历史或上年度变动成本率、边际利润和边际利润率。
(3)假定计划年度固定成本与历史或上年度相同(实际中因客观和主观的某些原因可能所升降),预测计划年度的保本点。通过保本点的预测预知项目必须完成的预算工作量。
(4)在工程任务确定的条件下,预测计划年度目标成本和计划成本降低率。

$$目标成本 = 固定成本 + 计划年度预算成本 \times 变动成本率 \tag{7-54}$$

$$计划成本降低率 = \frac{计划预算成本 - 目标成本}{计划预算成本} \times 100\% \tag{7-55}$$

【例7-7】 某工程项目上年度成本报表中,预算成本为3 700万元,实际成本为3 480万元。在实际成本中,划为固定成本的为955万元,变动成本为2 525万元。该项目计划年度已确定工程预算成本为3 800万元,固定成本基本和上年度相同,试预测本年度保本点和目标成本。

解: (1)计算上年度变动成本率、边际利润、边际利润率

$$变动成本率 = \frac{2\,525}{3\,700} \times 100\% = 68.24\%$$

$$边际利润 = 3\,700 - 2\,525 = 1175(万元)$$

$$\text{边际利润率} = \frac{1\,175}{3\,700} \times 100\% = 31.76\%$$

（2）预测计划年度保本点

$$\text{保本点} = \frac{955}{0.317\,6} = 3\,007（\text{万元}）$$

上式表明，计划年度必须完成预算成本 3 007 万元才能保本，不亏损。如果超过 3 007 万元就能盈利，每超过 100 万元，盈利 31.76 万元。

（3）预测计划年度目标成本和计划成本降低率

$$\text{目标成本} = 955 + 3\,800 \times 68.24\% = 3\,548（\text{万元}）$$

$$\text{计划成本降低率} = \frac{3\,800 - 3\,548}{3\,800} \times 100\% = 6.63\%$$

第二节　公路工程成本计划编制方法

一、公路工程成本计划指标的测算方法

（一）直接费的测算

1. 直接计算法

直接计算法，即根据有关定额、价格、标准和分配率计算确定某计算对象的项目成本和单位成本的计划数。其计算的基本公式为

$$\text{单位工程资源计划成本} = \text{单位工程资源消耗定额} \times \text{资源计划价格} \tag{7-56}$$

$$\text{分项工程资源计划成本} = \text{单位工程资源消耗定额} \times \text{计划工程量} \times \text{资源计划价格} \tag{7-57}$$

（1）计算人工费

人工费的计划成本，由项目经理部的劳资部门，按下式计算

$$\text{人工费的计划成本} = \text{计划用工量} \times \text{实际水平的工日单价} \tag{7-58}$$

$$\text{计划用工量} = \sum(\text{分项工程量} \times \text{工日定额}) \tag{7-59}$$

工日定额可根据实际情况，考虑项目的先进性水平适当调整。

（2）计算材料费

材料费的计划成本，由项目经理部的材料部门测算。施工消耗的材料主要有构成工程实体的材料和周转性材料两类。构成工程实体的材料计划用量一般取决于定额用量和图纸的设计工程量。周转材料费的降低是降低施工成本的重要方面。周转材料费的确定有两种方法：一是按预算定额用量乘以适当的降低系数包干使用。降低系数可根据企业多年的历史数据或类似工程的经验数据确定；也可根据施工方案中的模板、脚手架方案确定计划用量，再根据计划使用期和租赁单价确定，即

$$\text{材料费的计划成本} = \sum(\text{工程实体材料的计划用量} \times \text{材料实际价格}) +$$
$$\sum \text{周转材料的使用量} \times \text{使用期} \times \text{租赁价格} \tag{7-60}$$

或

材料费的计划成本 = ∑(工程实体材料的定额用量×分项工程量×材料实际价格) +
∑周转材料的使用量×使用期×租赁价格　　　　(7-61)

(3)机械使用费

施工现场的机械使用包括自有机械使用和租赁机械使用两种形式,机械使用费的计划成本应分别测算。即

租赁机械的计划成本 = ∑(施工机械计划使用台班数×机械租赁费) + 机械施工用电费

(7-62)

自有机械的计划成本 = ∑(施工机械的计划使用台班数×规定的台班单价)　(7-63)

自有机械的台班单价包括在一个台班中应分摊的折旧费、大修费、经常修理费、辅助费、人工费、动力燃料费、养路费及车船使用税。折旧费按企业财务部门规定的机械设备折旧办法计算;机驾人员的工资按实际发放的月平均工资计算;动力燃料费按机械铭牌额定的油耗或经验油耗计算;材料单价按实际采购单价计算;大修费按企业规定计算;日常维修费按经验值计算。

(4)其他工程费

其他工程费的计划成本,由项目经理部的施工生产部门和材料部门共同测算。测算的内容包括冬、雨季施工费,夜间施工增加费,生产工具、用具使用费,检验试验费,工程定位复测,工程点交,场地清理费,等等。公路工程中的水、电费及因场地狭小等特殊情况而发生的材料二次搬运费等已包括在工程定额中,不再另计。

其他工程费的确定,应编制计划,列项测算。若列项测算有困难,也可以按现行施工图预算费用定额中的其他工程费,划分一定比例列入成本计划中。

2.比例计算法

比例计算法,即根据相关成本项目的计划数和拟测算成本项目与相关成本(费用)项目之间的比例关系计算。其计算基本公式为

成本项目计划数 = 相关成本项目计划数×占相关成本项目计划的比例　　(7-64)

例如,其他工程费计划成本等于直接工程费计划成本乘以其他工程费占直接费的比例。

3.基础调整计算法

基础调整计算法,即根据计划指标的基期实际数,考虑计划期将会发生的变动程度,确定成本项目的计划数。其计算的基本公式为

成本项目计划数 = 该项目成本基期实际数×(1 + 计划期该项成本升降的百分比)

(7-65)

式中基期实际数可以采用上年的实际耗用数。

(二)成本降低指标的测算

在进行项目成本降低指标的测算时,即要从实际出发,实事求是,又要考虑项目所具有的潜力,以保证计划指标是建立在综合平衡和先进水平的基础上。测算成本降低指标的方法主要有以下几种。

1.系数测算法

系数测算法是以上年平均单位工程成本为基础,根据计划年度各主要技术指标的变动系数,测算项目成本的降低率和降低额。测算步骤如下:

(1) 计算上年平均单位工程成本。
(2) 测算各项主要因素的影响程度。

影响成本变动的因素主要有工程量、材料消耗定额、材料价格、劳动生产率、间接费用(现场管理费)、废品损失等。测算的方法主要是计算由于计划年度各项技术组织措施的实现,使完成的工程量增加、材料定额降低、劳动生产率提高、废品减少等而形成的节约。

①测算由于材料消耗定额和材料价格变动而形成的节约。材料价格不变时,材料消耗定额降低,会使单位工程成本中材料费用的比例降低。因此,应测算材料消耗定额降低对单位成本的影响程度包括材料消耗定额降低率和材料费用占项目成本的比重。其计算公式如下

材料消耗定额降低影响成本降低率
$$= 材料消耗定额降低的百分比 \times 材料费用占成本的百分比 \qquad (7-66)$$

当材料消耗定额不变,材料价格降低时,也会使项目成本中的材料费用相应减少。材料价格降低对单位工程成本的影响程度也包括材料价格降低率和材料费用占项目成本的比重。其计算公式如下

材料价格降低影响成本降低率
$$= 材料价格降低百分比 \times 材料费用占成本的百分比 \qquad (7-67)$$

材料价格降低,材料消耗定额发生变动,使材料价格降低而形成的成本节约,应按下式计算

材料消耗定额降低影响成本降低率
$$= 材料价格降低百分比 \times (1 - 材料消耗定额降低百分比) \times 材料费用成本百分比 \qquad (7-68)$$

如果材料消耗定额和材料价格同时变动,考虑它们对成本的综合影响时,应按下式计算

材料消耗定额和材料价格变动影响成本降低率
$$= [1 - (1 - 材料消耗定额降低的百分比) \times$$
$$(1 - 材料价格降低的百分比)] \times 材料费用占成本的百分比 \qquad (7-69)$$

②测算各项主要因素的影响程度。

劳动生产率提高影响成本降低率
$$= \left[1 - \left(\frac{1 + 平均工资增长百分比}{1 + 劳动生产率提高百分比}\right)\right] \times 生产工人工资占成本百分比 \qquad (7-70)$$

劳动生产率的提高,既可以表现为单位时间内所完成的工程数量增加,也可以表现为单位工程平均耗用劳动量,即单位工程工时耗用定额的减少。由于工时定额减少超过平均工资增长而产生的节约可按下式计算:

劳动生产率提高影响成本降低率
$$= [1 - (1 - 工时定额降低百分比) \times (1 + 平均工资增长百分比)] \times$$
$$生产工人工资占成本百分比 \qquad (7-71)$$

③工程量增加超过现场管理费用增加而影响成本的降低率,按下式计算:现场管理费中大部分属于固定费用,如现场管理人员的工资、办公费、差旅费等;也有一部分属于半变动费用,

如低值易耗品,现场管理使用的交通工具的油料、燃料费,等等。由于固定费用一般不随工程量的增加而发生变动,当工程量增加时,单位工程所分摊的固定费用就会减少。半变动费用虽然随工程量的增加而增加,但是可以通过各项节约措施进行控制。由于工程量增加超过现场管理费用增加而影响成本的降低率,按下式计算

固定费用节约影响成本降低率

$$= \left[1 - \left(\frac{1}{1 + 工程量增加的百分比}\right)\right] \times 固定费用占成本百分比 \quad (7\text{-}72)$$

半变动费用节约影响成本降低率

$$= \left[1 - \left(\frac{1 + 半变动费用增加的百分比}{1 + 工程量增加的百分比}\right)\right] \times 半变动费用占成本百分比 \quad (7\text{-}73)$$

④由于废品损失减少而形成的节约。施工中发生的废品损失,意味着人力、物力和财力的浪费。废品的损失额要计入合格品的成本中,废品损失增加,合格品成本也就提高;反之则降低。计算公式如下

废品损失减少影响成本降低率

$$= 废品损失减少百分比 \times 废品损失占成本百分比 \quad (7\text{-}74)$$

(3)综合各因素影响数,确定成本降低指标。用总降低率乘以按上年平均单位工程成本计算的总成本,即可求得计划期项目成本总降低额。如果要确定各成本项目的降低额,可以用各影响因素的降低率,分别乘以按上年平均单位工程成本计算的总成本。

通过测算,若降低率还不能达到预期水平,或者经过调查研究认为仍有潜力可挖,则可对有关施工单位提出进一步的要求,组织补充措施,修订消耗定额,然后再次测算,直至达到或超过预期降低成本的要求。

2. 项目测算法

系数测算法是以上年平均单位工程成本为基础,根据计划年度各项主要技术经济指标的变动系数来进行测算的,人为因素较多,主观性比较大,工程成本的降低率与降低额容易脱离实际情况,且缺乏群众基础,降低成本的任务不容易落实。相对而言,项目测算法更为科学并切合实际。

项目测算法是以上年单位工程成本为基础,依据计划年度降低成本措施中各项目的预计节约额测算项目成本的降低额和降低率。

(1)测算计划年度节约额。项目测算法的首要环节是测算计划年度节约额,编制具体的节约成本措施方案。通常先由各施工单位根据管理部门下达的降低成本任务,制订切实可行的节约措施,上报管理部门。管理部门根据这些节约措施项目计划,编制汇总表,综合反映节约措施对各成本项目的影响程度。

各项节约措施节约额的确定,通常以上年实际(或预计)达到的成本水平为基础进行计算。在预计各项节约措施对工程成本的影响时,如果这些措施只引起成本中某些项目的变动,而另一些项目不变或变动不大,这时,就可以计算那些变动较大的成本项目。这样虽然准确程度差些,但简化了测算,而且对降低成本的影响比较直观和明显。

(2)测算成本降低额和降低率,计算公式如下:

$$计划年度成本降低额 = 计划年度节约额 \quad (7\text{-}75)$$

$$计划年度成本降低率 = \frac{计划年度成本降低率}{\sum(计划工程量 \times 上年平均单位工程成本)} \quad (7\text{-}76)$$

(3)对比分析,进一步挖潜。将测算求得的工程成本降低率和预期要求达到的降低率相比较,如果达不到预期水平,则应进一步挖掘降低成本的潜力,以保证成本指标的先进性与可行性。

项目测算法计算的计划节约额是采取上下结合的方式,从各方面挖掘内部潜力,逐级进行综合平衡,使成本计划建立在坚实的群众基础上,能较好地获得广大计划执行者的支持。另外,项目测算法使项目管理者可具体检查考核成本节约措施的执行情况,查明成本计划完成情况好坏的原因,分清责任,奖优罚劣,从而调动广大职工完成计划的主动性和积极性。

系数测算法和项目测算法可用于工程项目年度(季度)成本计划的编制。

【例7-8】 某工程项目预测的计划成本降低率为6.63%。经初步分析研究,确定计划年度影响工程成本变动的各项因素有:

(1)计划年度完成工作量增长2.7%;
(2)生产工人劳动生产率提高10%;
(3)生产工人平均工资增长8%;
(4)材料消耗降低6%;
(5)机械使用费降低8%;
(6)其他工程费降低5%;
(7)施工管理费降低11%。

另外,该工程项目预算成本项目的比重为

(1)人工费11%;
(2)材料费66%;
(3)机械使用费6%;
(4)其他工程费4%;
(5)施工管理费13%。

计划年度该工程预算成本为3 800万元,试分析是否满足降低成本目标。

解:(1)由于劳动生产率提高超过平均工资增长使成本降低的计算

$$成本降低率 = 0.11 \times \left(1 - \frac{1+0.08}{1+0.10}\right) = 0.2\%$$

$$成本降低额 = 3\,800 \times 0.002 = 7.6(万元)$$

(2)由于材料消耗降低使成本降低的计算

$$成本降低率 = 0.66 \times 0.06 = 3.96\%$$

$$成本降低额 = 3\,800 \times 0.039\,6 = 150.48(万元)$$

(3)由于机械使用费降低使成本降低的计算

$$成本降低率 = 0.06 \times 0.08 = 0.48\%$$

$$成本降低额 = 3\,800 \times 0.004\,8 = 18.24(万元)$$

(4)由于其他工程费降低而使成本降低的计算

$$成本降低率 = 0.04 \times 0.05 = 0.2\%$$

$$成本降低额 = 3\,800 \times 0.002 = 7.6(万元)$$

(5)由于生产增长,管理费节约使成本降低的计算

$$成本降低率 = 0.13 \times \left[1 - \frac{1+(-0.11)}{1+0.027}\right] = 1.73\%$$

$$成本降低额 = 3\,800 \times 0.017\,3 = 65.74(万元)$$

总的成本降低率为6.57%,已基本满足成本目标降低6.63%的要求,这时预计工程总成本降低额为249.66万元。根据上述预测可着手编制成本计划。

3. 目标成本法

目标成本是项目施工前确定的要在一定时期内经过努力所要实现的成本。在一般情况下,工程项目的目标成本应是参考本企业同类工程成本资料,根据项目的合同、施工组织设计、标后预算,以及企业对项目的要求,减去税金、目标利润和降低成本的目标值后确定的,即

$$项目的目标成本 = 项目的标后预算成本 - 目标成本降低额 \qquad (7-77)$$

在市场经济环境中,工程项目的价格是由招投标决定的。为了保证获得一定的利润,企业就必须在降低成本方面挖掘潜力。目标成本是在价格、利润既定的情况下倒挤出来的,它的特点是根据工程量清单价格"保证利润,挤出成本",与传统的"成本既定,算出利润"的方法比较,更符合市场经济发展的规律。

(三)施工现场费用的测算

1. 临时设施费

临时设施费,是指施工企业为进行建筑安装工程施工所必需的生活和生产用的临时建筑物、构筑物和其他临时设施的费用等。临时设施包括临时宿舍、文化福利及公用房屋与构筑物、仓库、办公室、加工厂、工地范围内的各种临时的工作便道、人行便道,工地用水、用电的水管支线和电线支线,以及其他小型临时设施。

临时设施费用包括临时设施的搭建、维修、拆除费或摊销费。在测算时,根据工程规模、工期等要求和经审查批准的施工组织设计提供的临时设施设计图,由合同部门按设计图计算临建设施费列入现场经费。临时设施费发生在施工准备阶段,在施工过程中不需要再制订计划。

2. 现场管理费

现场管理费,是指企业在现场为组织和管理工程施工所需的费用,包括现场管理人员的基本工资及附加、办公费、差旅交通费、固定资产使用费、工具用具使用费、水电费、通信费、招待费、工地转移费等。

(1)管理人员工资及奖金。根据企业项目管理有关规定,按工程项目的规模及项目管理要求,由人事部门确定项目经理部定员。由劳资部门按企业当前岗薪标准,确定月度人员的薪水规定,并按合同工期和项目竣工后的部分人员结算时间的工资,计算项目管理工资支出总额。该工资总额是指项目经理部完成项目管理责任合同应发放的薪水,不包括项目经理部超额完成项目管理责任合同施工成本降低率后,根据合同计取的奖金。为了调动项目人员控制工资总额的积极性,应采取总额包干的方法,即实行增人不增资,减人不减资,鼓励项目控制人员开支和派生出来的其他开支费用。

(2)办公费和物料消耗。是指项目为直接组织施工生产而采购的办公用具和办公用品,以及所发生的通信费和其他的费用。一般按工程规模的不同基数和人均标准执行。这类费用有些可以采取半固定成本的方法计算,也可以按人头和施工时间进行计算。

(3)交通费是指工地与公司之间的交通费及办理与工程有关的事宜所需的交通费;一般按工程的规模、地点及项目人数确定。项目配备行政用车的,按每天规定的行驶路程标准开支相关费用,其修理费应制订相应的办法控制其开支。

(4)探亲差旅费。按项目定岗定员以及企业的有关规定计算。

(5)固定资产及工具用具使用费。按企业有关固定资产、工具用具使用管理办法的规定计算。

(6)水电、通信费。按企业和项目有关规定计算。

(7)业务招待费。按工程规模和特点按月包干使用。先测定一个基数,再按项目规模和相应的标准,计算招待费。

(8)工地转移费。按实际发生额摊销。

二、公路工程成本计划的编制方法

(一)固定预算法

固定预算法,也称静态预算法,是指在目标成本控制下,根据项目计划期内可以实现的目标编制成本计划的方法,即根据项目的工期和施工组织计划,采用上述方法分别计算出成本指标和费用项目的预算数,进而汇总编制出全部成本计划的方法。

(二)弹性预算法

弹性预算法,也称变动预算法,是与固定预算法相对而言的一种方法。它是按照可以预见的不同施工生产水平分别确定相应成本水平的成本计划编制方法。采用这一方法,成本计划可随着施工变动水平的不同作相应的调整、改变,具有伸缩弹性,因而称为弹性预算法。弹性预算法的主要步骤如下:

(1)选择和确定施工生产水平的计量单位和数量界限。通常成本计算对象单一时可以选用工程量,成本计算对象种类多时,则可选用生产工时。

(2)确定不同情况下施工生产水平的范围,这个范围是指弹性预算所适用的业务量区间,通常以正常生产能力的70%~110%为宜。

(3)根据成本和业务量之间的依存关系,分别确定变动成本、固定成本和混合成本及其具体费用项目在不同施工生产水平范围内的控制数额。随业务量大小成正比例变动的费用为变动费用,如机物料消耗、修理费等;不随业务量而变化的费用为固定费用,如办公费、折旧费等;还有一些费用项目部分随业务量变化,部分不变化的称为混合费用。

(4)将上述计算出的项目加以汇总,编制成弹性成本计划。

(三)滚动预算法

滚动预算法,也称连续预算法,是为克服传统定期的固定成本计划的不足而产生的。其主要思路是:生产活动是连续不断的,而且也不是固定不变的,因此,在编制预算后,可以随着时间及执行情况对未来预算期的预算进行调整,逐期往后滚动,向前延伸。实际工作中,可以采用按季滚动的方法;第一季度按月编制详细的成本计划,后三季度则粗略编制,等第一季度过后,根据实际执行情况随时调整第二季度的成本计划,使之具体化;依次类推。这种方法还能与会计分期假设前提下的会计核算相配合。

(四)概率预算法

在编制成本计划过程中,涉及许多因素,如材料单价、消耗定额等,这些因素由于项目内部和外部经济条件的不断变化,常常表现出若干种变化趋势,而不是完全确定的。在因素不确定的情况下,编制成计划,就需要采用概率预算法。

概率预算法是概率论原理与预算的结合运用,其实质是一种修正的弹性预算,即将每一项可能发生的概率结合应用到弹性预算的编制中。其编制步骤如下:
(1)估计因素的可能值及其概率;
(2)分别计算各种可能组合因素的分项工程成本及联合概率;
(3)以联合概率为权重,分别计算各种可能的期望值;
(4)计算分项工程的综合期望值,综合期望值等于各种可能的期望值之和。

由于概率预算法考虑所有因素变动的各种可能组合,因此成本计划更为符合实际,但计算比较复杂,概率的测算也比较困难。

三、公路工程成本计划表

公路工程成本计划表通常由项目成本计划总表、降低成本技术组织措施计划表及现场管理费用计划表等组成。

(一)项目成本计划总表

工程成本计划是综合反映计划期内建筑安装工程的预算成本、计划成本、计划降低额和计划降低率的计划。它是以计划期内承包的全部施工工程或单位工程为对象,在工程预算成本的基础上,计算确定计划成本及计划成本节约额进行编制的。项目成本计划总表见表7-13。

项目成本计划总表(单位:万元)　　　　　表7-13

项目	预算成本	计划成本	计划降低额	计划降低率(%)
按成本项目分				
人工费	1 480	1 428	52	3.51
材料费	8 760	8 370	390	4.45
机械费	1 250	1 125	125	10
其他工程费	350	343	7	2
直接费小计	11 840	11 266	574	4.85
间接费	1 184	1 066	118	10
工程成本合计	13 024	12 332	692	5.31
按主要工程分				
路面工程	1 220	1 159	61	5
路基工程	784	744	40	5.1
桥梁、涵洞	2 050	1 927	123	6
……	…	…	…	…
……	…	…	…	…

(二)降低成本技术组织措施计划表

降低成本技术组织措施计划表是工程成本计划表的附表。它是财会部门会同技术、施工管理等有关部门按照降低成本的预期目标及提出的具体降低成本措施编制的,有具体的节约项目、计算方法、责任部门和执行人,便于执行和检查,见表7-14,包括以下两个部分:

(1)技术措施。技术措施是指在保证工程质量的前提下,改进工艺技术、节约工料机械费等的措施。一般包括行之有效的技术措施及推广应用的新结构、新材料、新机具、新工艺等开拓降低成本新领域的措施。

(2)管理措施。管理措施是指改善现场施工、劳动力组织管理以降低成本的措施,如缩短工期,节约固定成本;改善操作条件,减少操作损耗;改善平面布置,减少材料二次搬运,合理使用机械,减少停机损失;加强劳动力的组织调配,减少停窝工损失;等等。

降低成本技术组织措施计划表(单位:万元)　　　　　表7-14

措施项目	内容	工程量		计算方法	成本						责任单位或执行人
		单位	数量		合计	人工费	材料费	机械费	其他工程费	间接费	

(三)现场管理费用计划表

现场管理费用计划表(见表7-15),是指项目经理部为组织和管理项目施工而编制的费用计划表。它由管理费用会计科目中的细项组成,反映现场管理中预算收入、计划成本和计划降低额。

现场管理费用计划表　　　　　表7-15

工程名称:　　　　　　　　　单位:
项目经理:　　　　　　　　　日期:

项　　目	预算收入	计划成本	计划降低额
工作人员工资			
辅助工资			
工资附加费			
办公费			
差旅交通费			
固定资产使用费			
工具用具使用费			
劳动保护费			
检验实验费			
财产保险费			
取暖、水电费			
排污费			
其他			
合计			

第八章 公路工程成本控制

第一节 公路工程成本控制的组织与实施

一、公路工程成本控制的流程

公路工程成本控制流程是指项目经理部,在施工过程中,通过有效的管理活动,对所发生的各种要素消耗、成本信息,有组织、有系统地进行预测、计划、控制、核算和分析等一系列工作,使工程项目施工过程中的各种要素,按照一定的目标运行,最终将公路工程的实际成本控制在预定的目标范围内。根据公路工程成本控制的要求和特点,其控制内容和流程如下。

(一)制定成本标准

成本控制标准是衡量成本是否控制在事先规定的范围之内的一种尺度。生产消耗定额、限额以及预算、计划等都可以成为成本控制的标准。为了有效地控制成本,应以达到平均先进水平的各种生产消耗定额作为成本标准,如产量定额、工日定额、材料与机具耗用定额等,然后将其纳入成本计划,这样才能随成本的形成过程进行控制。

(二)成本监督

成本监督是通过成本核算和定期考核进行的,可以分别从以下两个方面进行监督:

(1)按部门或单位总体监督,也就是按各责任单位分别设立核算台账,定期对整个部门或单位的成本目标完成情况进行监督和考核,并予以奖惩。

(2)生产者个人监督。生产现场的操作者是现场成本控制者,他们在生产过程中直接使用各种资源,随时控制费用的发生。因此,每个人都要负起控制成本责任,自我监督。生产者要按规定清点完工数量、剩余数量、投入数量,填写消耗的材料、工时等记录,并与目标成本比较,发现问题,寻找原因,加以纠正。

(三)成本差异分析

将实际成本和标准成本(计划成本)进行比较,分析发生成本差异的因素及其原因,称为成本差异分析。成本差异分析有助于揭示差异中的有利因素和不利因素及其发生的原因,肯定节约成绩,确定成本超支的责任归属,及时研究成本超支的原因。可以围绕产品单位成本项目及影响因素进行以下分析：

（1）成本项目构成分析。成本项目构成分析是通过研究各成本项目在单位成本中的比例关系，以便抓住重大的项目或比例变化不当的项目进行分析。分析时要同原定的比例比较，研究其变化。

（2）材料项目分析。主要是分析某种具体主要原材料成本受材料消耗量和价格的影响。不同差异的责任单位是不同的。数量变化由生产单位负责，价格变化由供应部门负责。

（3）工资项目分析。这是对直接工资的分析，受单位工时消耗和小时平均工资两个因素的影响。

（4）间接费用项目分析。间接费用是现场组织施工生产和管理发生的费用，这需要从施工现场管理等方面的分部门进行分析。

通过差异分析，进一步找出差异原因，采取措施，加以调控，同时总结行之有效的降低成本经验，开拓降低成本的新渠道。

（四）差异控制，采取纠偏的措施

对于经过计算分析的各项成本费用的差异，可以按具体情况采取措施进行控制。通常来讲，要做到没有差异是不可能的，各项成本费用的发生都会产生或多或少的差异。如果仅以标准成本进行点控制往往难以奏效，而是应当采用区域控制的方法，即根据以往的历史资料和项目的具体情况，确定各类差异的正常控制范围。当实际成本在标准成本的一定范围内上下随机地波动，这类差异可视作正常的差异，一般不需要采取特别的控制措施；而当实际成本突破了这一控制范围，或虽在范围之内但却呈现单方向的非随机变动趋势，则表明需要查明原因，采取一定的控制措施予以纠正。

这种区域控制的实施，对变动成本来讲，应按单位产品成本进行监控，而对于固定成本来讲，则应按其发生总额进行监控，并分别对不同的成本项目、甚至明细账项目进行控制，这样才有利于及时地进行干预控制。

二、公路工程项目标准成本的测算

根据公路工程各项投入要素的定额消耗量和相关单价，以及考虑其他因素后确定的完成本项目预计的各项开支，称为项目标准成本。项目标准成本的测算，就是施工企业在目前的管理模式、采购模式和项目管理模式基础上确定的，完成项目所预计要发生的全部开支。它是以企业成本标准定额为基准，计算消耗量，同时按一定方法，分离出报价中企业项目标准成本所预计的支出和项目毛利、税金等确定的成本标准。在进行分离计算中，要特别注意报价中的子目、收费项目的内容和系数调整，同时也要注意计算和核实投标的漏项、漏价问题，以保证项目标准成本测算的准确。

（一）标准成本测算的依据

1. 企业标准成本定额

企业标准成本定额是对每个工程项目依据各子项的定额标准进行测算和汇总，从而测算出该项目的标准成本。一般分为以下三类：

（1）项目施工费用性定额。项目施工费用性定额直接应用于管理项目或者为完成业主合同所发生的费用,包括现场管理费、临时设施、质量成本、安全成本以及其他费用等。一般情况下,企业根据费用的不同,定额包含的内容和方法的不同以及施工工程、地区、类型的不同,可以按照单位造价和指标来确定一个合理的定额标准。

(2)施工措施定额。施工措施定额主要是指机械设备和周转材料等投入的定额,企业首先要将施工组织设计和施工方案标准化,否则定额编制不出来。一般而言,机械设备和周转材料项目比较多,不同的设备、材料考虑的因素不同。

(3)直接成本定额。直接成本定额主要是指人工和材料部分,主要是根据单位工程用量进行分析的。在实际过程中,制订的时候主要困难是工作量大,同时由于新材料、新技术不断出现,使企业的定额编制工作总是滞后,影响企业标准定额的权威和及时性。这里还要重点强调人工、材料单价问题,在标准成本的制订中一般以投标报价中的标准单价为宜。

2. 项目报价底稿和工程中标书

项目报价底稿和工程中标书项目报价底稿是进行标准成本测算的一个重要依据,主要是单价和工程量部分。因此,工程报价部门要及时将报价相关底稿交给标准成本测算部门,提供报价中的合同工程量、合同单价、措施费、企业成本管理收入、税金和其他收入等计算过程。

3. 与业主签订的合同和分包采购合同

与业主签订的总价合同和分包采购合同是测算项目成本单价和工程量的重要组成部分,除此之外,合同条款也是标准成本测算的一个依据。

4. 标准成本测算办法

标准成本测算办法主要包括标准成本定额内容、标准成本测算程序、方法、原则和工作分工等。一般每个企业都有自己的一套办法,主要用来指导标准成本制订。

5. 施工组织设计和施工方案

通过施工组织的设计和施工方案,可以测算出相应的人工、材料、机械等的投入,因此可以将其作为测定标准成本的一个重要依据。

6. 项目成本管理办法

项目成本管理办法是企业成本管理的法律文件,一般包括成本管理的分工、岗位责任制、组织体系、制度保证、业务流程和考核办法等。因此,测算标准成本时经常以其为参照。

(二)标准成本测算的方法

根据工程成本的构成,公路工程标准成本的测算一般包括人工费、材料费、机械费、其他工程费和现场管理费等几部分。

(1)人工费的测定,目前有日工报价法和包含在某部分的单价中两种方法。前者按定额工日乘以单价,后者利用投标工作底稿将每项施工的单位用工或单位用工单价结合清单工程量进行计算,经过汇总得出人工费的标准成本预计支出。

(2)材料费的确定,包括工程实体材料费,有助于工程实体形成的水电、焊接、周转工程费。材料费的分析主要是通过对每个项目子项进行分析,然后计算出每项单位耗材量和预算单价。

主要材料费的计算主要考虑标准消耗量和材料单价问题。对于标准消耗量,应以企业消耗定额为标准,同时根据本工程的实际施工方案来确定所需要的各种材料消耗和料具费支出,即

标准用量 = 实际工程量 × 单位材料消耗量   (8-1)

对于材料单价问题,一般分大宗材料(如钢材、水泥、木材和砖、石、砂、灰等)、周转材料(如模板、脚手架等)和其他小型材料来考虑。对于大宗材料和周转材料,一般采用企业集中采购的供应单价进行结算,实际单价与供应单价的差额问题,一般归为本项目的非责任成本开支。对于小型材料采购中的差价,由于量小品种多,一般作为不可预见费包干给项目控制。在实际计算中,按以下公式进行计算

大宗材料标准成本 = 材料单价 × 定额消耗量   (8-2)

其他及零星材料标准成本 = 市场目前单价 × 定额消耗量 + 不可预见费   (8-3)

周转料具标准成本 = 租用量 × 内部租用单价   (8-4)

材料总标准成本 = 大宗材料标准成本 + 其他及零星材料标准成本 + 周转料具标准成本

(8-5)

(3)机械费的测定。机械费包括定额机械费和大型机械费。定额机械费一般是指中小型机械费,如搅拌机、振动器、木工圆锯等。一般施工企业不容易测定而且数额不大,可根据实际工程量和租赁机械台班计算。

大型机械费主要包括大型机械使用费及其安装、拆除、运输、基础制作等费用。该项费用应根据施工组织设计或施工方案中要求配备的数量,结合工程结构特点和工期要求,综合分析后确定。大型机械设备使用费等于机械设备台班单价乘以使用台班数。

另外,在进行标准成本测定时,经常也要有一部分不可预见费,这部分费用主要根据标准成本要求测算的精度而定。精度越高,不可预见费越低。

(4)其他工程费的测定。对于这部分费用的测定一般是以实际发生为原则,如果测算有困难,也可按预算费用定额中的费率标准计算。

(5)现场管理费的测定。一般包括现场管理人员工资及奖金、业务招待费、办公费、交通费等。可以列出费用清单,根据项目实际情况和企业的有关规定分项测算。

(6)专业分包成本测定。一般包括两部分:一是业主在招标中指定并落实分包价格的部分,一般不能调整;二是企业分包的部分,按与分包商谈判的结果决定专业分包成本。

三、公路工程成本差异分析

(一)成本差异及构成

成本比较的结果总会显示计划值与实际值之间存在差异,在成本控制中把这种差异称为成本偏差,在特定的情况下可简称为"偏差"。为了对成本偏差进行全面、客观的分析,涉及一些关于偏差的概念,需要加以明确。

1. 成本参数和偏差变量

由于偏差是成本比较的结果,因而某一偏差的出现必然同时与两个成本变量有关。在成本分析中,一般涉及以下三个与成本有关的参数:

(1)拟完工程计划成本;

(2)已完工程计划成本;

(3)已完工程实际成本。

相应地,就有三种成本偏差变量,即

成本偏差 1 = 已完工程实际成本 – 拟完工程计划成本

成本偏差 2 = 已完工程实际成本 – 已完工程计划成本

成本偏差 3 = 已完工程计划成本 – 拟完工程计划成本

所谓拟完工程计划成本,是指根据计划安排在某一确定时间内所应完成工程数量的计划成本,即拟完工程量与计划单价的乘积。故"成本偏差 1"包含了实际完成工程数量与计划完成工程数量以及实际单价与计划单价两方面的偏差。已完工程计划成本,是指按照计划单价计算的实际完成工程数量的成本。因而"成本偏差 2"只包含实际单价与计划单价的偏差,"成本偏差 3"则只包含实际完成工程数量与计划完成工程数量的偏差,反映的是进度的偏差。由于实际的工程进度不可能完全按计划进度实现,因而从成本比较的要求来看,前两类成本偏差是分析的重点。

2. 局部偏差和累计偏差

所谓局部偏差,有两层含义:一是相对于总项目的工程成本偏差而言,指单位工程或分部分项工程的偏差;二是相对于项目已经实施的时间而言,指每一控制周期所发生的工程成本偏差。

与局部偏差相对应的偏差称为累计偏差,即在项目已经实施的时间内累计发生的偏差。累计偏差是一个动态的概念,其数值总是与具体的时间联系在一起。第一个累计偏差在数值上等于局部偏差,最终的累计偏差就是整个项目成本的偏差。在大多数情况下,局部偏差和累计偏差的符号相同,但也有可能相反。

在进行成本偏差分析时,对局部偏差和累计偏差都要进行分析。在每一控制周期内,局部偏差发生所在的工程内容及其原因一般都比较明确,分析结果也就比较可靠。而累计偏差所涉及的工程内容较多、范围较大,原因也较复杂,因而累计偏差分析必须以局部偏差分析为基础,否则,累计偏差分析的结果就会流于空泛而缺乏可靠性。从这个意义上讲,局部偏差分析比累计偏差分析更为重要。从另一方面来看,累计偏差分析并不是局部偏差分析的简单汇总,而需要对局部偏差分析的结果进行综合分析,其结果更能显示出代表性、规律性,对成本控制工作在较大范围内更具有指导作用。

另外,在某种特殊情况下,有些成本可能只在累计偏差中反映而不在局部偏差中出现。例如索赔成本,一般不是每个控制周期都发生的。索赔成本一旦发生,即使能明确、合理地归入具体的分部分项工程,也往往很难合理地分解到已经过去的各个控制周期中,或者并没有必要一定要分解到各个控制周期。

3. 绝对偏差和相对偏差

所谓绝对偏差,是指成本计划值与实际值比较所得到的差额,如"成本偏差 1""成本偏差 2"和"成本偏差 3"都是绝对偏差。而所谓相对偏差,则是指成本偏差的相对数或比例数,通常用绝对偏差与成本计划值的比值来表示,即

$$相对偏差 = \frac{绝对偏差}{成本计划值} = \frac{成本实际值 - 成本计划值}{成本计划值} \tag{8-6}$$

在进行成本偏差分析时,对绝对偏差和相对偏差都要进行计算。绝对偏差的结果比较直

观,其作用主要在于了解项目成本偏差的绝对数额,指导资金使用计划的制订或调整。由于项目规模、性质、内容不同,其成本总额会有很大差异,同一数额的绝对偏差在不同的项目上就表现出不同的重要性。同样,在同一项目的不同层次和内容或不同控制周期,也都有类似的问题。因此,绝对偏差就显得有一定的局限性,而相对偏差就能较客观地反映工程成本偏差的严重程度和合理程度。从对成本控制工作的要求来看,相对偏差比绝对偏差更有意义,应当予以更高地重视。

绝对偏差和相对偏差是对工程成本偏差的两种具体表达方法,任何工程成本偏差都会同时表现出绝对偏差和相对偏差。在对局部偏差和累计偏差进行分析时,绝对偏差和相对偏差的数值不会影响分析的结果,但其数值的大小可以对分析工作起一定的指导作用,即对偏差数值大者进行较深入细致的分析;反之则分析可以相对简单一些。

4.偏差程度

所谓偏差程度,是指成本实际值对计划值的偏离程度,通常以成本实际值与计划值的比值来表示,即

$$成本偏差程度 = \frac{成本实际值}{成本计划值} \tag{8-7}$$

偏差程度与相对偏差既有联系又有区别,其联系表现在两者都是反映偏差相对性的尺度,都与计划值和实际值有关。两者的区别表现在。一是相对偏差是与绝对偏差相对应的,没有绝对偏差,也就无所谓相对偏差。而偏差程度则是一个独立的概念,与绝对偏差无关。二是相对偏差的数值可正可负,而偏差程度的数值总是正值。大于1为正偏差,表示工程成本增加;小于1为负偏差,表示工程成本节约。

与局部偏差和累计偏差相对应,可分为成本局部偏差程度和成本累计偏差程度。显然,累计偏差程度在数值上不等于局部偏差程度之和,两者要分别计算

$$局部偏差程度 = \frac{当月实月实际成}{当月计月计划成} \tag{8-8}$$

$$累计偏差程度 = \frac{累计实际成本值}{累计计划成本值} \tag{8-9}$$

上述局部偏差和累计偏差、绝对偏差和相对偏差、偏差程度等概念都是偏差分析的基本内容,可以应用于项目的各个层次。偏差分析所达到的项目层次越深,分析结果就越可靠,对成本控制工作就越有指导意义。在成本控制的实践中,应当要求项目各层次成本控制人员所作的偏差分析至少达到该项目层次的下一层次。

(二)成本差异分析方法

成本差异分析可以采用不同的方法,常用的有横道图法、表格法和成本差异法。在成本控制的实际工作中,可以根据具体情况选择其中1~2种方法。必要时,也可以把这三种方法综合起来应用。

1.横道图法

这种方法的基本特点是用不同的横道标识不同的工程费用参数,而各工程费用参数横道的长度与其数额成正比,但整个项目的横道与分部分项工程横道的单位长度所表示的工程费用数额不同。工程费用偏差和进度偏差数额可以用数字或横道表示,如图8-1所示。

第八章 公路工程成本控制

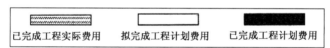

图 8-1 项目偏差分析横道图

横道图的优点是较为形象和直观,便于了解项目工程费用的概貌。但是,由于这种方法所反映的信息量较少,主要反映累计偏差和绝对偏差,一般不反映相对偏差和偏差程度,因而其应用有一定的局限性。一般用于项目的较高层次,而且大多是为项目管理负责人服务。

2. 表格法

表格法(表 8-1)是进行偏差分析最常采用的一种方法,它具有许多突出的优点:

(1)灵活、适用性强,可以根据项目的具体情况、数据来源、成本控制工作的要求等条件设计表格。但是在同一个项目中,不同项目内容和层次的表格应当保持一致。

(2)信息量大,可以反映各种偏差变量和指标。只要需要,工程费用偏差和进度偏差、局部偏差和累计偏差、绝对偏差和相对偏差、偏差程度和偏差原因等都可以在表格中得到反映。这对全面、深入地了解项目工程费用的实际情况和动态是非常有益的,有利于成本控制人员及时采取针对性措施,加强对项目工程费用的控制。

(3)便于用计算机辅助成本控制,减少成本控制人员在处理费用数据方面所消耗的时间和精力。项目费用偏差分析表,见表 8-1。

项目费用偏差分析表 表 8-1

项目名称	(1)	土方开挖	土方外运	桩制作	打桩	基础	地下工程
单位	(2)	m³	t·km	根	根	m³	
计划单价	(3)						

续上表

项目名称		(1)	土方开挖	土方外运	桩制作	打桩	基础	地下工程
拟完工程量		(4)						
拟完计划费用		(5) = (3) × (4)	0	35	55	45	110	245
已完工程量		(6)						
已完计划费用		(7) = (3) × (6)	0	35	50	50	100	235
实际单价		(8)						
其他款项		(9)	0	5				
已完实际费用		(10)	0	40	60	50	110	260
局部偏差	绝对偏差	(11) = (10) − (7)		5	10	0	10	25
	相对偏差	(12) = (11) ÷ (7)		14.3%	20%	0	10%	10.6%
	偏差程度	(13)		1.143	1.2	1	1.1	1.106
	原因	(14)						
累计偏差	绝对偏差	(15) = Σ(11)	0	5	10	5	10	30
	相对偏差	(16) = Σ$\frac{(11)}{(7)}$	0	6.7%	11.1%	7.7%	10%	7.7%
	偏差程度	(17) = Σ$\frac{(10)}{(7)}$	1	1.067	1.111	1.077	1.1	1.077

3. 成本差异法

成本差异分析是成本日常控制的重要工作。通过差异分析，可以揭示成本差异中的有利差异(顺差，或称"节约")和不利差异(逆差，或称"超支")，为进一步对差异产生的原因进行分析研究和改进工作提供依据。成本差异分析是在成本标准的基础上进行的，控制成本的标准一般有两个：一是数量标准；二是价格标准。因而在实际成本与标准成本对比分析中就产生了数量差异和价格差异两个因素。数量差异方面有材料耗用量差异、人工效率差异、机械使用效率差异、费用效率差异等；价格差异方面有材料价格差异、工资率差异、机械使用费率差异以及费用分配率差异等。成本差异分析的通用模式如下

（1）标准价格 × 标准数量
（2）标准价格 × 实际数量
（3）实际数量 × 实际价格

（1）−（2）= 数量差异 $\begin{cases} 材料耗用量差异 \\ 人工效率差异 \\ 变动费用效率差异 \end{cases}$

（1）−（3）= 实际成本与标准成本的差异

（2）−（3）= 价格差异 $\begin{cases} 材料价格差异 \\ 工资率差异 \\ 变动费用分配率差异 \end{cases}$

以上各成本项目发生差异的名称虽有不同，但可归结为数量差异和价格差异两类不同质

的差异,而且其计算方法是基本相同的。

【例 8-1】 某工程项目混凝土班组的材料耗用和单价如下:
(1)水泥:标准用量 18t,实际用量 20t,标准单价 350 元,实际单价 380 元。
(2)砂子:标准用量 50m³,实际用量 45m³,标准单价 44 元,实际单价 36 元。
试进行总成本差异分析。

解:(1)数量差异分析

分析结果,见表 8-2。

材料用量差异分析(单位:万元) 表 8-2

名称	单位	标准单价 (1)	标准用量 (2)	实际用量 (3)	标准用量成本 (4)=(1)×(2)	实际用量成本 (5)=(1)×(3)	用量成本差异 (6)=(4)-(5)	备用 (7)
水泥	t	350	18	20	6 300	70 00	-700	不利差异
砂子	m³	44	50	45	2 200	1 980	220	有利差异

通过用量差异分析,如系有利差异,应及时分析原因,总结经验;如系不利差异,应由责任部门分析检查用料超耗原因,采取纠偏措施。但用量过多,有时也可能是由于材料质量低劣的原因造成。如水泥因质量达不到要求,经技术部门鉴定可降低标号;使用造成的超额损耗,应由供应部门负责。

(2)价格差异分析。

分析结果,见表 8-3。

材料价格差异分析(单位:万元) 表 8-3

名称	单位	标准单价 (1)	标准用量 (2)	实际用量 (3)	标准用量成本 (4)=(1)×(3)	实际用量成本 (5)=(2)×(3)	用量成本差异 (6)=(4)-(5)	备用 (7)
水泥	t	350	18	20	7 000	7 600	-600	不利差异
砂子	m³	44	50	45	1 980	1 620	360	有利差异

材料价格差异也是日常控制成本的主要因素之一,但不是生产班组的可控成本,而是作为评价与考核采购部门业务成绩的依据,一般应由材料采购部门负责。但是,影响材料价格变动的因素很多,材料价差分析的难度较大。如采购批量、交货方式、运输条件、材料质量、结算方式、价格变动、购货折扣等。价差的分析也不是等到使用时或事后才进行分析,而是在事前掌握市场价格动态及影响材料价格变动的各种变数,加强计划采购和采取必要的改进措施,如此出现不利差异的可能性就会减少。

(3)总成本差异分析。

通过对材料的用量差异及价格差异分析,总成本差异,见表 8-4。

总成本差异(单位:万元) 表 8-4

名称	单位	标准成本			实际成本			成本 差异	其中	
		标准单价	标准用量	金额	实际单价	实际用量	金额		价格差异	数量差异
水泥	t	350	18	6 300	380	20	7 600	-1 300	-600	-700
砂子	m³	44	50	2 200	36	45	1 620	580	360	220

第二节　公路工程成本控制方法

公路工程成本控制的方法很多,一般在工程实践中只要在满足质量、工期、安全的前提下,能够实现成本控制目的的方法都认为是可行的。但是,各种控制方法的采用要根据控制的具体内容而定。因此,要根据不同的情况,选择与之相适应的控制手段和控制方法。下面介绍四种成本控制的方法。

一、以目标成本控制成本支出

在公路工程的成本控制中,可根据项目经理部制订的目标成本控制成本支出,这是最有效的方法之一。该控制方法主要是从以下几个具体方面控制成本的。

(1) 人工费的控制。在项目经理部与施工队等签订劳务合同后,应根据工程特点和施工范围确定施工队伍。人工费单价采用标后预算规定的人工费单价,辅助工人还可再低一些。同时在施工过程中,必须严格地按合同核定劳务分包费用控制支出,并在每月底结算一次,发现超支现象应及时分析原因,清退不合格队伍。施工过程中,要注意加强预控管理,防止合同外用工现象的发生。

(2) 材料费的控制。由于材料成本是整个项目成本的主要环节,因此,项目经理应对材料成本给予足够的重视。对材料成本控制,要以预算价格来控制地方材料的采购成本,至于材料消耗的数量控制,在工程项目施工过程中,每月应根据施工进度计划,编制材料需用量计划。如超出限额领料,要分析原因,及时采取纠正措施。同时通过实行"限额领料"制度来控制、落实材料领用数量,并控制工序施工质量,争取一次合格,避免因返工而增加材料损耗。施工中,由于材料市场价格变动频繁,往往会发生预算价格与市场价格严重背离而使采购成本失控的情况。因此,除了项目材料管理人员有必要经常关注材料市场价格的变动,利用现代化信息手段,广泛收集材料价格信息,并积累系统翔实的市场信息、优化采购之外,还应采用材料部门承包的方式控制材料总销量及总采购价,同时对材料价格的上升和下降有一定的预计和准备,以平衡成本支出,降低工程项目成本。

(3) 周转工具使用费的控制。在项目施工责任成本中,周转工具使用费是根据施工组织总设计中的有关施工方案计算的。目标成本中该项费用是经过对施工组织总设计中的有关施工方案进一步细化确定的。对周转工具使用费应从以下几个方面进行控制:

①在计划阶段:通过合理地安排施工进度,采用网络计划技术进行优化,采用先进的施工方案和先进的周转工具。控制周转工具使用费计划数低于目标成本的要求。

②在施工阶段:控制租赁数量和进退场时间,减少租赁数量和时间,选择质优价廉的租赁单位,降低租赁费用。

③在使用阶段:通过建立规章制度,建立约束和激励机制控制周转工具的损坏、修理和丢失。

(4) 施工机械使用费的控制。施工机械使用费的控制与周转工具使用费的控制相似。在确定目标成本时应尽量充分利用现有机械设备、内部合理调度,力求提高主要机械的利用率。在设备选型配套中,注意一机多用,减少设备维修养护人员的数量和设备零星配件的费用。对于单独列出租赁的机械,在控制时也应按使用数量、使用时间、使用单价逐项进行控制。小型机械及电动工具购置及修理费,采取由劳务队包干使用的方法进行控制。

(5)现场管理费的控制。现场管理费包括项目经理部管理人员工资、奖金、交通费、业务费等。现场管理费内容多,人为因素多,不易控制,超支现象较为严重。现场管理费的控制宜实行全面预算管理,采用差旅费包干到部室、业务招待费按比例计提控制的方式控制。对一些不易包干的费用项目,可通过建立严格的审批手续来控制。

二、以施工方案控制资源消耗

公路工程中资源消耗是成本费用的重要组成因素。因此,减少资源消耗,就等于节约成本费用;控制了资源消耗,也等于是控制了成本费用。采用施工方案控制资源消耗的方法和步骤是:

(1)在工程项目开工以前,根据施工图纸和工程现场的实际情况,同时制订施工方案,包括人力物资需用计划,机具配置方案等,以此作为指导和管理施工的依据。在施工过程中,如工程变更或须改变施工方法,则应及时调整施工方案,对标后预算作统一调整和补充。

(2)组织实施。施工方案是进行工程施工的指导性文件,对生产班组的任务安排,必须签发施工任务单和限额领料单,并向生产班组进行技术交底。施工任务单和限额领料单的内容,应与标后预算相符,不允许擅自篡改。在施工任务单如限额领料单的执行过程中,要求生产班组根据实际完成的工程量和实际消耗人工、实际消耗材料做好原始记录,作为施工任务单和限额领料单的结算依据。在任务完成后,根据回收的施工任务单和限额领料单进行结算。并按照结算内容支付报酬(包括奖金)。

针对某一个项目而言,施工方案一经确定,则应是强制性的。有步骤、有条理地按施工方案组织施工,可以避免盲目性,可以合理配置人力和机械,有计划地组织物资进场,从而可以做到均衡施工,避免资源闲置或积压造成浪费。

(3)采用价值工程,优化施工方案。对同一工程项目的施工,可以有不同的方案,选择最合理的方案是降低工程成本的有效途径。采用价值工程,可以解决施工方案优化的难题。价值工程又称价值分析,是一门技术与经济相合的现代化管理科学,应用价值工程,即要研究技术,又要研究经济,即研究在提高功能的同时不增加成本,或在降低成本的同时不影响功能,把提高功能和降低成本统一在最佳方案中。表现在施工方面,主要是寻找实现设计要求的最佳施工方案,如分析施工方法、流水作业、机械设备等有无不切实际的过高要求。最优化的方案,也是对资源利用最合理的方案。采用这样的方案,必然会降低损耗、降低成本。

三、用挣值法进行工期成本的同步控制

长期以来,国内的施工企业编制施工进度计划是为安排施工进度和组织流水作业服务的,很少与成本控制结合。实质上,成本控制与施工计划管理,成本与进度之间必然有着同步关系。因为成本是伴随着施工的进行而发生的,施工到什么阶段应该有什么样的费用,应用成本与进度同步跟踪的方法控制部分项目工程成本。如果成本与进度不对应,则必然会出现虚盈或虚亏的不正常现象,那么就要对此进行分析,找出原因,并加以纠正。

挣值法是一种分析目标实施与目标期望之间差异的方法。挣值法是通过测量和计算已完工作量的计划成本与已完工作量的实际成本和计划工作量的计划成本,得到有关计划实施进度和成本偏差情况,从而达到分析工程项目计划成本和进度计划执行情况的目的。

挣值法是因为这种分析方法应用了一个关键数值"挣得值"而命名的。所谓"挣得值"就是已完成工作量的计划成本,是项目实施某阶段实际完成工程量按计划价格计算出来的费用。

(一)挣值法的三个基本参数

(1)计划工作的计划成本(BCWS)。BCWS是指项目实施过程中某阶段计划要求完成的工作量所需的计划工时(或成本)。其计算公式为

$$BCWS = 计划工作量 \times 定额 \tag{8-10}$$

BCWS 主要反映的是进度计划应当完成的工作量,而不是应消耗的工时或费用。

(2)已完成工作量的实际成本(ACWP)。ACWP是指项目实施过程中某阶段实际完成的工作量所消耗的工时(或成本)。ACWP 主要反映项目执行的实际消耗指标。

(3)已完工作量的计划成本(BCWP)。BCWP是指项目实施过程中某阶段实际完成工作量及按定额计算出来的工时(或成本),即挣得值(Earned Value)。BCWP 的计算公式为

$$BCWP = 已完成工作量 \times 定额 \tag{8-11}$$

(二)挣值法的四个评价指标

(1)成本偏差CV(Cost Variance)。CV是指检查BCWP与ACWP之间的差异。其计算公式为

$$CV = 已完工作量的计划成本 - 已完工作量的实际成本 \tag{8-12}$$

当 CV 为负值时,表示执行效果不佳,即实际消耗人工(或成本)超过计划值,即超支,如图 8-2a)所示。

当 CV 为正值时,表示实际消耗人工(或成本)低于计划值,即有节余或效率高,如图 8-2b)所示。

当 CV 等于零时,表示实际消耗人工(或成本)等于计划值。

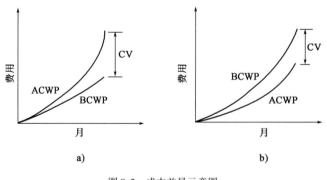

图 8-2 成本差异示意图
a)超支;b)节余

(2)进度偏差 SV(Schedule Variance)。SV 是指检查日期 BCWP 与 BCWS 之间的差异。其计算公式为

$$SV = 已完工作量的计划成本 - 计划工作量的计划成本 \tag{8-13}$$

当 SV 为正值时,表示进度提前,如图 8-3a)所示。

当 SV 为负值时,表示进度延误,如图 8-3b)所示。

当 SV 为零时,表示实际进度与计划进度一致。

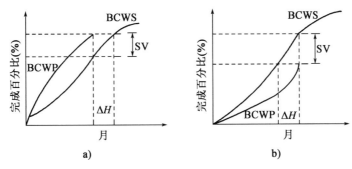

图 8-3 进度偏差示意图
a) 提前;b) 延误

(3)费用执行指标 CPI(Cost Performed Index)。CPI 是指计划成本与实际成本值之比(或工时值之比)。其计算公式为

$$CPI = 已完工作量的计划成本 / 已完工作量的实际成本 \tag{8-14}$$

当 CPI > 1 时,表示低于计划,即实际成本低于计划成本。

当 CPI < 1 时,表示超出计划,即实际成本高于计划成本。

当 CPI = 1 时,表示实际成本与计划成本吻合。

(4)进度执行指标 SPI(Schedul Performed Index)。SPI 是指项目挣得值与计划成本之比,即

$$SPI = 已完工作量的计划成本 / 计划工作量的计划成本 \tag{8-15}$$

当 SPI > 1 时,表示进度提前,即实际进度比计划进度快。

当 SPI < 1 时,表示进度延误,即实际进度比计划进度慢。

当 SPI = 1 时,表示实际进度等于计划进度。

(三)挣值法评价曲线

挣值法评价曲线,如图 8-4 所示。图的横坐标表示时间,纵坐标则表示费用(以实物工程量、工时或金额表示)。图中 BCWS 按 S 形曲线路径不断增加,直至项目结束达到它的最大值。可见 BCWS 是一种 S 形曲线。ACWP 同样是进度的时间参数,随项目推进而不断增加的,也是 S 形曲线。利用挣值法评价曲线可进行费用进度评价。当 CV < 0,SV < 0 时,表示项目执行效果不佳,即费用超支,进度延误,应采取相应的补救措施。

在实际执行过程中,最理想的状态是 ACWP,BCWS,BCWP 三条曲线靠得很近,平稳上升,表示项目按预定计划目标前进。如果三条曲线离散度不断增加,则预示可能发生关系项目成败的重大问题。如果经过对比分析,发现某一方面已经出现成本超支,或预计最终将会出现成本超支,则应将它提出,作进一步的原因分析。原因分析是成本责任分析和提出成本控制措施的基础。

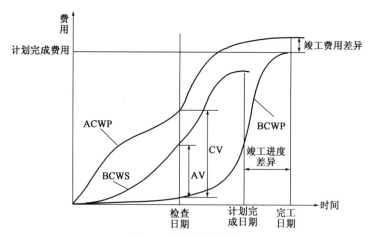

图 8-4 挣值法评价曲线

四、运用目标管理控制工程成本

运用目标管理控制工程成本,是通过标后预算确定目标成本,在确定每个单位工程的最低利润额后将项目进行公开招标,用合同方式代替行政命令。

在纵向上实行四级承包,项目经理部按核定利润(中标利润)与公司施工部门签订包工期、质量、安全、效益的项目承包合同;项目经理对各工长签订以考核工期、质量、安全、成本为主要指标的分项工程承包合同;各工长将承包指标,以施工任务书形式落实到施工队(班)组;各施工队(班)组以定额工日为依据,对施工小组(人员)逐日下达施工任务。

在横向上,项目经理以公司法人委托代理人的身份与公司内、外部生产、订构件预件、配件加工、材料采购、外包工程等经济合同,用经济和法律手段规范项目经理部与相关单位的责任,紧紧围绕实现项目成本目标开展管理工作。

为了确保成本目标的实现,需要加强基础管理,应从组织、技术、经济、合同等多方面采取措施。要有明确的组织结构,有专人负责和明确管理职能分工;技术上要对多种施工方案进行选择;经济上要对成本进行动态管理,严格审核各项费用支出,采取对节约成本的奖励措施等。合同措施主要是收集、整理设计变更、工程签证、费用索赔、决算书发文等。具体做法有:

(1)施工前认真组织图纸会审和设计交底,组织学习操作规程和技术标准,编制质量保证措施、安全保证措施等。

(2)根据设计、施工图等有关技术资料,对拟定的施工方法、顺序、作业形式、机械设备选型、技术组织措施等进行认真的研究分析,制订出具体明确的施工方案。

(3)台账管理。材料台账应对预算数与实耗数差异进行分析,为成本分析提供尽可能详尽的资料;对内促进管理,对外如有正式设计变更或口头变更应及时签证补充预算,按时收取进度款和价差。劳动定额台账侧重于定额的全面执行和结算的准确性、外来单位和用工的合理性。单位工程进行月度的一般分析,季度的全面详细分析。

(4)设立工程建设项目的合同管理机构或者配备合同管理专职人员。建立合同台账统计、检查和报告制度。为企业法人和项目经理部作出管理决策、费用索赔、决算书发文等提供依据。

在选用控制方法时,应该充分考虑与各项施工管理工作相结合。例如在机会管理、施工任务单管理、限额领料单管理、合同预算管理等工作中,跟踪原有的业务管理程序,利用业务管理所取得的资料进行成本控制,不仅省时省力,还能帮助各业务管理部门落实责任成本,从而得到它们有力的配合和支持。

因此,综合各种有效的成本控制方法是实现公路工程成本控制的要求,是降低额外消耗,实现目标成本,实现项目赢利的关键。

第三节 降低公路工程成本的途径和措施

降低公路工程成本是施工企业关心的重要问题之一,也是施工企业增加收益、提高市场占有率的主要途径。降低公路工程成本的途径,应该是既开源又节流,或者说既增收又节支。只开源不节流,或者只节流不开源,都不可能达到降低成本的目的,至少是不会有理想的降低成本的效果。控制项目成本的措施从强化现场施工管理归纳起来有事前计划准备、事中实施控制与事后分析总结三大方面。

一、事前计划准备

在项目开工前,项目经理部应做好前期准备工作,认真会审图纸,研究合同细节,选订先进的施工方案,选好合理的材料商和供应商,制订每期的项目成本计划,做到心中有数。

(一)认真会审图纸,积极提出修改意见

在项目施工过程中,施工单位必须按图施工。但是,图纸是由设计单位按照业主要求和项目所在地的自然地理条件设计的,其中起决定作用的是设计人员的主观意图,很少考虑为施工单位提供方便,有时还可能给施工单位出些难题。因此,施工单位在接到图纸后,首要的、基本的工作就是认真查图纸。根据图纸要求,在满足业主要求和保证工程质量的前提下,结合企业自身条件,以及项目所处的自然、经济、技术环境,综合分析评价项目实施的难度,并提出积极的修改意见,在取得业主和设计单位的同意后,修改设计图纸,同时办理增减账。在会审图纸的时候,对于结构复杂、施工难度高的项目,更要加倍认真,并且要从方便施工,有利于加快工程进度和保证工程质量,又能降低资源消耗、增加工程收入等方面综合考虑,对设计中的不合理之处,提出有科学根据的合理化建议,争取业主和设计单位的认同。

(二)加强合同管理,控制工程成本和增创工程预算收入

合同管理是公路工程管理的重要内容,也是降低工程成本,提高经济效益的有效途径。项目施工合同管理的时间范围应从合同谈判开始,至保修日结束止。施工过程中的合同管理应特别注意以下方面:

(1)根据工程变更资料,及时办理增减账。由于设计、施工和业主要求等种种原因,工程变更是项目施工过程中经常发生的事情,是不以人们的意志为转移的。随着工程的变更,必然会带来工程内容的增减和施工工序的改变,从而也必然会影响成本费用的支出。因此,施工单位应就工程变更对既定施工方法、机械设备使用、材料供应、劳动力调配和工期目标等的影响程度,以及为实施变更内容所需要的各种资源进行合理估价。及时办理增减账手续,并通过工

程款结算取得补偿。

（2）认真研究合同条款，强化索赔观念，加强索赔管理。在竞争日趋激烈的市场中，施工企业面临着施工风险，特别是承包国际工程时，更离不开索赔。索赔可以弥补承包商不应承受的风险损失，使承包工程的合同风险分担程度趋于合理。因此，寻找一切有力证据进行合理索赔，变不利为有利，争取最佳收益，这就需要加强索赔意识、合同意识、时间和成本观念，培养索赔的管理能力，提高合理管理水平。

（3）用好调价文件，正确计算价差，及时办理结算。随着市场经济的不断完善，各种价格要素由市场调节，在工程建设活动中，价格变化对成本的影响，在工程结算时必须及时、客观、全面地予以考虑。目前国内工程主要采用调价系数和实际价格差价方法，相对简单一些；国际工程大都采用调值公式法进行调价。实践证明，承包商通过价格调整是获取额外收入的重要途径之一。

(三) 制订先进可行的施工方案，拟定技术组织措施

1. 施工方案的选择

公路工程施工，是形成最终建筑产品全过程的主要环节。每一个施工企业必须对施工过程进行科学地计划、组织、控制，充分利用人力和物力，以保证全面、均衡、优质、低消耗地完成施工任务。施工方案不同，工期就会不同，所需机具不同，因而发生的费用也会不同。因此，正确选择施工方案是降低成本的关键所在。

制订施工方案要以合同工期和施工图设计为依据，联系项目的规模、性质、复杂程度、现场条件、装备情况、人员素质等因素综合考虑。可以同时制订几个施工方案，倾听现场施工人员的意见，以便从中优选最合理、最经济的一个。同时，公路工程的施工方案，应该同时具有先进性和可行性。如果只先进不可行，不能在施工中发挥有效的指导作用，那就不是最佳施工方案。

2. 拟定技术组织措施

为了全面完成施工任务，在施工之前首先要做好施工准备阶段的管理工作，诸如编制施工组织设计、编制工程预算、落实施工任务和组织材料采购工作等。从降低工程成本角度来说，不仅在施工过程中要大力节约施工费用，而且在施工准备阶段也要十分注意经济效益。具体地说，项目应在开工之前根据工程情况制订技术组织措施计划，并作为降低成本计划的内容之一列入施工组织设计。在编制月度施工作业计划的同时，也可按照作业计划的内容编制月度技术组织措施计划。

为了保证技术组织措施计划的落实，并取得预期的效果，应在项目经理的领导下明确分工：由工程技术人员制订措施，材料人员供材料，现场管理人员和生产班组负责执行，财务成本员结算节约效果，最后由项目经理根据措施执行情况和节约效果对有关人员进行奖励，形成落实技术组织措施的一条龙。必须强调，在结算技术组织措施执行效果时，除要按定额等进行理论计算外，还要做好节约实物的验收，防止"理论上节约，实际上超用"的情况发生。

(四) 做好项目成本计划

成本计划是项目实施之前所作的成本管理准备活动，是项目管理系统运行的基础和先决条件，是根据内部承包合同确定的目标成本。公司应根据施工组织设计和生产要素的配置等情况,按施工进度计划,确定每个项目月、季度成本计划和项目总成本计划,计算出保本点和目标利润,作为控制施工过程生产成本的依据,使项目经理部人员及施工人员无论工程进行到何种进度,都能事前清楚知道自己的目标成本,以便采取相应手段控制成本。

二、事中实施控制

在项目施工过程中,要按照所选的技术方案,组织均衡施工,加快施工进度,同时加强质量管理,控制质量成本,减少返工损失。在施工过程中要时刻按照成本计划进行检查和控制,包括对生产资料费的控制;在管理上坚持现场管理标准化,堵塞浪费漏洞;定期开展"三同步"检查,防止项目成本盈亏异常。

(一)节约材料消耗

材料成本在公路工程中占有很大比重,一般为60%~70%,而且有较大的节约潜力。因此,加强材料的采购、运输、储存保管、领发使用等各个环节管理,可以减少材料损耗,从而降低工程成本。对公路工程而言,节约材料消耗应从以下几个方面入手:

(1)建立健全项目材料管理责任制,由项目经理全面负责,包干到人,定期组织检查和考核。

(2)加强现场平面管理。根据不同施工阶段供应材料品种和数量的变化,调整存料场地,减少搬运,降低堆放仓储损耗。同时还要考虑资金时间价值,减少资金占用,合理确定进货批量和批次,尽可能降低材料储备。

(3)认真执行现场材料收、发、领、退、回收管理标准,建立健全原始记录及台账,定期组织盘点,抓好业务核算。

(4)严格进行使用中的材料管理,采取承包和限额领料等形式,监督和控制班组合理用料,加强检查,定期考核,努力降低材料消耗。

(二)组织材料合理进出场

一个项目往往有上百种材料,所以合理安排材料进出场的时间特别重要。首先,应当根据定额和施工进度编制材料计划,并确定好材料的进出场时间。因为如果进场太早,就会早付款给材料商,增加贷款利息,还可能增加二次搬运费,有些易受潮的材料更可能因堆放太久导致不能使用,须重新订货,增加成本;若材料进场太晚,不但影响进度,还可能造成误期罚款或增加赶工费。其次,应把好材料领用关和投料关,降低材料损耗率。材料的损耗由于品种、数量、使用的位置不同,其损耗也不一样。为了降低损耗,项目经理应组织工程师和造价工程师,根据现场实际情况与分包商确定一个合理损耗率,由其包干使用,节约双方分成,超额扣工程款,这样让每一个分包商或施工人员在材料用量上都与其经济利益挂钩,降低整个工程的材料成本。

(三)节约间接费用

公路工程的间接费为现场管理费。对于现场管理费的管理,应抓好如下工作:一是精简项目机构、合理配置项目部成员,减少管理层次,提高设备器具的使用效率,提高工作质量和效率,实行费用定额管理。二是工程程序及工程质量的管理。一项工程,在具体实施中往往受时间、条件的限制而不能按期顺利进行,这就要求合理调度,循序渐进。三是建立 QC 小组,促进管理水平不断提高,减少管理费用支出。

(四)组织均衡施工,加快施工进度

凡是按时间计算的成本费用,如项目管理人员的工资和办公费,现场临时设施费和水电费,以及施工机械和周转设备的租赁费等,在加快施工进度、缩短施工周期的情况下,都会有明显的节约。除此之外,还可能从业主那里得到一笔提前竣工奖。因此,加快施工进度也是降低项目成本的有效途径之一。

为了加快施工进度,将会增加一定的成本支出。例如在组织两班制施工的时候,需要增加夜间施工的照明费、夜点费和工效损失费;同时,还将增加模板的使用量和租赁费。因此,在签订合同时,应根据合同和赶工要求,将赶工费列入工程预算。如果事先并未明确,而在施工中临时提出的赶工要求,则应请监理签证,费用按实结算。

(五)加强质量管理,控制质量成本,减少返工损失

建筑产品因为使用时间长,造价高,又是国民经济中固定资产的重要组成部分,因而其质量的好坏,对社会主义经济的发展和人民生活的改善,有着重大的影响。在施工过程中,如果能够高度重视工程质量,控制质量成本,不仅能减少返工损失,降低工程成本,而且工程竣工交付使用后还能够延长使用寿命,保障人民的安全。如果在施工过程中经常发生工程质量事故,造成人力、物力、财力的浪费,加大工程成本,甚至还可能给国家和人民生命财产造成重大的损失。因此应十分重视提高工程质量水平,降低质量成本,避免返工。

(六)坚持现场管理标准化,堵塞浪费漏洞

现场管理标准化的范围很广,比较突出而又需要特别关注的是现场平面布置管理和现场安全生产管理,稍有不慎,就会造成浪费和损失。

(1)现场平面布置管理。施工现场的平面布置,是根据工程特点和场地条件,以配合施工为前提合理安排的,有一定的科学根据。但是,在施工过程中,往往会出现不执行现场平面布置,造成人力、物力浪费的情况。

(2)现场安全生产管理。现场安全生产管理的目的,在于保护施工现场的人身安全和设备安全,减少和避免不必要的损失。要达到这个目的,就必须强调按规定的标准去管理,不允许有任何细小的疏忽,否则,将会造成难以估量的损失。

(七)定期开展"三同步"检查,防止项目成本盈亏异常

项目经济核算的"三同步",就是统计核算、业务核算、会计核算的"三同步"。统计核算,即产值统计;业务核算,即人力资源和物质资源的消耗统计;会计核算,即成本会计核算。根据项目经济活动的规律,这三者之间有着必然的同步关系。这种规律性的同步关系,具体表现为:完成多少产值,消耗多少资源,发生多少成本,三者应该同步,否则,项目成本就会出现盈亏异常情况。

开展"三同步"检查的目的就在于,查明不同步的原因,纠正项目成本盈亏异常的偏差。"三同步"的检查方法,可从以下三方面入手:

(1)时间上的同步,即产值统计、资源消耗统计和成本核算的时间应该统一。如果在时间

上不统一,就不可能实现核算口径的同步。

(2)分部分项工程直接工程费的同步,即产值统计是否与施工任务单的实际工程量和形象进度相符;资源消耗统计是否与施工任务单的实耗人工和限额领料单的实耗材料相符;机械和周转材料的租费是否与施工任务单的施工时间相符。如果不符,应查明原因,予以纠正,直到同步为止。

(3)其他费用是否同步。这要通过统计报表与财务付款逐项核对才能查明原因。

三、事后分析总结

事后分析是下一个循环周期事前科学预测的开始,是成本控制工作的继续。在坚持每月每季度综合分析的基础上,采取回头看的方法,及时检查、分析、修正、补充,以达到控制成本和提高效益的目标。

(1)根据项目部制订的考核制度,对成本管理责任部室、相关部室、责任人员、相关人员及施工作业队进行考核。考核的重点是完成工作量、材料、人工费及机械使用费四大指标,根据考核结果决定奖罚和任免,体现奖优罚劣的原则。

(2)及时进行竣工总成本结算。工程完工后,项目经理部将转向新的项目,应组织有关人员及时清理现场的剩余材料和机械,辞退不需要的人员,支付应付的费用,以防止工程竣工后,继续发生包括管理费在内的各种费用。同时由于参加施工人员的调离,各种成本资料容易丢失,因此,应根据施工过程中的成本核算情况,做好竣工总成本的结算,并根据其结果,评价项目的成本管理工作,总结其得与失,及时对项目经理及有关人员进行奖罚。

通过对工程施工过程的三阶段的成本控制措施的实施,可以最大限度降低工程的成本费用,提高项目的赢利能力。

第九章 公路工程成本核算

第一节 施工成本核算的意义和施工费用的分类

一、施工成本核算的意义

施工企业的生产经营过程,既是建筑产品的生产过程,又是施工费用的发生过程。施工成本核算,是施工企业成本管理的重要组成部分。施工成本核算就是将施工过程所发生的施工费用,按照一定的方法归集到各个工程中,计算出各项工程的实际工程成本。为公路工程成本管理提供分析和考核的资料,从而进一步挖掘成本降低潜力,提高成本管理水平。

施工成本核算的意义,主要有以下几个方面:

(1)施工成本核算,可以反映公路工程实际成本,便于检查预算成本的执行情况。在工程项目施工过程中,将一定时期内发生的各项施工费用按照经济用途和一定的核算程序,直接计入或分配计入各项施工工程,正确地计算出各公路工程的实际成本,并将其与预算成本进行比较,可以检查预算成本的实际执行情况。

(2)通过施工成本核算,可以及时反映公路工程成本的形成过程和成本构成情况。通过一定的核算方法,可以反映施工过程中材料、人工、机械使用费和其他工程费的耗费情况,真实、准确地反映施工企业工程成本的构成,有助于施工企业分析成本升降的原因,在能够合理地补偿施工生产耗费的前提下,节约开支,控制消耗,提高企业在市场中的竞争能力。

(3)通过施工成本核算,可以计算施工企业内部各个项目经理部的经济效益,分清各个单位的成本责任,并随时和定期地进行成本考核分析,评价各公路工程的成本水平和工作成果,落实各项承包合同的有关经济指标,贯彻成本管理责任制。

(4)通过施工成本核算,可以计算和积累各项耗费和支出的数据、时间、地点、条件等资料,为施工企业修订预算定额、施工定额等提供了重要的经济技术资料。同时,通过对历史资料的分析,可以总结出公路工程成本管理的实际经验,对施工企业进一步加强成本管理,搞好经营决策有重要的现实意义。

二、施工费用的分类

施工企业在施工生产经营过程中发生的各种耗费,称为施工费用或者生产费用。将施工费用按照其某一方面的特征进行分类,有利于成本费用的管理与核算。

(一)按经济性质或经济内容分类

费用按经济性质或经济内容分类,会计上称为费用要素。施工企业的费用按照经济性质或经济内容分类,即劳动对象、劳动资料和活劳动三方面的耗费,在此基础上可以进一步划分为若干个要素。具体包括以下内容:

(1)外购材料,是指为进行施工生产经营活动而耗用的,从外单位购入的以及建设单位等发包商拨入的抵作备料款的主要材料、辅助材料、结构件、机械配件、有助于工程形成的其他材料和修理用备件,以及低值易耗品和周转材料的摊销价值,等等。

(2)外购燃料,是指为进行施工生产而耗用的由企业外部购进的各种燃料。

(3)外购动力,是指为进行施工生产而耗用的由企业外部购进的动力,如电力、风、汽等。

(4)工资,是指为进行施工生产经营活动而发生的职工工资。

(5)提取的职工福利费,是指依据有关规定,按照工资总额的一定比例计算提取的职工福利费。

(6)折旧费,是指施工企业按照规定的固定资产折旧方法计算的固定资产折旧费用。

(7)利息支出,是指施工企业应计入财务费用的银行借款利息支出减去利息收入后的净额。

(8)税金,是指施工企业应计入管理费用的各种税金,如房产税、车船使用税、土地使用税、印花税等。

(9)租赁费,是指施工企业为进行施工生产而支付的从外部租赁(经营性租赁)施工机械、运输设备以及周转材料等的费用。

(10)其他支出,是指不属于以上各项费用要素的支出,如差旅费、邮电费、办公费、财产保险费以及本期发生的待摊费用和预提费用等。

施工费用按照经济内容和经济性质分类,每一类别也称为要素费用,能够反映施工企业在一定时期内消耗了哪些性质的费用,消耗了多少,从而可以了解施工企业施工费用的构成。但是费用按照经济内容或性质不同进行分类,不能反映各项费用要素的经济用途,不便于分析各项费用的支出是否节约、合理。

(二)按经济用途分类

在施工企业,费用按照经济用途分类,是按照费用是否构成工程或产品成本进行的分类,分为计入工程或产品成本的费用和计入当期损益的期间费用两大类。

1. 生产成本

计入工程或产品成本的费用一般称为生产成本,也可以称为建筑安装工程成本,再按其经济用途进行分类称为成本项目。施工企业的生产成本一般应设置以下成本项目:

(1)人工费。人工费是指从事建筑安装工程施工人员的工资、奖金、职工福利费、各种工资性质的津贴补贴和劳动保护费等。

(2)材料费。材料费是指施工生产过程中耗用的构成工程实体以及有助于形成工程实体的主要材料、辅助材料、机械配件、结构件、半成品的费用,以及周转材料的摊销额和租赁费用等。

(3)机械使用费。机械使用费是指为公路工程在施工过程中使用自有施工机械所发生的机械使用费和租用外单位施工机械支付的租赁费以及施工机械的安装、拆卸、辅助设施费和进出场费等。

(4)其他工程费。是指施工企业在施工生产过程中发生的除上述三项费用以外的其他可以直接计入合同成本核算对象的费用,主要包括有关的设计和技术援助费用、材料的二次搬运费、生产工具用具使用费、检验试验费、工程定位复测费、工程点交费用、场地清理费用、临时设施摊销费用以及公路施工企业在施工过程中发生的行车干扰增加费、风沙地区施工增加费、高原地区施工增加费、原始森林地区施工增加费等。

(5)间接费用。是指施工企业各施工单位为组织和管理施工生产活动所发生的各项费用,包括施上生产单位管理人员的工资、奖金和按规定提取的职工福利费、施工单位管理用固定资产的折旧费及修理费、物料消耗、低值易耗品摊销、施工单位发生的办公费、差旅费、取暖费、财产保险费、劳动保护费、工程保修费、排污费等。

以上(1)~(4)项构成建筑安装工程的直接成本,第(5)项为建筑安装工程的间接成本。直接成本加上间接成本,构成建筑安装工程的生产成本。它是施工企业在进行成本核算时,用来归集施工生产经营过程中发生的应计入成本核算对象的各项费用的成本项目。

2. 期间费用

期间费用是指施工企业当期发生的应当直接计入当期损益的费用。施工企业的期间费用为管理费用和财务费用。

(1)管理费用。管理费用是指施工企业为组织施工生产经营所发生的管理费用,包括企业的董事会和行政管理部门在企业的经营管理中发生的,或者应当由企业统一负担的公司经费(包括行政管理部门职工工资、奖金、职工福利费、差旅费、办公费、折旧费、修理费、物料消耗、低值易耗品摊销等)、工会经费、待业保险费、劳动保险费、董事会费、咨询费(含顾问费)、聘请中介机构费、诉讼费、业务招待费、房产税、车船使用税、土地使用税、印花税、矿产资源补偿费、技术转让费、研究与开发费、无形资产摊销、职工教育经费、存货盘亏或盘盈(不包括应计入营业外支出的存货损失)、计提的坏账准备和存货跌价准备等。

(2)财务费用。财务费用是指企业为筹集生产经营所需资金等而发生的费用,包括应当作为期间费用的利息支出(减利息收入)、汇兑损失(减汇兑收益)以及相关的手续费等。

费用按经济用途分类,能够合理划分生产成本和期间费用的界限,便于组织成本核算,也可以反映工程或产品成本的构成情况,便于分析成本升降的原因。

(三)费用按计入生产成本的方法分类

费用按照计入生产成本的方法,可分为直接费用和间接费用两大类。

1. 直接费用

直接费用是指直接为某一工程施工而发生的费用。在费用发生时,受益对象明确,可以直接计入某公路工程成本。例如,工程施工过程中领用的材料,如果在领用时能够分清工程的对象,就可以直接计入工程对象的成本中。

2. 间接费用

间接费用是指为工程施工共同发生的费用,因而在费用发生时不能确定该项费用在各个工程中支出的数额,需要按照一定的标准、采用适当的方法分配计入受益的所有工程成本中。

费用划分为直接费用和间接费用,有利于施工企业合理选择费用分配方法,正确、及时地计算工程成本。

(四)费用按其与工程量的关系分类

费用按照其与工程量的关系分类,可以分为变动费用和固定费用。

1. 变动费用

变动费用是指其总额随着工程量的增减而相应地增减的费用。变动费用支出的多少与施工企业工程量的增减有着直接的联系。例如,工程成本中的直接材料、间接人工中的计件工资和机械使用费等都属于变动费用。

2. 固定费用

固定费用是指其费用总额在一定期间和一定工程量范围内,与工程量的增减不发生直接联系的费用。例如,施工企业管理人员的工资、按直接法计算的固定资产折旧费等都属于固定费用。

把费用划分变动费用和固定费用,除了据以进行量、本、利分析外,对于施工企业进行成本预测、决策和分析,特别是对控制和寻求降低工程成本的途径具有重要的意义。

第二节 施工成本核算的基本要求

一、建立和健全成本核算体系,加强成本核算责任制

建立和健全成本核算体系是指在施工企业内部,建立与企业的施工管理体制相适应的成本核算的组织与管理制度,形成完整的成本核算系统。公路施工企业工程成本的核算体制应与施工管理体制相适应,在实行公司、工程处、公路工程部三级管理体制的企业,公司、工程处既是施工企业,又是综合管理单位,在经济上实行独立核算;公路工程部是基层施工单位,在经济上实行非独立核算。公司汇总所属工程处独立核算单位的成本资料;工程处汇总所属各内部独立核算单位的成本资料,指导所属单位建立健全成本管理制度,进行工程成本核算;公路工程部是基层成本核算单位,贯彻上级下达的工程成本计划,完成上级下达的经济承包任务。进行工程成本核算,并组织班组经济核算。在实行公司、公路工程部二级管理体制的企业,公司汇总所属单位的成本资料,公路工程部计算工程成本,也可由公司综合计算工程成本,公路工程部只计算本部发生的料、工等直接工程费用。

例如现在很多大的集团,成本测算管理组织体系采用三级管理。

(一)集团公司

(1)成本信息中心负责制定集团公司相应的管理制度、办法、流程及考核体系。

(2)监督、检查和考核权属单位及其项目经理部成本测算管理体系的建立、健全和完善,成本测算管理制度的执行和落实情况。

(3)审定大型及以上项目的成本测算,监督、指导权属单位中、小型项目的成本测算工作。

(4)编制并逐步完善集团公司企业定额,逐步推进成本测算信息化。

(二)权属单位

(1)根据集团公司有关制度和办法的要求,结合本单位的实际情况,建立、健全组织体系和运行机制,制定本单位管理制度、流程、实施细则,为项目成本测算实施提供良好的条件和环

境。定期对所属项目进行监督、检查和考核。

(2)组织实施所属中、小型项目的成本测算,确定目标成本。负责所属大型及以上项目的成本测算审核,报集团公司审定。

成本核算责任制是企业加强成本控制、降低成本的有效形式。企业应创造条件全面推行责任成本管理,实行责任成本承包。在优化施工组织设计的基础上,编制单位工程责任预算,按成本管理责任区和责任层次分解责任预算,建立责任成本核算、控制、信息反馈系统和绩效报告制度,落实成本核算责任制。

(3)按照集团公司统一要求,收集、整理与企业定额相关的数据、资料。

(4)建立成本测算管理台账,负责与集团公司有关职能部门的沟通与联络。

(三)项目经理部

(1)根据集团公司制度和办法的要求,结合本项目的实际情况,建立、健全以项目经理为中心的成本测算组织体系,明确各相关职能部门和管理人员责任、权限和相互关系。

(2)按照权属单位工作安排,编制项目成本测算。

(3)采集、整理与企业定额相关的数据、资料。

(4)在确保工程安全、质量的前提下,采取各种有效措施,实现项目目标成本。

二、加强成本核算的基础工作

成本核算基础工作是搞好成本核算工作的前提条件。施工企业成本核算工作主要包括以下内容。

(一)建立健全与成本核算有关的原始记录和工程量统计制度

准确、全面、真实和及时的原始记录是施工企业进行成本核算的基础资料。施工企业应根据业务分工,建立健全原始记录的填制、审核和传递制度。主要对施工生产中材料的领用和耗费、工时的耗费、生产设备的运转、燃料和动力的消耗、低值易耗品和周转材料的摊销、费用的开支、已完工建筑产品竣工验收等情况,进行及时准确的记录,使每项原始记录都有人负责,以保证施工生产成本核算的真实可靠。

(二)制订或修订各项消耗定额

消耗定额是企业根据一定的生产技术条件和管理要求,对施工生产中工、料、机的利用和消耗所规定的标准。消耗定额主要包括工时定额、材料消耗定额、机械设备使用定额、工具消耗定额和费用定额等。其中,工时定额用于考核各施工班组的工效;材料消耗定额是据以签发"定额领料单"的主要依据,用于考核材料的消耗情况;机械设备利用定额和工具消耗定额,据以考核机械设备的使用效率和生产工具的消耗情况;费用定额用于控制各项费用开支。各项定额既要先进,又要切合实际。定额制订和修订以后,就应该严格按照定额来控制消耗和支出。

(三)建立健全各项财产物资的计量、收发、领退、清查和盘点制度

施工企业所有财产物资的购入和入库都要经过计量、验收并办理必要的凭证手续。企业要设立专门的计量检验机构和人员,配备必要的计量工具和检验设备,并使计量工作达到国家规定的标准,以便正确计量各种物资的消耗。施工企业领用材料、设备、工具等物资,都要有严格的制

度和手续,防止随意领取不按用途使用。对于施工生产经营活动中的剩余物资,要及时办理退库手续或结转到下期继续使用,既可以如实反映计入工程成本的材料物资消耗数量,又不致造成已领未用材料的浪费。库存物资要定期盘点,做到账实相符,以保护财产物资的安全和完整。

三、正确划分各种费用的界限,加强对费用的审核与控制

(一)正确划分生产成本与期间费用之间的界限

生产成本是指施工企业为生产建筑产品在施工生产经营过程中所消耗的人工、料、费,而期间费用是指管理费用和财务费用等。期间费用不能计入产品成本,而是直接计入当期损益。施工企业为了正确计算施工生产成本,必须首先分清哪些支出属于生产成本,哪些支出属于期间费用,只有这样才能正确核算各期的盈亏水平。

(二)正确划分各成本项目之间的界限

施工企业在明确成本项目具体内容的基础上,对所发生的各项费用,应该按照其经济内容正确归集在相应的成本项目中,以便了解施工生产成本的实际构成情况,对成本计算和成本分析具有重要的意义。

(三)正确划分成本核算对象之间的界限

成本核算对象一般应在工程施工之前确定,凡是能够确定施工生产成本的各项直接费用,都应直接计入施工生产成本;凡是不能划清成本计算对象的费用,则必须采用合理的分配标准,在有关工程之间进行分配。这样才能正确计算单位工程的实际成本,便于分析和考核各单位工程成本计划的执行情况。

(四)正确划分已完合同成本与未完合同成本的界限

施工企业应定期进行成本核算。对本期全部完工的,应计算完工工程成本;对某成本计算对象有一部分能够单独验收计价的,应作为已完工程。在计算期末,应将本期发生的生产费用在已完合同成本和未完合同成本之间进行分配,不得人为地压低或提高未完合同成本,以确保合同成本核算的真实性、及时性、完整性与准确性。

(五)正确划分实际成本与计划成本、预算成本之间的界限

为了使施工企业的实际成本与计划成本、预算成本之间具有可比性,实际成本的核算范围和计算口径必须与计划成本、预算成本完全一致。但施工企业在计算当期施工产品的实际成本时,必须以当期实际完成的工程数量、实际消耗和实际价格为依据,不得以计划成本或预算成本代替实际成本。

第三节 公路工程成本核算对象和核算组织

一、公路工程成本的核算对象

在施工成本核算中,将各项生产费用最终归集和分配的具体工程或项目,称为公路工程成本核算的对象。合理确定工程成本核算对象,是正确组织施工企业建筑产品成本核算的重要

条件之一。

建筑安装施工,属于复杂的、单件生产类型,每一个单位工程都应单独设计,单独编制工程预算,独立进行施工。一般情况下,施工企业以施工图预算为依据和甲方(建设单位等发包单位)就所承接的每一建设公路工程签订建造合同。实际工作中,一个施工企业往往要承包许多个建设项目,每个建设项目的具体情况又各不相同。例如,有的工程规模大,工期长;有的建设项目只是规模较小、工期较短的零星改建或扩建工程。因此,施工企业一般应以与每一施工图预算相适应的原则,结合公路企业施工组织的特点和加强工程成本管理的要求,确定工程成本核算对象。

工程成本核算对象的确定方法主要有以下几种:

(1)以编制有独立的施工图预算、具有独立施工条件的单位工程为成本核算对象。

(2)以单项建造合同所定的承包项目作为成本核算对象。如果一项合同包括几项资产,且每项资产的收入和成本可以单独确认,此时,可以每项资产作为成本核算对象。如果以一项或数项资产签订一组合同,每项合同又是综合工程的组成部分,并且同时或依次施工,则应以该组建造合同作为成本核算对象。

(3)各单位工程由几个施工单位分包施工时,都应以同一单位工程为成本核算对象,各自按其分包的部分进行核算。如果总分包单位是同一个集团公司或同一系统的,当上级汇总工程成本时,应将单位工程成本予以归并。

(4)对于规模很大、工期很长的工程,根据需要可以结合成本责任制,将一个单位工程划分为几个段落或分部、分项作为成本核算对象。

(5)同一建设项目、同一施工地点、同一结构类型、开工时间相接近的若干个单位工程可以合并成一个成本核算对象。

(6)改建、扩建的零星工程,可将开工和竣工时间相接近的若干个单位工程,合并为一个成本核算对象。

(7)土石方工程、打桩工程,可以根据实际情况和管理需要,以一个单项工程为成本核算对象,或将同一施工地点的若干个工程量较小的单项工程合并作为一个成本核算对象。

(8)临时工程可按同一结构类型作为一个成本核算对象。

在公路工程施工中,工程成本核算对象的划分,一般是根据《公路基本建设工程概算预算编制办法》的规定确定的。例如,路线工程成本对象,可以分为路基,路面,小桥,中桥,大桥,涵洞,互通式立体交叉,分离式立体交叉,平面交叉,通道,隧道,其他沿线工程,临时工程,管理、养护及服务房屋等。独立大(中)桥工程成本对象,可分为桥头引道(还可分为路基、路面、涵洞等)、桥基础工程、下部构造、上部构造、调治及其其他工程、临时工程等。

应该指出,成本核算对象应该在开工前确定,一经确定之后,企业内部各有关部门和单位必须遵守,不得任意变更和混淆。所有原始记录和核算资料,均应按照统一规定的成本核算对象填写清楚,确保成本核算的准确性。会计部门应按照成本核算对象设置成本明细账,并按成本项目设置专栏,以便准确核算每一个成本计算对象的实际成本。

二、公路工程成本的核算组织

科学有效地组织工程成本核算,是施工成本核算的前提条件。施工企业应根据企业成本核算和内部经济责任制的要求,结合企业自身的规模和施工管理体制,建立和完善相应的成本核算组织体系。目前,我国公路施工企业一般实行公司、工程处(或工区,分公司等)和项目经理部(或施工队)三级管理;或公司、工程处两级管理。与之相适应,成本核算的组织,一般也实行公司、工程处和项目经理部三级核算或公司、工程处两级核算体制。

(一)实行三级核算的施工企业

实行三级核算的施工企业,公司一级负责全面领导所属单位的成本核算工作,主要负责指导所属单位建立、健全成本管理制度,检查成本核算工作是否符合公司的要求,控制和核算公司本身的管理费用,汇总整个企业的施工、生产成本,审核汇总所属单位的成本报表,对公司施工生产成本进行全面分析和控制等。

工程处一级(或工区)是施工企业成本核算体系的中心环节。主要负责核算工程处本身的管理费用,对本处工程成本核算工作进行直接指导或直接核算工程成本,汇总或编制工程成本报表,并负责全工程处的成本分析和控制等。

项目经理部(或施工队)是工程处所属基层成本核算单位,是施工企业成本核算体系的基础,主要负责设置成本账、卡,签发工程任务单和定额领料单,登记工程消耗的各种直接工程费用和间接费用的原始记录,登记工程项目成本台账,办理因设计变更、材料代用等施工生产经营过程中发生的签证手续,计算工程实际成本,编制成本报表,并分析可控成本,如材料成本和人工成本等超支或降低的原因。

(二)实行两级核算的施工企业

实行两级核算的施工企业,公司一级核算的内容,与实行三级核算的施工企业公司一级核算的内容基本相同。公司所属的工程处应同时承担三级核算中的工程处与项目经理部两级成本核算单位的成本核算职责。

第四节 辅助生产费用的核算

一、辅助生产及其费用

施工企业的生产按其生产职能可以划分为基本生产和辅助生产。基本生产是指建筑产品的生产活动。辅助生产是指为基本生产或者行政管理部门提供产品和劳务的生产活动。施工企业的辅助生产部门,是指施工企业及其内部独立核算的施工单位所属的不独立核算的辅助生产单位或部门,如机修车间、木工车间、混凝土车间、供水站、运输队等。

辅助生产部门主要是为企业的主营业务(工程施工)服务的。可以为公路工程生产材料,如砂石采掘、构件现场制作、铁木件加工等,也可以提供如设备维修,固定资产清理,供应水、气、电,施工机械的安装、拆卸和辅助设施的搭建等劳务。辅助生产部门是施工企业所属的不实行独立核算的生产部门,为工程施工服务而发生的辅助生产费用,应由各受益的工程项目承担;其辅助生产费用的高低对工程成本水平有直接的影响。因此,辅助生产单位也应该按照施工企业工程成本核算要求进行成本与费用的核算。

二、辅助生产费用的总分类核算

辅助生产部门所发生的各项生产费用,应通过"辅助生产"科目进行核算。其核算的内容主要是发生各项费用的归集和对辅助生产费用的分配。其核算程序如下:

(1)发生辅助生产费用时,借记"辅助生产",贷记"应付工资""应付福利费""银行存款""原材料"等账户。

(2)每月终了,按照受益对象分配辅助生产费用时,根据不同情况分别进行账务处理:

①对本单位工程施工、机械作业、管理部门等提供服务的部分,借记"工程施工""机械作业""管理费用"等账户,贷记"辅助生产"账户。

②对本单位购建固定资产提供服务的部分,借记"在建工程"账户,贷记"辅助生产"账户。

③对外单位提供劳务的部分,借记"其他业务支出"账户,贷记"辅助生产"账户。

"辅助生产"科目的期末借方余额为辅助生产部门在产品的实际成本。

三、辅助生产费用的明细分类核算

辅助生产部门在"辅助生产"科目下按照单位、部门和成本计算对象设置明细账,并按规定的成本项目设置专栏进行明细核算。

成本核算对象一般可按生产的材料(或产品)和提供劳务的类别确定。成本项目一般可以分为材料费、人工费、其他工程费和间接费用。其中,间接费用是指为组织和管理辅助生产所发生的费用。

辅助生产费用明细账的设置,应根据其提供辅助产品和劳务的种类多少来决定。如果只提供一种产品或劳务时,其发生的所有生产费用都是直接费用,因此只须按车间分别设置"辅助生产费用明细账",并设置成本项目专栏,计算出该辅助产品或劳务的成本,月终直接在各受益部门之间按受益量的多少进行分配。

如果同时提供多种产品或多种劳务,如生产多种工具和模具的车间、提供多种修理服务的车间等,其发生的生产费用就要先按照车间设置"辅助生产费用明细账",并按照产品或劳务类别开设成本计算单,成本项目是材料费、人工费、其他工程费和间接费用,从而计算出每种辅助产品或劳务的成本,月终再分别在各受益部门之间按受益量的多少进行分配。

第五节 施工工程实际成本核算

施工企业为了真实地反映施工产品在施工生产过程中的耗费情况,必须正确核算各项施工工程的实际成本。施工企业在工程施工过程中发生的各项施工费用,凡是能够直接计入有关工程成本核算对象的,直接计入各工程成本核算对象的成本项目;不能直接计入的,应先计入"工程施工——间接费用"账户,然后再采用一定的方法分配计入各工程成本核算对象的成本项目,最后计算各项工程的实际成本。

施工工程实际成本的明细核算方法是:先根据施工企业的会计核算管理体制和开工报告,确定施工企业工程成本的成本计算对象;再根据成本计算对象开设明细账户,按成本项目包括人工费、材料费、机械使用费、其他工程费和间接费用开设专栏。为了核算方便,还可以按照各个工程处和各个项目经理部等开设明细账,再根据工程项目分别设置工程成本卡(单),成本项目相同。

一、人工费的核算

工程成本中的人工费,是指施工企业从事建筑安装工程施工的生产人员和在施工现场运料、配料等辅助生产人员的工资、奖金、职工福利费、工资性质的津贴补贴和按规定发放的劳动保护费等。

(一)人工费的归集和分配

人工费计入成本的方法,一般根据施工企业所实行的具体工资制度如计件工资制或计时工资制而有所不同。

(1)实行计件工资制度的施工企业所支付的工资,一般都能分清是哪个工程直接发生的。因此,可以根据"工程任务单"和"工资结算汇总表",将其所发生的人工费直接计入各工程成本核算对象。

(2)实行计时工资制度的施工企业,如果施工生产只涉及一个单位工程,或者所发生的施工生产工人工资能够分清是为哪个工程的,则可以直接计入该工程成本核算对象的"人工费"成本项目中;如果生产工人同时在为几项工程工作,应该将发生的工资在各个工程成本核算对象之间进行分配。一般按照当月生产工人实际工时进行分配。其计算公式如下:

$$人工费分配率 = \frac{月内生产工人计时工资总额}{月内生产工人实际工时合计} \times 100\% \quad (9-1)$$

此外,施工企业按照工资总额的一定比例计提的职工福利费等工资附加费,应该按照工资总额的分配方法,同时分配计入各工程成本核算对象。

(二)人工费的账务处理

施工企业生产工人发生的人工费,经过上述方法计算和分配后,应该做下列会计分录,借记"工程施工——××工程人工费"账户,贷记"应付工资""应付福利费"等账户。

【例9-1】 第一施工处有A、B两个项目经理部,实行一级核算。A项目部承担甲、乙两项工程,实行的是计时工资制;B项目部承担一项工程,实行的是计件工资制。2015年5月,A项目部的生产工人工资为120 000元,B项目部为85 000元。试进行该企业5月生产工人工资业务的会计处理。

解:(1)编制A项目部的人工费分配表,见表9-1。

人 工 费 分 配 表　　　　　　　　表9-1

单位:　A项目经理部　人工费分配率:120 000/6 000=20

工程成本计算对象	实际工时(工日)	人工费分配率(元/工日)	工资分配额
甲工程	2 400		
乙工程	3 600		
合计	6 000		

(2)编制5月份生产工人工资业务的会计分录。

借:工程施工——合同工程——A项目部——甲工程——人工费　　48 000元

工程施工——合同工程——A 项目部——乙工程——人工费　　72 000 元
　　工程施工——合同工程——B 项目部——人工费　　　　　　85 000 元
　　　贷:应付工资　　205 000 元

(3)根据生产工人工资总额计提职工福利费:假定提取率为 14%,则职工福利费分别为:
A 项目部——甲工程 6 720 元,A 项目部——乙工程 10 080 元;——B 项目部 11 900 元,共计 40 600 元。

应作会计分录为
借:工程施工——合同工程——A 项目部——甲工程——人工费　　6 720 元
　　工程施工——合同工程——A 项目部——乙工程——人工费　　10 080 元
　　工程施工——合同工程——B 项目部——人工费　　　　　　　11 900 元
　　　贷:应付福利费　　10 600 元

根据上述会计分录的相关会计凭证,分别登记 A 项目部和 B 项目部的工程成本明细账和工程成本(卡)的人工费栏。

采用百元产值工资含量包干办法的公路工程施工企业,按照工资含量包干办法计算提取工资费用时,应借记"工程施工""辅助生产""机械作业""管理费用"等科目,贷记"应付工资"科目。实际支付工资时,再借记"应付工资"科目,贷记"银行存款"科目。

二、材料费的核算

(一)材料费的归集和分配

工程成本中的材料费,是指在工程施工生产过程中耗用的构成工程实体以及有助于工程实体建成的原材料、辅助材料、结构件、零件、半成品的实际成本,以及周转材料的摊销额和租赁费用等。

施工企业的材料,除了主要用于施工生产以外,还用于固定资产等在建工程,以及其他非生产性耗用。因此,在进行材料费核算时,必须严格划分施工生产性耗用与非生产性耗用的界限。

材料费在施工企业工程成本中所占的比重较大,施工企业必须建立健全材料物资的收发、领退等管理制度,制订统一的定额领料单、大堆材料耗用计算单、集中配料耗用计算单、周转材料摊销计算分配表、退料单等自制原始凭证,并根据材料耗用的情况,采取不同的方法进行材料费的归集和分配。

(1)领用材料时能够点清数量、分清用料对象的,应在领料凭证上注明工程成本核算对象的名称,并直接计入工程成本计算对象。

(2)领用材料时虽能点清数量,但须集中配料或须统一下料的材料,如油漆、玻璃、木材等,应在有关领料凭证上注明"工程集中配料"字样,月末由材料管理部门人员或领用部门,根据用料情况,结合材料消耗定额分配计入各受益工程成本核算对象。

(3)领料时难以分清工程成本受益对象的材料,如砖、瓦、灰、砂、石等大堆材料,可以根据需要先行领用,月末再实地盘点剩余数量,根据月初结存数量和本月进料数量,倒推出本月实耗数量,最后结合材料耗用定额,计算应计入各工程成本核算对象的材料实际成本。

(4)对于工程施工周转使用的模板、脚手架等周转材料,应根据各工程成本受益对象的实际在用数量和规定的摊销方法,计算出各工程成本核算对象应分摊的周转材料实际成本。对于施工企业某些租用的周转材料,可以将实际支付的租赁费用直接记入各受益工程成本核算对象。

(5)施工企业工程竣工后剩余的材料,均应填写"退料单"或用红字填写"领料单",据以办理材料退库手续,以便正确计算工程项目的实际成本。

(二)材料费的账务处理

施工企业在工程施工过程中所耗用的各种材料,其实际成本的计算和分配通过编制"材料费用汇总分配表"进行。如果材料的收发核算采用计划成本,则应先计算出本月耗用材料的计划成本,再计算出本月的材料成本差异分摊率以及各个成本计算对象应分摊的材料成本差异额。如果材料的收发核算采用实际成本,则应该按照先进先出法、加权平均法、移动加权平均法,个别计价法和后进先出法等方法,确定各个成本计算对象领用材料的实际成本。

根据"材料费用汇总分配表",应作如下会计分录:借记"工程施工——××工程——材料费"账户,贷记"原材料""材料成本差异""周转材料"等科目。

【例9-2】 假定仍然是【例9-1】中的施工企业,材料的收发核算采用计划成本。2015年5月,根据领料凭证汇总编制的"材料费用汇总分配表",见表9-2。

材料费用汇总分配表 表9-2

2015年5月 单位:元

工程成本计算对象	主要材料		结构件		合计		周转材料摊销
	计划成本	成本差异	计划成本	成本差异	计划成本	成本差异	
A项目部	121 500	3 645	130 300	-6 515	251 800	-2 870	860
甲工程	75 600	2 268	76 800	-3 840	152 400	-1 572	520
乙工程	45 900	1 377	53 500	-2 675	99 400	-1 298	340
B项目部	98 000	2 940	105 000	-5 250	203 000	-2 310	670
合计	219 500	6 585	235 300	-11 765	454 800	5 180	1 530

假定主要材料的成本差异率为3%,计划成本大于实际成本;结构件的成本差异率为5%,计划成本小于实际成本。试进行材料费核算的会计处理。

解:根据表9-2应作如下会计分录:

(1)结转领用材料的计划成本时:

借:工程施工——合同工程——A项目部——甲工程——材料费   152 400元
    工程施工——合同工程——A项目部——乙工程——材料费   99 400元
    工程施工——合同工程——B项目部——材料费   203 000元
贷:原材料——主要材料   219 500元
    原材料——结构件   235 300元

(2)分配材料成本差异时:

借:工程施工——合同工程——A项目部——甲工程——材料费   1 572元
    工程施工——合同工程——A项目部——乙工程——材料费   1 298元

工程施工——合同工程——B 项目部——材料费　　　　　　2 310 元
贷:材料成本差异——主要材料　　　　　　　　　　　　　　　6 585 元
　　材料成本差异——结构件　　　　　　　　　　　　　　　　11 765 元
(3)周转材料摊销时:
借:工程施工——合同工程——A 项目部——甲工程——材料费　520 元
　　工程施工——合同工程——A 项目部——乙工程——材料费　340 元
　　工程施工——合同工程——B 项目部——材料费　　　　　　670 元
贷:周转材料——周转材料摊销　　　　　　　　　　　　　　　1 530 元
根据上述会计分录的相关会计凭证,分别登记 A 项目部和 B 项目部的工程成本明细账和工程成本(卡)的材料费一栏。

三、机械使用费的核算

(一)机械使用费的归集和分配

工程成本中的机械使用费,是指在施工过程中使用施工机械所发生的机械使用费用。包括自有施工机械的使用费用和租入施工机械所发生的租赁费,以及施工机械发生的安装、拆卸和进出场费等。在公路施工过程中,对于土石方工程、起重吊装、混凝土搅拌和浇灌等,都是依靠各种施工机械来完成的。因此,机械使用费在工程成本中的比重日益增长。

机械使用费的归集和分配按照自有施工机械的使用费用和租入施工机械所发生的租赁费分别进行。

1. 租入机械费用的归集和分配

施工企业向外单位或本企业内部独立核算的机械站(公司)租入施工机械支付的租赁费和进出场费,可以根据会计上有关结算账单所列的金额,直接计入有关受益工程成本核算对象的"机械使用费"成本项目中。如果施工机械是为两个或两个以上的工程服务,租赁费不能直接计入某一成本计算对象,应将所发生的租赁费按照为各个工程成本核算对象所提供的作业台班数量进行分配。其计算公式如下:

$$单位台班租赁费 = \frac{施工机械租赁费总额}{租入施工机械作业总台班数} \tag{9-2}$$

$$某受益工程成本计算对象应负担施工机械租赁费 =$$
$$该受益工程成本计算对象实际使用机械作业台班数 \times 单位台班租赁费 \tag{9-3}$$

2. 自有施工机械的使用费的归集和分配

施工机械的使用费包括下列内容:

(1)人工费。人工费是指驾驶和操作施工机械人员的工资、奖金、职工福利费、工资性的津贴和劳动保护费等。

(2)燃料及动力费。燃料及动力费是指施工机械和运输设备所耗用的燃料、电力等费用。

(3)折旧及修理费。折旧及修理费是指施工机械和运输设备计提的固定资产折旧费、发生的修理费用,以及替换工具和部件的摊销费用和维修费。

(4)其他工程费。其他工程费是指施工机械和运输设备所耗用的润料、擦拭材料以及预算定额所规定的其他费用,以及施工机械进出场费、施工现场范围内转移的运输、安装、拆卸及试车费用等。

(5)间接费用。间接费用是指本企业内部独立核算的机械站(公司)为组织和管理施工机械和运输作业所发生的管理费用,包括管理人员工资、奖金、职工福利费、固定资产折旧费及修理费、劳动保护费、办公费等。如果自有施工机械没有实行独立核算,则不单独核算间接费用。

3.机械使用费的分配方法

机械使用费的分配是先求出某种机械单位分配额,再计算出各个成本计算对象应该负担的机械使用费。一般有台班分配法与预算(计划台时)分配法两种。

(1)台班分配法

台班分配法,是指按照成本计算对象使用某种机械的台班数进行分配的方法。

【例9-3】 2015年5月,推土机实际工作台班总数为2 000台班,本月实际发生的费用为400 000元;已知B项目部在本月使用推土机450台班,则5月份B项目部应负担的推土机使用费为

$$400\ 000/2\ 000 \times 450 = 90\ 000(元)$$

台班分配法适用于按单机或机组进行成本核算的施工机械。这种分配方法也可以用于计算能够完成作业量的单台施工机械或者汽车运输作业,只是分配的基数应为作业量。

(2)预算(计划台时)分配法

预算(计划台时)分配法是指按照实际发生的机械作业费占预算定额或者计划台时规定的机械使用费的比率进行分配的方法。主要适用于不便于计算或者没有机械使用台班和无台班单价预算定额的中小型施工机械费的分配,如几个成本核算对象共同使用的混凝土搅拌机的费用。

【例9-4】 5月份,某种型号的混凝土搅拌机的预算台时费为65元,本月该搅拌机实际发生的机械使用费为150 000元,A项目部的甲工程实际使用该搅拌机780台时,乙工程实际使用该搅拌机1 200台时,则A项目部应负担的机械使用费为

预算机械使用费总额 = $780 \times 65 + 1\ 200 \times 65 = 128\ 700$(元)

实际发生的机械使用费占预算机械使用费总额比率 = $15\ 000/128\ 700 \times 100\% = 116.55\%$

B工程应负担的机械使用费 = $780 \times 65 \times 116.55\% = 59\ 091$(元)

C工程应负担的机械使用费 = $1\ 200 \times 65 \times 116.55\% = 90\ 909$(元)

(二)机械使用费的会计处理

施工企业在工程施工过程中因使用工程机械所发生的费用,在"机械作业"账户进行核算。

可按机械类别或者单个机械设置明细账户,按照实际发生的机械使用费进行登记。期末,编制"机械使用费分配表",采用不同的分配方法计算出各个受益工程成本计算对象应负担的机械使用费,依【例9-3】和【例9-4】。作如下会计分录。

对于A项目部:

借:工程施工——合同工程——A项目部——B工程——机械使用费　　　59 091元
　　工程施工——合同工程——A项目部——C工程——机械使用费　　　90 909元
　贷:机械作业——混凝土搅拌机　　　　　　　　　　　　　　　　　　150 000元

对于 B 项目部：
借：工程施工——合同工程——B 项目部——机械使用费　　90 000 元
　贷：机械作业——推土机　　　　　　　　　　　　　　90 000 元

根据上述会计凭证，分别登记 B 工程、C 工程和 B 项目部的工程成本明细账和工程成本计算单的机械使用费一栏见表 9-3～表 9-5。

工程成本细目表　　　　　　　　　　　　　　　　　　　　　　　　　　表 9-3

施工单位：　A 项目部——甲工程　　　　　　　　　　　　　　　　　　单位：元

2015		凭证	摘要	直接费成本					间接费用	工程成本合计
月	日			人工费	材料费	机械费	其他工程费	合计		
5			月初余额	31 000	46 000	24 000	4 000	10 500	2 000	107 000
			分配人工费	48 000				48 000		48 000
			分配材料费		152 400			152 400		152 400
			分配材料成本差异		1 572			1 572		1 572
			分配周转材料		520			520		520
			分配机械费			59 091		59 091		59 091
			分配其他工程费				23 000	23 000		23 000
			分配间接费用						23 950	
			本期生产费用合计	48 000	151 348	59 091	23 000	281 439	23 950	305 389
			减：期末未完工程成本	0	0	0	0	0	0	0
			本期已完工程实际成本	79 000	197 348	83 091	27 000	279 439	25 950	412 389
			累计已完工程实际成本							

工程成本细目表　　　　　　　　　　　　　　　　　　　　　　　　　　表 9-4

施工单位：　A 项目部——乙工程　　　　　　　　　　　　　　　　　　单位：元

2015		凭证	摘要	直接费成本					间接费用	工程成本合计
月	日			人工费	材料费	机械费	其他工程费	合计		
5			月初余额	23 000	36 000	31 000	6 800	99 500	3 500	100 300
			分配人工费	72 000				72 000		72 000
			分配材料费		99 400			99 400		99 400
			分配材料成本差异		1 298			1 298		1 298
			分配周转材料		340			340		340
			分配机械费			90 909		90 909		90 909
			分配其他工程费				46 000	46 000		46 000

续上表

2015		凭证	摘要	直接费成本					间接费用	工程成本合计
月	日			人工费	材料费	机械费	其他工程费	合计		
			分配间接费用						26 161	26 161
			本期生产费用合计	72 000	98 442	90 909	46 000	307 351	6 161	333 512
			减:期末未完工程成本	0	0	0	0	0	0	0
			本期已完工程实际成本	95 000	134 442	121 909	52 800	404 151	29 661	433 812

工程成本细目表　　　　　　　　　　　　　　　　　　　　　　　　　　表9-5

施工单位：　B 项目部　　　　　　　　　　　　　　　　　　　　　　　　单位:元

2015		凭证	摘要	直接费成本					间接费用	工程成本合计
月	日			人工费	材料费	机械费	其他工程费	合计		
5			月初余额	36 000	62 000	45 000	3 500		13 500	191 500
			分配人工费	85 000				85 000		85 000
			分配材料费		203 000			303 000		203 000
			分配材料成本差异		2 310			2 310		2 310
			分配周转材料		670			670		670
			分配机械费			90 000		90 000		90 000
			分配其他工程费				65 000	65 000		65 000
			分配间接费用						35 488	35 488
			本期生产费用合计	85 000	201 360	90 000	65 000		35 488	476 848
			减:期末未完工程成本	29 000	43 000	32 000	21 000	125 000	12 000	137 000
			本期已完工程实际成本	92 000	220 360	103 000	79 000	494 360	36 988	531 348

四、其他工程费的核算

(一)其他工程费的归集和分配

施工企业工程成本中的其他工程费,是指在施工现场直接发生的但无法归集在材料费、人工费和机械使用费的其他直接施工生产费用。主要包括:施工中使用的水、电、风、气费用,临时设施摊销费,冬雨季施工费,夜间施工增加费,仪器仪表使用费,生产工具用具使用费,检验试验费,工程定位复测,工程点交,场地清理等费用,特殊地区施工增加费,流动施工津贴等。

施工企业在施工过程中所发生的其他工程费,应根据具体情况进行归集和分配。对于施工中使用的水、电、风、气费用,如果属于辅助生产单位供应.应通过在"辅助生产"科目进行归集和分配,分配数则直接计入"工程施工"科目的"其他工程费"成本项目。如果耗用的水、电、风、气费用属于外部或内部独立核算单位供应的,则可以根据结算单据直接计入"工程施工"科目的"其他工程费"成本项目。对于其他的项目,凡是在发生时能够分清受益对象的,应直接计入工程成本核算对象的"其他工程费"成本项目中。凡是不能够分清受益对象的,可在发生时先记入"工程施工——其他工程费"账户,月末再按照一定的方法分配,在各成本核算对象之间进行分配。

(二)其他工程费核算的会计处理

现举例说明其他工程费核算的会计处理。

【例 9-5】 2015 年 5 月,施工企业 B 项目部发生其他工程费 65 000 元,已通过银行存款支付。作如下会计分录:

借:工程施工——合同工程——B 项目部——其他工程费　　65 000 元
贷:银行存款　　　　　　　　　　　　　　　　　　　　65 000 元

根据分配计算结果。其中 A 项目部甲工程应分摊其他工程费 23 000 元,乙工程应分摊其他工程费 46 000 元。作如下会计分录:

借:工程施工——合同工程——A 项目部——甲工程——其他工程费　23 000 元
　　工程施工——合同工程——A 项目部——乙工程——其他工程费　46 000 元
贷:工程施工——其他工程费　　　　　　　　　　　　　　　　　69 000 元

根据上述会计分录,分别登记 A 项目部的甲工程、乙工程和 B 项目部的"工程成本明细账"的其他工程费一栏。

五、间接费用的核算

(一)间接费用核算的归集和分配

间接费用是指施工企业各施工单位(包括工程处、施工队、项目经理部等)为组织和管理工程施工所发生的全部支出,包括管理人员工资、奖金、职工福利费、行政管理用固定资产折旧费及修理费、物料消耗、低值易耗品摊销、取暖费、办公费、差旅费、财产保险费、检验试验费、工程保修费、劳动保护费、排污费、季节性和修理期间的停工、窝工损失及其他费用等。

间接费用在发生时无法分清应该负担的成本核算对象,属于共同性费用。因此,施工企业应先归集本期发生的各项间接费用,期末再按照一定的标准分配计入各有关工程成本核算对象。

为了与预算成本相比较,间接费用的分配标准应尽量与预算取费依据相一致。一般情况下,建筑工程应以各工程成本的直接工程费用作为分配标准。设备安装工程应以安装工程的人工费用作为分配标准。但是,在实际工作中,由于施工企业承担的工程项目既有建筑工程又有设备安装工程;有的辅助生产单位生产的产品或劳务可能还会对外销售。因此,施工企业的间接费用一般需要进行两次分配。首先,应在不同类别的工程、产品、劳务和作业间进行合理的分配;其次,再在各类工程、产品(劳务和作业)的不同成本核算对象之间进行分配。

间接费用第一次应在不同类别的工程、产品、劳务和作业间进行分配。在实际工作中,通常以各类工程、劳务和作业中的人工费作为第一次分配标准。其计算公式如下:

$$间接费用分配率 = \frac{间接费用总额}{各类工程、产品成本中人工费总额} \quad (9-4)$$

$$某工程应负担的间接费用 = 该类工程成本中人工费 \times 间接费用分配率 \quad (9-5)$$

间接费用的第二次分配是将第一次分配到各类工程和产品的间接费再分配到本类工程或产品以及劳务内部各成本核算对象中去。在本类工程(或产品、劳务、作业)中对间接费用的分配,以直接工程费或人工费为基础进行分配。

(1)建筑工程间接费用分配方法,一般以工程的直接成本(人工费、材料费、机械使用费、其他工程费之和)实际数或者已完工程直接工程费预算数为基础进行分配。即

$$建筑工程间接费用分配表 = \frac{建筑工程间接费用总额}{全部建筑工程的直接成本总额} \times 100\% \quad (9-6)$$

$$某建筑工程应负担的间接费用 = 该建筑工程直接成本 \times 建筑工程间接费用分配率 \quad (9-7)$$

(2)安装工程间接费用分配方法,一般以工程实际发生的人工费或已完工程人工费预算数为基础进行分配,即

$$安装工程间接费用分配率 = \frac{安装工程间接费用总额}{全部安装工程的人工费总额} \times 100\% \quad (9-8)$$

$$某安装工程应负担的间接费用 = 该安装工程人工费 \times 安装工程间接费用分配率 \quad (9-9)$$

(二)间接费用核算的会计处理

对于施工企业在工程施工过程中所发生的间接费用,应在"工程施工"总账账户下设置"间接费用"明细账户。在发生间接费用时借记"工程施工间接费用"账户,贷记"银行存款"等有关账户;月末按照一定的方法进行分配后借记"工程施工——××工程——间接费用"账户,贷记"工程施工间接费用"账户。现举例说明间接费用的会计处理。

【例9-6】 依【例9-1】,2015年5月,施工企业发生间接费用85 600元,款项已通过银行支付,假设没有发生对外销售产品、劳务、作业等业务。

根据间接费用的分配方法进行第一次分配,编制"间接费用分配表",见表9-6。

间接费用分配表 表9-6

2015年5月 单位:元

项目类别	分配标准(人工费)	分配率	分配金额
A项目部	120 000		50 112
B项目部	85 000		35 488
合计	205 000	41.76%	856 000

第一次分配间接费用应作会计分录如下:

借:工程施工——合同工程——A项目部——间接费用　　50 112元
　　工程施工——合同工程——B项目部——间接费用　　35 488元
贷:工程施工——间接费用　　85 600元

在A项目部,再将分配计入的50 112元进行第二次分配,即根据甲工程和乙工程的直接成本进行分配,见表9-7。

A 项目部间接费用分配表　　　　　　　　表 9-7

2015 年 5 月　　　　　　　　　　　　　　　　　　　　　　　　　　单位:元

工程类别	分配标准(直接成本)	分配率	分配金额
甲工程	281 439		23 950
乙工程	307 351		26 161
合计	588 790	8.51%	50 112

第二次分配间接费用应作如下会计分录:
借:工程施工——合同工程——A 项目部——甲工程——间接费用　23 950 元
　　工程施工——合同工程——A 项目部——乙工程——间接费用　26 161 元
贷:工程施工——A 项目部——间接费用　50 112 元

根据上述会计分录,分别登记 A 项目部的甲工程、乙工程和 B 项目部的"工程成本明细账"的间接费用栏目,见表 9-3～表 9-5 所列。

六、待摊费用的核算

施工企业的待摊费用,一般包括一次发生数额较大的或者受益期较长的大型施工机械的安装、拆卸及辅助设施费、施工机械出场费、砂石开采剥土费,以及报刊订阅费、技术转让费等。发生上述费用时,会计处理为:借记"待摊费用"账户,贷记有关账户。按规定的分摊期限分摊时,再借记有关账户,贷记待摊费用。

七、预提费用的核算

施工企业的预提费用内容一般包括收尾工程费用和借款利息支出。

(1)收尾工程费用。收尾工程费用是指整个工程已经完工,具备了使用和交工的条件,但由于个别工程的特殊情况,如材料或设备在短期内不能到位,影响工程进行而预先提取计入工程成本的费用。预提收尾工程费用,必须同时具备以下条件:

①已经建设单位同意并已办理竣工结算。
②编制收尾工程清单,写明工程名称和预提工程费用的计算依据。
③预提的收尾工程费用不得超过该项工程的预算成本。
④经主管部门和财政部门的审批。

(2)借款利息支出。借款利息支出是指按月结算工程成本的企业,预提的按季度结算的利息支出。发生上述预提费用时,会计处理为:借记"工程施工"和"管理费用"等账户,贷记"预提费用"账户。对于收尾工程在施工中发生的材料费、人工费和分配的相关费用,应借记"预提费用"账户,贷记有关账户。

八、建筑安装工程实际成本的计算方法

施工企业,为了满足成本管理和定期结算成本的需要,期末应该计算已完工程和未完工程的成本。按照有关制度规定,只要已经完成预算定额所规定的全部工序,在本企业不需要再进行任何加工的分部分项工程,称为已完工程。以此作为计算工作量,向建设单位结算工程款和核算成本的依据。

本期生产费用、本期完工工程成本和期初、期末未完施工成本之间的关系可用下列公式表示：

期初未完工程成本 + 本期施工生产费用 = 本期完工工程成本 + 期末未完工程成本

(9-10)

在公式中，前两项为已知条件，后两项则需要一定的方法进行计算。通常情况下是先计算未完工程成本，再通过上述公式计算出已完工程成本。

（一）未完工程成本的计算

期末未完工程成本是指期末尚未办理结算的工程成本。应根据合同规定的工程价款结算办法予以确定。采用按月结算价款的工程，期末未完工程成本是指月末已经投料施工但尚未完或预算定额规定工序和内容，不能办理结算的未完分部分项工程成本；采用分段结算办法的工程，期末未完工程成本指期末尚不能办理结算的未完分段工程成本；采用竣工时一次结算办法的工程，期末未完工程成本是指期末尚未竣工工程自开工起至期末止所发生的工程累计实际成本。

未完工程成本的计算，必须作好未完工程实物量的盘点工作，对未完工程逐项进行清点，确定实物数量，作为计算未完工程成本的基础。为了简化核算手续，一般以未完工程的预算定额计算其价值，视为未完工程的实际成本。如果未完施工工程量占全部工程量的比重很小，或者期初与期末数量相差不大，可以不计算未完工程成本。未完工程成本一般采用下面两种方法计算：

(1)估价法，是指将预算单价按分部分项工程内容分解为按各个工序计算的单价，再根据期末盘估的各工程工序的已完工程量分别乘以已分解的各个工序的预算单价，加总求出未完工程成本的方法。其计算公式为

$$\frac{各工程}{工序单价} = \frac{分部分项工}{程预算单价} \times \frac{各工程工序占分部分}{项工程直接费百分比} \quad (9-11)$$

未完工程预算成本 = 未完工程已完工序工程量 × 各工程工序单价 (9-12)

(2)估量法（或称约当产量法），是指根据现场实际施工情况，将未完施工实物量，按照其完成的程度，折合成相当于已完工工程的实物量，然后乘以分部分项工程的预算单价求得未完施工预算成本的方法。其计算公式如下：

未完工程预算成本 = 未完施工折合的已完工工程的实物量 × 该分部分项工程预算单价

(9-13)

未完施工一般不计算管理费。如果未完施工数额较大，可以按照定额加计管理费。

在实际工作中，由于当期完成的全部工作量中，未完施工部分一般所占的比例很小，为了简化成本核算手续，平时不计算未完工程成本。但在年度终了时，则应该计算未完工程成本。

（二）已完工程实际成本的计算

如果按月结算工程成本，将月初未完工程成本加本期的施工工程费用，减去期末未完工程成本，即为本期已完工程实际成本。其计算程序为

(1)从按照成本计算对象设置的"成本计算卡"中取得月初未完工程成本和本期的施工工程费用的资料。

(2)期末,根据实际盘估未完工程的情况编制"未完工程盘点表",取得未完工程成本的成本资料。

(3)根据以上资料,编制"已完工程实际成本计算表",即可汇总计算出当期已完工程实际成本。

依[例9-6],根据表9-3~表9-5等有关资料,第一施工处2015年5月的"已完工程实际成本计算表",见表9-8。

已完工程实际成本计算表　　　　　　　　　　　表9-8

2015年5月　　　　　　　　　　　　　　　　　　　　　　　　单位:元

期间	成本项目	工程名称			
		甲	乙	B项目部	合计
期初未完工程成本	人工费	31 000	23 000	36 000	90 000
	材料费	46 000	36 000	62 000	144 000
	机械费	24 000	31 000	45 000	100 000
	其他工程费	4 000	6 800	3 500	45 800
	间接费	20 000	3 500	13 500	37 000
	合计	107 000	100 300	191 500	398 800
本期施工生产费用	人工费	48 000	72 000	85 000	205 000
	材料费	151 348	98 442	201 360	45 150
	机械费	59 091	90 909	90 000	240 000
	其他工程费	23 000	46 000	65 000	134 000
	间接费	23 950	26 161	35 488	85 599
	合计	305 389	333 512	476 848	1 115 749
期末未完工程成本	人工费	0	0	29 000	29 000
	材料费	0	0	43 000	43 000
	机械费	0	0	32 000	32 000
	其他工程费	0	0	21 000	21 000
	间接费	0	0	12 000	12 000
	合计	0	0	137 000	137 000
本期完工工程成本	人工费	79 000	95 000	92 000	266 000
	材料费	197 348	134 442	220 360	552 150
	机械费	83 091	121 909	103 000	308 000
	其他工程费	27 000	52 800	79 000	158 800
	间接费	25 950	29 661	36 988	92 599
	合计	412 389	433 812	531 348	1 377 549

(三)已完工程实际成本的结转

施工企业如果按月结算工程价款,当期结算的已完工程的价款收入,计入"工程结算"账户,与结算收入相配比,当期已完工程实际成本也应转入"工程结算"账户。根据表9-8所列

资料,2015 年 5 月份已完工程实际成本结转的会计分录为
  借:工程结算   1 377 549 元
  贷:工程施工——合同工程——A 项目部——甲工程 412 389 元
     工程施工——合同工程——A 项目部——乙工程 433 812 元
     工程施工——合同工程——B 项目部   531 348 元

第十章　公路工程成本分析与考核

第一节　公路工程成本分析的任务和原则

公路工程成本分析,是在公路工程成本形成过程中,通过对施工耗费和支出的预测、分析、比较、评价,全面了解成本的变动情况,系统研究影响成本升降的各种因素及其形成的原因,寻找降低成本的潜力,为未来的成本控制工作指明方向。成本分析的目的是为了改进施工经营管理,节约施工耗费,降低工程成本,提高经济效益。

一、公路工程成本分析的分类

(一)按成本分析作用分类

1. 预测分析

这是在成本发生以前,或成本指标完成过程之中,对预测成本指标完成结果的分析。通过预测分析,可以预见项目成本的发展趋势,事先发现问题,以便提前采取措施,消除影响指标完成的薄弱环节和不利因素,保证全面完成和超额完成预定成本目标。

2. 决策分析

这是依据成本资料,在选择成本方案过程中对各个方案预期的经济效果进行分析,从中选出最佳方案,以取得最佳经济效益。

3. 控制分析

这是在成本计划运行过程中所进行的日常分析,可以随时揭示脱离成本计划的差异,揭露矛盾,分清责任,采取有效措施,以保证成本计划的实现。

4. 考核分析

这是对一定时期项目成本计划完成情况及各部门、各单位责任成本指标的完成情况的分析。

通过成本考核分析,把影响成本计划完成情况的各因素一一揭示出来,找出关键因素,可为本期的奖惩提供依据,也为改善下期成本管理指出方向。

总之,成本分析形式要根据不同的目的和要求,因事、因时、因地制宜,要灵活多样,互相结合,互相补充,以充分发挥成本分析的作用。

(二)按成本分析内容分类

1. 综合分析

综合分析又称全面分析,是对公路工程成本计划完成情况进行比较完整系统的分析,这种方法可供管理层和施工层全面了解公路工程成本状况。在对项目进行全面分析时,要突出重点,从成本角度着重抓住施工过程中普遍性和关键性的问题进行分析,并作出评价,指明降低成本的途径。

2. 专项分析

专项分析是对施工过程中影响成本的一些关键问题进行的深入细致分析。它是综合分析的进一步细化和深入,但有时也可以根据日常发现的成本问题随时进行,分析结果可以为综合分析提供实际资料。这种分析有助于了解成本问题的实质及规律,对于改进成本工作可以起到较大的作用。

3. 典型分析

典型分析是对具有代表性的事物所作的小范围分析,如对某项施工工艺或某个作业班组。这种分析有助于掌握成本发展规律,同时通过对某一有代表性的单位进行现场分析,可促进其他单位改进成本工作。

(三)按成本形成时间上分类

1. 事前分析

事前分析,是指在成本形成之前,为了选择提高成本效益的最佳方案,确定目标成本,编制成本计划,预测成本降低幅度,需要对成本所作的预测分析。公路工程的事前分析,发生在投标和编制成本计划之前,通过对公路工程成本的预测分析,可以提出投标数值,作为确定是否投标的依据;可以挖掘降低成本的潜力,提出降低成本目标,使公路工程成本计划指标建立在科学先进的基础上。

2. 事中分析

事中分析,是指在成本形成之中,为了随时检查各项定额、成本技术经济指标和成本计划的执行情况,控制各种消耗、费用支出,保证目标成本的实现,需要对成本控制所做的分析。公路工程的事中分析是在施工过程中,通过定期对施工费用、工、料定额以及成本计划的执行情况进行比较分析,揭示成本变动的趋势,查明发生差异的具体原因,对于发生的损失、浪费,及时加以控制;对于降低成本的好经验好措施,应及时总结和推广,促进成本的不断降低。因此事中分析贯穿在施工过程的成本控制中。

3. 事后分析

事后分析,是指在成本形成之后,把成本核算数据与其他资料结合起来,评价成本计划的执行结果,揭露矛盾,总结经验教训,指导未来,所进行的成本考核分析。公路工程除了事前分析和日常分析外,还要进行事后分析,即对成本计划执行的结果也就是一定时期的实际成本,同计划、同上期、同国内外的工程成本水平进行比较分析,借以检查成本计划的完成程度,从施工技术和经营管理各个方面总结经验,找出薄弱环节,并提出改善施工与组织管理的措施和方案,保证项目经理部能够取得更好的经济效益。

成本分析从降低本期成本出发,事前成本分析与事中成本分析的作用大于事后成本分析但是,事后成本分析另有其特定的作用。事后成本分析对于检查成本计划执行情况,评价工作业绩,挖掘降低成本潜力,以及指导下期成本工作都具有显著的积极意义。因此,事后分析是成本分析中一项必不可少的内容。

公路工程事前和事中的成本分析分别在成本预测和计划以及成本控制的有关章节中作了介绍,本章成本分析的内容和方法,主要从事后分析的角度介绍。

二、公路工程成本分析的任务

(一)为选择最优方案和正确编制成本计划提供依据

成本决策和成本计划离不开成本分析。一方面,通过成本分析,对各方案有关成本的各种因素及其变化趋势作出科学的估计,为成本决策人员的决策提供客观依据,从而选择一个最佳方案。另一方面,成本分析为编制成本计划提供依据,成本计划的编制既要分析和查明成本变动的原因,又要预测计划年度可能出现影响成本变动的各种因素。所以只有在成本分析的基础上制订出的成本计划,才是高质量的计划,才能保证施工的生产活动按既定的成本目标前进。

(二)揭示成本差异原因,实施成本控制分析

公路工程成本计划在执行过程中受到多方面因素的影响,项目管理人员必须进行有效的过程控制分析,及时掌握实际脱离计划的偏差,从而逐步认识和掌握成本变动的规律,指出有关问题的相关责任人员,制订相应措施,促进成本计划的实现。

(三)合理评价成本计划完成情况,正确考核成本工作业绩

通过成本分析,可以对公路工程成本计划本身及其执行情况进行合理的评价,总结本期实施成本计划的经验教训,以便今后更好地完成计划任务。同时,通过分析,还可以有根据地评价成本责任单位的成绩或不足,分析其先进或落后的原因,正确考核成本责任单位工作业绩,从而调动各责任单位和职工提高成本效益的积极性和主动性。

(四)挖掘降低成本潜力,提高经济效益

公路工程成本分析的根本任务是为了挖掘降低成本潜力,促使项目以较少的劳动消耗生产出更多更好的产品,实现更快的价值增值。因而,成本分析的核心就是充分认识未被利用的劳动和物资资源,发现进一步提高成本效益的可能性,以便从各方面揭露矛盾,制订措施,使经济效益越来越好。

三、公路工程成本分析的原则

要达到成本分析的预期的目的,正确地开展成本分析工作,必须遵循一定的原则。成本分析的原则是组织分析工作的规范,是发挥分析作用、完成分析任务和使用分析方法的准绳。具体地说,在进行成本分析时要着重掌握下列原则。

(一)全面分析与重点分析相结合原则

这里的所谓全面分析并非完全指分析内容的全面性,而是说成本分析要着眼于整体,树立

全局观念,切忌片面性。必须以国家有关的方针、政策、法令为依据,将企业、项目的成本效益与社会效益结合起来进行分析;要运用一分为二的观点来进行分析,对成绩和缺点、经验和教训、有利因素和不利因素、主流和支流的分析必须坚持实事求是的精神,不能强调一个方面而忽视另一个方面,这样才能得出正确的结论。此外,要以成本形成的全过程为对象,结合生产经营各阶段的不同性质和特点进行成本分析。

必须指出,全面分析并不意味着要对同成本有关的生产经营活动进行面面俱到、事无巨细的分析。要按照例外管理原则抓住重点,找出关键性的问题,深入剖析。一般来说,项目日常出现的成本差异是很繁杂的,为了提高成本分析的工作效率,分析人员要把精力集中在例外差异上,即对那些差异率或差异额较大、差异持续时间较长的原因进行重点分析,并及时反馈给有关责任单位,迅速采取措施予以消除。

(二)专业分析与群众分析相结合原则

成本管理工作涉及企业、项目的各个部门及各个岗位,为了使成本分析能够做到经常性和有效性,真正达到成本分析的目的,必须发动群众参加,将成本分析变为广大群众的自觉性行动。这就要求成本分析上下结合、专群结合,充分发挥每个部门和广大群众分析成本、挖掘降低成本潜力的积极性,把专业分析建立在群众分析的基础上。这样才能充分揭露矛盾,深挖提高成本效益的潜力,把成本分析搞得生机勃勃,充分发挥其应有的作用。

(三)经济分析与技术分析相结合原则

成本的高低既受经济因素影响,又受技术因素影响,在一定程度上技术因素起决定性作用。所以,成本分析如果只停留在经济指标的分析上,而不深入技术领域,结合技术指标进行分析,就不能达到其目的。为此,必须要求分析人员通晓一些技术知识并动员技术人员参加成本分析,把经济分析与技术分析结合起来。所谓经济分析与技术分析相结合,就是通过经济分析为技术分析提供课题,增强技术分析的目的性;而技术分析亦可反过来提升经济分析的深度,并从提高经济效益的角度对所采取的技术措施加以评价,从而通过改进技术来提高经济效益。通过这两方面分析的结合,就能防止片面性,并能结合技术等因素查明成本指标变动的原因,以全面改进工作,提高效益。

(四)纵向分析与横向分析相结合原则

纵向分析是指项目内部范围内的纵向对比分析,包括本期实际与上期实际比较,与上年同期实际比较,与历史最高水平比较,与有典型意义的时期比较等。这种纵向对比,可以观察成本的变化趋势,是成本分析的主要内容。但在市场经济体制下,要提高施工企业的竞争力,必须面向市场、面向世界。所以,要了解和掌握国内外行业成本的先进水平资料,广泛开展横向的对比分析。这种横向对比,有助于施工企业和项目在更大范围内发现差距,产生紧迫感,增强竞争能力。

(五)事后分析与事前、事中分析相结合原则

现代成本分析不能只局限于事后分析,还应包括事中分析,特别是要开展事前分析。这三个阶段的分析,是相互联系、各有其特定作用的,不可偏废哪一种分析。只有在成本发生之前就开展预测分析,在成本发生过程中实行控制分析,在成本形成之后,搞好考核分析,把事前分析、事中分析和事后分析结合起来，建立起完整的分析体系，才能将成本分析贯穿项目管理的全过程，从而做到事前发现问题，事中及时提示差异，事后正确评价业绩。这对于提前采取相应措施，把影响成本升高的因素消灭在发生之前或萌芽状态之中，总结经验教训，指导下期成本工作，都具有明显的积极意义。

（六）利用成本核算数据与搞好调查研究相结合原则

成本分析必须系统掌握和充分利用核算数据，这是做好分析工作的基础。但是要完整了解实际情况，真正弄清问题的实质，从复杂因素中找出关键因素，得出全面的分析结论，只凭核算数据是不够充分的，还必须深入实际有的放矢地进行调查研究，把核算数据和具体情况结合起来，进一步提高分析的质量。

第二节 公路工程成本分析方法

一、公路工程成本分析的技术方法

进行成本分析，要采用一定的技术方法。成本分析的技术方法是多种多样的，具体采用什么方法，决定于分析的内容、特点和要求。在工程项目成本分析中，通常采用的技术方法主要有以下几种。

（一）指标对比分析法

指标对比分析法是一种用得最多、最广的分析方法。它是通过经济指标的对比，从数量上确定指标之间的差异，为深入分析形成差异的原因和影响程度的一种方法。指标对比分析法根据分析的需要，有多种形式。

1. 实际指标和计划指标比较

用实际指标与计划指标对比，是成本分析中较为广泛采用的一种对比方法。通过本期完成的实际指标与计划指标对比，可以确定其差异的数值，检查完成计划指标的程度。

2. 实际指标和定额、预算成本指标比较

通过用本期实际指标与定额或预算成本指标对比，可以考察项目执行定额和完成预算成本的情况，初步揭示其差异，为挖掘成本降低潜力指出方向。如通过本期已完工程的实际成本与预算成本比较，可以反映项目的成本水平，检查降低成本指标的完成程度；通过实际用工、耗料量与定额规定的工、料消耗量对比，可以看出工、料消耗是节约还是超支，从而进一步查明原因，挖掘节约人力、物力的潜力，寻找降低成本的途径。

3. 实际指标与历史指标对比

对比的方式包括本期实际指标与上期实际指标对比，与上年同期实际指标对比，与历史最高水平对比，与有典型意义的时期对比等。通过实际成本与历史成本的对比，可以发现项目成本的发展和变化趋势，反映成本动态，研究项目成本升降变动的方向和速度，改善施工管理的情况等。另外，有的技术经济指标未规定目标数，则可将其实际数与前期实际数进行对比，以便发现差距。

必须指出，进行成本指标对比时，要考虑指标内容、计价标准、时间长度和计算方法的可比性。在同类型项目进行成本指标对比时,要注意客观条件是否接近,在技术上、经济上是否具有可比性。这是正确运用指标对比分析法的必要条件,否则就不能正确地说明问题,甚至得出错误的结论。但也要防止将指标的可比性绝对化,要尽量扩大对比范围,否则就将陷入唯条件论,不利于充分发挥人的主观能动作用,不利于挖掘潜力,推行先进经验。

(二)比率法

比率分析法是指把分析对比的数值变成相对数,以观察其相互之间的关系、构成或变化动态的方法。分析的内容和要求不同,计算比率的方法各异。

1. 相关指标比率

项目经济活动的各个方面往往是互为联系、互为依存、互为影响的。反映项目经济活动的指标之间,也必然有着一定的联系。在成本分析中,将两个性质不同而又相关的指标加以对比,求出比率,得出一个新的指标,用以反映和考察它们之间的关系,以便作出相应的判断。例如,将工程实际成本与工程预算价值中的直接工程费收入两个相关指标计算直接工程费收入成本率,计算公式如下

$$直接工程费收入成本率 = \frac{工程实际成本}{工程直接工程费收入} \tag{10-1}$$

上式表示的直接工程费收入成本率越低,直接工程费的净收入就越多;反之,则少,甚至亏损。

2. 构成比率

构成比率法又称比重分析法、结构对比分析法,是反映项目经济活动的指标,往往是由若干部分组成的。通过计算各组成部分占总量的百分数,可以看出各部分占总体的比重、总体的构成和构成总体的重点;通过与同类指标上期的构成比较,还可以看出其变化的趋势。例如,已完工程的实际成本总额,是由各成本项目的数额组成的。通过计算各成本项目占成本总额的比重,可以看出已完工程实际成本的构成,然后将各期同类型工程的成本构成比较,可以看出成本构成的变化,成本构成与提高生产技术和科学管理的相互关系,并为深入进行成本分析,寻找降低成本途径指出方向。

3. 动态比率

动态比率法是将同类指标不同时期的数值进行对比,求出比率,以反映该项指标的发展方向和速度,观察其变化趋势的一种分析方法。动态比率的计算,通常采用基期指数(简称"定比")和环比指数(简称"环比")两种方法。如工程成本降低额动态比率计算,见表10-1。

工程成本降低额动态比率计算表 表10-1

项目年度(年)	2010	2011	2012	2013	2014
工程成本降低额	1 300 000	1 400 000	1 480 000	1 250 000	1 380 000
基期指数(%)(2010年为100)	100	107.89	113.85	96.15	106.15
环比指数(%)(上年度为100)		107.89	105.71	84.46	110.4

比率分析法计算简便,而且对其结果也比较容易判断,可以使某些指标在不同项目之间进行比较。但是比率分析法也存在一些不足:比率分析法所利用的都是历史资料,不能作为判断

未来经济状况的可靠依据;比率分析法仅能发现指标的实际数与标准数的差异,无法查明指标变动的具体原因及其对指标的影响程度,这一局限性只有因素分析法才能解决。

为了尽量缩小比率分析法的局限性,使它发挥应有的作用,运用比率分析法时所选用的比率要有重点,不要面面俱到,以利于评价项目基本的人、财、物消耗和成本效益情况;计算相关比率与构成比率时,应制订出一定的标准,据以评价实际完成情况.以达到指导项目成本管理活动的目的;计算比率的两个指标口径要一致,得出的结论才可能正确;在不同项目之间进行对比时,要剔除不可比因素。

(三)因素分析法

在成本分析中,对一些由多因素构成的经济指标,往往在采用上述的对比分析法确定其总差异数值之后,还要进一步分析形成差异的原因。在这种情况下,就有必要采用因素分析法,解析差异总值的形成,为更加深入具体的分析指出方向。

所谓因素分析法,是指测定多种因素构成的经济指标各个组成因素的变动对该指标差异总额影响数值的一种分析方法。

因素分析法的一般顺序是:首先,用实际指标与计划指标(或上期实际数)对比,确定差异总额。其次,科学地确定构成某项经济指标的因素;同时,确定各个因素与指标的关系(如加减关系、乘除关系、乘方开方关系)。最后,在此基础上,根据分析的需要,采用适当的方法,测定各组成因素的变动对该项经济指标变动的影响方向和程度。因素分析法的应用,主要有以下两种具体的计算方法。

1. 连环代替法

连环代替法又称因素替换法或连锁替代法,是进行因素分析的一种方法,用以测定经济指标构成因素变动对该项指标差额的影响程度。

【例10-1】 某分项工程的材料的计划消耗总额为15 000元,实际消耗总额为16 128元,实际比计划增加1 128元,试进一步分析该种材料消耗总额增加是由哪些因素变动形成的?

解:构成材料消耗总额的基本因素是工程量、材料消耗定额与材料单价。

以上三个因素与材料消耗总额的关系可以用以下式表示:

$$材料消耗总额 = 工程量 \times 材料消耗定额 \times 材料单价$$

上式中各个因素的计划数和实际数,见表10-2。

材料消耗情况   表10-2

指 标	单 位	计 划	实 际	差 异	差异率(%)
工程量	m³	100	120	+20	+20
材料消耗定额	块	500	480	-20	-4
材料单价	元	0.3	0.28	-0.02	-6.67
材料消耗总额	元	15 000	16 128	+1 128	+7.56

通过表10-2所列材料消耗总额及各个构成因素的对比,可用连环替代法分别测定各个因素变动对差异总额的影响程度,见表10-3。

影响材料消耗因素分析表　　　　　　　　表10-3

计算顺序	替换因素	影响材料消耗变动的因素			总括指标材料费用（元）	与前一次计算的差异（元）	发生差异的原因
		工程量（m³）	单位工程量材料消耗量（块）	材料单价（元）			
替换基数		100	500	0.3	15 000		
第一次替换	工程量	120	500	0.3	18 000	+3 000	工程量增加
第二次替换	材料消耗定额	120	480	0.3	17 820	-720	材料消耗定额减少
第三次替换	材料单价	120	480	0.28	16 128	-1 152	材料单价降低
合计						+1 128	

从表10-3所列分析资料可知，连环代替法的一般计算程序如下：

(1) 各个因素都用计划数(或上期数)反映，求得被分析指标的计划数，以此作为构成因素替换的基础。

(2) 按上列计算公式所列因素的顺序，分别将各个因素的实际数逐次替代其计划数，替换之后就被保留下来。有多少个因素，就替换多少次，直到把所有的因素都替换成实际数为止。

(3) 将每次替换的结果，与前一次计算的结果比较，两数的差额就是某一因素对总差异的影响数值。

(4) 求出各个因素影响数值的代数和，应等于该项指标的实际数与计划数之间的总差异。

从表5-3所列资料可见，材料消耗实际总额较计划总额增加了11 128元，是由于实际完成工程量增加20 m³，使材料消耗增加了3 000元；单位工程量的材料实际消耗量较计划消耗量减少20块，使材料消耗减少了720元；材料的实际单价较计划单价减少了0.02元，使材料消耗减少了1 152元相互抵消后的结果。从而可以明确，深入分析材料消耗的方向是，单位工程量材料消耗减少和材料单价降低的具体原因。

在运用连环代替法时，要注意的问题是：

(1) 必须从经济指标的内在因果关系，正确确定其构成因素，否则，如根据任意凑合的"因素"进行分析，是不会得出正确的结论的，分析也就失去了意义。

(2) 应当按照各个因素的相互关系，排列一定的顺序，并严格按照顺序进行替换。如任意颠倒替换顺序，就会得出不同的计算结果。在排列各个因素的顺序时，在存在数量指标和质量指标的情况下，可按照先数量指标后质量指标的顺序排列；在存在实物量指标和货币指标的情况下，可按照先实物量指标，后货币量指标的顺序排列；在存在基本因素和从属因素的情况下，可按照先基本因素，后从属因素的顺序排列。各次分析，都应按照相同的顺序计算，使其分析计算的结果具有可比性。

2. 差额计算法

差额计算法是连环代替法的简化形式。运用差额计算法的原则，与连环代替法的原则相同，只是计算的具体方法不一样。差额计算法是先计算出各个因素的实际数与计划数的差额，然后按连环替代法的顺序分别直接确定各个因素对总差异的影响数值。

【例10-2】 同【例10-1】，试用差额分析法分析因素变动影响。

解：(1) 工程量变动的影响计算如下

$$20 \times 500 \times 0.30 = 3\,000(元)$$

（2）材料消耗定额变动的影响计算如下

$$120 \times (-20) \times 0.30 = -720(元)$$

（3）材料单价变动的影响计算如下

$$120 \times 480 \times (-0.02) = -1\,152(元)$$

合计节约 1 128 元。

差额分析法计算的结果与因素分析法完全相同，但计算过程较为简便。

二、公路工程成本分析的程序与评价标准

(一)成本分析的程序

成本分析的基本程序，也称为成本分析的一般方法。成本分析的基本程序可归纳为以下5个步骤。

1. 制订计划，明确目标

制订成本分析计划是为了保证分析工作有目的、有步骤地进行，并且不致因遗漏任何重要问题而影响分析效果。分析计划应确定分析的目的、要求、范围，分析的主要问题，分析工作的组织分工，进度安排、资料来源等。分析工作要按计划进行，但也应根据分析过程中的实际情况修改补充计划，以提高分析质量。

2. 收集资料，掌握情况

占有大量完备的各种资料，是正确进行成本分析的基础。在进行成本分析时，必须收集内容真实、数据正确的资料。分析所需要的资料是多方面的，包括：各种成本核算的实际资料，有关的计划、定额资料；有关成本的会议记录、决议、报告、备忘录等文字资料；施工日常活动的资料；专门调查的专题资料。

收集资料要注意日常积累，要讲求实事求是，并且对所收集的资料进行必要的去粗取精、去伪存真的整理工作，以筛选出真实反映企业经营状况的资料，这样才有可能作出正确的结论和提出切实可行的建议。

3. 指标对比，揭露矛盾

指标对比，是在已经核实资料的基础上，对成本的各项指标的实际数进行各种形式、各个方面的比较。经过比较，可以确定差异，揭露矛盾。这样，一方面，可以明确必须深入进行分析的问题，寻找产生矛盾的原因。另一方面，又为挖掘潜力指出了方向和途径。

必须指出，指标对比如果仅仅限于对比经济指标完成的结果，还不能充分揭露矛盾。还必须同时考察成本指标完成的过程，进一步分析是怎样完成成本指标的，即按成本指标完成的时间和地点来详细研究其完成的结果，这样才能发现问题的实质。

4. 分析矛盾，抓住关键

通过对比，揭露矛盾，只能看出数量上、现象上的差异，不能反映差异的根源，因此还要相互联系地研究各项成本指标发生差异的原因。影响成本指标差异的原因是多种多样的，既有人的因素，也有物的因素；既有技术因素，又有生产组织因素；既有经济方面的因素，又有非经济方面的因素；既有项目内部的因素，又有项目外部的因素。在实际工作中，首先要在研究指

标差异形成过程的基础上,进行因素分析。其次,要将有关因素加以分类,衡量各个因素对指标差异产生的影响程度和影响方式,在相互联系中,找出起决定作用的主要因素。最后,综合分析各方面因素对指标差异的影响程度。有分析还要有综合,这是密不可分的两个过程。其中分析是基础,综合是分析的概括和提高。如果只重分析,忽视综合,最后只能得出个别的和部分的结论,看不出影响指标差异的各个因素的内在联系。因此,只有把分析和综合正确地结合起来,才能在多种矛盾中找出主要矛盾,从复杂因素中找出决定性因素,抓住问题的关键。

5. 提出措施,解决矛盾

进行成本分析在于揭露矛盾。分析矛盾以后,要对项目成本工作作出评价;应根据分析的结果,认真总结经验教训,发扬成绩,克服缺点;针对施工过程中的关键问题和薄弱环节,提出措施,挖掘潜力,改进工作,提高成本效益。同时,必须注意抓好措施的实现与检查,继续开展成本分析工作。只有不断地发现、分析、解决实践中出现的新矛盾与新问题,才能不断提高企业的成本管理水平。

(二)成本分析的评价标准

衡量和评价项目成本工作及其业绩,需要有一个客观标准,这是开展成本分析工作的一项关键的基础工作。确定项目成效益评价标准,应当从全局利益出发,力求有充分的科学根据成本分析采用这样的评价标准,对于发现问题,找出差距,得出正确结论有着十分重要的意义。公路工程成本分析的评价标准主要有历史成本、标准成本和目标成本。

1. 历史成本

历史成本是指以项目过去某一时间的实际业绩为标准。根据这种标准可以查明所分析项目比过去是有所改善还是正在恶化。如果现在比过去情况有所改变,则应根据已发生的变化来调整过去的历史标准,以便正确进行比较。采用历史成本具有较高的可比性,不足之处在于它只能说明项目自身的发展变化,不能评价在同类项目中的地位与水平,尤其是对于外部分析,仅用历史标准是不能作出全面评价的。

2. 标准成本

标准成本是施工企业在现行的成本管理制度和项目管理模式下,以企业标准定额计算的项目预计要发生的全部成本。标准成本是考核项目成本水平的基准,将实际成本与标准成本对比,可以用来分析施工生产活动中存在的差异,反映施工成本管理水平的高低。

由于标准成本是项目在正常施工条件和管理水平下,以企业的历史资料为基础,并考虑了企业已具有的技术水平后计算的成本,因此标准成本反映的是企业的平均先进水平。当施工生产条件发生较大变化时,也会造成实际成本与标准成本产生偏差,而这些偏差很多可能是自外部因素产生的。

3. 目标成本

目标成本是指项目根据施工现场实际情况和技术管理水平制订的成本目标。通过目标成本可以考核项目各部门的成本业绩。但是,在制订目标成本时,由于人们对客观事物认识过程的限制或者人为因素的影响,有时对可能利用的一些先进和有利的因素未能估计和预测,以致失去客观依据。因此,在成本分析时,必须检查目标成本的质量,对那些脱离实际的目标成本在分析过程中加以调整。另外,目标成本主要用于内部分析,对于外部分析所起的作用不是很明显。

三、公路工程成本分析

(一)综合成本分析

所谓综合成本,是指涉及多种生产要素,并受多种因素影响的成本费用,如分部分项工程成本、月(季)度成本、年度成本等。由于这些成本都是随着项目施工的进展而逐步形成的,与施工活动有着密切的关系,因此,做好项目的综合成本分析,对促进项目的成本管理,提高经济效益具有重要的作用。

1.分部分项工程成本分析

分部分项工程成本分析是公路工程成本分析的基础,分部分项工程成本分析的对象为已完工的分部分项工程。

分析的步骤是:进行预算成本、计划成本和实际成本的对比,分别计算实际偏差和目标偏差,分析偏差产生的原因,为今后的分部分项工程成本寻求节约途径。分部分项工程成本分析的资料来源分别是:预算成本来自标后预算,计划成本来自目标成本,实际成本来自施工任务单的实际工程量、实耗人工和限额领料单的实耗材料。

由于公路工程包括很多分部分项工程,不可能也没有必要对每一个分部分项工程都进行成本分析,特别是一些工程量小、成本费用微不足道的零星工程。但是,对于那些主要分部分项工程,则必须进行成本分析,而且要做到从开工到竣工进行系统的成本分析。这是一项很有意义的工作,因为通过主要分部分项工程成本的系统分析,可以基本上了解项目成本形成的全过程,为竣工成本分析和今后的项目成本管理提供一份宝贵的参考资料。

分部分项工程成本分析表的格式,见表10-4。

分部分项工程成本分析表　　　　　表10-4

工料名称	规格	单位	单价	预算成本		计划成本		实际成本		时间内与预算比较		实际与计划比较	
				数量	金额	数量	金额	数量	金额	数量	金额	数量	金额
实际与预算比较(预算=100%)													
实际与计划比较(计划=100%)													
节超原因说明													

编制单位　　　　　　　　　　成本员　　　　　　　　　　填表日期

2.月(季)度成本分析

月(季)度的成本分析,是公路工程定期的、经常性的中间成本分析,对于有一次性特点的公路工程来说,有着特别重要的意义。因为,通过月(季)度成本分析,可以及时发现问题,以便按照成本目标指示的方向进行监督和控制,保证项目成本目标的实现。

月(季)度的成本分析的依据是当月(季)的成本报表。分析的内容,通常有以下几个方面:

(1)通过实际成本与预算成本的对比,分析当月(季)的成本降低水平;通过累计实际成本与累计预算成本的对比,分析累计的成本降低水平,预测实现项目成本目标的前景。

(2)通过实际成本与计划成本的对比,分析计划成本的落实情况,以及目标管理中的问题和不足,进而采取措施,加强成本管理,保证成本计划的落实。

(3)通过对各成本项目的成本分析,了解成本总量的构成比例和成本管理的薄弱环节。例如,在成本分析中,发现人工费、机械费和间接费等项目大幅度超支,就应该对这些费用的收支配比关系认真研究,并采取对应的增收节支措施,防止今后再超支。如果是属于预算定额规定的"政策性"亏损,则应从控制支出着手,把超支额压缩到最低限度。

(4)通过主要技术经济指标的实际与计划的对比,分析产量、工期、质量、"三材"节约率、机械利用率等对成本的影响。

(5)通过对技术组织措施执行效果的分析,寻求更加有效的节约途径。

(6)分析其他有利条件和不利条件对成本的影响。

3.年度成本分析

企业成本要求一年结算一次,不得将本年度成本转入下一年度。而项目成本则以项目的全寿命周期为结算期,要求从开工到竣工到保修期结束连续计算,最后结算出成本总量及其盈亏。由于项目的施工周期一般都比较长,除了要进行月(季)度成本的核算和分析外,还要进行年度成本的核算和分析。这不仅是为了满足企业汇编年度成本报表的需要,同时也是项目成本管理的需要。通过年度成本的综合分析,可以总结一年来成本管理的成绩和不足,为今后的成本管理提供经验和教训,从而可对项目成本进行更有效的管理。

年度成本分析的依据是年度成本报表,年度成本分析的内容,除了月(季)度成本分析的六个方面以外,重点是针对下一年度的施工进展情况规划切实可行的成本管理措施,以保证公路工程成本目标的实现。

4.竣工成本的综合分析

凡有几个单位工程而且是单独进行成本核算(成本核算对象)的公路工程,其竣工成本分析应以各单位工程竣工成本分析资料为基础,再加上项目经理部的经营效益(如资金调度、对外分包等所产生的效益)进行综合分析。如果公路工程只有一个成本核算对象(单位工程),就以该成本核算对象的竣工成本资料作为成本分析的依据。

单位工程竣工成本分析应包括以下三个方面内容:

(1)竣工成本分析。

(2)主要资源节超对比分析。

(3)主要技术节约措施经济效果分析。

通过以上分析,可以全面了解单位工程的成本构成和降低成本的来源,对今后同类工程的成本管理很有参考价值。

(二)专项成本分析

1.人工费分析

在施行管理层和作业层两层分离的情况下,项目施工需要的人工和人工费由项目经理部与施工队签订劳务承包合同,明确承包范围、承包金额和双方的权利、义务。对项目经理部来说,除了按合同规定支付劳务费以外,还可能发生一些其他人工费支出,主要包括:因实物工程量增减而调整的人工和人工费;定额人工以外计日工工资(如果已按定额人工的一定比例由施工队包干,并已列入承包合同的,不再另行支付);对在进度、质量、节约、文明施工等方面作贡献的班组和个人进行奖励的费用。项目经理部应根据上述人工费的增减,结合劳务合同的管理进行分析。

在项目经理部自行组织施工生产的情况下,项目经理部应对分项工程人工费的耗用进行分析。影响人工费变动的主要因素一般有两个:一是用工数量;二是平均日工资。前者反映劳动生产率水平的高低,后者反映平均工资水平的高低。

【例 10-3】 某项目有关人工费的资料,见表 10-5。试分析人工费节超的原因。

人 工 费 用 资 料　　　　　　表 10-5

项　　目	单　　位	预算成本	实际成本	节约(+)超支(-)
人工费	元	100 000	120 000	-2 000
用工数	工日	10 000	10 800	-800
每工日平均工资	元	10	11.111 1	-1.111 1

解:根据上述资料,可以分析人工费的节超情况如下。

(1)由于实际用工数增加,使人工费增加。计算结果如下

$$800 \times 10 = 8\,000 \text{ 元}$$

(2)由于每工日平均工资额增加,使人工费增加。计算结果如下

$$1.111\,1 \times 10\,800 = 12\,000 \text{ 元}$$

上述两因素影响,使人工费超支 20 000 元。

通过分析,可以大致了解项目人工成本总的超支 20 000 元。超支原因:一是由于实际用工数超过定额用工,使人工费超支 8 000 元;二是由于平均日工资由 10 元增加到 11.111 1 元,使人工费超支 12 000 元。具体原因,需要进一步查清。

为进一步发现问题,还必须考虑耗用工日数和日平均工资的变化原因。一般来说,影响耗用工日数和日平均工资变化的原因有劳动生产率和工时利用水平。劳动生产率和工时利用水平的分析方法如下:

(1)劳动生产率分析

劳动生产率是指职工的劳动效率,是他们的劳动成果与所耗劳动时间的比值。劳动量的耗费可以按不同人员的范围计算,如按全部职工计算,就是全员劳动生产率,按生产工人计算,就是生产工人劳动生产率;劳动成果可以用产品实物产量和产品价值量(如总产值、净产值等)等指标计算。因此计算劳动生产率的指标有实物量和货币指标两种。

工程项目中,常用的劳动生产率指标主要有

$$\text{生产工人(实物)劳动生产率} = \frac{\text{实际完成的某分项工程工作量}}{\text{完成该项工程生产工人数}} \quad (10\text{-}2)$$

$$\text{生产工人(价值)劳动生产率} = \frac{\text{实际完成的某分项工程工作量}}{\text{完成该项工程生产工人数}} \quad (10\text{-}3)$$

建安工人劳动生产率,还可以用不同的单位时间,如工时、工日和月(季、年),来表示。

$$劳动生产率(时) = \frac{工作量}{实际工作工时总数} \quad (10\text{-}4)$$

$$劳动生产率(日) = \frac{工作量}{实际工作工日总数} \quad (10\text{-}5)$$

$$劳动生产率(月、季、年) = \frac{工作量}{月、季、年平均人数} \quad (10\text{-}6)$$

劳动生产率的分析可分作两步:首先,进行计划与实际的对比,以确定其完成情况。当然,也可以与上年同期或企业内的先进单位相比较。其次,再进一步分析劳动生产率变动的原因。

(2)工时利用分析

工时利用分析的目的是为了充分合理地利用劳动时间,提高平均工作日数和每日平均工作时间,尽量减少缺勤与停工时间。造成工时浪费的原因包括缺勤和停工两方面。根据时间长短,它又有全日和非全日之分。

工人全部工作时间构成情况,由下列公式来计算

$$制度工日数 = 日历工日数 - 公休工日数 \quad (10\text{-}7)$$

$$实际工作工日数 = 制度工日数 - 全日缺勤工日数 - 全日停工日数 -$$
$$非生产工日数 + 公休加班工日数 \quad (10\text{-}8)$$

工时利用分析,主要是通过分析出勤率和工日利用率来进行的。计算公式如下

$$出勤率 = \frac{制度工日数 - 缺勤工日数}{制度工日数} \times 100\% \quad (10\text{-}9)$$

$$工日利用率 = \frac{实际工作工日数}{制度工日数} \times 100\% \quad (10\text{-}10)$$

在分析时,可将实际出勤率、工日利用率同计划指标进行比较,并与上月、上年同期进行比较。

【例10-4】 某项目工时利用资料,见表10-6、表10-7。试分析该项目的工时利用情况。

工时利用资料(工日) 表10-6

制度工时数		制度工时的利用	
(1)日历工日数 (2)例假节日数	2 800 400	(1)实际工作日数	2 200
		(2)全日缺勤工作日数	100
		其中:病假	20
		事假	10
		产假	10
		婚丧假	20
		探亲假	20
		工伤假	10
		旷工假	10
		其他	
		(3)全日停工日数	50

续上表

制度工时数		制度工时的利用	
(1)日历工日数 (2)例假节日数		其中:停电	
		检修设备	
		停工待料	
		生产任务不足	
		风雨停工	
		设计变更	
		其他	
		(4)非生产工日数	50
		其中:开会	10
		文体活动	
		学习	20
		其他	20
制度工作工日	2 400	制度工作工日	2 400

工时利用资料分析　　　　　　　表 10-7

项　目	上年同期	本月	占停工日数百分比%			占非生产工日数百分比%		
			上年同期	本月	比较	上年同期	本月	比较
(1)停工日数	70	50						
停电								
检修设备	40	20	57.14	40	−17.14			
停工待料	30	20	42.86	40	−2.86			
生产任务不足								
风雨停工				20	+20			
设计变更								
其他		10						
(2)非生产工日数	40	50						
开会	10	10				25	20	−5
文体活动								
学习	10	20				25	40	+15
其他	20	20				50	40	−10

解: 根据表 10-6、表 10-7 中的数据,分析结果如下。

(1)劳动时间未被充分利用中的缺勤工日所占的比重较大,非生产用工、全日停工中的检修设备和待料也占有一定比重,这说明施工组织还不很合理,项目管理中还存在着不少问题,如缺勤、设备维修、停工待料等,要进一步查清具体原因,采取相应的措施。

(2)出勤率分析。

$$出勤率 = \frac{2400 - 100}{2400} \times 100\% = 95.83\%$$

(3)工日利用率分析。

工人出勤,并不一定都是在进行生产劳动,他们可能在停工待料,可能在开会,可能在停工等图等,这些都会造成停工。因此,为了提高劳动效率,降低人工费开支,改善项目管理,还必须进行工日利用率分析。

$$工日利用率 = \frac{2200}{2400} \times 100\% = 91.67\%$$

(4)停工和非生产工日分析。

由表10-7可知,在停工工日中,检修设备、待料指标都较上年同期有了改进,说明施工组织管理水平有了进一步的提高;在非生产工日中,开会有所减少,但学习时间和其他项的指标比上年同期增加了,应进一步查清原因。

2. 机械使用费分析

由于项目施工管理的项目经理部一般不拥有自己的机械设备,而是随着施工的需要,向企业动力部门或外单位租用。在机械设备的租用过程中,存在着两种情况:一是按产量进行承包,并按完成产量、计算费用的,如土方工程,项目经理部只要按实际挖掘的土方工程量结算挖土费用,而不必过问挖土机械的完好程度和利用程度;一是按使用时间(台班)计算机械费用的,如塔吊、搅拌机、砂浆机等,如果机械完好率差或在使用中调度不当,必然会影响机械的利用率,从而延长使用时间,增加使用费用。

由于建筑施工的特点,在流水作业和工序搭接上往往会出现某些必然或偶然的施工间隙,影响机械的连续作业;有时,又因为加快施工进度和工种配合,需要机械日夜不停地运转。这样,难免会有一些机械利用率很高,也会有一些机械利用不足,造成机械使用费的增加。因此,施工机械完好率和机械利用率是机械使用费分析中的一项不可缺少的内容。

机械完好率和机械利用率的计算公式如下

$$机械完好率 = \frac{报告期机械完好台数}{报告期制度台数 + 加班台数} \times 100\% \qquad (10-11)$$

$$机械利用率 = \frac{报告期机械实际工作台班数}{报告期制度台班数 + 加班数} \times 100\% \qquad (10-12)$$

完好台班数是指机械处无完好状态下的台班数,包括修理不满一天的机械,但不包括待修、在修、送修在途的机械。计算完好台班数时,只考虑是否完好,并不考虑是否工作。制度台班数是指本期内全部机械台数(不管其技术状态和是否工作)与制度工作日数的乘积。

【例10-5】 某项目经理部的年施工机械完好和利用情况,见表10-8。其中挖土机在第二季度的利用情况,见表10-9。试进行分析。

施工机械完好和利用情况　　表 10-8

机型名称	台数	制度台班	完好情况				利用情况			
			完好台班数		完好率%		实际工作台班数		利用率%	
			计划	实际	计划	实际	计划	实际	计划	实际
推土机	2	540	500	480	92.6	88.89	500	480	92.6	88.89
搅拌机	4	1 080	1 000	1 080	92.6	100	1 000	1 080	92.6	100
挖掘机	2	540	500	500	92.6	92.6	500	480	92.6	88.89

第二季度挖土机利用情况　　表 10-9

项目	按定额应完成数	实际完成数	差异
完成工程量（m³）	2 400	2 300	-100
台班数	80	70	-10
台班产量	30	32	+2
台班时间（h）	640	525	-50
每班台时数	8	7	-1
台时产量	3.75	4.381	+0.631

解:(1)施工机械完好和利用情况分析。

由表 10-8 看出,搅拌机的完好和使用情况都达到了计划规定的要求;而推土机的完好情况和使用情况都没有达到计划规定的要求;挖土机的完好情况达到计划的规定,实际使用情况却没有达到计划规定,应进一步分析原因。

机械利用率的高低,直接影响机械施工工程量计划的完成情况,故在分析机械利用率后,应再对机械施工工程量进行分析,才能达到分析的目的。

(2)挖土机实际使用没有达到计划的原因分析。

影响机械施工工程量完成的基本因素有台班数、台班时间与台班产量三个方面。根据表 10-9 的资料,分析如下:

①第二季度挖土机没有完成工程量为
$$2\ 300 - 2\ 400 = -100(m^3)$$

②影响因素分析。

计划数:$80(个台班) \times 8(h) \times 3.75(m^3/h) = 2\ 400(m^3)$

台班数变动的影响:$70 \times 8 \times 3.75 = 2\ 100$

每班台时数变动的影响:$70 \times 7.5 \times 3.75 = 1\ 968.75$

台班产量变动的影响:$70 \times 7.5 \times 4.381 = 2\ 300.025$

根据以上分析可知,造成挖土机没有完成计划工程量的原因主要有两个:一是台班数减少,挖土机有整班停工的现象,应进一步追查原因。另一个是台班工作时间利用得不好,说明在工作班有停工现象,也应进一步查明原因。造成停工的原因很多,如刮风、下雨、停电、待料、作业组织不善等,可从机械管理部门的内部资料中查出。

3. 材料费分析

材料费分析包括主要材料、周转材料使用费以及材料储备的分析。

(1) 主要材料费用的分析。主要材料费用的高低,主要受价格和消耗数量的影响。而材料价格的变动,又要受采购价格、运输费用、途中损耗、来料不足等因素的影响;材料消耗数量的变动,也要受操作损耗、管理损耗和返工损失等因素的影响,可在价格变动较大和数量超用异常的时候再作深入分析。材料价格和消耗数量的变化对材料费用的影响程度,可按下列公式计算

因材料价格变动对材料费的影响:(预算单价 − 实际单价) × 消耗数量

因消耗数量变动对材料费的影响:(预算用量 − 实际用量) × 预算价格

(2) 周转材料使用费分析。在实行周转材料内部租赁制的情况下,项目周转材料费的节约或超支,决定于周转材料的周转利用率和损耗率。如果周转慢,周转材料的使用时间就长,就会增加租赁费支出,而超过规定的损耗,更要照原价赔偿。周转利用率和损耗率的计算公式如下

$$周转利用率 = \frac{实际使用数 \times 租用期内的周转次数}{进场数 \times 租用期} \times 100\% \qquad (10\text{-}13)$$

$$损耗率 = \frac{退场数}{进场数} \times 100\% \qquad (10\text{-}14)$$

【例 10-6】 某公路工程需要定型钢模,考虑周转利用率 85%,租用钢模 4 500 m^2,月租金 5 元/m^2。由于加快施工进度,实际周转利用率达到 90%。试分析周转利用率的提高对节约周转材料使用费的影响程度。

解: 采用差额分析法计算周转利用率的提高对节约周转材料使用费的影响程度。具体计算如下

$$(90\% - 85\%) \times 4\,500 \times 5 = 1\,125(元)$$

(3) 采购保管费分析。材料采购保管费是材料成本的重要组成部分,它的节约或浪费,直接影响材料价格的变动。材料采购保管费包括材料采购保管人员的工资、工资附加费、劳动保护费、办公费、差旅费,以及材料保管过程中发生的仓储和材料损耗费等。

材料采购保管费一般与材料采购数量同步,即材料采购多,采购保管费也会相应增加。因此,应该根据每月实际采购的材料数量(金额)和实际发生的材料采购保管费,计算材料采购保管费支出率,作为前后期材料采购保管费的对比分析之用。

材料采购保管支出率的计算公式如下

$$材料采购保管费支出率 = \frac{计算期实际发生的采购保管率}{计算期实际采购的材料总量} \times 100\% \qquad (10\text{-}15)$$

(4) 材料储备资金分析。材料的储备资金是根据日平均用量、材料单价和储备天数(从采购到进场所需要的时间)计算的。上述任何一个因素的变动,都会影响储备资金的占用量。材料储备资金的分析,可以应用因素分析法。

【例 10-7】 某公路工程水泥储备资金计划与实际使用情况,见表 10-10 所列。试分析不同因素对水泥储备资金的影响程度。

储备资金计划与实际使用对比　　　　　　　　　　　　　　　　表 10-10

项　目	计　划	实　际	差　异
日平均用量	50	60	10
单价(元)	400	420	20
储备天数(d)	7	6	-1
储备金额(万元)	14	15.12	1.12

解:由表 10-10 数据表明,影响水泥储备资金的因素主要有日平均用量、单价和储备天数。影响程度采用因素分析法进行。分析结果见表 10-11。

储备资金的因素分析　　　　　　　　　　　　　　　　表 10-11

项　　目	连环替代计算	差异(万元)	因　素　分　析
计划数	50 × 400 × 7 = 140 000		
第一次替代	60 × 400 × 7 = 168 000	2.8	由于日平均用量增加 10t,增加储备金 2.8 万元
第二次替代	60 × 420 × 7 = 176 400	0.84	由于水泥单价提供 20 元 10t,增加储备金 0.84 万元
第三次替代	60 × 400 × 6 = 151 200	-2.52	由于储备天数缩短一天,减少储备金 2.52 万元
合计	2.8 + 0.84 - 2.52 = 1.12(万元)	1.12	

从以上分析内容来看,储备天数的长短是影响储备资金的关键因素。因此,材料采购人员应该选择运距短的供应单位,尽可能减少材料采购的中转环节,缩短储备天数。

4. 技术组织措施执行效果分析

技术组织措施是公路工程降低工程成本、提高经济效益的有效途径。因此,在开工以前都要根据工程特点编制技术组织措施计划,列入施工组织设计。在施工过程中,为了落实施工组织设计所列技术组织措施计划,可以结合月度施工作业计划的内容编制月度技术组织措施计划,同时,还要对月度技术组织措施计划的执行情况进行检查和考核。

在实际工作中,往往有些措施已按计划实施,有些措施并未实施,还有一些措施则是计划以外的。因此,在检查和考核措施计划执行情况的时候,必须分析未按计划实施的具体原因,作出正确的评价,以免挫伤有关人员的积极性。

对执行效果的分析也要实事求是,既要按理论计算,又要联系实际,对节约的实物进行验收,然后根据实际节约效果进行评价,以激励有关人员执行技术组织措施的积极性。技术组织措施必须与公路工程的工程特点相结合,技术组织措施有很强的针对性和适应性(当然也有各公路工程通用的技术组织措施)。计算节约效果的方法一般按以下公式计算

$$\text{措施节约效果} = \text{措施前的成本} - \text{措施后的成本} \tag{10-16}$$

对节约效果的分析,需要联系措施的内容和执行经过来进行。有些措施难度比较大,但节约效果并不高;而有些措施难度并不大,但节约效果却很高。因此,在对技术组织措施执行效果进行考核的时候,也要根据不同情况区别对待。对于在项目施工管理中影响比较大、节约效果比较好的技术组织措施,应该以专题分析的形式进行深入详细的分析,以便推广应用。

公路工程技术组织措施的执行效果对项目成本的影响程度可参照表 10-12 进行分析。

技术组织措施执行效果汇总　　　　　　　　　　　　　　表10-12

月份	预算成本（万元）	执行技术组织措施			其中				
		数量（项）	节约金额（万元）	占预算成本（%）	节约水泥	节约钢材	节约木材	节约成本油	使用代用燃料

5. 工期成本分析

工期的长短与成本的高低有着密切的关系。在一般情况下，工期越长管理费用支出越多；工期越短管理费用支出越少。固定成本的支出，基本上是与工期长短成正比增减的，是进行工期成本分析的重点。

工期成本分析，就是计划工期成本与实际工期成本的比较分析。所谓计划工期成本，是指在假定完成预期利润的前提下计划工期内所耗用的计划成本；而实际工期成本，则是在实际工期中耗用的实际成本。

工期成本分析的方法一般采用比较法，即将计划工期成本与实际工期成本进行比较，然后应用因素分析法分析各种因素的变动对工期成本差异的影响程度。

进行工期成本分析的前提条件是：根据标后预算和施工组织设计进行本量利分析，计算施工项目的产量、成本和利润的比例关系，然后用固定成本除以合同工期，求出每月支出的固定成本。

【例10-8】 某公路工程合同预算造价562.20万元，其中预算成本478.95万元，合同工期13个月。根据施工组织设计测算，变动成本总额为387.14万元，变动成本率80.83%，每月固定成本支出5.078万元，计划成本降低率6%。

假如该公路工程竣工造价不变，但在施工中采取了有效的技术组织措施，使变动成本率下降到80%，月固定成本支出降低为4.85万元，实际工期缩短到12.5个月。试进行分析工期成本。

解：(1)根据以上资料，计算工期成本。

①计算该公路工程的计划工期(又称经济工期)

$$计划(经济)工期 = \frac{预算成本 \times (1 - 变动成本率 - 计划成本降低率)}{月固定成本支用水平}$$

$$= \frac{478.95 \times (1 - 0.8083 - 0.06)}{5.078} = 12.42$$

②计算经济工期的计划成本。

经济工期的计划成本 = 预算成本 × 变动成本率 + 月固定成本支用水平 × 计划经济工期
$$= 478.95 \times 80.83\% + 5.078 \times 12.42 = 450.20(万元)$$

③计算实际工期成本。

实际工期成本 = 预算成本 × 实际变动成本率 + 实际月固定成本支用水平 × 实际工期
$$= 478.95 \times 80\% + 4.85 \times 12.5 = 443.79(万元)$$

④计算工期成本节约。

根据以上计算结果，实际工期成本比计划工期成本节约：
$$450.20 - 443.79 = 6.41(万元)$$

(2)分析工期成本。

按照以上工期成本资料,应用因素分析法,对工期成本的节约额 6.41 万元分析如下:

①该公路工程成本的变动成本率由计划的 80.83% 下降为实际的 80%,下降了 0.83%,使实际工期成本额节约 3.97 万元。计算如下

$$478.95 \times 0.8 - 478.95 \times 0.8083 = -3.97(万元)$$

②该公路工程的月固定成本支出由计划的 5.078 万元下降到实际的 4.85 万元,下降了 0.228 万元,使实际工期成本节约 2.83 万元。计算如下

$$-0.228(万元/月) \times 12.42(月) = -2.83(万元)$$

③该公路工程的实际工期比计划工期延长了 0.08 个月,使实际工期成本超支 0.39 万元。计算如下

$$4.85(万元/月) \times 0.08(月) = 0.39(万元)$$

以上三项因素合计节约: $-3.97 - 2.83 + 0.39 = -6.41(万元)$

第三节 公路工程成本考核

公路工程成本考核,就是在施工过程中和公路工程竣工时通过定期对成本指标和成本效益指标的对比分析,对目标成本或成本计划,以及成本效益指标的完成结果进行的全面审核、评价和奖罚。考核经济责任是手段,实现成本控制是目的,而实现奖惩又是考核经济责任的有效措施,因此公路工程考核的过程也是成本控制的过程。

一、公路工程成本考核的依据

公路工程成本考核的依据,主要有以下几个方面:

(一)以国家的方针政策、法规和成本管理制度为考核前提

要使项目经理提高施工经营管理水平,搞活经济,降低成本,提高竞争能力,首先要遵守国家的政策法规、施工管理和成本管理条例及实施细则,严格执行国家规定的成本开支范围和费用开支标准,确保工程质量。因此,是否遵守国家的政策法规和成本管理制度是检查、评价公路工程成本控制和管理工作的前提。

(二)以公路工程成本计划为考核依据

公路工程成本计划是项目经理部和施工队的管理目标。因此,成本考核必须以计划为标准,检查成本计划的完成程度,查明成本升降的原因,从而更好地做好成本控制工作,促使项目经理更好地完成和超额完成成本计划规定的指标。

(三)以真实可靠的公路工程成本核算资料为考核的基础

考核项目成本必须依据真实、可靠的成本核算资料。如果成本核算资料不全面、不真实,也就失去考核控制的基础。因此,在成本考核控制之前,首先要对成本核算所提供的各项数据,进行认真的检查和审核,只有在数据真实、准确、可靠的基础上,才能对成本进行考核、评价和控制。

(四)以项目成本岗位责任为评价标准

在公路工程目标成本确定之后,还需要将项目施工成本总计划,结合项目的施工方案和技术措施,根据项目人员组成和岗位配备情况,按一定的方法分解给各个管理岗位和责任群体。在此基础上按管理岗位分解指标、责任到人并按期考核。

项目成本岗位责任明确了施工过程中不同管理层次和人员的成本责任指标,它是考核项目岗位成本责任完成情况的评价依据,也是落实项目成本控制目标的重要体现。

二、公路工程成本考核的内容

公路工程成本考核,一般可以分为两个层次:一是企业对项目经理部完成各项经济指标情况的考核;二是项目经理对所属各职能部门、作业队和班组的考核。通过以上考核,可以督促项目经理、责任部门和责任者更好地完成自己的责任成本,从而形成实现项目成本目标的层层保证体系。

公路工程成本考核的内容应该包括责任成本完成情况的考核和成本管理工作业绩的考核。从理论上讲,成本管理工作扎实,必然会使责任成本更好地落实,但是,影响成本的因素很多,而且有一定的偶然性,往往会使成本管理工作得不到预期的效果,因此,为了鼓励有关人员对成本管理的积极性,应该通过考核对他们的工作业绩做出正确的评价。

(一)企业对项目经理部成本考核的内容

施工企业对项目经理部成本考核的内容,一般有以下几个方面:

(1)检查项目经理部的项目成本计划编制和落实情况。施工企业在年度之前,通过制订成本计划,规定各项目经理部的降低成本额和降低率。为了确保成本计划既积极先进又合理可行,企业应协助项目经理挖掘降低成本内部潜力,尽量采取先进施工技术方法和技术组织措施,编好成本计划,并协助层层分解和落实成本指标。

(2)检查、考核项目成本计划的完成情况。为了完成和超额完成项目成本计划,企业应经常和定期地检查和考核,特别是一个公路工程竣工时,应组织力量全面检查分析,考核各项成本指标的完成情况。即将公路工程的实际成本与预算成本、计划成本进行对比分析,按照成本项目逐项检查分析,查明成本节超原因。

(3)检查、考核成本管理责任制的执行情况。企业应根据成本管理责任制规定的精神,对项目经理部的工作进行检查,看看是否认真贯彻执行成本管理责任制。如果发现成本管理不落实,违反国家规定的,应严肃处理。

(二)项目经理对公路工程成本考核的内容

项目经理对公路工程成本考核控制的内容,主要有以下几个方面:

(1)项目经理部对各职能部门成本的考核。项目经理部对各职能部门成本的考核内容主要包括两部分:一是职能部门岗位责任成本的完成情况;二是职能部门岗位管理责任的执行情况。

项目各职能部门岗位责任成本的完成情况考核,主要是看其与计划成本降低额和降低率有关的各项工作是否完成,从而考核整个项目成本降低额和降低率是否完成计划。项目各职

能部门岗位管理责任执行情况考核,从成本管理的角度衡量包括以下内容:

①各部门是否按下达的成本计划指标分解,制订了本部门的成本计划,并将成本计划指标落实到岗位和个人。

②各部门是否根据实际情况制订了可行的技术、经济、组织措施,有无具体的节约措施和提高经济效益的途径。

③各部门是否编制了详细、完整的成计划书,并与各项计划保持平衡。

④在施工生产中是否严格遵循成本控制操作程序开展工作,各关键环节控制措施、制度、办法是否落实到位。

⑤成本管理必需的各种信息资料、数据是否按设定的流程和时间传递,各种单据和报表是否齐全和准确。

⑥各部门对成本控制过程中出现的影响和可能影响成本的问题,处理是否及时有效。

⑦对已经发生和将要发生的成本偏差是否进行了调节和限制。

⑧是否有完整、详细的成本控制明细表。

⑨是否科学、真实地反映和监督了公路工程成本计划的完成情况,及时地核算了施工过程中发生的各项费用,有完整、详细的成本核算报表。

⑩是否分析了成本节超的原因,制订了进一步降低成本的途径和方法。

(2)项目经理部对施工队成本的考核。施工队是直接完成项目施工任务的基层核算单位。项目经理部对各施工队成本考核的内容包括劳务合同规定的承包范围、承包内容的执行情况以及对班组施工任务单的管理情况的考核。生产作业班组的考核,一般由施工队进行。以分部分项工程成本作为班组的责任成本,以施工任务单和限额领料单的结算资料为依据,对所负责的分部分项工程的直接工程费成本进行考核,将直接工程费成本与计划成本进行比较分析,分别考核其成本降低额和降低率是否完成,并应仔细分析成本节超的原因。

应该指出,无论是对哪一环节成本进行考核,都是检验其是否完成降低成本目标,从而加强成本控制工作。如果成本控制不抓分析、考核,不与职工物质利益直接挂钩,所谓成本控制,就难以坚持或控制不力,甚至流于形式,发生亏损,导致项目经理部的失职。

三、公路工程成本考核的实施

(一)成本考核的阶段

1. 月度成本考核

一般是在月度成本报表编制以后,根据月度成本报表的内容进行考核。在进行月度成本考核时,不能单凭报表数据,还要结合成本分析资料和施工生产、成本管理的实际情况,然后才能做出正确的评价,带动今后的成本管理工作,保证项目成本目标的实现。

2. 阶段成本考核

即按照不同的施工阶段进行考核。阶段成本考核的优点在于能对施工告一段落后的成本进行考核,可与施工阶段其他指标(如进度、质量等)的考核结合得更好,也更能反映公路工程的管理水平。

3.竣工考核

公路工程的竣工成本是在工程竣工和工程款结算的基础上编制的,它是竣工成本考核的依据。

工程竣工表示项目建设已经全部完成,并已具有交付使用的条件(即已具有使用价值)。而月度完成的分部分项工程只是建筑产品的局部,并不具有使用价值,也不可能用来进行商品交换,只能作为分期结算工程进度款的依据。因此,真正能够反映全貌而又正确的项目成本是在工程竣工和工程款结算的基础上编制的。公路工程的竣工成本是项目经济效益的最终反映,它既是上缴利税的依据,又是进行职工分配的依据。由于公路工程的竣工成本关系到国家、企业、职工和利益,必须做到核算正确,考核正确。

(二)成本考核方法

1.公路工程的成本考核采取评分制

具体方法为:先按考核内容评分,然后按一定的加权比例平均,比如,责任成本完成情况的评分为70%,成本管理工作业绩的评分为30%。实际中公路工程可以根据自己的具体情况进行调整。

2.依据考核评分确定奖罚条件

公路工程的成本考核要与相关指标的完成情况相结合。成本考核的评分是奖罚的依据,相关指标的完成情况为奖罚的条件。也就是在根据评分计奖的同时,还要参考相关指标的完成情况进行嘉奖或扣罚。

与成本考核相结合的相关指标一般有进度、质量、安全和现场标化管理。比如质量指标完成情况的奖罚:

(1)质量达到优良,按应得奖金增加20%。

(2)质量合格,奖金不加不扣。

(3)质量不合格,扣除应得奖金的50%。

其他指标也应结合项目具体情况制订出奖罚的条件。

3.成本考核奖罚的兑现

公路工程的成本考核,如上所述,可分为月度考核、阶段考核和竣工考核三种,对成本完成情况的经济奖罚也应分别在上述三种成本考核的基础上立即兑现,不能只考核不奖罚,或者考核后,拖了很久才奖罚。因为职工所担心的就是领导对贯彻责权利相结合的原则执行不力,忽视群众利益。

由于月度成本和阶段成本都是假设性的,正确程度有高有低,因此,在进行月度成本初阶段成本奖罚的时候不妨留有余地,然后再按照竣工成本结算的奖金总额进行调整(多退少补)。

公路工程成本奖罚的标准应通过经济合同的形式明确规定。经济合同规定的奖罚标准具有法律效力,任何人都无权中途变更,或者拒不执行。另外,通过经济合同明确奖罚标准以后,职工群众就有了争取目标,因而也会在实现项目成本目标中发挥更积极的作用。

在确定公路工程成本奖罚标准的时候,必须从本项目的客观情况出发,既要考虑职工的利益,又要考虑项目成本的承受能力。在一般情况下,造价低的项目,奖金水平要定得低一些;造价高的项目,奖金水平可以适当提高。具体的奖罚标准应该经过认真测算再确定。

此外,企业领导和项目经理还可对完成项目成本目标有突出贡献的部门、施工队、班组和个人进行奖励。这是项目成本奖励的另一种形式,不属于上述成本奖罚范围,而这种奖励形式往往能起到立竿见影的效用。

参 考 文 献

[1] 中华人民共和国交通运输部.公路工程标准文件(2018年版)[S].北京:人民交通出版社股份有限公司,2018.
[2] 张志勇.工程招投标与合同管理[M].2版.北京:高等教育出版社,2015.
[3] 王宇静,杨帆.建设工程招投标与合同管理[M].北京:清华大学出版社,2018.
[4] 宋春岩.建设工程招投标与合同管理[M].3版.北京:北京大学出版社,2014.
[5] 王平.工程招投标与合同管理[M].北京:清华大学出版社,2015.
[6] 姜仁安.公路工程施工招投标[M].北京:机械工业出版社,2012.
[7] 王秀燕,李艳.工程招投标与合同管理[M].2版.北京:机械工业出版社,2017.
[8] 张国华.建设工程招标投标务实[M].北京:中国建筑工业出版社,2005.
[9] 任旭.工程风险管理[M].北京:清华大学出版社,2010.
[10] 丁士昭.建设工程法规及相关知识[M].北京:建筑工业出版社,2010:44-44.
[11] 姜兴国,张尚.工程合同风险管理理论与实务[M].北京:中国建筑工业出版社,2009.
[12] 王艳艳,黄伟典.工程招投标与合同管理[M].北京:中国建筑工业出版社,2011.
[13] 金国辉.工程招投标与合同管理[M].北京:清华大学出版社,2012.
[14] 陈伟珂.工程项目风险管理[M].北京:人民交通出版社,2004.
[15] 陈晨.建设工程招投标管理风险识别理论研究[D].杭州:浙江工业大学.
[16] 匡施瑶.BIM技术在建设工程招投标中应用[D].杭州:浙江工业大学.
[17] 周运先.工程项目招投标阶段合同风险合理分担研究[D].西安:长安大学,2013.
[18] 林国学.项目投标及合同的风险管理[D].西安:西安建筑科技大学,2004.
[19] 张静.电子招投标平台的研究和实现[D].长春:吉林大学,2015.
[20] 宋早雪.招投标的网络系统研究[D].西安:西北工业大学,2007.
[21] 刘燕.工程招投标与合同管理[M].2版.北京:人民交通出版社股份有限公司,2015.
[22] 收费公路政府和社会资本合作操作指南[S].交通运输部办公厅,2017.
[23] 谢春艳.多尺度土地资源配置研究我国高速公路PPP融资模式的法律问题及其应对[D].长沙:湖南大学,2010年.
[24] 寇杰.基于政府视角的PPP项目风险分担与收益分配研究[D].天津:天津大学,2015年.
[25] 王秀燕,李艳.工程招投标与合同管理[M].2版.北京:机械工业出版社,2015.
[26] 石勇民.公路施工项目成本管理手册[M].北京:人民交通出版社,2008.